IN THE SHADOW OF THE MOUNTAIN

夜明けまえ、山の影で

エベレストに挑んだ
シスターフッドの物語

シルヴィア・ヴァスケス＝ラヴァド 著
多賀谷正子 訳

SILVIA VASQUEZ-LAVADO

夜明けまえ、山の影で

エベレストに挑んだシスターフッドの物語

In the Shadow of the Mountain

シルヴィア・ヴァスケス＝ラヴァド 著
多賀谷正子 訳

まだ乗り越えていない人たちへ――あなたはひとりではない

装丁　名久井直子
装画　朝野ペコ

本書第2章・第4章・第9章および第10章の一部には、
著者や登場人物が受けた性暴力被害の記憶が描写された箇所がございます。
フラッシュバックなどの懸念がある方はあらかじめご注意ください。

［凡例］
本文中、（　）で示した箇所は原書にて著者自身が注記を加えた部分、
［　］内に二段で示した箇所は訳者および編集部で注記を加えた部分とする。

第1章　チョモランマ

千まで数えられたら、きっとここを越えられる。
一、二、三……。
さあ出発。とにかく歩くだけだ。一歩一歩進むだけ。これから長く急峻なローツェ・フェイスを登る。ひとつ間違えば命も落としかねない。ローツェ・フェイスは高さ千二百メートルの青い氷壁で、ここウェスタン・クウムから垂直にそびえ立っている。

ここは、静寂の谷と呼ばれる場所だ。

でも、私の心はまったく静かではない。ここから見上げるローツェは、つやつやと光る獣のようだ。アルプスにそびえ立つ摩天楼。

氷壁の前にはベルクシュルントがある。氷河が割れて山腹との間にできるクレバス（亀裂）のことだ。今朝食べたグルテンフリーのオーツ麦のせいか、胃もたれがする。私はぽっかりと開いた底なしのクレバスを見つめた。こちらを飲みこもうとするかのような大きな口だ。

次の瞬間、音がした。

誰かが落とした手袋が、クレバスの底へと吸いこまれていく。手袋が消えていくのをじっと見ていた私は、そのあともしばらく、そこから目が離せなかった。魔法のように戻ってきてくれないものか、と思っていた。

ほかの登山者は無言のままだ。私たちはひとりずつ、ゴツゴツした岩を登り、ベルクシュルントにかけられた梯子を渡っていった。

私はロープに意識を集中させた。ローツェの氷壁には、二本の細いロープがうねうねと上まで続いている。一本は登りの登山者用で、もう一本は下山者用だ。私の親指くらいの太さしかないけれど、私たちは階段の手すりのようにこのロープをたどって、垂直な壁を登っていく。頭の中で、これをベルベットのロープだと思ってみた。たどった先には、ダンサーが踊り、ドリンクが次々と運ばれてくる、ミステリアスな会員制のナイトクラブがあるのだと想像してみる。酔っぱらって記憶をなくすほうが、この状況よりはずっと怖くない。

ロープにカラビナをかけていない状態でルートを少しでもはずれれば、私もあの手袋と同じ運命をたどることになる。あっという間に、そして静かに巨大なクレバスに吸いこまれ、死に向かってどこまでも落ちていく。つまり、一巻の終わりというわけだ。

十七、十八、十九……。

先頭にいるガイドのマイクが、ローツェ・フェイスの上まで私たちを率いてくれる。その後ろにいるのはダニーとブライアン。私たちの中で最も力が強く、登るのが速い。その少し後ろにはアン・ドルジーがいる。マークと私は真ん中。ここが私たちの定位置だ。最後尾はエベレストのレジェンド、リディア・ブレイディ。酸素ボンベなしでの登頂に成功した初めての女性だ。私たちのチームのもうひとりのメンバーのロブは、ここまでずっと苦戦していたうえに体調もおもわしくなく、キャンプ2止まりになった。

三十三、三十四……。

朝食のときマイクが、ローツェ・フェイスを登るのには五時間くらいかかるだろうと言っていた。私はハーネスからカラビナを伸ばした。次にユマール（登高器）を開いて、左側に張られた一本目の固定ロープに取りつける。お尻と太ももに装着するクライミング用のハーネスに連結されているユマールは、ギザギザの歯がついたハンドルで、ハンドブレーキの役割をする。ロープを登るときだけ上にスライドして動き、下には移動しない仕組みになっている。体重をかけると、ロープはピンと張った状態になる。私はゆっくりと歩きはじめた。ユマールをロープの上のほうに向かってスライドさせ、大きな手袋ごしでも握っている感触を得られるように、指にぎゅっと力を入れる。手袋はいつもどおりぶかぶかだ。いい登山用具はいまだに男性用しかないので、いちばん小さな手袋でさえ私の手には大きすぎる。それでなんとかする方法を学んできた。

登山を始めたころは、ユマールがシンボル的な道具だった。ユマールを使えるようになって初めて〝本物の登山者〟になれた気がした。格好いい登山者の仲間入りをするためには、この道具を使えるようになる必要があった。登山を始めて十年がたち、七大陸最高峰——世界の各大陸でもっとも高い山——のうちの五つの登頂に成功したいまでも、私はなんとか登山者の世界になじもうと四苦八苦している。でも、ユマールはもうただのキラキラした道具ではない。自分の一部だ。私の命綱であり、よりどころだ。私がはずさないかぎり、はずれることはない。

ユマールのことは本当に頼りにしている。今日もよろしく、と頭を下げる。そして、強靭な歯がロープに食いこむのを感じるたび、「よし」と小声で言う。

五十五、五十六、五十七……。

杖のような形をしたアイスアックスを、力をこめて氷壁に打ちこみ、斜面にひざをついて体を安定させる。クランポン（登山靴に取りつける金属製の滑り止め）をつけて歩くのは体力を消耗する。このクランポンを硬くなった雪面や氷に蹴りこみ、それを足がかりにして体を引き上げていくのだ。ありがたいことに、先に登って今夜のキャンプを設営してくれているシェルパのほとんどは私と同じように歩幅が小さいので、彼らが靴を蹴りこんだときにできた小さな氷の棚に、一歩一歩足をかけていく。新しい氷壁に自分で蹴りこまなくてすむのはエネルギーの節約になるので、活力をたくわえておける。消耗しないためには一歩一歩、正確に、機械的に登っていかなくてはいけない。

深く息をすって吐きだす。ここまで標高が高くなると、精神状態も危うくなってくる。集中しなくては。数を数えよう。六十一、六十二……もう感覚がない……七十……感情もない……八十四、八十五……。

チョモランマ、またの名をエベレスト〔「エベレスト」の名はヒマラヤ地域に初めて測量に入ったイギリス人ジョージ・エベレストから取られている。これに対し、ネパールではサガルマータ、チベットや中国ではチョモランマと（中国では聖母峰とも）呼ぶ〕の頂上までは、あと三十六時間ほどかかる。キャンプはあとふたつ。距離を計算してみようと思ったけれど、したところでなんの意味もない。高い山の上では、距離なんて理論上のものにすぎない。些末なことと言ってもいい。私たちの行程は目印と標高で表す。キャンプ3。標高七千四百メートル。キャンプ4。イエローバンド。ジェネバ・スパー。サウスコル。標高八千メートル……といった具合だ。私たちを支配するのは標高だ。標高が高くなると、距離感がつかみにくくなる。時間は伸びたり縮んだりする。状況も刻一刻と変わる。遠くから見た私たちの姿は、まるで隊列を組んで歩くアリだ。巨大な山脈にはりついている小さな黒い点でしかない。でも、私の視界は顕微鏡のようだ。きらりと光る氷壁の、つぶつぶした表面しか見えない。

この高さまでは、鳥も飛んでこない。鳥は私たちみたいなことはしないのだろうか。もっと高く飛びたいと、とりつかれたように思ったりしないのだろうか。互いに高さを競ったりすることはないのだろうか。
九十三、九十四、九十二……。
しまった、間違えた。最初から数え直しだ。
一、二、三……。
この壁の向こう側のどこかに山頂があるはずだ。それとも、もっと上だろうか。もっとよくルートを覚えておけばよかった。

ローツェ・フェイスはキャンプ3の前にたちはだかる最後の難所だ。キャンプ3では酸素ボンベが私たちを待っている。標高七千三百メートルを超えると、登山はしだいに薄くなっていく酸素との闘いになる。この高度では、休んでも体は回復しない。衰弱していくだけだ。毛布にくるまれた赤ちゃんをおんぶするかのように背中にくくりつけた酸素ボンベが、最も大切な荷物となる。酸素ボンベがなければ、私たちはおしまいだ。リディアだけは大丈夫だろう。少なくとも、いざというときに頼れる人が、いちばん後ろにいてくれるということだ。ヘリコプターもキャンプ2より高いところには飛んでこられない。救助活動をするときも、遺体を収容しなくてはならないときでさえも、そこまで足で登り、ひとつひとつ手順を踏んで、ロープを使って下りなくてはならない。
二十四、二十五、二十三……。
しまった。まただ。もう一度、最初から。
一、二、三……。

風が強くなってきた。いつものように冗談を言ったりくだらないおしゃべりをする人はいなくなった。かわりに聞こえてくるのは荒い息づかいと低いうめき声。誰もが次の一歩に集中している。

「落石！」とつぜん、ブライアンが上のほうで叫んだ。彼が右のほうに身を寄せたとたん、バスケットボールほどの大きさの石がローツェの壁面を転がり落ちてきた。

落石！　落石！　落石！　声がこだましながら通り過ぎていく。私たちも右に身を寄せた。二十二、二十三、二十四……。下り用のロープを伝って、ほかのチームが静かに滑り下りてきた。キャンプ3から下りてきたのだ。自分たちが山の上へ上へ行こうと考えているときに下ってくる人を見ると不安になる。今日は五月十七日。登頂するにはこの時期しかない。それなのに下山してくる人がいるということは、何かよくないことが起こっているサインだ。彼らが通り過ぎたあと、今朝はほかのチームの姿を見ていないことに気づいた。ローツェ・フェイスを登っているのは私たちだけだ。

十五分後、風がヒューヒューとうなりはじめた。

「落氷！」アン・ドルジーが叫んだ。落氷。落氷。落氷。

どうも様子がおかしい。

氷壁の中腹で、岩が突きだしているところにぶち当たった。空色の薄い氷に覆われている。氷河の上に雪が降るとこうなるのだ。この美しい氷のかさぶたの上をなんとかよじ登らなくてはならないが、同時に、次のロープにカラビナをかけかえるという複雑な作業もこなさなくてはならない。

ローツェの固定ロープは、それぞれ四十五メートルの長さがある。一本のロープの端まで来たら、ハーネスに連結されているユマールを前のロープからはずして、次のロープにかけなくてはならない。ロープとロープの間にいるときが最も危険だ。だから、二段階の手順を踏む。壁面を滑り落ちてしまわないように、固定ロープにはつねに、少なくともひとつの道具がかかっている状態を保たなくてはならない。ロープにつながれていない状態が一瞬でもあれば、それは自殺行為に等しい。

力のかぎりクランポンを氷に蹴りこんでバランスをとり、ユマールをかけかえる。と、そのとき、強い風が吹き、三リットルの水筒ほどの大きさの岩が私たちのほうへまっすぐ落ちてきた。壁面にあたって破片が飛び散り、私のヘルメットを直撃する。ゴーグルがガチャンと音をたてた。私はひざをつき、ローツェの氷壁に頭を押しつけた。二本目のロープに到達したこの場所からは、頭上にあるキャンプ3がよく見えるはずなのに、いまはおぼろげにしか見えない。目を細めてよく見ようとしたけれど、綿菓子のような分厚い雲がかかっている。この場所でなければ甘美な眺めだろう。でも、ここではよくないサインだ。

この綿菓子のような雲が、大きな雲からちぎれて流れてきたものなら、なんとかなるだろう。雨風は少しの間は強くなるかもしれないけれど、すぐに過ぎ去る。でも、空一面に分厚い雲が垂れこめてきたら、逃げ場はない。標高の高いところでは、景色は別の意味を帯びてくる。神秘的な形をした雲が出ているときは、雪崩が起こるかもしれない。ホイップクリームのような雪の下には氷の裂け目があって、足が、そして最悪の場合には体全体が、飲みこまれてしまうかもしれない。美と死は、表裏一体なのだ。

今日はしだいに晴れていくだろう、と今朝マイクが予想していた。でもいま、ローツェ・フェイスは分厚い雲に覆われている。氷壁に足を安定させないうちに、金切り声のようだった風の音が、うつろな叫び声に変わった。やわらかなジャケットの袖が、風に吹きつけられてくぼむ。ロープがバチンと壁面に打ちつけられる。吹きつけられた雪が渦を巻く。大きな氷の塊や破片がすさまじい勢いで氷壁を転がってきて、数十メートル下に落ちて大破した。

エベレストでの事故を描いた映画では、こういう場面で必ず誰かが命を落とす。

視界はもうゼロに近い。見えるのは目の前にあるロープだけだ。

地面が硬いことを祈りながら、岩の尾根に上がった。キャンプ3がここにあるはずだ。ひとつ目のテント群が見えた。私たちの酸素ボンベはここに置いてあると、アン・ドルジーが言っていた。真っ白になったゴーグルごしにボンベが見えた。銀色と黄色の小さなカートリッジが、パックされた電池のように雪の上に置いてある。命綱だ。私の呼吸は荒く浅い。よろめきながら酸素ボンベのところまで行き、仲間の輪に加わった。ガイドのマイクの指示を聞こうとしたけれど、氷の粒が混じった風が吹きつけてきて、音がまったく聞こえない。私は必死にマイクの声を聞こうとした。大きな声で叫んでいるようだ。でも、声を聞くためであろうと、ネックゲイターはとらないし、分厚いフードも脱がない。この標高では、すぐに低体温症になってしまうからだ。

「酸素ボンベを持ったら移動して！」マイクが怒鳴っている。あわてた声だ。「早く早く、急いで！　天候はどんどん悪化する。動きつづけろ。ここは危険だ。すぐに行って！」

この五週間、私たちはずっと、この瞬間のため、サミット・プッシュ〔いわゆる山頂アタックのこと。自然に対してアタックという言葉を使うのは人間のおごりであるとの考え方から、最近ではよくこの言葉が使われる〕のために訓練を重ねてきた。マイクはずっと厳しかったし、容赦なかった。でも、彼が冷静さを欠いたことは一度もなかった。マイクがあわてて怒鳴った声を聞いた瞬間、私は頭が混乱して、リマの実家にいた少女時代のことを思い出した。当時、父はいつも怒鳴って私たちに言うことをきかせていた。命令に従うのは、私の家では当たり前のことだった。口答えはゆるされず、心にしこりだけが残った。私はいつも言われたとおりにしていた。急いで酸素ボンベを拾いあげ、できるだけ早く、機械的に手順を進めた。

ステップ1、バックパックを開ける。ステップ2、酸素ボンベを真ん中に詰める。ステップ3、レギュレーターとマスクをボンベにつなぐ。ステップ4、酸素を無駄にしないようレギュレーターを調整する。

心臓がドクドクと脈打つのが聞こえる。首とあごを覆っているネックゲイターの内側で、自分の息の音が聞こえる。酸素マスクのどこかが、うまくはまっていないようだ。レギュレーターをいじってみる。酸素はうまく流れてきているのだろうか。チームのみんなはもう先に行ってしまったので、とにかく酸素マスクをつけ、ブリザードの中、みんなのあとを追った。遠くから見ると、キャンプ3は山の端にある浅いボウルのような場所にある。私たちのテントはキャンプの奥のほうに設営されているので、あと百五十メートルほど雪面を登らなくてはいけない。見上げると、ブリザードのすき間から、先を行く誰かの影が見えた。ダニーだろうか、ブライアンだろうか。舞い散る雪はシーツを広げたようになり、そのうち、色のない壁となった。空も真っ白だ。

恐怖が体じゅうに広がる。体はほてって言うことをきかない。この標高でパニックを起こすのは命取りだ。それはわかっている。酸素を無駄に消費するし、手足にダメージを与えてしまう。こういう状況に備えて、私はトレーニングをしてきたのだ。でも、いくら知識があっても、血管を流れていくアドレナリンをどうすることもできない。

最初のテント群を過ぎると、最後のトラバース〔壁面を水平方向に移動すること〕がある。細い岩棚に体をのせ、頭上のロープにカラビナをかけなくてはいけない。酸素マスクがくもっている。気道が詰まっているのだろうか。

息を吸っても、酸素を取り入れるどころか窒息しそうだ。しまった、レギュレーターをうまく調節できていないのかもしれない。私は足を止めて、レギュレーターをチェックしようとバックパックを下ろした。「シルヴィア、あんた何やってんの！」リディアの鋭い声が飛んできた。「ここは危険なところなんだから、歩きつづけて！」

男性から乱暴な言葉をかけられるのは慣れている。でも、リディアからというのはショックだった。息苦しくなった私はマスクをはずし、浅く息をした。大きな岩のかけらが壁面を叩きつけるように猛烈なスピードで転がり落ちていく。粉々に砕け散るものもあれば、ドサッと落ちてくるものもあり、小さな爆弾が爆発したあとに生じる硝煙のように、私の目の前で雪が舞いあがる。私はロープをつかみ、つま先でゆっくりと歩いた。片方のつま先の前に、もう一方のつま先を置くようにしながら進む。頭上にあるロープをつかんでいる自分の手しか見えない。気づくと、ロープの端まで来ていた。吹き荒れる雪の向こうに、次の固定ロープが見える。ここでいったん、ユマールをはずさなくてはならない。

山の端にしがみつくように、登山靴の中のつま先がぎゅっと縮まる。ユマールをはずし、緊張しながら息を止める。一瞬、命綱につながれていない状態になった。ひとりきりで。

ここでやめたらどうなる？

いまここで手を離して、後ろに身を傾けたら？　氷や岩とともに奈落の底へと落ちていくだろう。そのとき、初めてわかった。自分は、ずっと死ぬことを考えていたのだ。だからこそ、ここにいるのだ、と。

氷が次々と、ワープするようなスピードで私の横を落ちていく。次に落ちるのは私かもしれない。私が落ちるところを目撃する人はいないだろうし、落ちる音を聞く人もいないだろう。さっきまでそこにいたのに、次の瞬間、私はもういない。簡単なことだ。そうやって終わりにするほうが、はるかにたやすい。一瞬で散ることができる。

六で終わる年にエベレストに登るのは縁起がよくない、と言われている。一九九六年と二〇〇六年は、登山者のコミュニティにとって最悪な年だった。嵐で十数人もの登山者とシェルパが命を落としたのだ。山に残されたままの遺体もあって、黒く変色して凍っている。気温が低いので腐ることはない。

それなのに、二〇一六年の今日、私はここにいる。

故郷のペルーで母がガンと闘っていたころ、ウーゴという精神科医のところへ行ったことがある。その医師は、私がエベレストに登るのは死への願望があるからだ、と言った。「誰にだってそういう心理はあるんじゃないですか?」私はそう言って笑い飛ばした。その医師はペルーの男に典型的な男性優位主義《マチズモ》の持ち主だったので、それきり通わなくなった。私の身の程知らずな計画を聞いたら、きっと薄笑いを浮かべたことだろう。私はずっと、彼のような男性に見下されてきた。でも、もしかしたら、彼は正しかったのかもしれない。私がいまここにいるのは、自分ではできないことを、山にしてもらおうと思っているからかもしれない。

最後のロープにユマールをかけるころには、私の頭蓋骨は交響曲を奏でているかのようになっていた。タン、タン、タンと、心臓の音が頭蓋の内側で反響する。手袋の中の指には、もう感覚がない。肌はほてったかと思えば急に冷たくなり、胸は大きく上下して、ふたつに割れそうだ。いま登ってる? それとも下り? 周りのすべてのものがグルグルと回転する。足は空中を歩いているかのようだ。何もかもが真っ白に見える。キラキラしてまぶしい純白だ。入学したての子が着ている制服の色。学校のマーチングバンドがつけている新品の手袋の色。真っ白な手袋は模範的な生徒の証だった。私もずっと、そうなりたくてたまらなかった。白はきれいな色だった。映画でしか見たことがなかった雪みたいに。白は静謐で、親しみのある、穏やかな色だった。秩序のある、高潔な色だった。でも、真っ白な世界に閉じこめられているいま、聞こえるのは叫び声のような風の音だけだ。

チームメンバーの雪にまみれたシルエットが、消えて見えなくなる。ホワイトアウトで何も見えないけれど、この先のどこかにいるはずだ。風にあおられてバランスが崩れる。立っていられないほど風が強い。私は必死に壁にへばりついた。

正気じゃない。こんなの、どうかしてるとしか思えない。山に登るなんて、**この山に**登るなんて、どうかしてる。

一、二、三……。

私はふらつきながらトラバースしていった。雪で何も見えないなか、最後のロープにユマールをかけてなんとかトラバースを終えると、テントがあると思われるほうに向かって、熊のように四つん這いになって歩いていった。とにかくテントを見つけなければ。もう何も考えられないし、何も聞こえない。数も数えられない。私は空間を移動するただの肉体だった。今回ばかりは、記憶が飛んでもかまわない。

「どこでもいいから空いてるテントに入って！」チームのシェルパの誰かが、私の横を駆け抜けながら叫んだ。「キャンプ2に下りるのも危険だ！」

やっと、テント群を見つけた。最初に目に入ったテントのダブルジッパーに指をかける。凍ったフラップを下まで開けて、テントの中に転がりこんだ。クランポンの爪でテントを破いてはいけないので、すばやくクランポンをとり、バックパックを下ろす。酸素ボンベが飛び出した。歯がガチガチと鳴り、手足に血が巡ってくる。震えが止まらない。風は荒れ狂い、ナイロン製のテントの壁に激しく吹きつけてくる。私の心臓はもう限界だ。助けを求めて叫びたいけれど、誰にも私の声は聞こえないだろう。

　私には無理だ。

　お願い、誰か助けて。

　涙と鼻水が頬を流れていく。私は横になって体を丸めた。うまくいくはずがない。もう終わりだ。エベレストに登頂できるだなんて、なぜ思ったのだろう。涙は、やがて激しくしゃくり上げるほどの号泣に変わっていった。テントの中で、ひとり打ちひしがれていたベースキャンプの初日以来、私がこんなに泣いたのは初めてだ。

　サンフランシスコを出発する前、私はもしものときのために遺言の下書きをした。登山仲間に勧められて、形式的に書いたものだ。書きなぐっただけで正式なものではないけれど、とにかく手書きの遺言をなんとかまとめた。住んでいた部屋は私が運営する非営利団体に託すことにし、これから先も有効に使ってもらえるように一筆残した。でも、遺言を書いたという実感はなかった。責任ある大人だったらこうするだろうと、万一の場合に備えて、とりあえず書いたものだった。それがいまや、「遺言」という文字が目の前に大きく迫ってきた。

　いったい、何に対して私は遺言を残すのだろう。

　サンフランシスコにいたころ、サンアンドレアス断層〔カリフォルニア州を北西から南東に貫く大断層。しばしば大地震を引き起こす〕がぱっくりと口を開けて私を飲みこんでくれないものか、と願った夜が幾度もあった。眠っている間に心臓が静かに止まってくれればいいのに、と思った夜もあった。朝起きると、なぜか体じゅうにアザができていたこともあった。どうしてそうなったのかわからないまま、病院で目覚めたこともある。法科学者のように、記憶が飛んでいるときの自分の足どりを追おうとして無駄に終わったことも、一度や二度ではない。友人や家族には、エベレストに登るなんて死ぬかもしれないからやめてほしいと言われたけれど、私がもう何年も自分を殺してきたことを、みんなは知らない。

できるだけ強く、腕を自分の体に巻きつける。もっと強く。もっと強く。

カナリアイエローの酸素ボンベを拾い、ぎゅっと抱きしめる。自分のほうが抱きしめられているのだと思おうとする。こうしていれば命が助かるのではないかと思いながら、しがみつく。いま、私が呼吸を整えるために必要なのは酸素じゃない。肌のぬくもりだ。私は抱きしめられたい。なんの見返りも求めずに抱きしめられたい。純粋で、私を包みこんでくれるような抱擁。

そう、母の抱擁。

エベレストにはいくつもの名前があるけれど、どれも〝母〟を意味している。サガルマータ（空の母）、チョモランマ（世界の母神）。なぜか、私はエベレストに恐れを抱いたことはなかった。その力強さと比類のない大きさに対して、畏敬の念を抱いていた。その大きさを恐れるのではなく、その大きさに守られていると感じていた。累々と積み重なる岩や、どっしりと構えたエベレストの残忍さと美しさには、ふところの深さとゆるぎなさを感じる。私はいつの間にかエベレストのことを、いまだかつて出会ったことのない、魂のガイドのような存在だと思うようになっていた。そして、エベレストもまた、母なる慈悲のまなざしで私を見てくれるだろうと思っていた。

なんとばかげた幻想だったのだろう。

山が死への願望から私を救ってくれると思うなんて、とんだ傲慢と妄想だ。この岩と氷の壁が、腕を広げるように私を守ってくれると思うなんて。私が生きるか死ぬか、この山が気にかけてくれると信じていたなんて。これまでにも、この山は多くの命を奪ってきたというのに。エベレストに登る理由は、人によってさまざまだ。平和を求める人、冒険を求める人、名誉や栄光を求める人、自分を高めたい人。でも、いい母親というものがそうであるように、この山が私たちに与えてくれるのは、私たちが求めているものではなく、私たちに必要なものだ。

もしかしたら、私にとってエベレストは、本当に、死への願望を美しく顕現させたものなのかもしれない。私がずっと探し求めてきたのは、天上へと続く道なのかもしれない。文字どおりの意味で。

チョモランマ《世界の母神》が私を救ってくれるなんて、どうして期待していたのだろう。

そもそも、私を救ってくれなかった母は、この山が初めてではないというのに。

第2章　一九八〇年　ペルー、リマ

軽快なノックのあと、ギーッと音をたてて玄関のドアが開いた。Jの陽気な口笛の音がはずむように家の中に入ってきて、私とマミータ（母）がいるキッチンまで聞こえてきた。マミータがちょうどコーヒーをいれて、朝のジュースにするためにパッションフルーツの果肉をくりぬいているところだった。

「オーラ〔Hola＝スペイン語圏における「hi」のようなカジュアルな挨拶〕、J。キッチンに来て。いまコーヒーをいれてるところだから」母が言った。

「おはよう《ブエノス・ディアス》！」Jはそう言ってキッチンにぶらっと入ってくると、母の頬にキスをした。

「オーラ、J！」私も元気よく挨拶をして、私のほうに身をかがめたJの頬に軽くキスをした。いいにおいのアフターシェイブ・ローションがふわっと香る。引き締まった体、口ひげ、ふさふさとした黒髪、褐色の肌をもつJは、白髪まじりでいつも不機嫌な私の父親よりも若い。Jの陽気なステップと口笛は、いつも家の中を隅々まで明るくしてくれた。彼がいるときは、母もいつもリラックスしていた。

「ちょっと、誰かその椅子を高くしてあげて！」母が言った。それを聞いて、私はクックッと笑う。うちの質素な木製のダイニングテーブルは小柄な人向けにつくられたもので、とても低い。私が背もたれのない子ども用の椅子にすわっても、簡単に床に足が届く。弟のミゲルは、まだよちよち歩きをしているような歳だった。ハウスキーパーを雇う前の母は、すわる暇さえなく動きまわり、つねに家族のために温かい料理を用意して、父の好みの味つけになるよう苦心していた。父のセグンドの身長は百六十五センチ足らず。だから、うちの家族にはこれでピッタリだった。でも、百七十三センチもあるＪがすわると、曲げたひざがあごのあたりまでくる。そんな格好をして、上品な陶器のカップでお茶を飲む姿は、なんだかおかしかった。

父は家にしょっちゅう人が来るのを嫌がっていたけれど、母はＪが来るのを喜んでいるようだった。母がフレンチロールパンをふたつ、テーブルに並べた。バターを塗ってハムとチーズがはさんである。Ｊが仕事をする前に食べるのだ。母はコーヒーエッセンスを私のカップに少しだけ入れ、Ｊのカップにたっぷり一人前入れたあと、魔法瓶からお湯を注いだ。そして、ゴシップを話そうと前に身をのりだし、Ｊと大人同士のおしゃべりを始めた。私はひとりでコーヒーとパンの朝食をとるしかない。テーブルに置いてあった練乳の缶をひったくるように取り、自分のカップに入れた。来年、六歳になったら、カップいっぱいのコーヒーを飲んでもいいと母には言われている。

「お砂糖《アスーカル》いる？」砂糖の入ったボウルをＪに差しだして言いながら、自分のカップにはキラキラしたお砂糖をたっぷり入れようと考えていた。

「ノーノー、ありがとう《グラシアス》」Ｊはそう言って、私の髪をクシャクシャッとした。「太りたくないんだ」

砂糖を摂ると太ってしまうと、Ｊは思っている。Ｊがそう言うと、母はいつもクスクス笑った。

朝はいつもキッチンで過ごしたものだ。コーヒーを飲みながらおしゃべりをするＪと母の横にいると、満ち足りた気持ちになった。食事をしているＪに向かって、母が「もっと食べなさい」としきりに勧める。私は中庭に面した窓から差しこんでくるお日さまの光を浴びながら、Ｊが来ない日には感じることができない気持ちを味わっていた。いつも、ちょっとした新しいことに気づいた。母の栗色の瞳が輝いていること。いつもより頬が桃色に染まっていること。私の手にあたっているお日さまの光がとても暖かいこと。パッションフルーツの甘酸っぱい味。乳歯の間にはさまっているパッションフルーツのつぶつぶした種。そうしたものが、じわじわと心に刻みつけられていった——鮮やかな、明るい、喜びの風景として。

　私がまだ歩きはじめたばかりのころから、Jはうちの掃除をする仕事をしていた。父が信頼できる遠い親戚から紹介してもらったのだ。一九七〇年代のリマは階級社会で、労働者階級、中流階級、上流階級にはっきりと分かれていた。メスティーソ（スペイン人と先住民の混血）、つまり肌の色が薄くスペインの血が濃いペルー人は、肌の色の濃いアンデスの先住民よりも階級が上とされていて、肌の色は階級と同じ意味をもっていた。私の父はアンデスの山間部出身だったけれど、肌の色は薄かったし教育も受けていたので、リマの社会にすんなりと溶けこむことができた。でも、母はエリート階級の人と一緒にいるよりも、労働者階級の人と一緒にいるほうが心地いいようだった。使用人を雇えるようなリマの家庭では、使用人と一緒にコーヒーを飲むことはまずない。でも、母はお金持ちにも貧乏人にも同じように接したし、私にもそうさせた。

　経済的な安定なんて、いつどうなるかわからないものよ、と母はよく言っていた。

　母には貧しかったころの記憶が、いつもゴースト・ドッグ〔ジム・ジャームッシュ監督の同名映画に登場する殺し屋〕みたいにはりついていた。においがしてくるくらい、鮮明な記憶があったのだと思う。だから、母にとってJは仲間だった。ふたりとも、這い上がるために何だってやっていた。若くて、働き者で、夫よりも歳が近いJは、強くて優しい田舎の男性だった。夫もこんなふうだったらいいのに、と母が考えるような。

　最初は、母もそう信じていたと思う。

父の出身地であるアンデス地方の小さな村サンタ・クルス・デ・チュカ（私たちはラ・シエラ＝「山」と呼んでいる）の人にとって、父の出世ぶりは見事なものだった。山を出て首都へ行き、教育を受け、自分の会計事務所を設立し、上流階級にのし上がろうとする中流階級の人たちが暮らす華やかな地域、サンティアゴ・デ・スルコに家を建てた。成功して地位を得て、社会的に認められるようになった父は、郷里の若者を支援するようになった。彼らは貧しくて、仕事を得る機会もかぎられていたからだ。多くの男性をリマに連れてきては、自分のコネで仕事を世話してやっていた。二級市民として扱われる気持ちがどんなものか、父自身も身にしみていたからだ。これは名前のせいもあるだろう。父の名であるセグンドは、〝二番目〟という意味だ。最初、父はほかの男性を家に入れることに慎重になっていた。自分の城の一部を明け渡すような気がしたのだろう。でも、母と同じように、父もJの中に自分自身を見ていたのだと思う。そのうち、父もJを家族の一員として受け入れるようになった。

まだよちよち歩きの私が、父と手をつなぎながら赤いプラスチックのボールを追いかけている写真が残っている。その後ろでは、Jが笑いながら私たちを見ている。

Jは毎週、家の掃除をしにやってきた。掃除には丸一日かかる。私たちが住んでいたのは、リマの有名な建築家に設計させた、二階建てのモダンなデザインの家だった。いわば父の作品のようなもので、父はいつでも新築のようにきれいにしておきたがった。床から天井まである窓からは、明るい太陽の白光が入ってくる。でも、暗い色のサクラ材でできた床が、その白光をすぐに飲みこんで吸収してしまう。

Jはいつも窓掃除から始めた。金属製の長い梯子を家の前に立てかけて一段ずつ登り、お酢と古い新聞紙を使って、窓の外側をきれいに磨いていく。そんなJの姿を、私はいつも、すごいなあ、と思いながら私道から眺めていた。Jの手には新聞紙のインクが一日じゅうついていたものだ。その次は床掃除だった。寄木張りの床や、階段や、その脇についている重厚な手すりを、ガソリンみたいにツンとしたにおいのするカルナバワックスで、つやつやに光るまで磨く。ワックスは濃い赤色をしていて、それをJが床にぎゅっと絞り出すのを見ると、学校の図工の時間に使うネバネバした接着剤を思い出した。でも、Jがゆっくりと床に広げていくとワックスはなめらかになり、床の木材に吸いこまれていくのだった。何日かたつと靴下で滑れるくらいになり、靴底のゴムがキュッキュッと清々しい音をたてた。いちばん記憶に残っているのはにおいだ。ツンとする濃厚なアルコール臭が、鼻や服について離れなかった。

「さてと、仕事にとりかかるか！」Jはかがむと、サッと私を椅子からすくいあげて肩車をしてくれた。そこからだと冷蔵庫の上も見えるし、天井にだって手が届きそうだ。私は大喜びでキャッキャと声をあげた。Jは私を床に下ろすと、身をかがめてカップとお皿を片づけた。

「じゃましちゃだめ、シルヴィア。Jにハグして。肩車はもう終わり。Jにはたくさんやることがあるんだから！」母はそう言って、仕事を始めるようにJを手でうながした。

そのころには、Jはとっくに口笛を吹きながら玄関広間にあるクローゼットに向かって歩いている。いつもそこでカーキ色のズボンと長袖のボタンダウンシャツを脱いで、ボロボロの作業用ズボンとTシャツに着替えるのだ。毎週、掃除が終わったあとは、屋上にある洗濯などをする小屋でシャワーを浴び、脱いだものをひとまとめにして、カーキ色のズボンとボタンダウンシャツに着替える。夕方、帰るころには、ふさふさした黒髪はきちんと整えられている。

次の年、ちょうどセンデロ・ルミノソ〔一九七〇年に結成された、ペルーの過激派左翼ゲリラ。その名は「輝く道」を意味するが、数十年にわたって共産主義の敵とみなした同胞や外国人に対するテロや無差別攻撃を繰り返した〕がクスコ周辺の山岳地帯で虐殺を開始した年に、私は町の反対側にあるカトリックスクール、マリアレイナ小学校の一年生になった。車で行ってもかなり時間がかかる場所だったが、父がその学校の会計士をしていたため、授業料を安くしてもらえた。父は教育が何よりも大事と考えていたから、いい教育を破格の値段で受けられるなら、私を送り迎えする長距離運転も苦にはならなかったようだ。学校に行くには、制服をそろえなくてはならなかった。ペルーでは一九七〇年に、軍事政権によって全国で同じ制服を着ることが定められていた。深く根づいた階級社会を改革するためだ。みんな同じ制服を着ていれば、子どもたちは互いに仲良くなるだろうし、階級や人種や経済力の差を感じなくなるだろうと考えられたのだ。同じ制服を着ていれば、差別をする理由がなくなる。だから、小学校から高校まで、ずっと制服を着ることになっていた。

デパートで既成の制服を二着買うと、三百ソル〔約九千円〕ほどかかる。でも、父からもらったお金をお財布に入れて、母と一緒に買い物にいったセントラルマーケットでは、四分の一の値段で買えた。

「はぐれないように気をつけて」母はそう言って私の左手をつかみ、もう一方の手でしっかりとお財布を握りしめた。

母は、マーケットにいるたくさんのスリやひったくりを警戒しながら、通りを縫うように歩くのが上手だった。マーケットの周りでは自転車や、露店の荷車や、バスが、白煙をあげて行きかい、その間を人々が走って渡る。「お姉さん！」「お姉さん！」行商人が大声で私たちを呼びとめようとする。

「きれいなお姉さん、女王さま、何かお探しですか？」

呼びこみをされたり、おだてられたりするのも、買い物にはつきものだ。

私は背筋をピンと伸ばした。母はとてもきれいな人だったから、たとえ仕事のためだったとしても、母の気をひこうと彼らが大声で呼びかけるのを聞くと、私のプライドはくすぐられた。母もそれをうまく利用していた。それも買い物の一部だ。

母はスカート二枚とシャツ二枚を、会計カウンターに持っていった。そして、店の人が計算をしている間に、生地をふたそろい追加した。どちらも大きな生地だ。

「いくら?」母が店の人に訊く。

「二百ソルです」

「え? そんなに? じゃあ結構。いきましょ、シルヴィア」

母はそう言って私の手を取り、店の外に引っ張っていく。私も鼻先をフンとそむけて、母の横を歩く。

「ちょっと待ってください!」店の人が叫ぶ。「百五十ソルでどうです?」

「私がお金持ちに見える?」母は怒ったように言って、そのまま歩いていく。

「わかりました! 百二十五ソルにしますよ」

すると、母はちょっと向きを変えて肩ごしに店の人を見ながら、それでもまだ出ていこうとするそぶりをみせつつ言う。

「百ソルにして。そうじゃなきゃ買わない。あっちのお店もそれくらいまけてくれそうだし」母はそう言って、向かいにある同じようなお店を指さした。

「わかりました、わかりました。まあ落ち着いて。どうぞこちらへ」

店を出ていこうとするのは、たんなる演出だ。値引き交渉するときのお決まりの形。言い値で買う人は、ただのお人よしだ。私ですら、そんなことは知っていた。自分の欲しいものを手に入れるためには、いつだってそこを出ていくそぶりをみせなくてはならない。

「大きい生地のほうは別のバッグに入れてちょうだい」母は商品を分け、きれいにたたんでカウンターにのせた。大きくて重い生地の表面を、母が優しくなでる。

支払いをすませて店の人に礼を言い、私たちは人いきれのする通りへと引き返した。母は脇の下にふたつのバッグを抱え、もう一方の手で私の小さな手を引いた。

「母さん、どうしてふたつも買ったの？　誰のため？」

「しーっ」と言って、母は舌をチチッと鳴らした。「油断しちゃだめ。都会ではいつも周りに気をつけなきゃ。あなたはまだ小さいんだから」母はリマの旧市街にあるラ・ビクトリア地区の出身だった。低所得の労働者が住む地域だ。いま私たちが住んでいるような、きれいに整備されたところではない。リマでは同じ仕事をする人は同じ地区に集まっている。たとえば靴の修理店、織物商、石材やタイルを扱う商売。ラ・ビクトリアは自動車部品の地区だ。私たちは〝リサイクル・センター〟と呼んでいる。盗られたものを見つけたければ、ラ・ビクトリアに行けばいい。でも、背後にはよく注意しなくてはならない。信頼できるのは家族だけなのだ。思えば、すでにこのころ、その信頼は揺らいでいたのだけれど。

ビービーとクラクションが響くなか、私たちは車の間を縫うように大通りを渡り、カレ・カポンという交差点まで急いで歩いていった。私は満面の笑みを浮かべた。この場所なら知っている。私の大好きなチャイニーズ・ベーカリーに行く道だ。マーケットの近くにあるリマの大きなチャイナタウンには、チーフア（広東料理をアレンジしたペルー料理）のお店がたくさんある。

「ダウンタウンに来たことは、お父さんには内緒ね」母はそう言いながら、私の大好きなチャーシューバオ〔具がチャーシューの肉まん〕を買ってくれた。

父にもおやつを届けたほうがいいのかな、と私は思った。通りの先に、父のオフィスがある。でも、私たちが急に仕事先を訪ねていくのを、父は好まなかった。というより、来ないでほしいと思っているようだった。だから、ここで父のことは口にしないほうがいいと、もうわかっていた。私はやわらかなチャーシューバオを口いっぱいにほおばりながら鼻歌を歌い、一口一口をぞんぶんに味わった。


父は毎朝、アンガモス通りを通って仕事に行くので、そのついでに私を学校のところで降ろしてくれた。当時は、朝のラッシュもたいしたことはなかった。コレクティーボと呼ばれる乗り合いバスが道をふさいでいるときや、信号待ちをしている間に、男たちが窓ごしに新聞を売りつけに来たりするくらいだった。午後になると父にひろってもらって家に帰り、アルモルソ（午後遅くの昼食）をとる。そのあと、父は夜遅くまで働くためにオフィスに戻る。夕食時に帰ってこないこともあった。そんな日の母は、台所仕事や弟のミゲルの世話をするのに忙しそうだった。

母は少しもじっとしていない人なので、つかまえるのは大変だった。家を出たり入ったり忙しく動きまわり、つねに何かの用事で、せわしなく歩きまわっていた。私とミゲルを車に乗せず、Jと留守番をさせていることもあった。

当時、自分がどんなことをしていたのか、日々の光がどんな具合だったのか、周りでどんな音が聞こえていたのかは、おぼろげにしか覚えていない。

ある日の午後のこと、母は出かけてくるからと言ってお客さん用の部屋に私のための工作スペースをつくり、スケッチブックやクレヨンを用意してくれた。

「母さん《マミータ》、一緒に行っちゃだめ？」

私はどうしても母と一緒に行きたかった。

「だめ」母は静かにしなさい、と言って、私の頭を紙とクレヨンのほうに向けた。「今日はだめなの。Jとここでお留守番しててね。今度連れていってあげるから」

「マミータ、お願い……」

「じゃあね」母は私の頬に軽くキスをすると、私が駄々をこねる暇も与えず、行ってしまった。「ちょっと出かけてくるだけだから！」母は階段を下りながら大声で言った。ちょっと。母はいつも、ちょっと出かけてくる、と言う。ちょっと。ほんのちょっとだけ、と。何でもかんでも、ちょっとだけ。ケーキもちょっとだけ。ピスコ〔ペルー原産のブドウからつくられる蒸留酒〕もほんのちょっぴりなめるだけ。ちょっとだけ、と言われることに、どうしてあれほど傷ついたのだろう。

母が出かけてからJの口笛がこちらの部屋に近づいてくるまで、どれくらい時間がたっていたのかは思い出せない。

「シルヴィア？」Jが私を呼んだ。太く低い声だ。

「お、ここにいたのか」Jは部屋に入ってくるとドアを閉めた。彼は自分の口に人差し指を当てて「**しーっ**」と言った。これはゲームだよ、とでもいうように目を輝かせている。**しーっ**。わたしもうなずきながら、クスクスと笑った。音をたてないでするゲームってなんだろう。黙りっこゲーム？　それなら私も知っている。それともかくれんぼかな。

「こっちにおいで」Ｊの小さな声はイライラしたような、くぐもった声だった。

「なあに？」

「すわって」Ｊがポンポンとベッドを叩く。私はクレヨンを置いて、彼の隣にすわった。

　Ｊは制服のスカートの上から、私の脚に手を置いた。手のひらで私の太ももを覆い、指先で私のひざに軽く触れる。いつも掃除やクライミングをしている彼の手は、冷たくてザラザラとしていた。その手が私の温かい肌に触れたものだから、私はブルッと身ぶるいした。

　私の目をじっと見たあと、Ｊはかがんで私の頬を唇でサッとなでた。Ｊの口ひげがごわごわしてくすぐったかったけれど、静かにしていなきゃと思って、笑いをのみこんだ。ゲームなんだから、ルールを守らなきゃいけない。すると、それまでとは違うことが起こった。Ｊの唇が、私の唇に移動してきたのだ。カサカサしてすぼんだ唇が、私の唇の内側のやわらかい部分にこすりつけられる。私は固まった。Ｊは何かを探るように、私の顔をじっと見た。両親がキスをするところは見たことがあるし、私もおばさんにキスをしたことはある。Ｊのキスはそれとはちょっと違うような気がした。でも、私はされるがままだった。Ｊはゆっくりと私のグレーの制服のスカートのすそを片脚からまくり上げると、枕に頭をのせて、と身ぶりで示した。私はもう笑っていなかったし、周りの音もいっさい聞こえなかった。Ｊは何も言わずに唇に指をあてて「しーっ」というそぶりをして、まだゲームの途中なんだから、と私に示した。しばらくすると――三分だったか、五分だったか、一時間たっていたのか――Ｊはスカートを元に戻して、私の目を見つめたまま、ほつれた私の髪の毛を、ポニーテールの毛束の中にきれいに戻してくれた。

私の脚の上にはベタベタする白い固まりがあった。それに触ろうとすると、Jが自分のTシャツの内側でサッとふきとった。「**誰にも言っちゃだめだよ**《ノ・ディガス・ナーダ》」Jが耳元でささやいたので、彼の口からもれる熱い息で耳が湿った。「きみのご両親もこのことを知ってるから大丈夫。ご両親に頼まれたんだよ」

Jとはいつも喜んで遊んでいた。頬にキスしてくれたり、なでてくれたりしたことは前にもあったし、一緒に遊んだり、高い高いをしてくれたりして、みんなでよく笑った。私も母さんも。みんなが笑っているってことは、遊んでいるってことだった。さっきJは、頼まれたとおりにしたんだと言っていた。両親の、父の言うことをきいただけだ、と。いつも私がしているのと同じように。どうして両親がこんなことを頼むのか、私にはわからなかったけれど、それを尋ねる勇気はなかった。

「大人同士の会話だ。子どもは黙っていなさい」それが父の口ぐせだったから。

その後は、Jが「**しーっ**」と言う必要はなくなった。Jが指を唇のところに持っていくだけで、私の頭の中で「**しーっ**」という音が聞こえるようになったからだ。**しーっ**と音をたてるヘビが、頭の中からいっさいの思考を追いだしてしまう。しゃべりたい、質問したい、という気持ちも押しだされてしまう。そのうち、静かにしなくちゃ、という思いすらなくなっていった。

それは、そうやって始まった。

長く、静かで、変なゲーム。ルールなんていっさいわからないゲーム。ひとつだけわかっていたのは、父か母が帰ってきて門が開く音が聞こえると終わる、ということだ。私にとって、家はまったく違う場所になった。隅々まで暗くなった。それまでも、両親がケンカをしているときには麻酔の針を指に刺されているような気持ちになった。叫び声、怒りにまかせた暴力、花瓶の割れる音、骨の折れる音……。どれも大嫌いだった。でも、それよりももっとひどいことがあるのだと、私は知った。

口笛の音。

黙りっこゲーム。

手で口をふさがれた女の子の、窒息しそうなくぐもった声。

毎晩、眠る前、私はミゲルと私のベッドの間に置いてあるナイトテーブルの前にひざまずいて、守護天使《アンヘリート・デ・ラ・グアルダ》に祈った。

守護天使さま、父と、母と、ミゲルと、私をどうかお守りください。

どうか私をひとりにしないでください、夜も、昼も。ひとりにされたら、私は自分を見失ってしまいます。

一九八三年、私は三年生になった。センデロ・ルミノソが、アヤクーチョの山々からリマへと勢力を拡大してきたころだ。世間はそのニュースでもちきりだった。送電用の鉄塔の爆破、輪番停電、拉致、車両爆破などが次々と起こった。毛沢東思想に基づいてテロ活動を行っていたセンデロ・ルミノソは、クスコがある中央アンデス地域の哲学者を最高指導者としていた。その指導者は、ブルジョワジー（有産階級）からの土地と政権を奪ってプロレタリアート（無産階級）の手に取り戻すことで、ペルーはより公平な国になると信じていた。センデロ・ルミノソのやり方は、残忍で執拗だった。非道な行為が行われ、暴力が横行していた。どこにいても危険だった。家の中にいても外にいても。

ある日の夕方、母と一緒にイレーネおばさんのところへ行くことになっていて、私は母を待っていた。キッチンの時計は三時半、いや違う、六時十五分を指していた（私はよく長針と短針を間違えることがあった）。お腹はグーグー鳴っていたけれど、二階にいる母を呼ぶのはやめておいた。いまお腹がすいたと言われても、母だって困るだろう。予定どおりに行かないときだってある。私は辛抱強く待つことを覚えていた。

「セグンド、ノー、ノー、やめて！」お腹がすいてぼんやりしていた頭をつんざくように、二階から叫び声が聞こえてきた。「どうして？　やめて！」

母さん！

うちは玄関を入ってすぐのところに階段があって、二階へと続いている。私は恐る恐るつま先で半分ほど階段を上り、手すりの間から様子をうかがった。二階で母がうずくまっているのが見え、父が母の背中、頭、腕など、手が届くありとあらゆるところを殴っていた。

「この、あばずれめ」父が怒鳴っている。

私はもう二段、階段を上がった。殴られながら、母は体を丸めて固くしていた。手をぎゅっと握りしめている。甲羅に手足をひっこめている亀みたいだ。

「やめて！」私は階段を駆け上がった。靴下を履いた足が滑って四つん這いになってしまい、そのまま這うようにして最後の階段を上がりきった。「母さんにそんなことしないで！」

父はふさふさした眉をきゅっと寄せ、怒りのこもった目つきになっていた。私は必死でふたりの間に割って入った。きっと父さんも聞く耳をもってくれる、きっとやめてくれるはず……その刹那、父の拳が私の鼻にとんできて、ボキッという音が聞こえた。気づいたら、顔じゅうが温かな赤黒い液体に覆われていた。私は床に倒れこみ、母の隣でボールのように丸まった。鼻から血が流れてくる。コニャック色のつやつやしたフローリングに落ちる毒々しい赤色にゾッとした。

「正気なの？」父が一瞬、動揺したのを見て、母が立ち上がった。「自分が何をしたのかわかってる？自分の娘の鼻を折ったのよ！」

「ああ、なんてこと、シルヴィア。顔を上に向けてなさい」母は急いで緑色のバスタオルとコットンを持ってきた。そして、コットンをふたつに切って小さく丸めると、私の左の鼻の穴に詰めた。それから私をソファのほうに連れていき、腕で私の頭を支えながら優しく抱きしめた。

でも、鼻血は止まらない。私は大声で泣きはじめた。

「いますぐ病院に行くよ」母はいきなり立ち上がると、父には一言もかけずに私を抱えて階段を下り、玄関を出て、父の車の助手席に私を乗せた。

「顔を上に向けてなさい」

「母さん、あたし死んじゃうの？」

「いいえ、大丈夫だから」

私はシートに頭をもたせかけて鼻をつまみ、ベージュのシートに血がつかないように気をつけた。

救急外来に着いた私たちは、受付に向かった。

「娘が椅子から落ちて、顔を打ってしまったんです」母はたんたんと説明した。「コットンを詰めたんですが、鼻血が止まらないんです。どこか骨が折れてるのかもしれません」

看護師さんに私の不注意だと思われたらいやだな、母さんはどうしてさっきのことを覚えていないんだろう……。私は母の上着をぎゅっと引っ張った。

「母さん、あたし椅子から落ちてなんかない……」母は涙を浮かべた目で私を見下ろすと、私の髪を優しくなでた。口の中に血が流れてきて鉄みたいな味がする。喉の奥を小さな血のかたまりが流れていった。

「しーっ。**黙ってて**。**静かにしてなさい**《ノ・ディガス・ナーダ》」母が言った。

私は言葉をのみこんだ。

「サルチパパを食べて帰る?」病院から出ると、母が言った。

「うん!」私は元気よく答えた。カリカリして塩っ辛いフレンチフライとソーセージに、たっぷりのマヨネーズとケチャップをかけたサルチパパのことを考えたら、痛みもいつの間にか吹っ飛んでいた。

「母さん、床に落ちた鼻血はどうするの?」

「大丈夫。明日、Jがきれいにしてくれるから」

私には、黙っていなくてはならないことがたくさんあった。しだいに、私の口数は少なくなっていった。そのころ、山のほうから聞こえてくる爆弾の音は、大きくなるいっぽうだった。センデロ・ルミノソがリマに迫ってきていた。都市部に侵攻してバスに火を放ったり、住宅地を爆破したりしていた。

無秩序になっていく世の中に呼応するかのように、私の家の中の秩序も乱れていった。

エメリタおばさんは、ニワトリをしめる前には必ずお祈りをする。この日、誕生日を迎えた私は、ニワトリを押さえつけてじっとさせる役目をおおせつかった。キッチンを出たところの玄関ホールには階段の吹き抜けがあって、おばさんはそこにプラスチックのバケツを置いた。

「シルヴィア、おいで!」おばさんが大きくて甲高い声で言った。

「母さん、どうしてあたしがやらなくちゃならないの?」

「おばさんに失礼なこと言わないの。せっかく遠くから来てくれたんだから」母がぴしゃりと言った。

母が我慢ならないことのひとつが、横柄な態度をとることだ。とくに、プエンテ・ピエドラからニワトリをひざにのせてはるばる来てくれたエメリタおばさんに向かってそんな態度をとることは、許されなかった。おばさんが住んでいたのはリマの端のほうで、そこでは多くの家族が水もガスも電気も通っていないような粗末な小屋に住んでいる。ここまで来るには、コビーダと呼ばれる、古いスクールバスの車体を乗り合いバスに転用したものに乗らなくてはならない。これは一方向にしか走らないバスで、時刻も決まっていないし、あちこち適当に停まっていくので、四十キロ離れた私の家にくるのに二時間かかる。おばさんはニワトリを二枚重ねたビニール袋に入れ、袋にヒモをつけて手提げかばんのようにし、さらにそれを大きな麻袋に入れて持ってこなくてはならなかった。バスに乗っている間は、手提げに入ったニワトリを隣の席に乗せて空気を吸えるようにしてやる。バスが混んでくるとひざにのせた。そのあとニワトリを麻袋に戻し、それを肩にかけて満面の笑みをたたえながら、うちの玄関前に現れたというわけだ。

エメリタおばさんはミゲルの名づけ親で、父のいとこだ。おばさんは小学校を出たあと地元を離れ、リマで父と一緒に暮らしはじめた。そこにしばらく住んだあと恋に落ち、私のはとこのフェリペを生んだ。おばさん一家は質素なレンガ造りの家に引っ越し、おばさんは近所のお店でニワトリ、ブタ、ウサギ、七面鳥などを売って暮らした。おばさんや父の出身地であるサンタ・クルス・デ・チュカでは、誕生日には何か自分が育てたものをお祝いに持っていくのがしきたりだ。ジャガイモ、ニワトリ、フミタス、トウモロコシ。自分で育てた果物や、しめるためのニワトリを持っていくのは、お人形やキャンディやおもちゃを持っていくことより、うんと意味のあることだった。

だからといって、私はニワトリにはかかわりたくない。私は都会っ子だったし、すでに精肉になっている肉を食べるのが普通だった。

「シルヴィア、おばさんからの贈り物よ。愛がたくさんこもっているんだからね」母が私の目の高さまでかがんで言った。

玄関でニワトリがギャーギャーと鳴いているのが聞こえる。キッチンのコンロの上では、大きな金属製の寸胴鍋にお湯が煮立っている。

無駄な抵抗はしないほうがいいのはわかっていた。もう九歳なのだし、じゅうぶん大人だ。だから、できないわけではない。わけのわからないことは、ほかにもたくさんある。ニワトリ一羽殺すくらい、できなくてどうする？　私は自分の使命を果たそうと、ゆっくりと前に進み出た。

ミゲルと、私より六歳年上のはとこのフェリペは、エメリタおばさんの横でニワトリを我先に見ようともみあっている。エメリタおばさんは、ひどいにおいのする袋から白とオレンジ色の混じった見事な翼をつかんでニワトリを引っぱり出した。ニワトリは餌と土のにおいがして、ビニール袋をオムツのようにあてがわれている。おばさんはビニール袋をそっと取り、ニワトリを手で押さえるようにと、私に身ぶりで示した。私の手は小さいので、体全体をつかむことはできない。ビクビクしながら押さえていると、ニワトリは私の手の中で暴れてけたたましく鳴いた。「しっかり押さえて！」おばさんが大声で言う。「逃げちゃうよ」

羽根のとがったところが、私の指のやわらかい肉に食いこんでくる。さらにぎゅっと押さえると、ニワトリの心臓がドクンドクンと脈打っているのを、汗ばんだ手のひらで感じた。ほんの一瞬、私とニワトリの鼓動が溶けあった。

「ニワトリは死ぬのが怖いかな？」おばさんに訊いた。

「一瞬で殺してあげるのが、愛情だよ」おばさんが答えた。

それまで私は、愛情とは危険で激しいものだと思っていた。嘘と秘密が複雑にからみあい、絶え間なく気分の変わるものだと思っていた。手の中で脈打っているニワトリの温かな体にすっかり心を奪われた私は、愛情とはもっと優しいものなのかもしれない、と思った。

次の瞬間、手の中のニワトリが静かになった。

私が何か尋ねる前に、おばさんはニワトリの頭をグイッと引っぱり、素早くきれいな一振りで首に切れ目を入れた。ビクビクとけいれんする体から真っ赤な血がバケツへほとばしったあと、少しずつ流れが細くなっていく。押さえている手をゆるめないように、おばさんは空いているほうの手を私の手に重ねた。

すさまじかったけいれんが少しずつ収まっていき、とつぜん、止まった。私はパチパチとまばたきをした。それまでずっと息を止めていた。顔には点々と血が飛び散っている。戦争みたいだ。やっと息を吸うと、錫《すず》のようなムッとしたにおいがした。おばさんは私の手からニワトリを取ると、肉切り包丁であっさりと頭を切り落とした。そのあと、キッチンからお湯を持ってきて、階段の横に置いてある別の金属の鍋に注いだ。そして、羽根をむしるために、ニワトリを湯気のたっているお湯の中に入れた。手早くやるのが肝心だよ、とおばさんが言う。私たちは膝をつきあわせて階段に腰かけ、ニワトリの体から羽根をむしった。一本も残さないように。たった一本の羽根が、命を奪った証拠になる。羽根さえなければ、ニワトリを苦しめた証拠は残らない。

ニワトリをしめ、羽根をむしったあと、誕生日のランチの支度が始まった。母とエメリタおばさんが、私の大好物のアロス・コン・ポーヨ〔鶏肉のピラフ〕をつくってくれることになっている。キッチンに入るとき、おばさんは血だらけのバケツを足で脇によけた。あとで、ニワトリの血を使ってサングレシータ〔ニワトリの血を用いたソーセージ。ヨーロッパでは古くから家畜を解体した日のうちに新鮮な血液でソーセージを作ることが多く、植民地となった中南米にもそれがもたらされている〕をつくるのだろう。

「一瞬で殺してあげるのが、愛情だよ」おばさんはそう言った。

愛情って血なまぐさいものなんだ、と私は思った。

時刻は朝の十時だった。

それから二時間、おばさんと母は次々と料理をしながら、地元の噂話に花を咲かせた。ニンニクをみじん切りにし、白米を蒸し、鶏肉を部位ごとに切り分け、カウサ・デ・アトゥーン（ポテトをつぶして冷やしたものに、ツナマヨネーズを詰めたもの）をつくった。すぐに家の中は、香味野菜を煮こんだとき特有の土くさく青くさい香りでいっぱいになった。鶏肉はコンロできつね色に焼かれ、小さな鍋ではニワトリの血を煮立てたものがだんだんドロドロになり、ビーフシチューみたいになっていった。

ミゲルとフェリペは家の前でミニサッカーをしている。父はいつものように、仕事部屋に閉じこもっていた。

そろそろ支度も終わり、めったに使わない〝立派な〟ダイニングルームにある十人がけのテーブルに料理が並べられた。おばさんは私の両親が特別なときに使うお皿と、金でふちどられたシャンパン用のクープグラスを並べた。繊細なクリスタルと、金色の細いふちどりは、プリンセスが使うグラスみたいだ。

「ピスコのボトルを持ってきて、シルヴィア。大きいボトルよ」母が言った。私は階段の下にある倉庫にスキップしながら行った。両親はここにお酒を置いている。ぽっかりと穴が開いたような暗いスペースで、天井は私の背と同じくらいの高さしかない。合板でできた扉を開けると、キーッという音がした。豆の缶詰、十ポンド〔約四・五キロ〕入りのお米やお砂糖の袋、カートンになった黄色いインカコーラ〔ペルーで生産されているコーラ〕がずらりと並んでいる奥に、つやつやと光る魅惑的なボトルがある。カルタビオのラム酒、J&Bのスコッチウィスキー、カンパリ。明るいオレンジ色の液体の入ったボトルに、美しいラベルがついている。私の後ろでドアがパタンと閉まったけれど、そのままにしておいた。キッチンの音がくぐもって聞こえる。光はドアの下からもれてくるわずかなものだけだ。倉庫のほの暗さにゾクッとした。

私の部屋は家の二階にある。でも、もう私だけの部屋ではなかった。Jがいつだって私のところにやってくるからだ。階段下の倉庫にいると、この家の暗がりも、それほど怖くない。暖かくて、暗くて、甘いにおいがして、どこかほかの世界への入口のようだった。でも、私をまるごと飲みこんで、ほかの世界に連れていってはくれない。爆弾が落ちてくる中をひとりでうちまで来るおばさんの心配をしなくてもいい世界、どうしてJがあんなことをするのか誰かが説明してくれるのを待たなくてもいい世界へ、連れていってはくれない。大人たちにとっても、ここは特別な場所だろう。ここにある苦くて甘い飲み物、ワイン、ウィスキー、ピスコ（においは最悪だけど）のボトルが、いつでも気分を明るくしてくれるだろうから。

「シルヴィア！」

私は最初に手に触れたボトルをつかむと、あわてて倉庫を出て、掛け金をかけた。キッチンに戻ると、ミキサーがウィーンと音をたてていた。私がピスコをカウンターに置くと、母は絶品のストロベリー・ピスコ・サワーのレシピを読みあげた。誕生日を祝う飲み物だ。「イチゴ二カップ、砂糖二分の一カップ、ピスコ一カップ、水一カップ、氷三カップ、それからレモンのしぼり汁二個分」イチゴとお砂糖が見えて、私は思わずペロリと唇をなめた。

「セグンド！　セグンド！　用意ができましたよ」

父は仏頂面で仕事部屋からぶらりと出てくると、その場をざっと眺めた。みんなが食卓につく。母は、父が最初の一口を食べるのを落ち着かない表情で見ていた。父はひとつうなずいたあと、もう一口食べた。それを機に、みんながワッとおしゃべりを始めた。

「乾杯《サルー》、コマードレ！　サルー、コンパードレ！〔コマードレ、コンパードレは、親しい者同士が互いに呼び交わす名。もともとはカトリック圏における名づけ親を意味する〕」口々に叫ぶ。

シャリシャリしたストロベリー・ピスコ・サワーがなみなみと注がれた洒落たグラスを、みんながかかげた。でも、私のグラスには三分の一だけ。子どもはこれだけだ。一口飲むと、まずはキンと冷えた飲み心地がして、そのあとに砂糖のふわっとした甘さを感じた。溶けるように喉を通り過ぎていくときは、熱くて焼けつくような感じがした。私はちょっぴりむせ、それを見た父がクスッと笑った。満足気だった。私の背筋にビリッと衝撃が走る。頭の中がムズムズして、肌がゾワゾワして、心地よさに包まれた。

喜びがふくれあがる。

テーブルの向かい側では、両親が乾杯をして、軽いキスを交わしていた。ふたりが触れあっているのを見て、私は嬉しくなった。「キスをして、また最初からやり直しましょう」母はよくそう言っていた。特別な日に、ふたりはよくキスをしていた。ケンカのことも忘れて。叫び声のことも忘れて。起こったことは、もう気にせずに。そうだ、ここからまた始めればいいんだ。今日からやり直せばいいんだ。

私はもう一口飲んだ。私も忘れたかった。新しくやり直したかった。

「サルー、私のかわいいシルヴィア！」母が優しい声で言った。「もう九歳か。いい年頃ね。もう一人前のお姉さんだ」

「しっかり勉強するんだぞ」父がぼそっと言った。「一人前なら、もう自分で部屋の掃除もできるな」

朝の時間に放送されるアニメやおとぎ話では、プリンセスはハンサムな王子様に手をとられて家から出ていくと決まっている。私は家族の形を、それと同じ枠に当てはめてみようとしたけれど、うちの物語は、どんなおとぎ話とも違っていた。父は母の王子様などではなく、父親のようだった。母の髪はまだシックな茶色なのに、父は白髪まじりだった。学校でサッカーの試合があるときでも、ほかのうちのお父さんのように大声で応援することも、試合に参加することもなかった。父は年配で、母は若かった。もしかしたら、ふたりも私とJみたいに出会ったのだろうか。父が私のために選んでくれたのがJだとしたら、Jが私の王子様ということになるのだろうか。

みんながピスコを飲みおわると、ハウスキーパーのサンドラが、二リットル入りのインカコーラのボトルをテーブルにドンと置いた。まだデザートも食べていないのに、おばさんがとつぜん立ち上がった。暗くなる前に、うちに帰りたいという。市内ではセンデロ・ルミノソが手当たりしだいに車の爆破を続けていた。夜のバスが通るルートは危険で、何が起こるかわからない。とくに、女性や子どもがひとりでいる場合は危ない。

「あいつらときたら、街をすっかり壊そうとしてるんだからね！」

おばさんも父も、プロレタリアートとして育ってきた。センデロ・ルミノソはそういう人たちのために闘っているのだと言う人もいたけれど、おばさんは彼らの残忍なやり方をののしった。「仲間がこんなに殺されて、どうしてあたしたちが自由になれるっていうんだい」

食卓で議論が始まったので、ミゲルとフェリペはリビングルームのほうに走っていってしまい、私はこっそりとキッチンに行って、ミキサーに残っていたピスコ・サワーを、ミキサーから直接飲んだ。体の内側から甘酸っぱさに包まれた。私は舌の上でイチゴの粒を転がし、そのザラザラとした舌ざわりを味わいながら、その昔、Jと過ごしていた朝のことを思い出していた。日当たりのいいキッチンで、Jと母の横でパッションフルーツをほおばっていたときのことを。

両親は私が部屋を出ていったことに気づいていないようだった。私はゆっくりとキッチンの横のドアを出てニワトリをしめた玄関ホールに行き、階段を駆け上がって屋上に出た。洗濯場の向こうに、屋根に上がるための短い梯子がかけられている。誕生日のお洋服を木の梯子のトゲトゲしたところに引っ掛けないように気をつけながら登り、テカテカ光るブリキの屋根の上に上がった。ピスコを飲んだせいで、頭がまだふわふわしている。私はゆっくりと屋根の端まで行って、沈んでいく夕日のほうに身を乗りだした。燃えるように赤い色をしたホウオウボクの木が遠くに見え、その向こうに丘があった。リマのはずれにある、スモッグで覆われた高い丘には、何千もの人々が無断で家を建てて村をつくり、自分たちの土地だと主張している。水道も電気もとおっていないところに貧民街ができ、そのまま彼らの土地になっている。

私は貧民街を眺め、秘密がない場所はどんなものだろうかと想像した。きっと、ここことはまったく違う世界だろう。私が私らしくいられる場所だろう。下に見える歩道に目をやると、アイスクリーム売りが銀色の笛をまるで魔法の笛のように吹きながら、黄色いカートを押して歩いている。フーフー！　近所の子どもが靴を手に持って家から飛び出してくる。チョコレートやアイスクリームを買いにいくんだろう。

フーフー！　この笛の音が聞こえたら、アイスクリーム売りが来たということだ。夏の始まり、あるいは春の終わり、乾季の終わりを告げる音でもある。運がよければ、リマからうんと離れたところにある、すてきな森の中のプールに行ける、ということでもある。そこに行ったら、私は自由に走りまわったり遊んだりできるし、鳥の声を聞いたり、いろいろな植物の色やにおいを楽しんだりできる。きちんとしていないとお仕置きされるこの家で、私が忘れていることばかりだ。

アイスクリーム売りの笛の音は、楽しめと言っている。子ども時代を楽しめ、と。

でも、その夜、屋根の上にいた私には、その音がゆがんで聞こえた。もっと複雑で皮肉な音に聞こえた。私はもう少し身を乗りだして、目をぎゅっと閉じた。やわらかなアイスクリーム売りの笛の音を、もう少し長く聞いていたかった。でも、もう遅かった。Jの口笛が踊るように聞こえてきて、笛の音がねじれてゆがんでいった。そのうちふたつの笛の音は、どちらがどちらかわからなくなり、ひとつになった。世界は私の下で渦を巻いていた――笛の音、顔にはねた血、そしてピスコ。

一瞬で殺してあげるのが、愛情だよ。

「キスをしたら最初からやり直せる」なんて、私にはきっとない。

第3章　二〇一六年　ネパール、カトマンズ

朝七時にはすっかり目覚めた。昨晩歩きまわったカトマンズの喧騒が、まだ耳の中に残っている。モペッド〔ペダルつきバイク〕のビービーいうクラクションの音。ごったがえした通りを走るボロボロのバスが吐きだす長い白煙。ひしめく人々。カトマンズは薄汚れていて、カオスだった。

私は故郷を思い出した。

一九八〇年代のリマ。ミラフローレスやバランコのようなきれいな地区ではなく、プエンテ・ピエドラ地区。リマのダウンタウンだ。箱形のバンがクラクションを鳴らし、一車線に三台の車が大きな音をたてて走っていく。家族全員を乗せたバイクは、車の間を縫うようにデタラメに通り抜けていく。誰もヘルメットなどかぶっていない。歩行者はまるでゲームをやっているかのように、車の間をすいすいと渡っていく。行商人が通りに群れをなし、交通ルールなんてないも同然。とにかく、すべてが無秩序な場所だった。リマの中心部を運転できたら、世界のどんな場所だって左ハンドルの車で運転できるだろう。

まだ疲れが残っていたけれど、耳に残った喧騒のせいでこれ以上眠れそうにない。私はベッドで寝がえりをうち、やわらかなシーツの感触を味わおうとした。明日から二か月は、本物のベッドの上で眠ることはできない。エベレストのベースキャンプまで二週間かけてトレッキングをするときはロッジにある硬いベッドで眠り、トレーニングをしながらエベレスト登頂を目指すその後の六週間はテントで眠ることになる。私は、いまこの瞬間を味わいつくそうとした。ホテルのやわらかなシーツとふわふわのダウンケット

の間にもぐりこんで静かなひとときを味わい、酸素がたっぷり含まれた、ひんやりした空気を吸う。寒さはあまり得意ではないのだけれど。やらなくてはならないことが、まだたくさん残っている。

シェルパのアン・ドルジーがもうすぐ私の装備を確認しにやってくるというのに、まだ準備は万全ではない。ベッドから這い出して分厚いカーテンを開け、レースのカーテンごしに太陽の光を浴びた。部屋の窓からはプールが見え、その向こうにはきれいに刈られた芝生が見えた。このホテル・アンナプルナは、混沌としたダウンタウンからは離れた場所に建っている。カトマンズにわずかしかない高級ホテルのひとつだ。トレッキング前の数日を快適に過ごすのには申し分ない。歯を磨き、私が運営しているNPO〈カレイジャス・ガールズ（勇敢な女の子たち）〉のTシャツとダウンベストを急いで身につけ、スーツケースの中身をふたつのダブルベッドの上にぶちまけた。ガレージセールみたいだ。木製のヘッドボードの前にダウン衣類の山ができる。――薄手のダウン、厚手のダウン、ダウンベスト、それにダウンのズボン。それから、登山靴、ヘッドランプ、フリーズドライ食品がいくつか。エベレストでは、装備の不備が登頂の成功と失敗を分けるだけでなく、生死をも分けることがある。

装備にお金をけちってはいけない。とくに、これは私の初めての挑戦なのだし。

山頂までの遠征は二か月におよぶので、四セットの装備を用意しなくてはならない。ベースキャンプまで歩くときのバッグ、ベースキャンプでの生活用品を詰めたバッグ、ローテーショントレーニングのためのバッグ、サミット・プッシュ用のバッグ。物がありすぎて悪夢のようだ。ただでさえ、きちんと整理するのは得意ではないのに。

カテゴリごとに物を分けてみる。何かが足りない。それが何なのか思い出せないけれど、頭の奥で何かが引っかかっている。こういうことは前にもあった。何か大事なものを忘れたのかもしれない。私が装備を忘れることは、よくある。ときどき、本当に忘れっぽいのか、何かやり残した気がするだけなのか、どちらかわからなくなる。自分の知らない自分がまだいるみたいだ。

誰かが小気味よく窓を叩く音が聞こえた。

しまった。きっかり九時だ。九時二十分でもなく、九時五分でもない。アン・ドルジーは、残念ながらペルー時間では動いていないらしい。

「リストはある?」ゆっくりと窓を開けたとたん、彼の声が降ってきた。イギリス人のような軽快な口調だけれど、ネパールのアクセントがある。私はうなずいた。「どうぞ、入って」そう言いながら、軽くお辞儀をした。

アン・ドルジーはエベレストに生きる一族で、クライミングをするために生まれてきたような人だ。彼の父、ニマ・テンジンは、イギリス人の登山家クリス・ボニントンが一九七〇年代と一九八〇年代に登頂したときにガイドを務めた。当時、エベレスト登頂はまだ珍しく、名誉あることだった。熟練のシェルパであるアン・ドルジーは、これまで二十回エベレストに登頂し、一九九六年の大惨事の際にはヒーローになった。このときのことはジョン・クラカワーが『空へ——エヴェレストの悲劇はなぜ起きたか』〔邦訳：海津正彦訳、文藝春秋、一九九七年〕に記している。現在、アン・ドルジーはアメリカ人の妻とふたりの子どもとともにアメリカに住んでいるのだが、毎シーズン、ヒマラヤに来てエベレスト登頂のガイドを務めるかたわら、両親のもとを訪れているそうだ。

私たちのチームは八人の選りすぐりの登山家で構成されていて、エベレスト登山のガイドを請け負う企業の草分け的な存在であるアドベンチャー・コンサルタンツ社がついてくれている。このチームに加わるために精一杯努力したのは確かだが、八人目のメンバーに選ばれたのは、やはり運がよかったからだと思っている。ほかのメンバーはふたり目のガイド、マイクとともに、六十四キロ離れたベースキャンプに向けてすでに二日前に出発している。私も彼らと一緒に行ければよかったのだけれど、アメリカをそれ以上早く発つことができなかったのだ。アン・ドルジーは親切にも自分まで出発を遅らせてくれ、私とカトマンズで合流して装備の点検をしたあと、その荷物をベースキャンプまで運んでくれるシェルパに引き渡してくれることになっている。

彼はベッドの脇にカウボーイのように脚を広げて立ち、私の名前が書いてある紙をファイルから取り出した。褐色で幅の広い顔に、口ひげの色が濃く映っている。笑うと、薄くてかさついた唇から口ひげがはねあがる。

準備は万全だと示そうと思い、バックパックの中に手をつっこんで、サンフランシスコの自宅でプリントアウトしたスプレッドシートを探した。「ジャジャーン！」ちょっとぎこちない感じで言いながら、バックパックの中からしわくちゃになった紙を取り出す。彼はニヤッとして私から紙を受け取ると、風雪に耐えてきたがっしりした手で、しわを伸ばした。私たちは百項目にもおよぶアイテムを、効率よく確認していった。ふたつのダブルベッドの間で私が左右にちょこまかと動きまわり、彼が読みあげたアイテムを装備の山の中から必死に探し出しては、かかげて見せる。

「マイナス二十度対応の寝袋」彼が読みあげる。

「イエス、サー！　チェックしました」気をつけの姿勢で言う。いたって真剣に、含み笑いすらすることなく。

「マイナス四十度対応の寝袋」キャンプ3より標高の高いところで夜を過ごすときに使うものだ。

「チェックしました！」

「携帯トイレ」

「もっと大きいのを買っておけばよかった」私は笑った。アン・ドルジーは額にしわを寄せた。笑っていない。

「それは大きすぎる」彼は私が手にした水筒をあごで示した。かさばるのはわかっていたけれど、凍りつきそうな朝には何杯も紅茶を飲むだろうと思って持ってきたのだ。

「次は靴まわり」彼が言う。リスト化はしていなかったけれど、複数のアイテムを準備しなければならない一大カテゴリだ。

「テント用のダウンシューズ」

「チェック」

「雪山用のゲイター〔ズボンと靴の上にかけるカバー〕」

「チェック」

「クライミング用の登山靴」

「チェック、チェック、チェック」ベッドの下から登山靴を拾いあげ、枕の上に並べながら叫ぶ。「すべて正式な登山靴であります！」

少々ふざけすぎてしまったかもしれない。彼のかさついた顔には笑いじわひとつ寄らない。愛想笑いすらしてくれない。やってしまった、と思っていると、彼は私の装備を最後にもう一度ざっと確認した。幼いころに見ていた漫画の影響なのか、多くのアメリカ人はシェルパのことを、とても優しくておとなしい人たちだと思いこんでいるし、じっさい、私も最初はそうだった。でも、アン・ドルジーは間違いなく屈強な男だ。何年も登山をしてきた肌は、日によく焼けていて革のようだし、どこか厳しくて有無を言わせぬ雰囲気があるところは、私の父を思い出させる。彼のそのいかめしさが、私を過去へと引き戻した。私はリマにあるマリアレイナ小学校の教室にいた。四年生の教室だ。制服にはきちんとアイロンがあてられ、漂白もしてある。私は手をあげ、次々と正解を答えていく。成績を上げるために必死だ。評価されたくて必死になっている。アン・ドルジーは今回の私の挑戦を、ばかげたことだと思っているだろうか。私にできると思っているだろうか。そう訊いてみたい衝動にかられたけれど、大きくなる不安をのみこんだ。あなたは一人前の女性なの、シルヴィア。冷静にならなきゃ。

「ジャケット類」彼が続けて言う。

ジャケットにもいろいろな種類がある。

「ベースキャンプ用のダウンジャケット。ゴアテックスのジャケット。薄手のジャケット」

「チェック、チェック、チェック！」

「サミット・プッシュ用のズボン」

「は？」

「ズボンは？」

「え？」

「ズ・ボ・ン」

「ズボン、ああ、ええっと……はい」

サミット・プッシュ用のズボンだ。しまった。忘れてた。ああ、もう――――！　これは絶対に必要なものなのだ。エベレストの頂上では、酸素濃度が七パーセント〔平地の酸素濃度は二〇・九三パーセント。高地では気圧が低くなるために分子が拡散し単位体積あたりの濃度が下がる〕しかない。その高度になると、重さと暖かさが重要になってくる。服が重すぎると息がしづらくなるし、軽すぎればあっという間に凍えてしまう。保温性が高く、かつ、かさばらないズボンが必要なのだ。一瞬固まったあと、私は自分のダッフルバッグの中をガサゴソと探しながら、ここまでの足取りを振り返ってみた。カトマンズに来る前は香港にいて、その前はサンフランシスコ。ツインピークスにある、居心地のいい2ベッドルームのアパートにいた。アパートは坂の上にあって、グレン・キャニオン・パークが見える。部屋の中を思い出してみる。キッチンがあって、テーブルがあって、ラップトップがある。アウトドア用品の通販サイトが開かれていて、「標高八千メートル以上の高地のために特別にデザインされた」と書かれているマウンテン・ハードウェアのズボンがショッピングカートに入ったままになっている。注文を確定していなかったのだ。

「ったく、もう！」お手上げだ。

生きるか死ぬかの登山で最も大切な装備のひとつを忘れてしまった恥ずかしさを笑ってごまかしたら、アン・ドルジーも愛想笑いをした。初めて、彼の薄い唇の間からきれいに並んだ真っ白な歯が見えた。

「旅に出るときは、いつも何かしら忘れものしちゃうんだ」私は笑いながら言った。

「十年も山に登ってるのに、一年生みたいでしょ」

「手袋は？」彼が訊いた。少しうんざりしている感じが伝わってくる。

「あります！」優等生みたいに手袋を頭の上でふりながら大声で答えたけれど、私は自信をなくしていた。テレビの中でアメリカの子どもが雪遊びをするときにつける厚手の手袋をもっと強力にしたような、登頂用の手袋だ。これをつけるのは、山頂に登るときだ。エベレストでは肌を露出しているとすぐに凍傷になってしまう危険性があるので、気温が急激に下がる山頂間近の最終局面でこの手袋を使う。登山者にとって最大のリスクは世界一高い場所から転落することだと思っている人が多いだろうが、登山者が命を落とす最大の要因は寒さだ。標高八千八百メートルを超える場所では、水筒もつねにダウンジャケットの中に入れておかなくてはならない。外に出していると、すぐに凍ってしまうからだ。手も同じ。凍傷は死のキスだと思ったほうがいい。

手袋をサミット・プッシュ用のバッグに入れたあと、前ポケットに手を入れて、写真が三枚あるのを三回確認した。ツルツルした角を親指と人差し指ではじいて数える。一、二、三。そして、自分がなぜここにいるのかを再確認した。名誉のため、弔いのため、そして成長するためだ。アン・ドルジーが、バッグのジッパーをしめて小さな南京錠をかけるようにと身ぶりで示した。私はジッパーを開けたまま、手袋をしばらく見つめていた。手袋は私にしつこく問いかけてくる。本当に大丈夫なのか、と。できるわけがないと、私はどこかで思っている。この手袋を使うときはきっとこないだろう。登山を中止したときに備えて、五万ドルの保険もかけてある。アン・ドルジーは何も言わずに「ズボンと水筒」と書き、そのメモを私に渡してくれた。

「まずはタメルで買い物をしなくちゃ。みんな、買わなきゃならないものがあるだろうし」私は今回、登山はまるきり初めてという五人の若い女性を連れて、エベレストのベースキャンプまで六十四キロのトレッキングをすることになっている。五人のうち三人はネパールから、ふたりはサンフランシスコから来た女性たちだ。彼女たちとベースキャンプまで行ったあと、私はアン・ドルジーとともに登頂チームのメンバーに合流し、初のエベレスト登頂にチャレンジすることになっている。

「みんな、トレッキングをとても楽しみにしているから」私はとりとめもなく話しはじめた。

すると、アン・ドルジーがいきなりお辞儀をして言った。「午後七時に、バッグを取りに戻ってくる」

私はうなずいて感謝を示したけれど、「ナマステ」と声をかける前に彼は行ってしまった。

三十年も山に登っているのだから、こういうやりとりにはすっかり慣れているのだろう。私のことをバカだと思っていることだろう。エベレスト登頂に挑戦するのはこれが初めてなのに、その前に女の子たちを連れて山を登るだなんて、なんと無謀なことを、と思っているに違いない。

エベレストの登頂をしようという人は、何年もかけて計画をたて、お金をためるのが普通だ。山のことだけしか考えない。息をして、食事をして、エベレストを夢見る。レジェンドと呼ばれる人物や土地の伝承にも詳しくなる。誘導瞑想をして山頂に立つ自分を思い描いたり、一か月にわたって厳しい登山訓練をしたりする。地形をDNAにまでしっかりたたきこんで、登頂に成功する確率が上がるよう願う。

私も、何年も登頂を夢見てきた。でも、ほかの人とは少し違う。

二〇〇五年、なぜかわからないけれど、カトマンズに行こうと思い立った。我ながら思いきったものだ。ずっと心に穴が空いたような気持ちで生きてきたけれど、大胆に自分の直観を信じて行動し、何か神聖なものに触れれば、今度こそ報われるだろうと考えたのだ。たとえば、あたり一面にそびえ立つ山々。白光。クリスタルボウルの響き。でも、じっさいは、カオス状態だった子ども時代に引き戻されることになった。バス。スモッグ。騒音。カトマンズの通りに足を踏み入れたときは、寝ている間にリマに戻ってしまったような気すらしたものだ。いま三度目のヒマラヤにいて、アンナプルナの部屋でそのときの自分を思い返すと、なんて思い上がっていたのだろう、と笑うしかない。傷を癒すのがどれだけ苦しいことか、当時はまるでわかっていなかった。どれだけ大変で、どれだけ泥にまみれなくてはならないのか、わかっていなかった。私の傷を癒すには、このカオスから抜け出さなくてはならない。山のふもとで、ただ神の祝福を待っているだけではだめなのだ。

でも、いまもまだ、私は待っている。いったい、何を待っているのだろう。天から祝福されることだろうか。いや、私は自分を認めてくれる人を待っているのだ。それは仲間でも、山でも、神でも、アン・ドルジーでもいい。そうしたら、自分はじゅうぶん頑張ったと思えるようになる。私は私のままでいいと思えるようになる。一九九〇年代の後半から、私はアドレナリンに突き動かされるまま生きてきた。そして、自分自身からずっと逃げてきた。無謀ではあるけれど破滅しない程度の毎日が私にとってはいちばん心地よかったし、たいていは、それでなんとかなってきた。

でも、今回の旅で危険にさらされるのは私ひとりではない。一緒にトレッキングをする女性たちに気を配らなくてはいけないのだ。

私らしいといえば私らしい。こうやって、いつも一度にたくさんのことを引き受けてしまう。すでに限界なのに、もうちょっと頑張ろうと思ってしまうのだ。ほんのちょっとだけ、と。「ウン・ポキート」母がよくそう言っていた。ちょっとだけよ、いい？　と。「ウン・ポキート・デ・ピスコ」ピスコはちょっとなめるだけね、と。

たとえて言うなら、ジャグリングの球が多すぎて、どれか落としてしまいそうなときにしか生きている実感がもてないのが、私という人間だ。

一九八〇年代に、カナダ人の心理学者フランク・ファーリーが「タイプT」という性格の人がいることに気がついた。〝T〟は「スリル（Thrill）を求める」というところからきている。リスクをとらずにはいられない性質を遺伝的にもっていて、自分の限界を押し広げていくタイプなのだそうだ。ファーリー博士によれば、タイプTの人は自分のその性向のことを早い段階で知り、実りのあるリスクをとることを学べば、スターや思想的指導者、そのほかさまざまな分野の先駆者や世界的な登山家などになれることが研究からわかったという。そうかといって、勝手にさせていると、ひとたび破壊的な行動に味をしめてしまったら簡単にギャンブルや犯罪に手を染めたり、依存症になったりするのだという。世界の名だたるイノベーターや犯罪者の多くがタイプTなのだそうだ。周囲の環境によって、物を創りだす人になるのか、破壊する人になるのかが決まる。でも、アドレナリンやドーパミンが過剰に分泌される点はどちらも同じだ。「ギャンブラーは、負けているときが最も幸せなのだ」とファーリー博士は書いている。「なぜなら、失敗に最も近づいているときだからだ」

私は、これから彼女たちをベースキャンプに連れていこうとしている。それで自分がどんなに大変な目にあうことになっても。

歩きとおしたら、**もし**歩きとおせたら、みんなはそこから引き返し、私だけが山頂を目指す。初めてエベレスト登頂に挑戦するのに、なぜ登山のことだけに集中せず、わざわざ素人の一団をベースキャンプまでの過酷なトレッキングに連れていくのか理解できない、と登山仲間には言われた。

「登らないうちから疲れてしまうぞ」

「どうして一度にぜんぶやろうとするんだ？」

「いいかシルヴィア、エベレストなんだぞ。お気楽なハイキングじゃない。バックパックを背負って一泊旅行に行くんじゃないんだぞ。エベレストだ」

みんなにそう言われた。でも、どれだけ言われようと、私の気持ちは変わらない。

人生のすべてをエベレスト登頂にかけている登山家たちには、どうしたって説明できない。なぜ私が必要以上に複雑なことをしようとしているのか。いちばん大事なのは登ることではないのだと言ったところで、彼らには理解できないだろう。いちばん大事なのは、約束を果たすことだ。私は彼女たちに、そして自分自身に約束したのだ。十年前に。

約束をすることは意味のあることなのだと、もう一度示すために私は山に登る。

ドアが優しくノックされた。

「シルヴィア、みんな着いたよ」温かみのある優しい声。ルーシーだ。「ネパールの子たちがロビーで待ってる」

私は涙が頬を伝っていくのを感じた。まったく。まだ初日だっていうのに。私は怖いもの知らずのリーダーじゃないか。何か月も、彼女たちに急な坂道をダッシュさせた鬼軍曹なんだから。週に二回のブートキャンプで、彼女たちが泣き出すまでしごいたのは誰？　それなのに泣いてばかりいるなんて、いったいどんなリーダーなんだろう。鏡で自分の顔を確認する。カールした黒髪の根元が白髪になっている。私がワンダーウーマンなんかじゃなくて、力持ちだけど泣き虫のお子さま《マチート・ロロン》だってことは、みんな知らない。大胆不敵に見えるけど、中身はすごくうじうじしているのだ。

「シルヴィア、こんにちは」別の声が聞こえた。しゃきっとして澄んだ声。ヒメナだ。「行きましょう！」

　私はしわの寄った袖で涙をふき、自分でやると決めたのだからリーダーらしくしようと思った。彼女たちが思っている私にならなくちゃ。

「準備完了《リスト》！」大きな声で言いながらドアを開けた。ヒメナとルーシーが、ドアの両脇の壁にもたれて立っている。

　ルーシーがにっこり笑った。袖なしのオレンジ色のドレスを着て、鮮やかな刺しゅうのあしらわれたベルトを軽くしめ、ターコイズ色のイヤリングをつけている。クルクルとカールした黒髪に、摘みたての真っ白な花を一輪さしている。二年前に初めて会ったときから、彼女のメイクはいつでも完璧だ。チークを塗った頬に長いまつ毛、アイライナーははねあげてある。ヒメナはルーシーをもっとお転婆にした感じの子だ。短く刈りこんだ髪の毛、バイカラーのフレームの眼鏡、白と黒のボーダーのノースリーブTシャツ。ヒメナは強くて凜々しいイメージだけれど、深紫色の口紅だけは別だ。私のお気に入りのパンクロックバンドのように、反逆精神を表している。

　ヒメナのことを話すときには、「彼」「彼女」という言葉を使わないように気をつけなくてはいけない。自分自身の性的なありかたを表す適切な言葉を模索しているのだということはサンフランシスコにいたときに何回か説明してもらったのに、私はよくしくじってしまう。しみついた習慣をやめるのはなかなか難しい〔本書は二〇一六年時点の話であり、当時はまだ〝they/them〟といったジェンダーニュートラルな代名詞の用法が広く定着する前だった〕。私の母国語のスペイン語では、単語そのものにも性別がある。単語の最後が〝a〟で終わるか〝o〟で終わるかによって、男性名詞と女性名詞に分かれる。母国語からして性別が組みこまれているので、うっかりヒメナを軽んじる物言いをしてしまうのではないかと心配だ。ほかの人から、そうされないかどうかも気がかりだ。

いまの私のいちばん大切な仕事は、登頂することよりも何よりも、このグループを守ることだ。ネパールの子たちや、この地域の人たちが、ヒメナのことを理解してくれないのではないかと心配だった。ヒメナのアイデンティティを非難する人もいるかもしれない。その点、サンフランシスコは性的マイノリティにとっては天国だ。それに、アメリカのリベラルな都市のほとんどは、LGBTQ＋のコミュニティを受け入れてくれている。でも、世界にはまだまだ同性愛者だと公表することすら危険な地域もたくさんある。アメリカに比べると、ペルーも、そしてネパールの文化もとても保守的なはずだと私は思っていた。

でも、ネパールは世界で最も早く、国勢調査の用紙に男女以外の性別を書く欄をつくった国のひとつだと知って驚いた。私がネパールより五年遅れているというわけだ。

「部屋は快適だった？　よく眠れた？」私は訊いた。

「うん。よく眠れた。ありがとう」ルーシーが丁寧に答えた。アクセントが強く、巻き舌になっているところがかわいい。ヒメナは何も言わずにうなずいている。

ここに来てからまだ丸一日もたっていない。カトマンズにポンと放りこまれて、ふたりともまだ頭が混乱している様子だ。二十三歳のヒメナは、アメリカの外に旅に出るのはこれが初めてだし、ルーシーもメキシコで育ったものの、それ以上遠くには行ったことがない。

さ、行くよ。私はパンパンと手を鳴らして、ふたりをホテルのロビーに連れていった。

「ワオ！」私たちが近づいていくと、シェイリーが声をあげた。ほかのメンバーは大理石のロビーにある豪華なソファのところに集まっている。シェイリーはルーシーを引き寄せてぎゅっとハグをした。「わあ、カラフルですてき。いつもこういうスタイルなの？ 昨日は地味な色だったのに」

「昨日は三十六時間も飛行機に乗ってたからね」ルーシーはそう言って、チェシャ猫みたいな笑みをうかべた。

「あなたも！」シェイリーはヒメナの口紅のほうを身ぶりで示して言った。「すてきな色。虹みたいじゃない？」

「私はいつもレインボーとともにあるから〔レインボーは性的少数者の権利を求める運動の象徴となる配色。一九七八年、サンフランシスコでのゲイ・フリーダム・パレードでレインボー・フラッグが用いられたのが始まり〕」ヒメナは満足げにうなずいた。

シェイリーがカラカラと大きな声で笑うのを聞いて、私の心も落ち着いた。シェイリーの近くにいると、いつも明るい気持ちになる。彼女はいつもエネルギーに満ちあふれている。今回の旅では、シェイリーと、もうひとりの友だちのアーシャが私と共同でガイドをやってくれるほか、通訳もしてくれることになっている。ふたりとも〈セブン・サミッツ・ウィメン・チーム〉のメンバーだ。ネパールの女性だけで構成されたこのチームは、二〇〇八年にエベレストの登頂に成功している。最終的な目標は七大陸最高峰すべてに登頂することだ。昨晩、ふたりが私たちを空港まで迎えにきてくれ、今日、ヒメナとルーシーの仲間となるネパールの女性たち——シュレヤ、エハニ、ルビーナ——を連れてきてくれたのだ。この三人とは二年前、ネパールに二度目の旅に来たときに出会った。ちょうど、〈カレイジャス・ガールズ〉を立ち上げたころだ。友人の写真家・リサが人身売買に反対するための映像を撮影していて、カトマンズにある〈シャクティ・サムハ〉というシェルターに行くというので、連れていってもらったのだ。

当時、シュレヤとエハニとルビーナは、そのシェルターで生活していた。最初は気恥ずかしいのか、会話も堅苦しいものだった。私はよそ者だったし、彼女たちがよそ者を警戒するのも無理はない。三人がどんな目にあってきたのかを聞いたら、私の子ども時代のことなど、たいしたことではないように思えた。でも「性暴力のサバイバーと一緒に、エベレストのベースキャンプまでトレッキングをすることを考えている」と私が話すと、彼女たちの目が輝きはじめた。それまでずっと物静かだった彼女たちの目に、切実な表情が浮かんだ。「お前は一生このままなのだ」と決めつけてくる社会システムに抗おうとする心。それは、私自身がもっている心でもあった。

カトマンズでは、エベレスト街道のトレッキングは、主に裕福な西欧人のレジャースポーツと考えられている。カトマンズから、トレッキングの出発点となるルクラまでの旅費は百五十ドルだ。ネパールのお金では六千ルピーで、二か月分の給料に相当する。

ネパールではカースト制度〔ヒンドゥー教の階級制度。隣国インドのものが有名だが、ネパールにもさらに複雑な独自の制度があった〕が、法律の上では廃止されたものの、社会意識の中にまだ根強く残っている。とても複雑なシステムで、エハニとシュレヤとルビーナは、その最下層とされるダリットの生まれだ。〝不可触民《アンタッチャブル》〟と呼ばれる人々。

初めて説明してもらったとき、アンタッチャブルと聞いて私が想像したのは、マフィアや上流階級の人間たちだった。でも、ネパールでアンタッチャブルといえば貧困のしるし。触れることすら穢らわしい、という意味で使われてきた。昔は、ダリットの女性は学校に通うのも認められなかったし、上位カーストの女性と道の同じ側を歩くことさえ認められなかった。でも、二〇一四年にエハニとシュレヤとルビーナに出会ったころは、状況が変わりつつあった。彼女たちの世代が、硬直した階層の壁を壊しつつあったのだ。それでも、女性であることや、名前——名前でカーストがわかるようになっている——のせいで、彼女たちが就ける仕事はほとんどなかった。そして皮肉なことに、娘たちのためによりよい暮らしを送りたいという家族の強い願いが、娘たちを搾取の対象にしてしまうことにもなっていた。

私たちひとりひとりにとって、今回の旅はただのトレッキング以上の意味がある。

私は咳払いをして説明を始めようとしたけれど、みんな小さなグループに分かれて、ぎこちなくハグしたりして、互いに自己紹介をしていた。「ナマステ」みんなが言っているのが聞こえてくる。そして、相手に敬意を表してお辞儀をしている。**ナマステ**。**ナマステ**。**ナマステ**。二十三歳のエハニは三人の中では英語ができないほうだけれど、ルーシーに手を伸ばしてなごやかに握手を交わしている。エハニはとても心優しい大人の女性だ。凜とした美しさがあり、言葉など交わさなくてもそれが相手に伝わるようだ。

十九歳のシュレヤは最年少で、上品な顔立ちをしているけれど、したたかな一面もある。そのおかげで今日まで生き延びてこられた。

ルビーナは二十三歳。裏地がフリースになっているデニムのジャケットを着て、髪にオレンジの花をつけた姿は、アメリカン・イーグルのカジュアルウェアを着こんだアメリカ人みたいだ。おでこが広くて、顔が小さく、目と鼻と口が真ん中のほうにキュッと寄っていてお面のような顔立ちをしている。アイラインを入れた茶色の瞳は、表情を読みにくい。落ちくぼんだ二重のまぶたは、私が彼女の年頃のときに抱いていた警戒心と不信感を思い出させる。

そのまま眺めていると、みんなはおおいに盛りあがっていた。くつろいだ様子でおしゃべりし、互いにうちとけている様子だ。気づいたら、息をするのも忘れてその場を見つめていた。最初の自己紹介はもっとぎこちないものになると思っていたし、文化の異なる人たちだから私が仲立ちをしなくては、と考えていた。でも、ルビーナがヒメナと握手しようと歩み寄り、ヒメナがルビーナを引き寄せてハグするのを見ていたら、確信のようなものが胸にわきあがってきた。こんな気持ちになったのは、この旅のことを思いついたとき以来だ。きっと、うまくいくだろう。私ではなく、彼女たち自身の力によって。

みんなを見ていると、初めて学校に行った日にすぐに親友になった子どもたちのようだった。とても甘やかな光景だったので、私はひとりでクスクス笑ってしまった。サッカリンみたいに甘い。私は子どものころ、こんなふうに誰かと仲良くなったことはなかったから、自分ではうまく想像できなかった。寄せ集めのチームだけれど、シスターフッド（女性同士の連帯）は完璧にできあがった。

私たちは互いの娘であり、姉妹であり、友人だ。

メキシコ人、ペルー人、先住民、コロンビア人、ネパール人、インド人、ヒンドゥー教徒、仏教徒、カトリック、無神論者と、ルーツもバラバラ。若い人も、年長者も、クィア〔性自認や性的指向が既存のカテゴリに当てはまらない人の総称。もともとは性的少数者を指す差別的な言い方であったが、次第に当事者たちが自らのプライドを込めた自称として用いるようになった〕も、ストレートも、ノンバイナリー〔性自認が男性でも女性でもない人〕もいる。そんな私たちを、母なるエベレストが結びつけてくれている。

でも、私たちを結びつけているものは、ほかにもある。心の内側でざわめいている不安だ。こうしてみんなで集まっている時間も、あっけなく崩れ去ってしまうのではないかという悪い予感。でも、そう思っているのは私だけかもしれない。私はとめどなくわきあがってくる思いを振りすてて、最高の笑みを顔にはりつけた。笑顔でいれば、そのうち心から笑えるときがくるはずだ。

「さ、行くよ」私は大きすぎるくらいの声で言った。ちょっと芝居がかってしまい、明るく言いすぎたかもしれない。みんながいぶかしげにこちらを見た。

彼女たちに対しては、いつも正直でいなければいけないと感じた。みな、それぞれの経験によって鋭敏な警戒心を身につけてきたのだ。私のふるまいや言葉に嘘があれば、たちどころに見抜かれるだろう。


みんなと一緒に必要な装備を買いにタメルに行き、私もきちんとしたサミット・プッシュ用のズボンを買うことができた。そのあと、私たちは〈シャクティ・サムハ〉に向かった。スタッフが、旅に出る彼女たちの無事を祈って激励したいのだという。レンガ造りの崩れかけたビルや、色鮮やかなひさしが並ぶにぎやかな通りから奥まったところに〈シャクティ・サムハ〉はあった。二階建ての石造りの建物だ。ここは、人身売買の被害にあった当事者が設立し運営している、世界初の組織だ。シェイリーとエハニが細い路地の先にある簡素な石造りの建物まで私たちを案内してくれた。

ここは女性たちにとって、安息の隠れ家だ。

つねに二十人から三十人ほどの女性が、このシェルターで暮らしている。中にはまだ十歳という女の子もいる。石造りのすすけた廊下を歩いていくと、施設に暮らす女性たちがドアのない開口部から頭をのぞかせて、クスクスと笑ってはサッと視線をそらす。目を合わせるのは無礼なことだというかのように。

〈シャクティ・サムハ〉では、シュレヤとエハニとルビーナは伝説的な存在だ。

一般的に、人身売買はほとんど告発されることがない。複雑な仕組みが構築されていて、女性たちは頻繁に場所を移動させられるため、居場所をつきとめるのが難しいからだ。それに、人身売買の首謀者は、政界や地域社会で大きな権力を握っていることが多い。私が初めてシュレヤとエハニとルビーナに会ったとき、三人はインドの売春宿から逃げてきたばかりで、ここよりももう少し年上の女性たちが入る一時的な保護施設に住んでいた。そして、〈シャクティ・サムハ〉のスタッフの協力を得て、自分を売買した人々に対する訴訟を起こし、勝訴した。

金持ちや裏社会とつながっている人間を訴えることには、命の危険も伴う。それでも、彼女たちはその危険をあえておかした。自分の道を自分で切り拓こうとする彼女たちの情熱に背中を押されて、今回のトレッキングチームも結成された。NPOの名前のとおり、彼女たちが最初のカレイジャス・ガールズ《勇敢な女の子たち》だ。

私自身も、そうでありたかった。

ヒンドゥー教の女神であるシャクティは、女性のエネルギーを表象する神だ。「母親というものは穏やかで優しければいい」という伝統的な考えとは異なる。シャクティはなすべきことをなすためなら、母にも、戦士にも、破壊者にもなる。〈シャクティ・サムハ〉の使命は、女性たちの涙を力に変えることだ。そして、それは今回のトレッキングで私たちが目指していることでもある。

私たちが建物の中に入っていくと、事務局長のビンサがお祈りをするときのように両手を組みながら迎えてくれた。「ナマステ。ようこそ」彼女と六人の女性たちが、絹でできた薄い黄色のカタ（スカーフ）を私たちの肩にかけてくれ、ビンディをつけるときに使うシンドゥールと呼ばれる鮮やかな紫色の粉で、髪の生え際に添って線を引いてくれた。チベットでは伝統的に、来客をもてなすときにカタを贈る。今日は、旅の安全を願って贈ってくれた、ということだろう。私たちは車座になった。十数人の女性がヨガ・

クッションにすわってあぐらを組んでいる。ほがらかにナマステと挨拶を交わしたあと、ビンサがネパール語で歓迎の言葉を述べ、それをシェイリーが英語に訳してくれた。「今回、特別なトレッキングに参加する〈シャクティ・サムハ〉の三人の仲間、シュレヤ、エハニ、ルビーナ。私より年下ですが、彼女たちの勇気には、おおいに刺激を受けました」ビンサが言った。

三人はにっこりとほほえみ、一礼して感謝の意を示した。

「シルヴィアに会えてとても嬉しいです。それから、新しい友だちのヒメナとルーシーもようこそ。トレッキングがうまくいって、あなた方の目的が達成されることを祈っています。どうか実現しますように」

そのあと、私たちの前にすわっている女性たちに、自己紹介をうながした。

女性たちはひとりひとり名乗ったあと、私たちの旅を応援する一言を添えてくれた。見覚えのある顔もあった。ほとんどがかつて人身売買の被害にあった女性で、いまはこの組織の運営に携わっている。自分の身に起こった出来事を、力に変えてきた人たちだ。彼女たちは誰も自分たちを助けてくれないと知り、互いに支えあってきた。こんな互助会があったら、私もあれほどの苦しみを味わわずにすんだかもしれない。あのころ私の周りにいたのは、出世欲が強く、パーティーばかりしている人や、ドットコム企業で夢を追い求めている人ばかりだった。こんな互助会があったら、もっと早く、自分の過去と向きあう勇気をもてたかもしれない。

みんな、ゆったりと自然体で自己紹介をしていく。部屋はくだけた飾り気のない雰囲気に包まれ、ヒメナとルーシーの緊張もほぐれていった。ふたりとも、とてもリラックスした様子だ。

「温かく迎えてくれて、ありがとうございます」ルーシーが言った。「トレッキングをするために、これまで必死に努力してきました。先のことはまったくわからなかったけれど。ここに来て、カトマンズを見て、アメリカの外にある多くのものに目を向けることができるようになりました」

彼女はひとつひとつ、慎重に言葉を選びながら話した。この場にふさわしい挨拶だった。以前の彼女には見られなかったような、意志が感じられる。

ヒメナはルーシーの言葉に同意するようにうなずいたあと、何か思いつめたような表情で話しだした。輪になっていた女性たちが、温かく包みこむようにヒメナを見る。

「私はただ、ここであなた方に会えて本当に光栄だと伝えたいです。なぜなら、私にはあなた方が見えるからです。見えるんです。私の言っている意味、わかりますか?」ヒメナは手で空中に大きな輪をつくって、「見える」という言葉の深い意味を伝えようとした。

ヒメナの言葉遣いは平易なものだけれど、それがまるで比喩のように聞こえることがよくある。ヒメナの言葉からその奥にある意味があふれだし、その流れにのって、もっと深いところへ連れていかれるような感じだ。言葉にこめられたヒメナの感情は、どうやってネパール語に通訳されるのだろう。いや、通訳など必要ないのかもしれない。ヒメナは自分の言葉を相手に感じさせる力をもっている。

「私は少し圧倒されています」ヒメナが言う。「新しいところに来たからではなく、みなさんの目から誠実さが伝わってくるからです。私たちを温かく迎えてくれて、そして、〝シスターフッド〟がたんなるフレーズではないことを思い出させてくれて、ありがとう。シスターフッドは、生活を営むことから生まれるんですね。アメリカにいると忘れがちですが、ここではそれが自然にできるとわかりました」

ヒメナとルーシーは、サンフランシスコで政治運動や社会運動に携わっている。ルーシーは社会正義に関する運動でキャリアを〝築きたい〟と考えていて、できれば政治に携わり、移民問題やホームレスの問題に取り組みたいと思っている。いっぽう、ヒメナはラテンアメリカ系の性的マイノリティのコミュニティを〝築く〟活動をしている。この数か月、一緒にトレーニングしてきてわかったのは、ふたりの言葉には私の言葉にはない力がある、ということだ。私が子どものころも、その言葉はあった。父が〝築く〟と言うときは、富をたくわえて自分の城をつくり、自分が王様になることを意味した。私も自分の分際をわきまえ、自分で道を切り拓き、全力をつくして、いちばんにならなくてはいけないと教えられてきた。でも、ヒメナとルーシーが〝築く〟という言葉を使うときは、誰かと一緒に何かをつくることを意味している。〝築く〟とは、周りの人と話をしたり経験を分かちあったりすることなのだ。信頼を得る、ということだ。レンガを積み上げていくように、ほかの人の考えや知識も借りて、みんなで分かちあえる、みんなのためになるものをつくることなのだ。

ふたりの言葉はただの宣言ではなく、「一緒にやりましょう」という誘いの言葉に聞こえてくる。通訳などしなくても、この場にいる女性たちは明らかにヒメナの言葉を理解している。ヒメナの言っていることを心に刻んでいる様子だ。うなずきながら、やさし気な目でじっとヒメナを見つめている。言葉とは不思議なものだ、と思った。いま私たちがこうして活動しているのは、私たちの身の上に起こった出来事だけが理由ではない。その出来事によって刻まれた心の傷が大きな理由だ。どれだけ心がむしばまれ、命が削られたことか。そこから逃げだしてもなお、私たちは毎日を闘いながら生きている。

「アクティビズムとは、たんなるスローガンではありません」演壇に立っているかのように、ヒメナは大きな声で話しはじめた。「日常の行動の中にあるんです。ひとつひとつの言葉や、考えの中にあるんです。私にとっては、いまここであなた方とすわっていることもそうです。こんなことが起こるとは思ってもいませんでした」ヒメナの目に涙が浮かんでいる。シェイリーがヒメナの腕を優しく叩き、ひといきにネパール語に訳した。

帰る前に、私はみんなに何か約束したいと思った。ここにいる女性たちのほとんどは、エベレストに足を踏み入れることはないだろうから。

そこで、シェイリーに訳してもらって、こう伝えた。

「チョモランマの山頂には、これを持っていきますね」そう言って、私は彼女たちからもらった黄色いカタをかかげてみせた。「あなた方の一部を世界でいちばん高い場所に持っていけるなんて光栄です。このカタに、みなさんの願いをかけてください。私がそれを山頂に持っていきます。もちろん私も願いをかけます!」私は立ち上がって輪の中を順番にぐるりと回り、ひとりひとりとハグを交わした。彼女たちが目を閉じて黄色いカタに願いをかけている間、私はその素朴な絹の布で彼女たちを包みこんだ。

「シルヴィア、山頂までたどり着けるように、私たち全員のエネルギーを贈ります」ビンサが言った。

自分が性的虐待を受けていたことを初めて人に打ち明けたとき、話したらそれで終わりだろうと思っていた。その記憶を葬り去れるだろうと思っていた。もうこれで終わりにできる、と思った。

でも、そうではなかった。〈シャクティ・サムハ〉にいる女性たちを前にしていたら、話すことは始まりにすぎなかったことを思い出した。心を癒すのは長い道のりだ。道がふさがれていることもある。途中で立ち止まることもある。そしてまた歩きだすのだ。十年前、私は山に登るという夢をかかげ、必ず帰ってくると誓った。でも、それからの十年、新しい山や谷に出くわし、決意や熱意がそがれることもあった。自分のためだけに闘っていたから、前に進みつづけるのは難しかった。でも、世界じゅうの女性たちのために闘うのならば、できるかもしれない。いま、目の前にいる女性たちのために闘うのならば、できるかもしれない。

眠る前に連絡が入った。トレッキングの出発点であるルクラまでの明日のフライトは、気象条件がよくなさそうだという。欠航になった便も多いとのことだった。頭の奥でカチカチと鈍い音が聞こえてきた。残り時間を知らせるタイマーだ。私はベースキャンプで登頂チームに合流して、プジャの儀式（山頂を目指す人たちが必ず受ける登頂安全祈願の儀式）を受けることになっている。そのためには、彼女たちを連れて二週間でトレッキングを終えなくてはいけない。一日たりとも遅れることはできない。神様に祈りを捧げてから横になった。今夜も、やわらかくて暖かいベッドの感触を骨に刻みつける。次にベッドで眠れるのは、ずっと先だろう。私は寝返りを打ちながら、いつものように不安がゾワゾワと広がっていくのを感じた。できるかぎりの準備は整えてある。私はリラックスして眠れるようにと祈った。けれど、リラックスできなかった。明日のフライトのことが心配なだけだ、と自分に言い聞かせようとした。

でも本当は違う。ベッドは私にとって複雑な場所だからだ。

目を閉じると、安全な家にいたはずの十歳の女の子の顔が浮かんできた。

ルクラの飛行場に着陸するときは、ほんの少しのミスも許されない。小さな滑走路はサッカー場ほどの長さしかなく、一方の端は山に突き当たっているし、もう一方の端は数百メートルの深さがある崖で途切れている。エベレストへの旅はすべて、このフライトから始まる。でも、スリル満点なのは滑走路だけではない。空中にいるときから、緊張感の連続なのだ。十人乗りのプロペラ機がヒマラヤの濃い霧の中を飛んでいくと、機体がガタガタと揺れて、いまにもどこかのネジがゆるんで飛んでいってしまいそうに思える。でも、これも、その先に待っている乱気流、そして乱気流のような感情の序章にすぎない。一時間のフライトの間、ルーシーはお守りがわりに家から持ってきたテディベアをしっかりと抱きしめながら、窓際で顔をしかめていた。いっぽう、ヒメナは静かで微動だにせず、半分目を閉じたまま外をじっと観察していた。ヒメナはいつも観察している。

シュレヤとエハニとルビーナとアーシャは、空港が混雑していたため、カトマンズにとどまったままだ。法律で、ネパール国民の航空運賃は観光客の半額と決められている。ヒマラヤ地方の経済は登山客に大きく依存しているので、空港が混雑しているときは、まず地元民の予約が取り消されてしまうのだ。エベレストは全世界の母神であると同時に、現実の経済を担ってもいる。チケット・カウンターで四人の予約が取り消されたとき、私はカッとなりかけた。でも、シェイリーがうまく私をなだめてくれて、先に出発したほうがいいと言ってくれた。「四人は午後のフライトに乗るから、お昼すぎには着くはず。トレッキングには間に合うよ！」

着陸して一息ついたあと、私たちはバックパックを背負い、ふらふらする足で近くのティーハウスに向かった。ここで朝食をとりながら、残りのメンバーを待つつもりだ。

ギシギシときしむ玄関先の階段を上がっていくと、窓から見覚えのある顔が見えた。なんて偶然なのだろう。中に入ると、天井の低い木造の部屋には、レンズ豆とニンニクのスープのスパイシーな香りが充満していた。部屋の真ん中にある薪ストーブではヤクの糞が燃やされていて、私たちはツンとしたにおいとともに暖かさに包まれた。私は飛行機に乗っていたときの恐怖を振り払うように、ジンジャーティーを飲みながら話をしている撮影隊の横をすり抜け、奥に入っていった。

「すぐ戻ってくるから」丸いローテーブルにつこうとしていたシェイリーとヒメナとルーシーに告げる。

「リチャル！」大声で呼んだ。リチャル・イダルゴは、ペルーでもトップクラスの登山家として有名だ。リチャルは立ち上がって私を抱きしめると、頬に軽くキスをしてくれた。

「山に登るの？」彼はそう訊きながら、隣のテーブルから椅子を引っぱってきた。

「ほら、ここにすわって」

「そうなの」椅子に腰かけながら言う。「初めての挑戦」

「チームの人たちと来たの？」

「あなたみたいに立派なチームじゃないけどね！」からかうように言って、何台ものカメラを指さした。

二〇二一年にペルーが独立二百年を迎えるので、リチャルはそれを記念して、ヒマラヤにある世界で最も高い十四座〔八千メートルを超える山はヒマラヤ山脈と隣のカラコルム山脈に集中しており、ぜんぶで十四座ある〕に無酸素で登頂するという挑戦をしているところだ。無酸素登頂はこのクラスの山ではあまり例がなく、とても危険だ。私たちの祖国はリチャルの偉業に並々ならぬ誇りを抱いている。彼はみんなから愛され、最強の登山家と称えられている国民的ヒーローなのだ。

「あの若い女性たちは？」彼が尋ねた。

「姉妹みたいなもの」私は笑顔で答えた。「大変な思いをしてきた子ばかりなの。私が山頂に登る前に、ベースキャンプまで一緒にトレッキングすることになってる」

「いまから？　初めての登頂で？　大変なんじゃないか？」私のカップにジンジャーティーを丁寧に注ぎ

ながら、彼が眉根を寄せて言う。

私は何と答えていいのかわからない。

リチャルの旅にはスポンサーがついている。エベレストに登るほとんどの人はそうだ。でも、私はこの十年で七大陸最高峰のうちの五つを、スポンサーなしで登った。ペルーの登山家のコミュニティは私を応援してくれたけれど、資金はいっさい援助してくれなかった。一九七五年、日本の田部井淳子という登山家が、女性として初めてエベレストの登頂に成功した。資金集めに苦労した、という話を読んだことがある。当初は男性の登山家から「どうせ結婚相手を探すために山に登りはじめたんだろう」などと言われたらしい。もちろん、女性の登山家は世界じゅうにいる。でも、エベレストのような八千メートル級の山に挑む登山家の大多数はいまでも、裕福な異性愛者の白人男性だ。装備をそろえたりガイドを雇ったりできるほどの資金が用意でき、トレーニングをして登山に挑む時間があり、生活を切り盛りしてくれる家族がいるという環境は、ほとんどの女性にとって、そう簡単に手に入れられるものではない。

私は山岳地方の出身だけれど、アンデスの血が流れていることと遠征登山をすることとは別物だ。世界の最高峰に立つために多くの資金をつぎこむ人は、山と溶けあいたいのではなく、山を征服したいという欲望に突き動かされていることがほとんどだ。私がエベレストに登るのは、国の名誉のためでも、功名心のためでもない。でも、それをリチャルに理解してもらおうとは思っていない。ペルー、私の故郷。私を育み、壊した故郷。必死の思いでペルーを離れたあと、自分を移民やよそ者としか見ない国でボロボロになりながら、自分のアイデンティティを何年も探しつづけた。どこへ行っても、私はペルーという国を背負わされてきた。でも、私のバックパックの中に入っているのはペルーの旗だけではない。特別な写真も入っている。そしていまは、〈シャクティ・サムハ〉でもらった黄色いカタも入っている。

山頂に、それらを残してくるつもりだ。山に引き寄せられるように登って栄誉を手にする人もいれば、苦しみに追い立てられるように山に登る人もいる。

朝食を食べ終わると、正午だった。アーシャからは、フライトがさらに遅れるという連絡がきている。スケジュールどおりに進むには、そろそろ歩きはじめなくてはいけない。焦らなくても大丈夫、と自分に言い聞かせた。シェイリーと相談して、旅程にはじゅうぶんな余裕をもたせてある。ゆっくりとしたペースでも、いま出発すれば、八キロ先の最初の宿泊地パクディンまで、五時間で行ける。

「幸運を祈ってる《ブエナ・スエルテ》！」リチャルに別れを告げ、私たちは歩きだした。松やアメリカツガの森に囲まれた谷に向かって、つづら折りになった土の道を下りていく。カウベルがチリンと鳴るのが聞こえると、道の片側に寄って、物資を詰めこんだ袋を背にのせて運ぶヤクを通してやる。道は家畜優先だ。「ナマステ！」体を傾けながら大きな荷物を頭の上にのせて先を急ぐポーターたちに声をかける。彼らから学べることもある。苦境にあるときは、体を傾けてバランスを保てばいいのだ。

谷を下りていくと、ひとつ目のつり橋があった。下にはドドコシ川が勢いよく流れている。ミルクを混ぜたようなターコイズ色の水が流れていることから、ミルクリバーとも呼ばれている。私はヒメナとシェイリーを先に行かせた。ふたりとも、つり橋の木の板を渡っていく足が震え、両手でワイヤーの手すりを握りしめている。チベットの五色のタルチョ（祈禱旗）が風にはためいて、彼らを応援しているかのようだ。一時間もしないうちにルーシーが遅れはじめ、肩で息をするようになった。私は後ろまで彼女の様子を見にいった。

「もうくたくた」ルーシーが言った。目が泳いでいる。「もうだめかも」

私は言葉をのみこんだ。先週のトレーニングのとき、ルーシーは最後のトレッキング練習に二日酔いで現れた。彼女は否定したけれど、私にはすぐわかる。サンフランシスコにいるとき、私たちは何か月も筋トレに取り組んだ。ルーシーもよく頑張っていた。旅に出る直前の一か月は、徹底した食事管理をするようにと言い聞かせた。一日に三リットル以上の水を飲むことと、お酒を飲まないことも、その中に含まれている。標高の高いところを歩く準備を体にさせるためだ、とみんなには話した。そんな準備など、じっさいはほとんど無理なのだけれど。

パーティーなんかに行っていたら体がなまるよ、とルーシーには注意しておいたのに。でもいまは、彼女を叱りつけたい衝動をぐっとこらえた。どうしてあと二週間、クラブに行くのを我慢できなかったの、という質問は、私がこれまで何度も自分自身に問いかけてきたものだ。

「ほら、貸して」私は彼女のバックパックを取り、お腹側にくるように肩にかけた。「あとどれくらいだろうとか考えないで、とにかく一歩ずつ進んで」

それからの一時間は、一歩一歩もがくように進んだ。ヒメナが後ろを歩き、私たちはほかの登山者や地元の人たちが通るたびに道を譲った。ボロボロのズボンをはいた子どもたちが、あっという間に私たちを抜き去っていく。これからの過酷な十日間に備えて少しずつ慣れてもらいたいと思ったけれど、もしルーシーがここを切り抜けることすらできないなら、血中酸素飽和度が急速に低下するヒマラヤの高地を歩きとおすことは無理だろう。

「少し休む？」ヒメナが訊いた。

「ううん、大丈夫」ルーシーが答えた。

本来、ルーシーは弱音をはかない人だと私は知っている。

最初に彼女たちをこの旅に誘ったときは、本気なのかという表情でみんなが私を見た。あれは二〇一五年のこと。〈カレイジャス・ガールズ〉と一緒にエベレストのベースキャンプまでトレッキングをする、という私の夢が動きだしたころだ。シュレヤ、ルビーナ、エハニは乗り気だったけれど、私はアメリカからも何人か連れていきたいと考えていた。そこで、お昼休みにサンフランシスコにある勤務先のイーベイ社のオフィスを出て、四番街とフォルサムストリートの角にある、NPOが運営している女性たちのための小さなスペースを訪れた。私は六人の女性にトラウマと登山について話をした。そして、山に登ることで私の人生がどう変わったのかも話した。ほとんどが十代で、二十代はわずかだった。私はその年頃のときに自分が味わった苦痛を思い出した。そのことを話せる人が誰もいなかったことも。彼女たちのほとんどは、自分の人生を立て直している最中だった。虐待を受けていた家から逃げ出してきたものもいたし、ホームレス生活から抜けだそうとしているものもいた。私は彼女たちに、しっかりと手順を踏んで私と一緒に三か月トレーニングをすれば、エベレストのベースキャンプまでのトレッキングに連れていってあげられること、旅費はこちらで用意することを話した。

何かをただでもらうことなどなかった彼女たちは、ぽかんとした顔で私を見た。

「ネパールのエベレストのこと?」

「そう」私は答えた。

「そもそもネパールってどこ?」別の女性が訊いた。

「アジアだよ」物静かだった女性が言った。

「そこまで飛行機で行くってこと?」また別の女性が大声で言った。

「そう」

「ネパールまで飛んでいくってこと? ホントに? 飛行機で?」

「そのとおり」

「つまり、毎週トレーニングをしたら、ネパールまでの飛行機チケットをくれて、山のベースキャンプまで連れていってくれるわけ?」もうひとりが訊いた。

何かとんでもない落とし穴があるのではないかと、彼女たちはこちらを凝視していた。人生はいつだって穴だらけだ。これまで彼女たちは、人から何かを与えられたことはない。自分でなんとか手に入れるだけだった。信用できないのも無理はない。

「そういうこと」私は言った。「約束する」

「約束? ハ・ハ・ハ!」それまでおとなしかった女性が、怒ったように笑いだした。

「この人、とんだ嘘つきだよ」

彼女はそう言うと、部屋を出ていってしまった。

無理もない。ベイエリアのテクノロジー業界には、社会から取り残された若い女性、とくに有色人種のそうした女性たちを〝救いたい〟と思っている白人が大勢いることは私も知っている。でも、それがうまくいった試しはほとんどないし、うまくいくどころか傷つくことのほうが多い。失うものさえもたない人にとって、約束は重要なものなのだ。でも、私は白人の救世主とは違う。彼女たちに伝えたいメッセージがあった。ありきたりに聞こえるかもしれないけれど、私はどうしても伝えなくてはならなかった。山からのメッセージを。私が山で見つけたことを、彼女たちにも見つけてもらいたかった。何か、自分よりも大きなものを目にしてもらいたかった。私が自分のことを理解できるようになったのと同じように、彼女たちにも自分自身のことを理解してもらいたかった。身の上に起こった出来事を理解することよりも、自分を理解することのほうがずっと大切だから。

「トレーニングは来週から始めるから」私は勢いこんで言った。ここで三人が部屋を出ていき、残ったのはヒメナとルーシーだけになった。ふたりは私の話を信じてみようと思ったらしい。ふたりとも十代のころ、似たような経験をしていた。家から逃げだし、サンフランシスコの路上で暮らしていたことがあるのだ。

　ヒメナはそのあと働きながらサンフランシスコ州立大学に通い、作家になりたいという夢を抱くようになった。ホームレスの問題にも熱心に取り組んでいた。褐色の肌をしたコロンビア系のアメリカ人でクィアのヒメナは、目を輝かせながらアウトドアの活動は大好きだと言った。でも、うつ状態に長く苦しんでいて、トランジショナル・ハウス〔ホームレスだった人が恒久的な住宅に入居するまで、一時的に入居する場所のこと〕に住んでいるという。アメリカから出たことはなく、アジアに行けるなんて夢のようだ、と話してくれた。トレーニングにも初日から熱心に取り組んでくれた。弱音をはいたことはない。

　ルーシーも同じくらい熱心だったし、彼女の熱いエネルギーは周りにも伝わった。私と同じで、ルーシーも移民だ。メキシコのクアダラハラから移住してきた。長女なので、弟妹たちのいいお手本になりたがっていた。地元のコミュニティ・カレッジで法律を学んでいて、起業家になりたいという夢をもっていた。燃えるような瞳をした彼女を見ていると、まるで自分自身を見ているような気がした。頑固で、よくも悪くも戦士だった。

移民にはタイプTの人が多い。自分の人生と、子や孫の人生までも変えるような大きなリスクをとる。何かから逃げるにせよ、何かに向かって進むにせよ、家を離れてゼロから始めるには勇気が必要だ。希望を胸に家を離れた人も、恐怖から逃れるために家を離れた人も――チャンスをつかもうとした人も、避難しようとした人も――つねに、いつでも、故郷を抱えて歩きつづけることになる。

私は一刻も早くトレーニングを始めたいと気をはやらせながら、そのミーティングを終えたのを覚えている。でも、いま思うと、やはりまだトレーニングが足りなかったのかもしれない。

シュレヤとエハニとルビーナは強そうに見える。この一年、三人は私が送ったトレーニングメニューを実践してきた。免疫力を高め、引き締まった筋肉をつくるために詳細に計画したメニューだ。初めて会ったときはサヤインゲンみたいに細かった三人の脚は、いまではがっしりして引き締まっている。だが、ヒメナとルーシーはまだそれほどでもない。

じゅうぶんに準備ができていなくても挑戦しなくてはいけないときがあるのだ、と自分に言い聞かせようとした。それも大切な教訓だ。もし失敗したとしても、彼女たちは自分の強さに勇気づけられるだろう。それだけでもじゅうぶんだ。でも、本当は、もっと頑張ってほしい。みんなで、歩きとおしたい。やりとげたい。私たちならできる――それが、私が伝えたいメッセージだ。私たちはどんなことだってできる。サバイバーである私たちなら。それこそが、彼女たちに知ってほしいことだ。

でもいまは、ヒメナもルーシーも疲れきって頭が混乱している。エベレストトレッキングの最初のチェックポイントであるパクディンまで行くのは、とても無理だった。四時間歩いたあと、私たちは途中のヌリング・ガットで泊まることにした。予定の半分も進めていない。パグディンで残りのメンバーを待とうと思っていたのに。最初のチェックポイントにさえ着けないとは思ってもみなかった。この数か月、女の子たちの準備に奔走していたので、そのあと自分が登頂に挑戦することはほぼ忘れていた。でも、急に大きな不安が胸に、そして体の隅々まで押し寄せてきた。サミット・プッシュ用のズボンをカートに入れておきながら、なぜ〝注文〟のボタンを押さなかったのだろう。フライトも、装備も、ガイドも、アメリカから出たこともないふたりを含む五人の初心者へのトレーニングも、しっかり準備してきた。それなのに、自分が登るのに必要なものを、肝心なときに忘れてしまうなんてどういうことだろう。十年もこの目標に向けて頑張ってきたのに。たった一本のズボンのことさえ忘れていた私が、どうやって彼女たちの安全を確保してあげられるだろう。

いや、違う。本当は、こんな大それた旅をしようと思い立ちながら、私は自分が山頂に立つ姿をまったく思い描けていなかったのだ。

パニックになっているのは、ズボンを買い忘れたからじゃない。きっと使うことはないだろうと思っていたから買い忘れたのだ、ということに気づいたからだ。

第4章　日曜日の獲物

毎週日曜日、朝七時に起きてバラに水をやるのが父の習慣だった。門から家まで続く私道には石で囲われた花壇があり、クリーム色がかった白や、黄色や、薄いピンクの花をつけたバラの茂みが五つか六つはあった。これを、父はことのほか大切にしていた。大切にするといっても、父の爪が土で汚れることはない。父は遠くから花を眺めてあれやこれや言いながら、ハウスキーパーのサンドラに枝を切らせていた。父にとってバラはあくまで眺めて楽しむものであって、手間をかけて世話をするものではなかった。父にとっては、家族もそうだった。

ある朝、ミゲルと私は、ミゲルが八歳の誕生日に買ってもらった新しい革のボールでミニサッカーをして遊んでいた。走りまわるのが大好きだった私は、脚を動かしたくてムズムズしていた。コンクリートの私道は格好のオープンスタジアムだ。舗装の割れ目がラインがわりになる。私はこちらに突進してくるミゲルを、うまくよけたりかわしたりしながらゴールポストに向かっていった。そして、しっかりと狙いを定めると、足を後ろに振り上げて思いきりボールを蹴った。ボールはバラの茂みに向かって飛んでいき、黄色のバラの茎が折れてしまった。

「ばか、何やってるんだ！」父が二階から叫んだ。父はテレビのある部屋で昼寝をしていて、ちょうどそのとき、私たちの様子を見ようと窓から外をのぞいていたのだ。父の声が耳の中でグワングワンとこだまし、私はバラを直そうと駆け寄った。

「くそ！　なんてことしてくれるんだ！」父が叫びながら下りてくる足音が、死のチャイムのように鳴り響く。

ミゲルはサッカーボールを拾い、私は必死に花を元に戻そうとしたけれど、茎はいまにもひきちぎれそうだし、花はダランと垂れさがったままだ。たぶん直るよね。そんなにひどくないよね。私が心の中でそう思っていると、父がいちばんいいベルトを持って庭に飛び出してきた。私もよく知っている上品な黒いベルトで、リマにある革製品の老舗ペドロ・P・ディアスのハンドメイドのものだ。父は私たちにむち打ちのお仕置きをするときは、いつもこれを使う。しつけをするときも、いい物を使いたいようだ。いつもはツルンとしている父の顔がしわくちゃになり、怒りで真っ赤になっている。濃い眉毛もぎゅっと寄っている。私がなんとか元に戻そうとしていることなど気にもとめていない。何があったのか尋ねもせず、私の弁解を聞きもせずに、父は私のむき出しの脚に分厚い革のベルトを打ちつけた。一回、二回、三回。私のふくらはぎからすねにかけて、ベルトが鋭く打ちつけられた。痛みで体がしびれてくる。

「やめて、父さん、お願い。痛い！　やめて」

やめて、と叫んだことはこれまでにもあるけれど、父が手を止めてくれたことはない。父にやめてと言っても無駄だ。

父が息を整えようと手を止めたすきに、私は家の中に逃げて階段を駆け上がったけれど、中ほどで父につかまってしまった。そして、またベルトでむち打たれた。怒りを爆発させて続けざまに打ったあと、息を切らしたのか、父はベルトを投げ捨てると、こちらに背中を向けて怒鳴りながら、大きな足音をたてて部屋に戻っていった。「子ども部屋に行け、このくそったれめ《ペダッソ・デ・ミエルダ》！」英語で言えばピース・オブ・シット。

父はよくこう言って私たちを侮辱した。この言葉が簡単に口をついて出てくる。そう言われるたび、私は〝くそ《シット》〟でできたケーキを想像し、自分はそのケーキの〝一切れ《ピース》〟にすぎないんだと思った。しばらくの間、父は私に優しくしてくれないだろう。むちで打たれたあとはいつもそうだ。私は部屋に駆けこんで、また父をがっかりさせてしまったと恥じ入りながら、自分の脚を見つめた。やんちゃで速く走るのが得意な私の脚。ほっそりとした小さな脚。いまは濃い赤色のミミズ腫れができ、点々と内出血しているのが見える。

家はいちばん安全な場所。母はいつもそう言っていた。自分たちの城だし、自分たちを守ってくれるものなのよ、外の人たちは怖いんだからね、と。「気をつけなさい。知らない人とはしゃべっちゃダメ！」と、よく注意されたものだ。たしかに、外では知らない人たちが悪いことをしていた。センデロ・ルミノソがリマにまで侵攻してきていた。通りでは車が爆破された。身代金目的の誘拐や脅迫状なども日常茶飯事だった。アンデス地方ではゲリラが私有地を奪い、自分たちの共有地とした。父の出身地であるサンタ・クルス・デ・チュカも革命によって占領され、父と父の兄弟が所有していた土地も没収された。土地を出ていけと脅す不可解な電話が来たりもした。自分の土地だと主張しに戻ってきたら殺すぞ、と言われたこともある。

あるとき、私が電話をとった。

「お前たちを見張ってるからな」かすれた男の声がした。「赤ん坊に気をつけるんだな」このときは一九八三年で、弟のエドゥアルドが生まれたばかりだった。私は凍りついた。恐怖のあまり受話器をぎゅっと握りしめていると、プープーと電話が切れた音がした。

家は私たちを守ってくれる城だと母は言っていたけれど、私は家の中にいても外にいても、少しも安全だとは感じられなかった。お米料理の塩味が足りないとか、ゲームの音が大きすぎるとか、バラを傷つけたとか、ほんの些細なことでベルトが飛んでくる。父はいつも、セグンド《二番目》という自分の名前以上のものになろうとしていた。どこかよそで一番になれなくても、少なくとも自分の家という小さな王国では、自分が君臨することができると思っていたようだ。そして私は、幸せでいたければ、父の言うとおりにするしかないのだということを学んだ。だから、Ｊがドアを閉めて「しーっ」という仕草をして、セグンドから言われたとおりにしているだけなんだと言ったとき、私にはその意味がよくわかった。

ある日、私は庭で虫を探していた。両親が虫眼鏡を買ってくれたので、それでダンゴムシを見てみようと思ったのだ。触れると小さなボールみたいにクルッと丸まるのが好きだった。ダンゴムシはどうやって身を守っているのか、すぐ近くで見てみたかった。

小鳥の美しいさえずりのようなＪの口笛が、上のほうから聞こえてきた。紗がかかったような太陽の真っ白な光を手でさえぎりながら、私は上を見上げた。二階のベランダで、Ｊが手を振っている。

「何やってるの？」

「ダンゴムシ探してるの！」大きな声で答えた。

「そうか。いい子だね」

「でしょ」私は誇らしげにうなずいた。Ｊが認めてくれたので、思わずクスッと笑ってしまった。きっと、父さんにそう言えと頼まれたんだろう。自分では言えないことを、Ｊにかわりに言ってもらおうとしたんだろう。私のことを誇りに思うって。私はいい子だって。きっと、それが父さんの愛情表現なんだ。

「上がっておいでよ」Ｊが私を呼んだ。

段ボールでつくった間に合わせの虫かごをその場に置いて、私は二階に駆け上がっていった。Ｊは両親の部屋の掃除をしていた。私はこの部屋に入ってはいけないことになっているけれど、母さんがいいと言ったときは例外で、そういうときはきまって父さんが出かけているときだった。私は部屋の中を隅々まで見たくてウズウズした。

「ここにすわって」ベッドにすわっていたＪはそう言って、自分の隣をポンポンと叩いた。

私は従った。

Ｊはドアに鍵をかけて、私のところへやってきた。手を私の脇の下に添えてベッドに斜めに横たわらせると、唇に優しくキスをしはじめた。こんなキスをするのは恋人同士だけだ。あとはテレビで見る旦那さんと奥さんとか、教会にいるカップルとか。両親は喧嘩をしていないときに、ごくたまにしている。静かにじっとしていると、Ｊは私のズボンとピンクの花柄の下着を引き下げ、口に指をあてて「しーっ」としてから両ひざをついた。彼は私の体にキスをしながら唇をまっすぐ下のほうまで這わせ、私の、その場所までたどり着いた。テラテラと光っている口ひげが、毛の生えていないツルンとしてやわらかな私の肌にあたってチクチクした。そのあと、何かやわらかくて、しっとりと濡れたものが私の肌の上をなめらかに動いた。Ｊは私の手を彼の頭の上に置かせた。Ｊの黒髪はごわごわして大きくふくらんでいる。下半身がどくんと脈を打ち、私は目を大きく見開いた。

口を大きく開けて舌を突きだしたＪが、顔をあげて私を見ている。そしてまた、私の脚の間をのぞいた。感じたのは痛みではなかった。これは両親がJにやれと命じたことなのだ。体に電気が走った。火花が散る。ムズムズするような電気が、私のお腹や、足の外側や、太ももの内側を駆けめぐった。私の呼吸は速くなり、頭があちこちに踊りまくる。これが愛というものなのかどうか、私にはわからなかったけれど、Jは満足げな表情だ。「心配ないよ」Jが言った。「ご両親も知っているんだから。頼まれたんだよ。だから、心配しなくていい」彼はおまじないのように何度もそう言いながら立ち上がると、ズボンのジッパーを下ろして、ブリーフからペニスを引っぱりだした。

私は四年生だった。宗教学の先生が、小学校でいちばん大切な学年だと言っていた。〝分別のつく年齢〟になったということだ。カトリック教会によって、聖体拝領〔キリストの最後の晩餐を象徴するパンとブドウ酒を食する儀式〕でいただくものがたんに口の中でとろけるクラッカーではなく、イエス・キリストの体そのものなのだということを理解できるようになったとみなされる年齢だ。道徳面での成人年齢ともいえる。自分で善悪の区別をつけられるようになり、自分が罪人であることを理解する年齢だ。学校では初めての聖体拝領に備えて、週に一時間、宗教の授業が行われた。モーセの十戒を学び、それを早く覚えようと、一日じゅう暗唱していた。父から与えられるとても普通とは思えない指令以外のルールブックを、私はずっと望んでいたのだ。少なくとも、神様が私に期待していることははっきりしている。

第一の戒律。「わたしのほかに神があってはならない」

第二の戒律。「あなたの主、神の名をみだりに唱えてはならない」

聖体は七つの秘跡《サクラメント》（特別な儀式）のうちのひとつで、カトリック信徒としてよき人生を送るために、ひとつひとつ行っていかなくてはならない。その七つとは、洗礼、聖体、ゆるし、堅信《けんしん》、病者の塗油《とゆ》、叙《じょ》階《かい》、婚姻だ。もちろん、叙階〔聖職者を任命すること〕は男性にかぎられる。聖体を拝領するためには、まず自分の罪を認めてゆるしをいただかなくてはならない。セレスティノ神父は、ゆるしの秘跡（告解）は簡単だという。でも、神のことを学べば学ぶほど、簡単にゆるしを受けられないような気がしてくる。毎年、イースターの聖週間になると、チャールトン・ヘストン主演の映画『十戒』が二晩にわたってテレビで放送されていた。四時間にわたる大長編だ。チャールトン・ヘストンはペルーではとても人気があった。みんな、彼の威厳や、信仰心の篤さを崇拝していた。木曜と金曜の夜になると、家族みんなでテレビの前のソファに集まったものだ。私はソファの上で両親にはさまれてすわり、弟のミゲルは床にだらんとすわり、赤ん坊のエドゥアルドは母のひざの上で揺らしてもらいながら、ヘストンがモーセを演じるのを見ていた。父はウィスキーをちびちびと飲みながら、映画の間じゅうずっと内容に対する不平を言っていて、私がいちばん好きな場面になると、きまって怒鳴りだしたものだ。「大丈夫だよ」私はエドゥアルドの頭をなでながら、やわらかな頬に口を寄せてささやいた。細くてふわふわした髪の毛は、ビロードのような手触りだった。モーセが燃える草むらの前にひざまずくと、神が言う。「誰にもお前を傷つけさせない」イスラエル人をエジプトから脱出させよと、低く響く声で命じる。

「でも、何を言ったらよいのでしょう？」モーセが尋ねる。「どんな言葉で彼らに語りかければよいのでしょう？」

「ならば、教えてやろう」神の声が答える。「私が道を示そう」

モーセは神の言うとおりにする。でも、四十年にわたって人々を率いたあと、彼はひどく傲慢な間違いをおかしてしまう。岩に杖を打ちつけたことで水が出たにもかかわらず、岩が水を出したのは自分に力があるからだと嘘をついたのだ。これを見た神は、モーセが約束の地に入るのを永遠にゆるさなかった。

「母さん、なんで？　どうして神様はモーセを裏切ったの？」私は母のシャツを引っぱって訊いたけれど、母は「しーっ」と言うだけで、エドゥアルドを寝かせようと揺らしつづけていた。

神様はきっと私のこともゆるしてはくれないだろう。

私の通っていた学校は小さな学校だった。一クラス四十人。ひとつの学年に百六十人の生徒がいた。小学一年生から高校生までが同じキャンパスに通っていた。私とクラスメイトは聖体拝領に向けて準備をし、両親はカテキズム〔教理問答。キリスト教の教えをわかりやすく問答形式で解説したもので、洗礼などの儀式前の入門教育に用いられることが多い〕に出席しなくてはならなかった。「この機会に教義をぜひ見直してみてください」神父様はそう言って、親たちをいくつかのグループに分けた。

「今週末、ご家族と一緒に教会に行ったら、ここで学んだことをぜひご家族に話してあげてください」私の両親は顔見知りこそ多かったけれど、親しい人は誰もいなかった。私たちの家は町のはずれのほうにあったし、学校のサッカーの試合のときも、バーベキューのときも、父はほかの子のお父さんのように子どもにキックやドリブルの仕方を教えたりすることもなく、先に帰ってしまったり、脇のほうでひとりですわっていたりしたからだ。ほかの子のお父さんは、まだ髪も黒くて動きもすばやかった。母はお母さんたちの仲間に入ろうと必死だった。サブライムス〔ペルーで人気のチョコレート〕を買って、私の誕生日に学校で配ったり、うちに友だちを呼ぼうとしたりしてくれたけれど、少しもうまくいかなかった。母がカテキズムのミーティングを進行する番がまわってきたときは、きれいな絨毯を広げて、家を隅々まで磨きあげた。

「いい子にしてるのよ」母は私に言った。

「はい、母さん」

両親は玄関のところで丁重にほかの家族を出迎え、子どもたちが前庭で遊んでいる間、私は家の中を見てまわる大人たちの後ろをついていった。

「ここには最高品質のサクラ材を使っとるんですよ」父が言う。「何十年ともちますからな。健全な投資ですよ。こっちは太陽の光を最大限に取りこめるように計算して、こういう形にしてあるんです」父は手で家の形を示しながら、うなずいて聞いている親たちに向かって言った。

こんな父を見たのは初めてだった。玄関で丁重に出迎えたり、家の中を案内したりするなんて。

私の隣では、ギセラの両親が顔を寄せあって話をしている。ギセラの父親が母親の髪をなで、頬に優しくキスをした。その瞬間、私の胸には希望が満ちてきた。今回のことで、きっとうちの家族もまた仲良くなれる。たぶん、うちの両親に必要なのは、信心深い暮らしを思い出すことだけなんだ。愛し方を思い出しさえすればいいんだ。きっとまた私たちも、ほかの家族みたいになれる……。

大人たちはリビングルームに戻って食事をし、私は外で遊んでいる子どもたちに交じってミニサッカーをした。「バラには気をつけてね！」私はそう言って、みんなが花壇に近づかないようにした。お客たちが手をつないで帰っていったあと、きっとこれからはうちの両親も、熱心に教会にかかわってくれるだろうと私は思った。父が寄付金集めのイベントでスピーチをしたり、神父様と談笑したりするところを思い浮かべた。そして私は聖歌隊で歌を歌い、ギターを弾くのだ。

私たちは家族で日曜日のミサに行くようになった。硬い木のベンチにすわってお説教を聞きながら、私は神様とモーセのことを考えた。モーセは山を下りたとき、すっかり人が変わっていた。十戒を手にして頭を垂れるモーセの姿を見ていると、私の父も変わってくれるのではないかという希望がもてた。

でも、カテキズムの集会に三週間通ったあと、父は行くのをやめてしまった。母が行きましょうと誘うと、父は激しく言い返した。「どうしてあんなばかばかしいものに出なきゃならんのだ！　行くならひとりで行け。私は仕事だとでも言っておけ」こんな調子だった。私たちは家族でミサに行くこともなくなった。父は遠くからバラを監視し、私は十戒を読んで自分の罪を数え、告解に備えた。私は家でも、学校でも、教会でも、失敗してしまったらどうしようと怖くてしかたなかった。学校にいるときも、眠っているときも、絶えず不安がつきまとっていた。


このころ、父の事業はどんどん大きくなっていた。父は屋上に家の三階部分を増築し、いつかミゲルかエドゥアルドか私が自分の家族と一緒に住むといい、と言った。それまでは入口にいちばん近いところにあるベッドルーム以外は使わないで、そのままにしておくことになっていた。ベッドルームには、ダブルベッドとシンプルなサイドテーブルが窓ぎわに置いてあった。金属でできたカーテンレールには分厚いウールのカーテンがかかっていて、滑車がついたヒモで開け閉めするようになっていた。Jがゆっくりカーテンを閉めるときに、フックが金属のレールにこすれてたてるキキキッという音を、私はいまでも覚えている。門から家までの私道が見えるように、Jが少しだけすき間を空けていたことも。

Jに初めて三階に連れていかれたときのことは覚えていない。でも、いつだって同じだったから、どうでもいい。いつも同じことの繰り返しだった。母が用事で出かけるとすぐに呼ばれて、三階の誰もいないベッドルームに連れていかれた。制服を着て、ひざ丈の靴下を履いた私がベッドに横たわっている間、J

は部屋の隅で私に背中を向けて立っている。そして、ジッパーを下ろす金属の歯の音が聞こえ、肩甲骨がリズミカルに動くのが見える。振り向いたJは、ペニスを持ってなでている。私の目を見ることもなく、何かを探すかのように、だらりと横になった私の体を眺める。私が何か反応するのを待っているのだ。

それから、私のほうに向かってゆっくりと歩いてくる。長い影が私の顔を覆ったかと思うと、Jがベッドの端にひざをつく。彼のシャツからは、床にかけるワックスの油っぽくて金属みたいなにおいがする。

「お尻を上げて」Jが言う。めまいを感じながら私は骨盤を上げる。そうすると彼が私のスカートの中に手を入れて下着をぐいと引っぱり、足首のところまで一気に下ろす。Jはいつも洋服を脱がないし、私に脱がせることもなかった。私のスカートをたくし上げ、自分のズボンは途中までしか下ろさない。そうしておけば、両親が帰ってきたときに、すぐ引っぱり上げられるからだ。父が仕事部屋に忘れ物を取りに戻ってきたのか、愛車のフォルクスワーゲン・ビートルを通りに停めたまま大急ぎで家に入ってくることもあった。父は大きな音をたてることもなく歩きまわる。階下でガサゴソと探しまわっている姿を想像しながら、父は私がここにいることに気づいているだろうか、と思った。

父が私の名を呼ぶことはなかった。

母が乗っていたのはシボレーのインパラという大きな車だった。前の通りに停めておくわけにはいかないので、門を入ったところの私道にいつも停めていた。門は手動でしか開かないので、母は一度車から降りて門を開け、車を中に入れたあと、また車から降りて門を閉め、鍵をかけなくてはいけない。うちの木製の門はお城の入口のように立派なもので、金属の縁取りがしてあった。下側は地面すれすれのところまであるので、開け閉めするときにコンクリートにこすれる音がする。それが、「今日はここまでだ」という警告音だった。Jにとって、音がするのは好都合だったろう。危うく見つかりそうになるくらいが、彼にとってはたまらないスリルだったに違いない。どこまでできるか。まるでギャンブルだ。まだまだ、もうちょっと。もうちょっと私の体を……。

学校では休み時間になると、女の子たちが集まって、大人になったときのことを、声をひそめて語りあったりしていた。いつか結婚して、ずっと幸せに暮らすの。王子様を見つけなくちゃ。ううん、王子様がきっと私を見つけてくれるはずだよね。眠り姫みたいに、王子様のキスで目覚めるの……。大人がしているところしか見たことがないことを、Jは私にしている。だから、私は頭の中で、自分は大人に違いないと思いこもうとした。結婚している大人なんだと。

両親のなれそめを聞いたことはない。でも、Jのペニスが硬くなってベッドと平行になるくらいまでたちあがるのを見ていると、両親もこんな感じだったのだろうか、と思った。父は母よりもずいぶん年上だ。ふたりも、こんなふうに出会ったのだろうか。

Jはベッドの上で私の足首をつかんでぐっと引き寄せ、ゆっくりと私に覆いかぶさった。空いているほうの手で、また「しーっ」というサインを送ってくる。両親が命じたというなら、Jが私にキスをするのは、彼が私の王子様になるからなんだろう。きっと私はキラキラ光るウェディングドレスを着て、青いスーツを着たJと結婚するんだ。だって、ハンサムな王子様はきまって青いスーツを着ているから。

青いスーツを着た、私の王子様。

Jは小刻みに体を動かしはじめた。私の体に向かって、自分の体をゆらしている。電気のような衝撃が走った。私の息が荒くなる。体だけが別物になり、自分をどこか上のほうから見ているみたいだ。Jがさらに強く体を押しつけてくる。重い。下半身が圧迫され、重くてだるい感じがする。そのあと、また何か衝撃があった。私は息をのみ、落ち着こうとした。Jは固まったまま小さく震え、うめき声をあげている。鼻水のような固まりが、スカートの中の私の脚の上に落ちていた。Jは後ろのポケットからタオルを出すと、それをふきとった。

ふたつ下の階で、玄関のドアが開いた。つやつやの床を歩くローファーの規則正しい足音から父だとわかる。下着を引っぱりあげると、冷たくしめっているところが肌にくっついた。

「しーっ、しーっ」彼が歌うように言う。「遊んでおいで」

父はまっすぐに仕事部屋へ行くと、いつものようにバタンとドアを閉めた。家じゅうの窓が震える。私は駆けおりていって、父さんの言うとおりにJに従ったよ、と言って父を喜ばせたかった。Jも私も父さんの言うとおりにしたよ、と。電気が走ったみたいにくすぐったかったことも話したかった。ベタベタする変な固まりのことも話したかった。言われたとおりにした私のことを、誇りに思ってほしかった。でも、父は仕事部屋にこもってしまった。仕事部屋にいるときは、父をわずらわせてはいけないことになっていた。

両親がミサに通わなくなってから、私はよくひとりで歩いて教会に行った。言われたとおりにしていることが心地いい場所、それが教会だ。立ちなさい、すわりなさい、ひざまずきなさい、顔を上げて、下げて、ひざまずいて、顔を上げて、下げて。私は従順な子になって、教会のリズムに合わせた。こうしていれば、父が抱きしめてくれるような子になれるのではないかと思って。そうすれば、私たち家族も幸せになれるかもしれない。

家の前のドミンゴ・デ・ラ・プレサ《日曜日の獲物》通りには、ホウオウボクが植えられている。私は道に落ちた赤い花を蹴りながら、木もれ日の中を歩いた。ぼんやりとしたまま左右を見て道を渡り、マリアノ・サントス公園に入っていった。リマにはこうした緑豊かな公園が点在している。刈りこまれた生垣の向こうでヤシの木が風に揺れていたけれど、ほとんど気づかなかった。そよ風すら感じない。すべての感覚がぼんやりとしていた。鳥のさえずりも色あせて聞こえる。気持ちのいい散歩のはずが、気温も感じられなかったし、空気もよどんでいるように思えた。

外の世界は、まるで私を覆っているマントのようだった。どこかどんよりしたこの沼から、私は抜け出そうともがいていた。

Jは知らない人ではなく、「信頼できる人《ペルソナ・デ・コンフィアンサ》」だと母が言っていた。家で静かにしているときも、騒いでいるときも、彼は私のことを見ていてくれるし、優しくしてくれる。父はそうしてくれなかった。私の中の小さな女の子が、それを求めていた。私は父を喜ばせたかったのだ。私を見てほしかった。抱きしめてもらいたかった。いつから自分が笑わなくなったのかは、覚えていない。いつから、たんなる黙りっこゲームでなくなったのかも、覚えていない。

ソファにすわって話をしましょうと母が言ってくれるのを、私はずっと辛抱強く待っていた。私の人生に何が起こっているのかについて話ができる機会を、ずっと待っていた。Jがどうして秘密だと言うのか、父がどうしていつもあんなに怒るのか、わかるように説明してほしかった。難しいことをいつも易しくかみくだいて教えてくれるのは母だった。父が謝ったり、説明したりしてくれたことは一度もない。父のすることはいつも完璧だった。でも、父の意図も、私のことをどう思っているかも、わからなかった。意思の疎通がほとんどなかった私と父をつないでくれるのは母だけだった。そして、私と外の世界とをつないでくれるのも母だけだった。だから、母が何か言ってくれるのをずっと待っていた。そう願う気持ちが強すぎて、そのうち何が現実で何が想像なのかわからなくなっていった。

母がゆっくり話をしてくれるとしたら、きっと天気のいい日だろう。部屋にはキリストが降臨するときのように、もやのかかったような光が差しこんでいるはず。毎日が輝かしくて自由だ。白昼夢のなかで、母がテレビのある部屋のソファにおいで、と私を呼んだ。いつもの場所だ。

「シルヴィア、おいで」母が自分の隣にあるクッションをポンポンと叩いて私を呼び、私をぎゅっと抱きよせる。母からは甘い香りがする。

「なあに、母さん？」私は言う。

「あなたが大きくなったら、この話をしようと思ってたの。もうあなたは立派な女性だものね。こんなに大きくなって！　母さんも父さんも、Jがあなたにしていることは知ってる」

「うん」

「私たちはJのことが大好き。いい人だもの。彼があなたに、静かに、と言ってることも知ってる。父さんと母さんが、Jをあなたの王子様に選んだの。おとぎ話みたいにね。父さんと母さんも、そうやって結婚したの。あなたもJと結婚するのよ」

「わかった」私は静かにうなずきながら、そう言う。胸の中で安心感がふくれあがる。「やっとわかったよ。Jはずっと、父さんと母さんに言われたようにしてたんだね」

「このことは私たちが直接あなたに話したかったから、Jには言わないようにお願いしていたの。あなたは彼の子どもを産むのよ」

「Jはあたしに教えてくれてたの?」

「そう、シルヴィア。あなたは本当によくやった。いい子だった。とても誇りに思う。父さんもそう思ってる。口では言わないけれど」

私は安堵のため息をもらす。父も母もこのことを知っている、とJからも聞かされていたけれど、これでやっと安心できる。ちょっとの間、辛抱していればよかったんだ。辛抱できてよかった……。

日曜日のミサに行ってお祈りをしているとき、新しい疑問がわいてきた。あのベタベタしたものは何なのか。何歳になったら結婚するのか。同じクラスのお友だちにはJのような人はいるのか。父は母の王子様だったのか……。でも、あえて母には訊かなかった。白昼夢の中でも、訊くことはできなかった。だって、父がいつも言っていたから。「大人の会話だ。子どもは黙っていなさい」と。

私はいい子でいたかった。お行儀のいい子でいたかった。でも、母が用事で出かけるときになると、荒れるようになった。車のフロントシートに乗りこんで、鍵をかけた。母が車の窓をドンドンと叩いても、私を一緒に連れていってくれると言うまで、けっして鍵を開けなかった。開けられなかった。何かにとりつかれたみたいに、エネルギーがほとばしっていた。

「まるでドラマみたい」ある日、やっと車の中に入ることができた母が言った。「テレビドラマの見すぎなんじゃない? 怖いことなんか何もないのに、変な子。しかたない、一緒に連れていってあげる」

母はインパラをバックさせて私道を出ていった。「シートベルトを締めてね」と母が言う。私たちは窓を開けたまま走った。

夕闇がせまっていた。私はうつらうつらしはじめ、起きたときには工場が建ち並ぶ通りを過ぎたところだった。車は母の出身地であるラ・ビクトリア地区の近くを走っていた。でも、母はそちらへは曲がらずに、エスメラルダス通りを右へ曲がって、バルコンシージョへ入っていった。ほとんど舗装されていない道だったので、道がくぼんでいるところや、石がゴロゴロ落ちているところを縫うように走るたび、シートからお尻がはねあがった。石造りの平屋が並んでいる通りまで来ると、母は車を停めた。壁に塗られた化粧しっくいがはがれている。道路の真ん中には、土を盛ってコンクリートで周りを固めただけの中央分離帯があったり、建築中の建物があったりして、緑豊かな公園が近くにある私の家の周辺とはまったく違う場所だった。遠くで、アイスクリーム売りの声がした。

母がエンジンを切り、私たちは車から降りた。

「あそこにドアがあるでしょ?」地下に入口のある、赤と白の建物を指して母が言った。「シルヴィア、あそこまで走っていって、ドアの呼び鈴を鳴らしてきてくれる? 鳴らしたらすぐにここに戻ってきてね。誰かが出てくるのを待っていなくていいから」私は母の顔を見上げた。冗談を言っているのだろうか。町角には、集まって話をしている人たちがいる。窓からはサルサが聞こえてくる。ミゲルと同じ八歳くらいの子たちが、笑ったり叫んだりしながら走っていった。子どもたちが着ているTシャツは首まわりが伸びきっているし、ズボンはダボダボでしみがついている。母は車のボンネットに寄りかかり、あたりをくまなく見まわした。母はいつもどおり綿のブラウスにジーンズという格好で、動きやすいようにスニーカーを履いている。宝飾品もつけていないし、お化粧もしていない。母も私もワンピースを着るのは好きではなく、どうしても着なくてはならないときにしか着なかった。洒落っ気のない主婦。それが私の母だった。つねに動きまわっている働き者だ。

「行ける？」母はそう言って、眉毛をくいっと上げた。

私は左右を見てから、ほこりっぽい道を走って渡った。小さな黒いボタンを押すと、家の中で呼び鈴が鳴るのが聞こえ、ドシンという音と大きな声が聞こえた。大急ぎでまた道を渡って元のところに帰り、数分待っていると、二十歳のマリアネラと十六歳のラミロが走って出てきた。いとこたちだ。ここに住んでるのか！　いとこに会えるのはいつも祝日だったし、会うのはいつも、おばあちゃんの家かおばさんの家だった。

マリアネラが私を抱きあげてくるくると回してくれたので、私はお腹がヒュッとなった。

「ロランドはどこ？」笑いながら、ここにいない年長のいとこのことを尋ねた。

「出かけてる」マリアネラは目玉をぐるりと回しながら言った。「どっかの女の子とね」

「今度の子は誰？　もう覚えきれない」母が言った。

「サッカーはどう？　十七歳以下のチームに招集されたって、セヴェロから聞いたけど」

母がラミロをハグしながら訊くと、ラミロは得意そうにニヤッとした。

母がマリアネラの肩をつかんで言った。「元気でやってる？　仕事のほうはどう？」

「一緒に遊んでよ！」私はラミロのシャツを引っぱった。

「ひとりで遊んでらっしゃい！」母がぴしゃりと言った。「ダンゴムシでも探してきなさい！　母さんはみんなと話があるの」

「えーっ」私はブツブツ言いながら、石を蹴って道の真ん中まで行った。ほこりっぽい中央分離帯のところで、虫がいないか探しはじめた。足でゴミをよけて探してみたけれど、ダンゴムシはいない。母の笑い声が聞こえたので振り返ると、セヴェロおじさんと話しているのが見えた。私は走っていって、おじさんの腰に抱きついた。

「おじさん！」

「シルヴィア、母さんたちは話があるの」母はそう言うと、ポケットからコインを一握り取り出した。

「ほら、ラミロたちと一緒に角にあるお店で何か買っておいで」

「ガンシート〔メキシコのチョコレートバー〕買いにいこう！　競争だよ！」私は大きな声で言った。

ラミロが通りに飛び出していった。マリアネラと私が走りだすころには、ラミロは漫画に出てきそうな土煙をあげて、お店まであと半分くらいのところまで行っていた。

チョコレートバーを手に持って車まで戻るときには、ラミロが肩車をしてくれて、マリアネラがアメリカのことを話してくれた。

「アメリカ？　遠くにあるの？」私は訊いた。

「とっても遠くだよ！」マリアネラは笑った。

ふーん、と思いながら、私はガンシートを少しずつ食べた。中に入っているピンク色のジャムで手がベタベタする。

「じゃあ、またな《ウン・ベシート》」別れ際、セヴェロおじさんはそう言って、頬に軽くキスをくれた。ラミロは戦闘機のジェット音を口で出しながら私を肩から下ろしてくれ、マリアネラはひざをついて私にハグをしてくれた。そのあと三人は家に帰っていき、母と私は車に乗った。熱くなったシートで脚の下がやけどしそうだ。

「おばさんはどこにいるの？」

「さあ。出かけてるんだと思うけど」母はそう言うとラジオをつけて、車を出した。ラジオのアナウンサーが、センデロ・ルミノソがまた爆破事件を起こしたと告げている。「そうそう、父さんに訊かれたら、今日はラ・ビクトリアのおばあちゃんの家に行ってた、と言っておいてね」

「でも、おばあちゃんの家には行ってないよ。いとこのラミロに会ったでしょ。ロランドには会えなかったけど。ロランドにはいつ会えるの？」

母がブレーキを踏んだので、車が急停止した。

「シルヴィア」母の声は硬い。私の目をじっと見ながらもう一度言った。「今日、私たちはラミロには会わなかった。おばあちゃんに会ったのよ」

母の口ぶりはまるで、私がいとこにあったと妄想しているかのようだった。マリアネラが私をくるくる回してくれたのは私のたんなる妄想で、ラミロとほこりっぽい道を競争したのも夢だったと言わんばかりだった。母があまりにきっぱりと言うので、私もあれは本当に妄想だったのかもしれないと思いはじめた。私の記憶はいつも母に書き換えられていたので、どちらが本当なのか、だんだんわからなくなりつつあった。制服をつくるときに余分に買った生地。父に殴られたときに医師に言ったこと……。母は大人だ。母の言う真実のほうが正しいはずだ。もしかしたら、本当に私はおばあちゃんのところに行ったのかもしれない。いとこのことは、きっとぜんぶ夢だったんだ。私の母に対する忠誠心は、服従なんていうものではなかった。

十戒の第四の戒律、「父母を敬え」。母は絶対だった。

私たちはまた車に乗っていた。また急いでいた。私たちはいつも何かに遅れていた。でも今日は、父がいちばんいいスーツを着て、髪を後ろになでつけている。母はお洒落な黒のチェックのドレスを着ていた。口紅をつけてチークまで塗っている。父が車を停め、私たちは教会の階段を大急ぎで上がっていった。ここなら知っている。聖アントニオ教会だ! 聖アントニオは失せ物の聖人とされている。ここはウーゴ神父のいる教会だ。神父は私の家のパーティーに何度も来てくれたことがある。父はいつもウィスキーのイ・モンクスを神父と一緒に飲みたがった。「乾杯、小さな司教さま!」父はからかい半分にグラスをかかげたものだ。

息を切らしながら、母と父と私は階段を駆け上がった。教会の外にはライスシャワー用のお米を手に持った人たちが集まっていた。次に目にした光景に、私は息が止まりそうになった。美しく装飾された教会の木のドアが開き、手をつなぎながら出てきたのは、Jとひとりの女性だった。

「J、来たわよ!」母が叫んだ。

Jが女性の手をしっかりと握りながら、こちらに駆けよってきた。女性はとても美しく、真っ白なウェディングドレスを着て輝いていた。Jは明るい青色のスーツを着ている。私が夢で見たのと同じだ。

「おめでとう!」母はそう言って、ふたりにキスをした。「ふたりと新しい家族に、心からの祝福を」

父はＪと握手をした。「おめでとう」

私は腕をだらんと垂らしたまま、母に小突かれるまで黙っていた。

「おめでとう」私は声をつまらせた。

Ｊは私と目を合わせるとウィンクをした。

「まあ、かわいい《アイ、ケ・リンダ》！」花嫁はそう言うと、かがんで私の頭の上にキスをした。

「ウーゴ神父！　こちらです！」母が呼びかけた。優雅な祭服に身をつつんだ神父は、私たちのほうに向かってゆっくりと歩いてきて挨拶を交わしたあと、写真撮影をするために、新郎新婦を教会の後ろに建っている小さなチャペルに案内していった。

九年前、生まれて間もない私が洗礼を受けたチャペルで、ふたりが写真のためにポーズをとる姿を、私は遠くからじっと見ていた。写真撮影が終わると、Ｊと新婦は待っている車に乗ろうと階段を駆けおりてきた。参列者たちがふたりにライスシャワーを浴びせる。白い小さな米粒が雨のように降るなか、目をぱちぱちさせて向こうを見ると、Ｊのスーツが見えた。

あなたは私の青い王子様だった。私の青い王子様になるはずだったのに。それしか考えられなかった。


Ｊの結婚式のあと、私は眠れなくなった。もう何もわからなくなった。四年もの間、私は彼の言うことをきいてきた。そうする理由があったから。未来があったからだ。彼が私の王子様になるはずだったから。そうじゃないなら、どうしてあんなことが起こったのだろう。でも、彼は行ってしまい、私は小さな暗い部屋にひとり取り残されて、なぜこうなったのか、誰かが説明してくれるのを待っていた。でも、それだけではなかった。道徳上の矛盾を抱えることになった。第四の戒律では「父母を敬え」とされている。だから、そうした。私にとっての三位一体は、父と、Jと、神だった。Jの言うことをきくことは、父の言うことをきくことだった。父の言うことをきくことは、神の言うことをきくことだった。でも、Jはほかの人と結婚した。もし、また彼が部屋に来たら、第六の戒律を破らずに彼の言うことをきくには、どうすればいいのだろう。第六の戒律には「姦淫してはならない」とある。

学校では、天国と天使の話や、贖罪と美についての話を、繰り返し教えられていた。でも、私がいちばんよく覚えているのは天罰だ。地獄の話を聞いて怖くなった。父の怒りより恐ろしいものは、神の怒りしかない。Jを止めなくては。

どう言えばわかってもらえるだろう。ある週末、用があって家族と車で貧民街を走っているとき、私はそのことを考えていた。午後遅いこの時間は、湿度が高くジメジメする。少しでも風が入ってくるように、窓は半分ほど開けてある。リマの貧民街に行くときの私の仕事は、一緒に車に乗っていって、両親が買い物をしている間、車が盗まれないように見張っていることだった。いつものように、両親はフロントシートで言いあいをしている。父がフォルクスワーゲンのハンドルを切り、トマス・マルサノ通りに入った。ここは小さな金物店が軒をつらねる通りで、店の前には変わった道具が入った容器がたくさん並んでいて色鮮やかだ。父はクラクションを鳴らしたり窓から怒鳴ったりしながら、バイクをよけて車を走らせた。コンビ〔一定区間を往復する乗り合いバス〕の運転手も、怒鳴り返してくる。私たちは半分だけ舗装されている道路をガタガタと揺られながら走っていった。上半身裸のまま家の前でお酒を飲んでいる、お腹がでっぷりと出た男たちが、通り過ぎていく私たちを見ている。

「酔っぱらいめ」父が顔をしかめた。「貧民街の生活がどんなもんかわかったか、シルヴィア。お前の母さんはここで生まれたんだ」

私のすわっている座席は窓が開かないので、青い車を数えて気をそらそうとした。十台まで数えたら、色を変える。今度は緑の車。そしてまた十台数える。模様やシステムと同じで、数字ははっきりしていて秩序がある。混沌とした毎日の中で、数を数えていると心が慰められた。慰めを数えているようなものだった。

五台目の緑の車には、うちの家族と同じような家族が乗っていた。両親が前の席にすわり、娘と息子が後ろの席にすわっている。誰も怒鳴ったりせずに、笑いあったり、ラジオでかかっている音楽に合わせてみんなで歌ったりしているようだった。閉まっている窓は、中の熱気で曇っていた。私は自分がそんな平和な情景の中にいて、みんなで歌を歌っているところを想像しようとしたけれど、その瞬間、信号が青に変わり、父がアクセルをふかした。

「お前も、お前が捨てた子どもたちも、似たようなもんだ!」父が怒鳴るように言った。

「やめて、セグンド」母が怒りのこもった声でささやいた。

「あいつらはどこだ? ロランドは? マリアネラは? ラミロは? まったく、ふしだらな女め!」ロランド? いとこの? 私はもっとよく話が聞こえるように、前に身を乗りだした。

母は父の肩をこぶしで叩いて、すすり泣いている。

「くたばれ、この売女め!」父が怒鳴った。

次の赤信号で母は車を飛び降りると、歩いていってしまった。

「母さん！」私は大声で呼びかけた。

父は手を伸ばして助手席のドアを閉めると、車を出した。

「母さん！」

「黙れ！」父がバックミラーごしに私を見て吠えた。父の顔は石のように冷たかった。私は振り返って母の姿が小さくなっていくのを見ていた。

その日の夕方、母が帰ってきたとき、私はテレビのある部屋のソファで、ひとりで本を読んでいた。父が怒りを爆発させたあとはいつも、ここで母と過ごしていた。母が私の隣にすわって話をしてくれるのだ。どうして父の怒りを買うことになったのかを。でも、あれはいったい誰のために話していたのだろう。父がなぜ怒ったのかを私に話して聞かせようとしていたのか、それとも、そうすることで母自身が納得しようとしていたのか。

「シルヴィア、話があるの」母が言った。

母は私を引き寄せて腕を回すと、まずは軽いおしゃべりから始めた。今日一日に起こったあんなことやこんなことを話しながら、なかなか本題に入らない。きっとあの話だ……。母がとりとめもなく話すのを聞いていて、ふいにそう思った。こんな場面を前に想像したことがある。窓から差しこんでくる太陽のくすんだような光が、私たちの脚にかかっていた。母はとうとう、ここ数年のことを話してくれようとしている。これで、やっといろいろなことがわかるはずだ。私はずっと、このときを待っていた。きっとJのことも話してくれるだろう。これまで黙っていたことを、きっとすべて話してくれるに違いない。

でも、母はJのことは一言も言わなかった。その日は話してくれなかった。その次の日も。数週間たっても、数か月たっても。

その日、母が話してくれたのは、女の子であるとはどういうことか、という長い話だった。母がまだ十四歳のときに、母の父、つまり私の祖父は、仕事中にクスコ周辺の山中で殺された。祖母は打ちひしがれたそうだ。おまけにとても貧しくて五人の子どもを育てることができなかったので、祖母はまだ十五歳だった母を、近所に住んでいた男の子と結婚させたのだという。その男の子は軍隊に入っていた。最初は母も、貧しい暮らしから抜けだせたことに安堵して、ほかのことは何も考えなかったそうだ。貧しい生活はもうこりごりだった。母は高校を辞めて、十六歳で男の赤ちゃんを産んだ。そのあと娘をひとり産んで、そのあともうひとり息子を産んだ。軍は母の夫をクスコ周辺の山岳地帯に駐屯させた。祖父が死んだところから、そう離れていない場所だ。母はそこで、ひとりで三人の赤ちゃんを育てることになった。

「私は若かったの」母が言った。「自分も赤ちゃんみたいなものだったから、どうすればいいかわからなかった。だから逃げた。恥ずかしい話だけど。でも、ほんの少しの間だけ。いつでも戻れると思ってた」

母はその山岳地帯にある近くの町へ逃げて、そこで秘書の仕事を見つけたそうだ。夫は子どもをリマに連れ帰って、親権を自分のものにした。母が子どもたちに会えるのは、決まった日だけになった。母が初めて私の父のセグンドに会ったのは、母がリマに戻って、ラ・ビクトリア地区で私の祖母と暮らしているときだった。母は子どもを取り返そうとしていた。

ふたりがデートをしはじめたとき、父は母の家をよく訪れていたそうだ。母のところに子どもたちが来ているときは、父がマリアネラの算数の宿題を手伝ってあげたりしたという。この人とならきっと家族になれる、と母は思った。子どもを取り返したい。そのときはセグンドみたいな人が一緒にいてくれたら、きっとうまくいく、と思った。自分より二十歳も年上で、とても尊敬できる人だし、自分の力で成功してきたビジネスマンだ。

母のことを陰で悪く言う人もいた。とくに父といちばん仲のよかったエメリタおばさんは、母は父にふさわしくないと思っていた。離婚歴のある三人の子持ちという烙印は、ペルーでは容易に消すことはできなかったのだ。

でも、母は父のことがとても好きだった。父の見た目も、生活に困っていないところも。それから、もしかすると、私が見たことのない父の優しいところも好きになったのかもしれない。どちらにしても、父は母に求愛し、子どもたちに優しく語りかけ、いい生活をさせてやると約束したのだった。ところが、その後、父は考えを変え、母に選択をせまった。自分と一緒にいたいなら三人の子ども、そう、ロランド、マリアネラ、ラミロの認知をしてはいけないし、会うことも許さない、と言ったのだ。代わりに、もうこれからは働かなくていいと言ったそうだ。断りきれなかったと母は言った。

「子どものことは、少しずつ受け入れてくれるようになるだろうと思っていたの。私を愛しているなら、きっとそうしてくれるって。最後には考えを改めてくれると思ってた。絶対に考え直してくれるって」

私は黙ったままだった。母がバルコンシージョに私を連れていってくれたとき、私が一緒に行くと言ってきかなかったとき、母は自分の子どもに会いに行っていたのだ。

私がＪとふたりきりでいた午後、母はいつもそこに行っていたのだ。

母は私をきつく抱きしめて優しい声で言った。「弟たちには内緒にして。いい？　まだ小さいから。このことは、まだふたりだけの秘密だからね」

秘密はどこに隠しておけばいいのか、母に尋ねたかった。

結婚式のあと、しばらくの間、Jはあまり家に来なくなった。私は大好きないとこたちが、本当は自分の兄や姉だということを受け入れられるようになっていき、Jのことも忘れるようになっていた。でも、十歳の誕生日から一か月たったある日の午後、廊下の奥からかすかに口笛の音が聞こえてきた。どこから聞こえるのだろうと考えている間に、気づくとJが私のベッドルームの入口に立っていた。彼はにこにこと笑いながら部屋に入ってくると、これまでと何ひとつ変わっていないかのように、ドアに鍵をかけた。私はぐっと手を握りしめた。Jが壁のほうを向いてジッパーを下ろし、しきりに肩を上下させている。「いやだ」彼が私をベッドに押し倒してキスをしてきたので、小さい声で言った。私はしかめ面になるくらい、唇をしっかり閉じた。私は怒りで頭に血が上り、耳が熱くなった。今度ばかりは、父の言葉よりも、Jの体の重さよりも、私の信仰心のほうが強い。父よりも、Jよりも、神様のほうが上だ。誰よりも上にいる。「もういやだ」私は言った。

「どうしたの?」

「戒律があるから」

「なんの戒律?」

「第六の戒律」ありったけの力をこめて、きっぱりと言った。「これは姦淫だから」

「誰がそんなこと言ったの?」彼は私を見て言った。眉をひそめている。

「パウロ神父。私、神父様に言う。言わないと地獄に落ちちゃう」

Jは目を大きく見開くと、いままでにしたことのない目つきで私をじっと見つめながら後ずさりした。怖がっているのだろうか。きっとそうだ。でも、なんだか悲しそうにも見える。こんな私は初めて見た、という感じだ。Jを怒らせてしまったかもしれないと思って、私の心はぐらぐら揺れた。でも、罪をおかす恐ろしさのほうが強かった。地獄で焼かれるのは、父から革のベルトで打たれるよりも痛いだろう。

門が開く音が聞こえて、Jが飛びのいた。母さんだ。やっとだ。やっと私を助けにきてくれた。私にはそう思えた。神様が来てくれたんだ。私を守りに。Jはズボンのいちばん上のボタンをとめて、部屋から急いで出ていった。それ以降、Jが私に触れることは二度となかった。彼が家を掃除しに来たときは、なんとか彼に会わないですむようにした。

私は絶対に正しいことをしたのだと思っていた。なのに、私の罪悪感はもっとひどくなった。

学校の隣にある大きなバシリカ教会堂で、告解〔宗教上の罪を告白すること〕が行われた。何週間も前から私は緊張していた。司祭がショックを受けて赤面したりしないだろうか、と。追いだされるのではないか、もっとひどい場合には聖体拝領をさせてもらえないのではないかと、気が気でならなかった。マグダラのマリアみたいに、罪深い者だと思われるのではないか。「あなたはもう神の子ではありません」司祭がそう言うところが頭に浮かんだ。

「あの子はどうしてあんなに時間がかかってるのかしら」母が司祭の傍にひざまずいている女の子を指して、ひそひそと言った。「どんな悪いことをしたっていうのかしらね」

父がクスクスと笑った。

私にとってのJと同じような人のことを、何人の女の子が司祭に告白するだろう。

初めての告解は、暗い間仕切りがあってドアを閉めるタイプの伝統的な告解部屋ではなく、教会の祭壇で行われる。司祭が椅子にすわり、告解をする者はその傍にひざまずくことになっている。それを、ほかの人が見ている前で行う。

彫刻がほどこされた祭壇に向かって、私はよろよろと歩いていった。金箔で縁どりがされた祭壇は大きくて、荘厳で、圧倒されるような雰囲気があった。一歩踏みだすごとに教会の天井が高くなり、自分がどんどん小さくなっていくようだった。手足の先は冷たくなり、ドクドクと脈打つ首筋だけが熱い。司祭と目を合わせたくなかった。私の汚らわしい罪を見抜かれてしまいそうで。

でも、いまこそ、ゆるしを得るときだ。あるいは審判が下されるときだ。

「聖母マリア様」私は司祭の前でひざまずいて頭を垂れた。

「あなたの罪を告白してください」司祭が言った。

「神父様、私の罪をどうかおゆるしください」私は続けた。「これは初めての告解です。私の罪を告白します。遊んでいるときに、弟のミゲルの後頭部を叩きました。母から言われていたのに、学校の制服を洗うのを忘れました。チョコレートを余分に食べたのは私なのに、ミゲルのせいにしました。ベッドメイキングをしなくてすむように、シーツを見えないように隠して、母に嘘をつきました」ここまで言って、私は言いよどんだ。

「それから?」司祭は次の言葉を待っていた。

心臓がドキドキして目が飛び出そうになり、組んでいる両の手のひらが汗でぬるぬるした。後ろの席にすわっているクラスメイトや家族の視線は気にしないようにした。ずっと長い間、父は一家の長であるだけでなく、神のような存在だった。怒鳴られたり、ののしられたりすることもあったし、とても厳しかったけれど、気まぐれに優しくしてくれるときもあった。破壊力があって、怒りと虚栄心に支配された神だった。現人神だった。私を叩くこともあったけれど、それでも大好きだった。でも、知れば知るほど、父が神様への道を開いてくれることはないとわかるようになった。だから、神父様以外に、私が神とつながる方法はない。

　告解用の服についているレース飾りが、ひざの下でぎゅっと押しつぶされている。ベールをとめるための髪飾りが頭に食いこんでくる。自分がいまにも燃えだしそうな気がした。

「それから……姦淫をしました」私は消え入りそうな声で言った。

「何ですって?」司祭が言った。

「姦淫です。結婚している男性と。第六の戒律を破りました。私は結婚している男性と一緒にいたのです」

「わかりました」司祭は平静を保って言った。「アヴェ・マリアの祈りを四回、主の祈りを三回、唱えなさい。父と子と聖霊の御名によって、あなたの罪をゆるします。行きなさい。神のよき子でありなさい」

　私はほっとして力が抜けた。母が会衆席から私に向かって手をふり、ウィンクをしてくれた。隣にすわっている父は半分目を閉じて舟をこいでいた。私は近くの会衆席に行ってひざまずき、痛悔〔カトリックの儀式において、罪を悔い改めた心情を示すこと〕を続けた。神父様はどうして何もおっしゃらなかったのだろう。アドバイスや説明をしてはくれなかった。私は心のどこかで、神父様が私の疑問を解いてくれるだろうと思っていたのだ。神父様に近づくことは、神様に近づくことと同じだ。言われたとおりにして待っていれば、母と父が喜ぶようなことをしていれば、きっと誰かが、いま起こっていることを説明してくれるだろうと思って頑張ってきた。でも、みんなが慰めを覚えるこの場所で、私はまたひとり思い悩んでいた。

私は祈りを唱えながら、ピンク色のガラスでできたロザリオの珠を指で繰っていった。

アヴェ・マリア、恵みに満ちた方……。

聖母マリア。優しく、慈愛に満ち、無垢で、思いやりのあるマリア様。マリア様が私を見守ってくれている。私を見守ってきてくれたのは女の人たちだ。私の話に耳を傾けてくれるとすれば、女の人しかいない。私は父からではなく、母から説明を聞きたい。私は神様に答えてきたけれど、最初にゆるしを求めたのはマリア様だ。

その週末、両親は私の初めての告解を祝って、家でパーティーを開いた。家族みんなが集まって私を祝ってくれた。そろそろおひらきというとき、Jが笑顔を浮かべて現れた。奥さんを連れて。

奥さんのお腹には赤ちゃんがいた。

「おめでとう」奥さんはそう言ってかがむと、私の頬に軽くキスしてくれた。「もう一人前の女性ね」私は腕に鳥肌が立った。

そのあと、大人たちは自分たちがなんのために集まったのかも忘れて、大きな声でおしゃべりをしたり、リビングでサルサをかけたりした。私はキッチンにこっそりと行って、ジュースの中にピスコをちょっと垂らした。ちょっとだけだ。ピスコが焼けるように喉を落ちていくときの、きらりとしたほんの一瞬だけ、頬に残るJの奥さんの冷たい唇の感触が消えるような気がした。

次の年、Ｊは私の家にまったく来なくなった。奥さんがまた妊娠したと、母が話しているのを聞いた。両親はＪが自宅の近くでもっと安定した仕事につけるよう、奔走していた。Ｊの家はうちからずいぶん遠かったからだ。そのころ、母は自分で事業を始めた。うちの近くの学校のカフェテリアで食事を提供する、小さなケータリング会社を立ち上げたのだ。毎日、知らない人が家に出入りするようになった。調理や、食事を弁当箱に詰める仕事をするスタッフとして、母が雇い入れた人たちだ。中にはＪのかわりに家の掃除を手伝ってくれる人もいた。

Ｊの口笛の音がしみついた壁の汚れを彼らがこすって落とすたび、何年もの間、ＪのＤＮＡが吹き溜まっていた部屋を彼らが掃除するたび、家の中には新しいエネルギーが蓄えられていくようだった。すべての窓が開け放たれて、ほこりがすべて飛んでいったような気分だった。母は忙しくしていたけれど楽しそうで、年じゅう新しいレシピを試していた。祖母や女きょうだいに送金するお金も貯めていた。いつも忙しく動きまわっていたけれど、私には優しかった。仕事が増えるたび、母の輪郭がはっきりしていくようだった。母の肖像画が色を増していくようだった。母は自分の言いたいことをはっきりと言うようになった。父に言い返すようにもなった。以前はいとこだと思っていたのに、本当は私の異父姉だとわかったマリアネラがサンフランシスコに行くことになったときは、うちで歓送会を開きたいとも言った。これまで兄や姉であることは秘密にされていたので、彼らがうちに来たことは一度もなかったのだ。

母のもとには大きな仕事も舞いこんだ。ケータリング会社のことが口コミで広がり、地元のスーパーマーケット・チェーンの〈ウォン〉が、母のチキンロールを販売してくれることになったのだ。ペルーの人はよく肉を食べる。ロティサリーチキンはペルーでは欠かせない食べ物だ。でも、母のチキン料理は一味違った。チキン・コルドン・ブルー（鶏むね肉のチーズはさみ揚げ）をペルーらしくアレンジしたものだった。〈ウォン〉は母のチキン料理を五つの大規模店で販売するという契約をもちかけてきた。母は顔を輝かせた。ローマ教皇から直接祝福されたかのように浮かれていた。そして、自分のレストランをもつという夢まで見はじめた。あるいは基本的な料理だけを出す、もっと小さな、ちょっとした喫茶店。

でも、母が初めての大きな仕事の準備に追われ、大きな夢を見ている横で、それまでときおり不平をもらす程度だった父が、絶え間なく文句を言うようになった。

「家の中がぐちゃぐちゃじゃないか。汚れてるぞ」家に帰ってきて、母の同僚が料理を持ち寄ってダイニングルームに集まっているのを見ると、父が怒鳴った。「どうして他人様のために料理なんかするんだ？お前には家族の面倒をみるという仕事があるじゃないか」

母の仕事が軌道に乗りはじめたころ、私たち五年生の保健の授業にカウンセラーが来てくれて、いままでに耳にしたことのない「セルフケア」というものについて話をしてくれた。最初に男の子と女の子に分けられて、男の子は別の教室に行かされた。女の子たちは冷たいタイルの床にきちんと並んですわった。長いグレーのスカートが、ふんわりと広がった。

「将来、あなたたちは結婚します」カウンセラーが言った。「そして子どもを産みます。旦那さんの子どもをね。白馬の王子様の！」みんなはクスクスと笑った。「でも、結婚するまで、誰にもあなたたちのここを触らせてはいけません」カウンセラーはそう言って、自分の胸とお腹と股を手で示した。「わかりましたか？　そうするのは、もっと大きくなってから。子どもをつくるときだけですよ」

みんなは話を聞きながらうなずいていたけれど、私は自分が手を挙げてしまわないように、手をお尻の下に敷いて押さえていた。思わず口走ってしまわないように、自分の唇をかんでいた。もし触られたら、どうなるんですか、と。そういうときはどうすればいいのか、訊きたかった。ほかにも、たくさん質問したいことがあった。ほかにも、触られたことがある女の子はいるんだろうか。でも、声をあげようとするたびにJの声が聞こえた。誰にも言ってないよね？　誰にも言っちゃだめだよ、と。だから、誰にも言ったことはない。神父様に告解しただけだし、神父様は何も言わなかった。ほかには、誰にも言ってない。

学校でも、教会でも、家でも、私のふるまいが父の評価につながる。いつでもそのことを忘れるな、と父から言われていた。だから、何か問題を起こしてはいけない。たくさん質問をしすぎるのも問題のひとつだった。私が通っていたのはカトリックの学校だ。従順で、疑問をさしはさまないことが美徳とされていた。だから、この日、私は誰かほかの子がしゃべってくれますようにと祈っていた。私ができない質問をしてくれますように、と。でも、誰も何も言わなかった。

私は学校の教室のタイルの床にすわって、一年生のころから知っている周りの女の子たちを眺めながら、この子たちは私のことをまったく知らないのだ、と思った。みんなのぽかんとした顔を見て、私の身に起こったことは、彼女たちの身には起こっていないのだ、とわかった。カウンセラーが言ったように、私の身の上に起こったことは普通ではないし、正しいことではなかったのだ。

間違ったことだったのだ。

「結婚式の写真を見せて、母さん」その日の夜、私は母にねだった。「ドレスはどんなものだったの？結婚式は盛大だった？　母さんは幸せだった？」

「引っ越しのときになくしてしまったかも」母が言った。「あとで探してみるね。いま忙しいの。お料理を手伝って」

熟した洋ナシを木から振り落とすように、母をゆすって答えを聞きたかった。母にとって愛とは何か、聞きたかった。私のような子にとって、愛とは何なのか教えてほしかった。

ある晩、両親が出かけているときのことだ。私は新しいハウスキーパーのメッチェと留守番をしていた。弟はふたりとも寝ていた。私は両親の部屋にこっそり忍びこんで、家にひとつしかないカラーテレビを見ようと思った。ドアを開けてつま先歩きで入っていくと、掃除機をかけたばかりの、毛足が長くてやわらかいカーペットに足が沈んだ。両親の部屋は謎だらけだった。入ってはいけないことになっていたから。私はクローゼットのドアを、そーっとスライドさせて開けた。そこには、まるで兵士が気をつけをしているかのように、きちんとプレスされた父のオーダーメイドのスーツが並んでいた。スーツを端から端まで手でさあーっとなで、スーツが揺れたり、互いに触れあったりするのを眺めた。スーツの下には、それぞれのスーツに合った靴が、ピカピカに磨かれた状態で置かれている。私はクローゼットの隅に置いてあったスーツケースを引っぱり出した。

カチッと鍵をあけ、スーツケースを開いた。すると、古い革製品や靴磨きの道具がどっと出てきた。クロスとかパーカーといったメーカーの、高そうな万年筆のカートリッジや鉛筆もたくさん入っていた。消しゴムもいくつもあったし、画鋲やクリップなどが入った小さな袋もあった。父が一階にある仕事部屋で電卓を叩きながら、山のような重要書類を次々とファイルしていくところを想像した。きっと、こういう書類のせいで父は家族と過ごす時間があまりなかったのだろうし、大切な会議に急いで出かけたりしなくてはならなかったのだろう。大切な人を抱えるように、私は脇の下にそのスーツケースを抱えたまま、両親のベッドの上に上がってテレビをつけた。ペルーではテレビのチャンネルは三つしかない。国営放送がひとつと、民営の放送局がふたつだ。テレビでは『ザ・セブンハンドレッド・クラブ』が放送されていた。両親はよくこの番組を見ていたけれど、私はこれまでちゃんと見たことはない。大人たちがダラダラとしゃべっている番組で、出ている人たちはみんな、真面目で善良なキリスト教徒だということは知っていた。聖書を重んじる福音主義の人たちだ。こういう人たちは、よくうちにも訪問に来ていて、母は彼らをときどき家に招き入れてお茶をごちそうしたりしていた。彼らが置いていったパンフレットには、神様が発する黄金の光に照らされた家族の写真がよく載っていた。こういう光の中で母がJのことを説明してくれる場面を、私はいつも想像していた。

「今日は、神の言葉に救われた四人の女性の話をご紹介します」白髪頭の番組の司会者、パット・ロバートソンが言った。字幕には「路上の女たち」と出ていた。

救われた、という言葉に引きつけられた。慈愛に満ちた力が降りてきて救ってくれる、という考えに引きつけられた。なりたかった清らな存在にもう一度なれる、というのだ。いままで知らなかった。このころはもう、私が知りたいことを両親が教えてくれることはないだろうと思っていた。母がJのしたことを説明してくれるかもしれないという淡い期待はまだ抱いていたけれど、父も母も自分たちのことで精一杯の状態だった。でも、私は起こったことの意味を理解したかったし、浄化されて救いを得たかった。日に日にその思いは強くなるいっぽうだった。心の整理をしたくてたまらなかった。罪のゆるしを得るよりも、説明が欲しかった。

四人の女性はブロンドで、ピエロのようなお化粧をしていた。四人ともアメリカ生まれだった。テレビや映画で見ていたアメリカで、そんなにひどい生活をしている人がいるなんて信じられなかった。ひとりの女性が話しだし、スペイン語の字幕が出た。「私は路上で客引きをしていました。売春婦だったんです。でも、自分で選んでそうなったわけではありません。小さいころ、おじに強要されたのが最初です。おじは部屋に鍵をかけて、**静かにしろ**と言いながら自分のズボンを下ろしたんです。私は虐待されたんです」

心臓がドクンと鳴った。この人は、Jが私にしたのとまったく同じことをしゃべっている。「私はゴミなんです」大粒の涙を目に浮かべながら、その女性が言った。「私は壊れてしまいました。それで、売春婦になって薬物依存症になってしまったんです」

気づくと、私はスーツケースの革の持ち手をぎゅっと握りしめていた。あのカウンセラーも、そこを誰にも触らせてはいけない、と言っていた。でも、両親はJが私に触ったりキスしたりするのを許した。いまテレビに出ているアメリカのブロンドの女性は、自分は虐待されたと言っている。Jは両親がこうすることを望んでいる、と言った。ということは、両親は私が虐待されるのを望んでいたということなのだろうか。私に売春婦になってほしいのだろうか。ゴミみたいになってほしいのだろうか。でも、ゴミなんて誰も欲しくないはずだ。ゴミは捨てられるものだ。残飯みたいなものだ。エメリタおばさんが、しめる前のニワトリに食べさせてやった残飯だ。

父と母がこれを望んだ。
父と母が、これを望んだのだ。

私はテレビを消すと、父のスーツケースをクローゼットの中に戻した。そして、自分の部屋に戻ってサイドテーブルの前にひざまずき、涙を流しながら祈りはじめた。どうしてもっと早く、いやだと言わなかったんだろう……。私は両親の部屋に駆けもどると、サイドテーブルの上からマッチを取ってきた。四歳か五歳のとき、変な塩味がするマッチの先端を舐めてしまって、母に「やめなさい！」と怒られたことがある。「死んじゃうわよ！　毒があるんだから！」

私はマッチを持って部屋に戻り、台紙から細いマッチを一本ずつはがして口に入れた。酸性の硫黄が先端についたマッチで、口の中がチクチクする。自殺は大罪で、罰として地獄で炎に焼かれることになっている。でも、事故でゆっくり死ぬのなら、煉獄〔天国と地獄との中間にある場所〕に行けるだろう。

これまで私は、自分のやっていることは意味のあることだと思っていた。これが私の運命なんだ、と。命令に従っただけなのだと思っていた。みんなが喜ぶだろうと思うことをやってきた。みんなが喜んでくれるなら、自分も幸せだと思えた。とても気分がいいときもあった。でも、それは間違いだった。汚いことだった。私は自分が恥ずかしくなった。ぜんぶ、私がいけなかったんだ。いやだと言えなかったのだから、同意したのと同じことだ。

一本、また一本と、マッチに火をつけた。煙がうねりながら立ちのぼり、しだいにかすんで黒い影を残して消えていく。影……。その日、私の心には影が巣くった。いっそのこと、その影に飲みこまれてしまいたい。そう思った。

第5章　ヒマラヤへ

今朝のルーシーの唇は青紫色だ。標高二千七百メートルの高地では珍しいことではないけれど、私は不安になった。「今日は氷みたいな唇の色がイケてるね、ミス・ルーシー！」不安を隠しながら声をかけた。彼女が私を憐れむようにほほえんだので、私は自分が百二歳のおばあさんになったような気がした。私は心配性だ。心配性で時代遅れのおばあさん。

ナムチェ・バザールまでは、高山病になることはあまりない。けれど、ルーシーは初日から辛そうで、いっこうによくなっていない。歩くペースは遅いし、疲れた目つきをしている。今日から私たちはサガルマータ国立公園に入る。ネパールにあるこの公園には、エベレストと、そのほかのヒマラヤの山々がそびえ立っている。ずんぐりした石造りの建物の中にある受付で私が書類を提出している間、女性たちは古びた木のベンチに肩を寄せあってすわっていた。お金を払うと、管理員がトレッキングの許可証をくれた。そのあと、震えるような手でエベレスト登頂のための書類を出した。エベレストのことを考えただけで、めまいがする。エハニがやってきて私の隣に立った。ちらと目をやると、どうやら私が震えていることに気づいているようだ。八日間で彼女たちとのトレッキングを終えたあと、私はひとり山頂に挑む。でもいまはとにかく、一歩一歩目の前の道を進むだけだ。すでに計画より二日遅れているし、まだ十六キロほどしか進んでいない。でも、やっと全員がそろい、チームができた。八人からなる生命体になった。

今日はナムチェ・バザールを目指す。ヒマラヤ山脈の玄関口だ。ここから先は空気がさらに薄くなる。

管理員がエベレスト登頂の許可証を渡してくれたけれど、私はそれをよく見もせずにバックパックにつっこんだ。エハニが公園の入口に向かって歩きはじめた。ほかのみんなもバックパックを背負ってあとに続く。「エハニ！　あなたをペースメーカーにするから」私は言った。シェイリーがエハニに通訳をすると、エハニは手をあげてオーケーと親指を立てた。シェイリーとアーシャがその後ろにつき、その後ろにヒメナとシュレヤとルビーナ、そして私の前にルーシーという順になった。私が最後尾だ。

ヒマラヤの入口にある簡素な石の門カニ・ゲートは、精神的な入口でもある。石門をくぐる前、私たちは足を止めて、そこに書いてあることをみんなで代わる代わる声に出して読んだ。

古くからあるこのカニ・ゲートの先は、シェルパ族の秘境の谷ベユル・クンブです。この地区にいる間、訪問者は次のことに気をつけてください。

殺生をしないこと。
怒らないこと。
妬まないこと。
他者を攻撃しないこと。
お酒を飲みすぎないこと。

「ルール多すぎ」ルーシーが軽い皮肉交じりのジョークを言うのを聞いて、私はゾクゾクした。彼女はまだ笑っている。

みんなは集まって自撮りを始めた。舌を口の横にちらっと出し、手はピースサイン。キャンプの宣伝みたいだ。幸せいっぱいでキラキラしているアメリカの女の子の、夏のキャンプ。そんな夏を私たちは誰も経験したことがない。気を緩めるのは危険なことだったから。彼女たちのほとんどは、いまでもそう思っている。でも、いまだけは、少しホッとできる時間だろう。

石門の内側には鮮やかなピンク色と赤褐色で曼荼羅が描かれていて、天井は金色と濃い緑色に塗られている。ヒメナとルーシーは、とても興味を引かれているようだ。私はふたりの視線の先に目を向けた。仏陀とミヨランサンマ（赤いトラの上に乗ったエベレストの女神）、それからクンブ地方の神であるクンビラの鮮やかなフレスコ画が、壁に描かれていた。

そのうちのひとつが、私の目を引きつけた。

ほかに比べるととても不気味で、悪魔のようだ。その暗さが印象的だった。青い肌に、三つの目。ドクロでできた冠をかぶり、トラの皮を腰に巻いている。まるでたてがみのような炎に包まれていて、髪が燃えあがっている。

「パンク・ロックみたい」誰に言うともなく言った。

「あれはヴァジラパーニ」私の視線に気づいたシュレヤが教えてくれた。「雷の神様」

私はどうも、危険なものに惹かれるようだ。

シェルパ族はニンマという宗教を信じていて、ここに描かれている絵はその物語を表しているのだとシエイリーが説明してくれた。ニンマは土着の神秘主義で、チベット仏教の最も古い宗派だ。ヒマラヤのこの地区では、神々は自然を具現化したものとされている。これまで聞いたどんな話よりも納得できる。

門の右側にはくりぬかれた部分があって、金属でできた円筒形のものが、アバカス〔おもにアジアで使われている、そろばんに似た計算器具〕の球のように一列に並んでいる。

「あれは何？」ヒメナが訊いた。

「マニ車」シェイリーが答えた。「自分のカルマ（業）を清めるために、あれを回すの。いいカルマを入れて、悪いカルマを追いだせるようにね。中にはマントラ（真言）が書かれた小さな巻物が入ってる」

「じゃあ、私も回さなきゃ」私は両手をしきりにこすりあわせながら言った。私には、すでに人生三回分くらいの悪いカルマがたまっている。出ていってもらっていいころだ。

「時計回りにしか回しちゃだめ」シェイリーが言う。「右側から左側に向かってひとつひとつ順番に回していってね」

「方向を間違えたらどうなるの？」ヒメナが訊いた。

「わからない。清められていないことになるんじゃないかな」シェイリーが肩をすくめる。

「カルマが？」ヒメナは考えこんだ。

「たぶんね」

私たちは一列になり、歩きながら右手でマニ車を次々となでて回していった。ひとつ、ふたつ……四つ……十。マニ車は少しの力で動き、木製のボールがこすれあうときのようなゴリゴリという音をたてて回った。さわやかな風が通路を吹き抜けていく。

「もっと大きいマニ車もあってね」シェイリーが言った。「水で動くのもあるし、風で動くのもある。マニ車が動くと、マントラが空中に放たれると言われてる。すべての人に善意を届けてくれるの」

二〇〇五年にひとりでベースキャンプまでトレッキングをしたときは、ここで立ち止まってマニ車を回すことはなかった。そのときは興奮と心の傷が原動力になって、ベースキャンプまでの六十四キロの道のりを、四日間で歩いた。私があまりに速く歩くので現地ガイドが高山病になり、その場に置いていかなくてはならなくなったほどだ。私はガイドなしで先へ行った。そのころの私の心の中には、怒りのようなものが渦巻いていた。私の体に巣くった悪魔のようなギラギラした怒りのせいで、誰がどんな警告をしようと、どんな論理的なことを言おうと、私は耳を傾けられなくなっていた。もちろん、山に対しては畏敬の念を抱いていたけれど、どうして山に対してそんな感情を抱くのか、なぜ自分が山にいるのか、わからなかった。自分のことばかり考えていて、山が精神に与える影響について考えてみたこともなかった。

「マニ車はいつも回っているほうがいいの。そうすれば、マントラの響きや善意が空中に放たれるから」シェイリーが話している。

「タルチョみたいね」私が言うと、アーシャが答えた。

「そう、同じこと」

タルチョは、人がいなくても祈禱が行われているところがいい。旗が風にはためくたびに、経文を唱えたことになる。その音自体が神への祈りになるという。風が触れたものすべてに祝福がもたらされるのだ。個人がおかした罪のゆるしを求めるという考え方とはまったく異なる。ひざをヒリヒリさせながら教会でひざまずいて救いを求めるのとは、まったく違う。

エハニが歩きはじめ、私たちは一列になった。温かくて硬い大地を、ゆっくりと鈍い足音をたてながら進む。三日前にネパールに来てから、移動はすべて飛行機やタクシーを使っていたし、寝泊りしたのはホテルやロッジだ。でも、ここからは歩いていく。一列になってしっかりと歩いていく。そのために、ここに来たのだ。歩くため。それだけだ。でも、それだけではきっとすまないだろう。事前に机上で何度も検討はしたけれど、きっと、もっといろいろなことがあるはずだ。でも、もしうまくいかなくても、今回の旅が大失敗に終わったとしても、とにかく、私たちは一緒に歩いていく。それだけでじゅうぶんだ。

エベレストについて書かれた本や映画には、空に突きでた、ほんのわずかな広さしかない山頂のことばかり描かれている。でも、じっさいは、くねくねと山頂まで続く道には、ヒマラヤの、そしてシェルパ族の文化が息づいている。シェルパ族は標高二千五百メートルを超える土地で、川のそばの急峻な山肌を階段状に削ってできた小さな村や町で生きている。

谷に向かって下りていくと、丘の側面に生えている濃い色をしたシャクナゲの低木が勢いよく芽吹いていた。大きな岩の側面には、白くて細かい文字が何行にもわたって書かれている。サンスクリット語だ。同じ言葉が何百回も繰り返し書かれているそうだ。聖典のようなものだという。モーセの石板を思い出した。

「これはマニ石」アーシャが説明してくれた。アーシャとシェイリーはまるでツアーガイドだ。「左側を通ってね。マニ石があったら、つねに左側を通らなくてはいけないから」

「何て書いてあるの?」私は訊いた。

「オム・マニ・ペメ・フム」彼女が言う。「有名なチベットのマントラ」

「なるほど」わかったようなふりをして言う。「〝オム〟なら知ってる」

ヨガのクラスで「オム」については習ったことがある。自宅にいるときは、ときどきヨガのクラスに通っている。体の調子を整えて心の平穏を得るためだ。ヨガのポーズを保つのはとても大変で、うまくできた試しはない。まず体が硬すぎる。それに、つい呼吸をコントロールしようとしてしまう。先生は毎回「すべて手放して」と言う。でも、私がやっていることは、それとは正反対だ。手放したものはどこに行くのだろう。そのことは誰も教えてくれない。私はもっときつくて速い動きのほうが向いている。血と汗と努力が好きなタイプだ。自分を追いこんで体の限界を知るのが好き。だから、うまくできるのは、ヨガの最後に唱える「オム」だけだ。いまでもその意味はよくわかっていないけれど。

川沿いの村ジョルサレに近づくにつれて、木々ばかりだった景色に家が交じるようになってきた。モノポリーに出てくるような、がっしりした家が集まっていて、三角屋根が緑や赤や青に塗られている。私たちは曲がりくねったドドコシ川に沿って歩いた。川の流れは速く、水が岩にぶつかって奏でるメロディーが、無言のまま歩く私たちの耳に届いてくる。見上げると、川の上につり橋がかかっていた。その向こうにも、いくつもいくつもつり橋が続いている。ひとつ渡るごとに、前のつり橋よりも高くなる。立ち止まって数えてみると、五つのつり橋が木に囲まれた丘から丘へと張られていた。つり橋のところまで行くには、いい香りのする深い森を登っていかなくてはならない。まるで誰かが絵に描いたかのように、丘にはヒマラヤゴヨウがびっしりと並んでいた。

「次の宿泊地までもうすぐだから」私は息をきらしながら言った。今日はじめての嘘だ。「四、五キロくらいかな。ほんの三マイルってところ」距離はたしかにそれくらいだ。けれど、高度にすれば六百メートルほど上がることになる。そのあたりの詳しい数字は言わないでおこう。ルーシーのことを心配していたが、ここにきてヒメナまで足をひきずりはじめた。自分ではそんなつもりはなかったけれど、ちょっとせきたてすぎたのかもしれない。ルーシーは頑張り屋だから心配だ。私も同じタイプだからわかる。自分の限界がきちんとわかっているといいのだけれど。私は自分の限界がわからない。どこまでが挑戦で、どこからが無謀なのか、どうやって判断すればいいのだろう。いつもと違う環境で、あの子たちが自分の状態をよく見極められるとはかぎらない。

『NATURE FIX　自然が最高の脳をつくる――最新科学でわかった創造性と幸福感の高め方』〔邦訳：栗木さつき・森嶋マリ訳、NHK出版、二〇一七年〕の中で、著者のフローレンス・ウィリアムズがケン・サンダースという人の話を書いている。彼サンダースは希少本を扱う書店を営むかたわら、アメリカの西部で何年も川のガイドをしている人だ。彼の話によると、人は川の上に七十二時間いると、ものごとのとらえ方が変わりはじめるという。彼の友だちに神経学者がいて、その人がこの理論を研究したところ、三日たつと、脳の中の注意力を高めるネットワーク（日常の仕事や家事をになう部分）が休み、かわりにほかの部分が働きはじめることがわかったそうだ。それは、感覚を認知したり共感したりする部分だ。

虐待された経験がある人は、解離性障害〔トラウマへの自己防衛として、自己同一性を失う神経症〕を起こす場合が多い。自分と体のつながりや、自分が体の持主であるという感覚を取り戻すためには、何か感覚に働きかけることをするといいと言われている。自分のトラウマについて話すだけでは不十分なのだ。解離性障害は体全体にかかわるものなので、体全体で治療していかなくてはいけない。

性的なトラウマは本能を混乱させる。よくないとわかっていることを、受け入れるしかなくなるからだ。しだいに境界線がわからなくなっていく。身体的な境界――あなたの皮膚なのか、私の皮膚なのか、彼の皮膚なのか、誰の皮膚なのか――がわからなくなるだけでなく、感情面や活動面における境界もわからなくなっていく。性的な虐待は自分の体のことをまだよく理解できていないうちに起こるケースもあるので、自分に苦痛を与えたひどい出来事を抱えたまま成長していくことになる。すると、幹に傷を抱えたまま大きくなっていく木のように、まず自分が分裂し、また融合し、最後にはその出来事や禍根や傷を、自分のものであるかのように飲みこみ、自分の内側に抱えることになってしまう。

エハニが口笛を吹いた。見るとゾッキョ（牛とヤクの雑種）が三頭、私たちのほうへ向かって歩いてくる。私たちは右側に寄った。ここでは家畜が優先だ。ルクラからベースキャンプまではおよそ六十四キロあるけれど、荷物はすべて家畜か人力で運ばれる。この道は私たちのような旅人向けの森の道であると同時に、交易ルートであり、ハイウェイなのだ。

日によく焼けた小柄な女性に引かれて、毛足が長く背骨が湾曲した家畜がのしのしと私たちの横を通り過ぎていく。糞尿と温かい泥のにおいがした。

「んー！　ムスクの香りみたい」シェイリーが鼻をくんくんさせながら冗談を言った。

エハニがまた先に立って歩きだした。ときおり口笛を吹いて、ゾッキョやヤクの群れが来るのを教えてくれる。私たちは道から少しそれたり、また流れに乗ったりしながら、波のように進んだ。エハニの姿を見ているのが、いちばん心強い。

エハニは寡黙な人だ。初めてエハニとシュレヤとルビーナに会ったとき、彼女たちは私をカトマンズから三時間ほど行ったところにある、シンドゥパルチョークという小さな田舎町の自宅に連れていってくれた。シンドゥパルチョークまではひどい悪路で、私たちと同じくらいの大きさの岩がゴロゴロしている急勾配の山道だった。迂回したり、慎重に運転したりしなくてはならないところもあった。四輪駆動の車から降りて、押すはめになったことも一度ではない。私たちはほかの車に先に行ってくれと合図を送りながら車を押した。最初は道がひどいことに驚いたけれど、そのうち自分が驚いたことを恥ずかしく思った。ペルーも同じような状況だったことを思い出したからだ。貧しい田舎町。父が幼いころに住んでいた地域へ行く道も、こんな感じだった。アンデスの田舎町までくねくねと続く道を進むにつれ、道路のくぼみはどんどん大きくなっていったし、奥に行けば行くほど、粗末なレンガでできた家と家の間隔が広くなっていった。もしかしたら、私も父と母の子ども時代のように、貧しい暮らしをしていたかもしれないし、小さな家でニワトリを飼っているエメリタおばさんのような暮らしをしていたかもしれない。そう思うと、自分が送っていたかもしれない人生を目にしているような気がした。でも、シンドゥパルチョークの町に入っていったとき、両親は貧しさとは決別したのだと、はっきりわかった。

ネパールでもとくに開発が遅れているシンドゥパルチョークは、一九八〇年代から人身売買の拠点となってきた。農業地域だけれど、山岳地帯で土地が肥沃ではないため生産量は少なく、人里離れた貧しい土地だ。そのため、搾取が横行していた。

三人が住む村は丘の上にあって、眼下には三日月のような形をした棚田が広がっていた。その向こうは山のふもとだ。緑豊かな山の尾根がうねうねと続いているのが見えた。山と山の間には霧がかかっていた。エハニは私の手をつかんで、広い土の道を通って村の奥へと連れていってくれた。彼女の手のひらの温かさが伝わってきた。村にある家々は丘の斜面に建てられていて、毎年の雨季には、豪雨による土砂崩れの心配をしなくてはならない。私たちは肩に岩をのせて急な坂道を上ってくる、赤い織物の服を着た女の子たちや、ティカあるいはビンディ〔ティカもビンディもヒンドゥー教徒が額に描く丸い装飾だが、ティカのほうが宗教的な意味合いが強い〕をつけ、金色の鼻輪をつけた女性とすれ違った。このあたりは二〇一五年の大地震からまだじゅうぶんに復興していなかった。地元の女性がふたり、私たちを見て足を止め、質問してきた。質問されたエハニははきはきと答えはじめた。私のほうを指して、身ぶり手ぶりで話をしている。その動きはバレリーナみたいに優雅でいてゆるぎなく、話し方も生き生きとしてよどみなかった。初めて会ったときの彼女とはまったく違う。彼女が内気そうにしていたのは、言葉の壁のせいだったのか、警戒心を抱いていたせいなのか、どちらがより大きな原因なのだろう、と考えた。

あなたを助けに来た、と声をかけたのは、私が初めてではない。

毎年、エハニの住む地域にいる何千人という少女が、仕事を世話してあげるとか、もっといい教育が受けられるといった言葉に乗せられて売られたあげく、インドで性産業に従事させられている。バジール・シン・タマンという、政界ともつながりのある権力者がとんでもない悪人で、何百人もの少女の人身売買にかかわったと言われている。ルビーナとシュレヤとエハニもその中に含まれる。娘を送り出すとき、ほとんどの家族は何が起こっているのか知りもしなかった。でも、中にはわかっている人もいた、とエハニが教えてくれた。エハニの声は悲しげだった。

私はうなずいた。私にもわかるからだ。家という場所が、逃げ出さなくてはならないほどの痛みになる場合もあるということが。

エハニは十二歳のとき、父親を亡くした。ネパールでは伝統的に、父親が亡くなると息子が家長になる。家族を養うために頑張るのがエハニの兄の仕事だ。でも、兄はそうしなかった、とエハニは言う。学校にもろくに通わなかったし、家族の面倒をみるのも嫌がった。エハニの母親はひとりで苦労しながら毎日の食料を工面した。そしてエハニは、十四歳でカトマンズに逃げた。カーペットの工場で一年働いて、家に仕送りをしたという。

「小さいころ、父にはいつも立派な人になれと言われてた」エハニが言う。「重要な役割をする人になれと。でも、私はその意味がわからなかった。周りに立派な人がいなかったから」

ヒラリー橋の近くまで来た。「水分補給して」みんなに声をかける。「これが最後の休憩だから」ここからの最後の登りは、傾斜がとてもきつい。私たちが集まって、一リットルの水筒からそれぞれ水を飲んでいると、背の高いやせた白人の男性がふたり、横を通り過ぎていった。彼らがゴミ箱がわりにしている容器には、〝ハーバード〟と書かれた紙が貼られている。トレッキングに出発する前、ティーハウスでこれと同じ紙を見たことを思い出した。たしかその紙には、医師のグループがナムチェ・バザールで、高度に関する研究をすると書かれていた。

「お医者さんですか?」私は声をかけた。

すると、ふたりは笑った。「まだ卵ですけどね!」

「まだ二年生なんです」背の高い方が言った。「ピーターです。よろしく」

「私はシルヴィア」

「ぼくはゲイブです」

「じつは、ドクターも一緒に来てるんです」ピーターが言った。「彼女はいちばん後ろで、ゆっくり歩いてますよ。なにしろ、いろいろと器具を背負ってるんでね」

「ポーターを使いたくないと言うんですよ」ゲイブが言った。

「私と同じタイプのお医者さんのようね」私は冗談を言ったけれど、心の中ではホッとして叫びだしたいくらいだった。

「その方はどこに泊まるんですか？」女性のお医者さんがいるなら、みんなの体調をチェックしてもらえるかもしれない。体調の異変には早めに気づいてあげなくては。高山病に注意というネオンサインが、ときおり私の頭の中でチカチカと光っている。

「パノラマ・ロッジですよ」ピーターが言った。「彼女の名前はジャッキーです」

ピーターとゲイブは、ではまた、と手を振った。私たちは水筒をバックパックに入れ、石の階段を上りはじめた。階段といっても段がきれいにそろった階段ではなく、丸い石が地面から突きだして、ふぞろいの歯のように並んでいるだけだ。きちんと階段のようになっているところもあれば、よじ登らなくてはならないところもある。

「気をつけて。ゆっくり、確実に登ってね」できるだけ穏やかな声で言う。「呼吸も忘れずに。深く吸って、強く吐く」

「ああ、まだまだ階段が続いてる！」ルーシーがブツブツ言っている。

「もうすぐだから」私はふたつ目の嘘をついた。それにしても嘘ってなんだろう。あり得るかもしれない真実を述べることも嘘になるのだろうか。

ヒメナが不満げな声を出している。十代の子を育てるのは、きっとこんな感じだろう。

「これぞフリルフスリフ〔自然の中でありのままに暮らすということ。北欧のライフスタイルの根底にあるもの〕でしょ！」

誰も私の言葉に反応せず、息をきらしながら階段を登っている。自然の中で暮らすことのすばらしさを伝えるノルウェーの言葉を教えてあげようと思って、せっかく準備してきたのに。

あと三キロちょっとだ。ルーシーの顔色はよくなってきたけれど、ヒメナは集中できていない感じだ。ほかのみんなは、まるでクイズの答えを考えているかのように、集中した顔でおでこにしわを寄せている。二十分ほどすると、ヒメナの息にゼーゼーという音が混じりはじめたのに気づいた。

「鼻から吸って、口から出して！」シュレヤが言った。シュレヤは映画スターみたいな大きなサングラスを鼻のところまでずり下げて、ちらっとヒメナを心配そうに見た。

「水を飲むといいよ」ルビーナはそう言って足を止めると、ヒメナのバックパックから水筒を引っぱり出した。「つねに水分補給を忘れずにね」

「ちょっと待って。あそこまで登るの？」ルーシーがはあはあと息をしながら、木々の間にガーランドのように張られている、ふたつの長いつり橋を指さして言った。

「そう。あれを渡ってもう少し行くと、ナムチェ・バザールの入口だからね」私は言った。

ヒラリー橋まで来ると、みんな押し黙った。なかなかすごい眺めだ。左右に金網が張られた細いつり橋が、深さ百二十メートルの岩場の谷にかかっている。シルクでできたカタやタルチョが、何百枚も手すりに結びつけられている。高い場所にタルチョをつるすのはチベットの伝統だ。旗の一枚一枚にはマニ車と同じように小さな文字でマントラがプリントされている。風が吹く場所にくくりつけておけば全世界に祝福が行きわたると、ヒマラヤの人は考えている。旗が古くなり、太陽や雨や雪にさらされて形をなくしていくことは、祈りが森羅万象に帰っていくことだと考えられている。ひとりずつ橋にのるたび、つり橋はいったん垂れ下がったあと上下に揺れた。峡谷から吹き上がる風にはためいたタルチョが、野生の馬のたてがみのような感触を残して私たちの顔をなでていく。

下の方には、昔のヒラリー橋の残骸がかかっている。ボロボロでいまにも壊れそうだ。私が二〇〇五年にここに来たときは、そちらの橋を渡った。そこを渡っているときに、トラウマは私のアイデンティティではない、と気づいたのだ。みんなにも、それを知ってほしい。ヒメナ、ルーシー、ルビーナ、シュレヤ、そしてエハニが新しいほうの橋を恐る恐る、不安げに渡っていくのを見ていたら、早く山頂に行きたくてたまらなかった以前の自分を思い出した。あの丘の先には何があるのか、知りたくてたまらなかった。自分はこの先うまくやっていけるのか、知りたくてしかたなかった。

何枚ものタルチョがくくりつけられている長いヒモをみんなで持って、つり橋の上で一列になった。ときおり強い風が吹きつけてくる。太陽が私たちをすっぽりと飲みこんでいる。標高が高いところは、太陽光線が強い。空全体が、金色というより白っぽい光に覆われている。絵に描いたような美しい光が降り注いでくるというより、包みこまれるような感じだ。

「みんな、手短に、山に特別な祈りを捧げて。神様からのおぼしめしがあったら、願いをかけてね」最後の言葉を言うのは気恥ずかしかったけれど、リーダーはこういうことを言うものだろう、と思って言った。そして、タルチョを橋に結びつける前に、少し間をとった。そうすれば、みんな自分の気持ちに集中することができる。どんな祈りを捧げるのか、どんな願いをかけるのか。自分が何をここに持ってきて、何を持ちかえるのか。

いまの私の願いはただひとつ、みんなが無事でいることだ。

橋を渡りおえてナムチェ・バザールまであと少しというところまで来ると、ひとりの女の人がボロボロの机の前にすわって、法外な値段でリンゴとジュースを売っていた。ドルに換算するとリンゴひとつが一ドル、ジュースが一本二・五ドルもする。カトマンズの十倍の値段だ。でも、これからの一時間半で、水筒の中身を補充できるところはない。需要と供給の関係でこの値段がついているのだ。これがこのトレッキング・ルートの経済学だ。彼女の商才がうらやましい。

「リンゴジュースを全員分ください！」私はそう言って二十ドルに相当するお金を渡し、ジュースを一抱え受け取った。

その女性はにっこりと笑って、受け取ったお金を腰に巻いた小さなポーチにつっこんだ。「ナマステ」

「ナマステ」私は小さくお辞儀をした。

「水分補給、水分補給」そう言いながら、ジュースを渡してまわった。ルーシーは低くなったところにある岩棚に寝ころがって言った。「水分摂るなら、水平になるのがいちばん」

少し休憩したあと、また歩きはじめた。暗くなる前になんとかナムチェ・バザールまで行っておきたい。硬質な大地を歩いていくと、そのうち石がゴロゴロと転がっている道になり、その先は石畳になった。日が傾きはじめたころ、石でできた側壁のある階段にたどり着くと、そこがナムチェ・バザールの入口だった。家々が並んでいる小さな村だ。沈みゆく夕日の最後の光が村を照らしている。夜のプールのようにキラキラと輝く青色だ。石造りの建物が太陽の光を反射している。ところどころに乾いた草が生えている土地を、子どもたちが走りまわっていた。

険しい崖のへりに蹄鉄の形に広がっているこの村に入っていく私たちを、仏陀が見つめている。ナムチェ・バザールはエベレスト街道でいちばん大きな町で、通りにはマッサージ店もあれば、ピザが食べられる国際色豊かなヨガ・カフェもあり、Ｗｉ－Ｆｉも二十四時間使えるようになっている。物資を背負ったヤクの列が、狭い石畳の通りをゴツゴツと歩いていく。子どもが私たちの周りに集まってきて、お花をあげるからキャンディをちょうだい、とねだってくる。ここにもマニ車があり、私たちは右手を突きだして歩きながら、マニ車を回していった。こぢんまりして居心地のよさそうなクンブ・ロッジに着くと、金属音が鳴って私たちの到着を知らせた。オーナーのペンバが出てきて、古くからの友だちのように私たちをハグしてくれた。

「ようこそ！　まずは水と睡眠が必要ですね。いま準備します！」

ルーシーはペンバから鍵を受け取ると、自分の部屋に向かった。

「ゆっくり休んでね！」ヒメナの背中に向かって声をかけたけれど、ヒメナは一言もしゃべらずに部屋に入っていった。

ナムチェ・バザールまでの道の最後のほうは、ヒメナも口数が少なかった。ヒメナがしゃべらなくなったことは前にもある。週末にベイエリアでトレッキングの練習をしているときも、ひとりで先に歩いていってしまうことがあった。ヒメナと私はバースデー・ツインズ（誕生日が同じ）だ。私が生まれた二十年ほどあとに、ヒメナが生まれてきてくれた。

「みんな、このあとは自由時間だから」私は言った。

その夜、私たちは食堂に集まって食事をした。壁にはナムチェ・バザールを通過していった有名な登山家たちの写真が飾ってある。中には、行ったきり戻ってこられなかった人もいる。でも、そんな考えは頭の隅に押しやった。ふいに、医師のことを思い出した。

「ペンバ、ちょっと電話をつないでもらってもいい?」ペンバにロッジの名前を告げると、彼はそこに電話をかけ、ネパール語でひとしきり話してから、私に受話器を渡してくれた。

「もしもし?」私は受話器の向こうに話しかけた。

「もしもし、ジャッキーです。どなたですか?」

ジャッキーにこのトレッキングのことを話して、私がみんなの体調を心配していると告げると、彼女がこちらのロッジまで来てくれることになった。あまりにホッとして、また叫びだしそうになった。よくない兆候が見えていたからだ。ここまでずっと綱渡りのような状態で、水分補給のための休憩をとるたび、次の休憩場所までなんとかたどり着けますように、と祈るようなありさまだった。それでもネパールの子たちは大丈夫そうだ。楽しそうでもある。自分で自分の面倒をみることはできているようだ。私たちをもてなさなくてはいけないというプレッシャーがあって、本当の気持ちを隠して平静を装っているのかもしれない。あるいは、プライドがそうさせているのだろうか。この山はネパールの山だから。でも、ルーシーとヒメナにとって、ここはまったく未知の世界だ。ふたりにとっての安全圏が広がって、山に登る意欲や力がわいてきてくれることを願うばかりだ。

ばかげた話に聞こえるかもしれないけれど、私は、この山が私たちのセラピストになってくれると思っている。私たちの感情や心が求めているものを、この山が満たしてくれるだろう、と。私はこの山のことを、文字どおり〝母〟だと思ってきた。

この旅に〝プランB〟は用意してこなかった。もし歩きとおせなかったら山の救いは得られず、私の登頂も含めて、すべてたんなる夢物語で終わってしまうのだ。

ジャッキーは夕食を私たちと一緒にとったあとみんなを軽く診察し、問題なしと言ってくれた。さらに、ここから先、私たちのグループに加わってくれることになった。寄せ集めのメンバーがもうひとり増えるわけだが、彼女は私たちの体調をチェックしてくれる人だ。万が一体調が悪くなっても、同行してくれる医師がいることになる。本当によかった。私の気力もよみがえってきた。

ヒメナは食事の間、ずっと静かだった。でも、そのあと、部屋に来てくれないかと声をかけられた。

「どうしたの?」私はヒメナのツインベッドの端に腰かけた。

「あなたには正直な気持ちを話そうと思って」ヒメナが言った。「正直に言わなきゃいけないと思ったの。じつは、よくわからなくて。自分が本当にここにいたいのかどうか」

「そう」私は努めて冷静に答えたけれど、本当はヒメナの言葉に大きな衝撃を受けていた。まさに恐れていたことだったから。でも、そう言いだすのはルーシーのほうだと思っていた。まさかヒメナの口から聞くことになるとは。ヒメナは話しながら視線をあちこちにさまよわせ、がっくりとうなだれている。迷っているのだろう。いま、どんな言葉をかけるかが大切だ。慎重に言葉を選ばなくてはいけない。

「何かあったの? 心配事でもある?」

「空気にやられてる。ぜんそくが出そう。あまり気分もよくないし。家に帰りたい。ホームシックになっちゃった」

私はイライラを通りこしてムッとなった。空気が薄くて大変なのは理解できる。でも、ホームシックだって？　ヒメナは五か月前に初めて会ったときから、ずっと熱心にトレーニングをして準備してきた。そんなヒメナがここにきてあきらめてしまうなんて。ヒメナが脱落すれば、ルーシーだってそうなるだろう。ふたりだけで帰すわけにはいかないから、当然エベレストもあきらめなくてはならない。これまで積みあげてきたものが、私の目の前で一瞬にして崩れ去ることになるかもしれない。思い描いていた喜びと苦しみの瞬間が、わずかなすき間からこぼれ落ちてしまうなんて。ホームシックなんかのせいで。私の怒りは、開かれるのを待っている飛び出しナイフのようだった。これまで何度も、こういう場面を見てきた。人が何かをあきらめてしまう場面を。私自身もあきらめたことがある。何度も何度も、あきらめたことがある。冷静になろうとすることさえ、あきらめたこともある。私たちは家を離れてエベレストのふもとに来た。それで何かが解決するとは思わない。でも、このトレッキングは何かを変えてくれるはずだった。私は、最初の数日間のことを思い返した。アドレナリンとヒマラヤ山脈の壮大な景色のおかげで、みんな気分が高揚していた。ヒメナがこのまま歩きつづけてくれれば、私たちはきっと何かをつかむことができるだろう。ひとりひとりが、きっと何かをつかむことができるはずなのだ。

「ねえ、聞いて」私は落ち着いた声で言った。「引き返すのもひとつの選択肢ではある。でもね、まだ私たちは奇跡のような瞬間を味わえるところまで来てないの。私を信じて、もう一日だけちょうだい。力がわいてくるようなすてきなことが、必ず待ってるから。明日、ホテル・エベレストからの眺めを絶対に見たほうがいい。ねえ、トレーニングをしていたときに、あなたが私に何て言ったか覚えてる？」

「え？」

「今回の旅について。エベレストはあなたにとってどんな意味がある？」

「ああ」ヒメナは肩をすくめた。

「出発する前、『エベレストに行けば空に触れられる』って、あなた言ったでしょ。文字どおりの意味で。やってみなくちゃ。突拍子もない発想だし、スピリチュアルだし、聞いたこともないけど。エベレストを見れば自分をもう一度信じられるようになる、新しい人生の幕開けになる、って私に言ったでしょ。私はあなたに新しい人生を生きてほしい」

「覚えてる。『エベレストに行けば、幸せは願望のままで終わらずに現実になる』って言ったのも覚えてる。たしかに名言めいたことをいくつか言った。でも、いまは自分の精神状態を立て直すのに必死なの。とても不安定なの。目標を達成しようと言われても、私みたいな人は、チェックリストにあるものをひとつひとつ達成していくだけじゃ目標にたどり着けない。涙とか怒りとか不安とも闘わなくちゃいけない。だいたい、目標をもつことだけでも大変だし。でも、私は目標をもった。ここに来るという目標をたてて、ここに来た」

「自分が将来うまくやっていけるかどうか、自信がないって言ってたでしょ。それに、そもそも将来ってものがあるかどうかもわからないって。つねに動きまわって、走りまわって、生き残ってくるのは大変だったよね。私にはわかるよ。ここでやめて帰ることはできるけど、そうしたらすべて無駄になってしまう。一晩考えてみるのはどう？」

ほかのみんなも、いま苦戦している。これが正しい選択なのかどうかはわからない。彼女たちにとってだけでなく、自分にとってもこれが正しい選択なのかはわからない。自分のエベレスト登頂を成功させるために、これでいいのかどうか……。

　次の日の朝、朝食を食べに下りていくと、ルーシーが化粧道具の入ったバッグを持って席につき、アイラインを引いているところだった。

「この部屋、暗すぎるよ」笑いながら文句を言っている。これはいい兆候だ。

　シュレヤがルーシーの隣に腰かけて、ルーシーの小さなコンパクトについている鏡をのぞきこむ。ルーシーはリキッド状の真っ黒なアイライナーで、すっと一息にアイラインを引いた。

「完璧！　どうやるの？　教えて」

「ここにすわって」ルーシーは自分の隣の席をポンと叩いた。

　私は水とラップトップを持って食堂の隅にあるテーブルに移動し、エクセルを立ち上げた。これまでの遅れを頭に入れ、これから起こるかもしれない最悪のシナリオも考えたうえで、すべての旅程を二日、後ろにずらした。プランA、プランB、プランCを考えながらボックスを埋めていくと、少しずつ心が落ち着いていった。お酒を飲んでいないせいもあるだろう。マイクロソフト・エクセルは私の安らぎの場だ。秩序のある世界で、境界線がはっきりしているし、線を太くしたり、色を変えたり、新しい行を入れたりすることもできる。エクセルの中では、すべてに公式がある。

　振り向くと、ヒメナがこちらに歩いてくるのが見えた。

「やっぱり行くことにする」

「そう」

「ホテルまで。せっかくここまで来たから、せめてヒマラヤを見て帰らないと」

私は満面の笑みを浮かべた。「そうだよ。見て帰らなきゃ」

今日は高度順化〔高山病を防ぐために、時間をかけて体を低酸素状態に慣らしていくこと〕をする日だ。世界一標高の高いところにあるホテル・エベレストまで行って、おいしいランチを食べ、エベレストの姿を初めてしっかり見てから、帰ってくる予定だ。ルーシーはシェイリーと一緒にロッジに残ることになったので、あとのメンバーで歩いて歩きまくった。はじめは日差しが強かったけれど、そのうち風が強くなってきた。みんなはくつろいだ様子で歩いている。とても仲良くなったようだ。最後の曲がり角を曲がると、ヒマラヤの急峻な山々が見えた。中央に、雪をまとって刃のようにとがった巨大なエベレストが見える。ヒメナは息をのみ、目を見開いてそれを見つめた。十年前、ちょうど同じ場所に立った自分自身を見ているかのようだった。初めてエベレストを見たとき、私の中で何かが動きはじめた。彼女たちの心の中でも、同じものが大きくなりつつあるのがわかる。

ヒメナは何も言わずに、口を少し開けたまま、ただじっと見つめている。

「どう?」わたしはそっと声をかけた。

「冷たくて、気高くて、力強い」

私たちは黙ったまま、しばらくエベレストを見つめていた。

「お母さんみたい」ヒメナが小さな声で言った。

エベレストを見るとき、なぜささやき声になってしまうのか、私にはわかる。

圧倒されるからだ。自分の小ささを知り、自分が、自分よりもはるかに大きいものの一部であると感じる。自然を通してトラウマを癒すのに必要なのが、この感覚だ。

この感覚は、自分でじっさいに経験してみないとわからない。トラウマはスプーンで簡単にすくって取り除けるようなものではない。あなたの中に巣くい、悠然と、ときに静かに、いつまでも居すわる。そしていつだって、ほんの一瞬で、あなたを破壊する力をもっている。ナムチェ・バザールに向かって帰るとき、列の先頭を歩いていたヒメナは、地平線を眺めながら自分の空想にひたっていたようだ。軽やかな足どりを見て、またトレッキングを続けようという気になってくれていたらいいなと思った。みんなそれぞれ、自分なりの心のコンパスを持って、この旅を続けなくてはならない。見知らぬ土地を歩くことで、それぞれがそれぞれの心を癒すのだ。不幸と幸運のアルゴリズムは、ひとりひとり違う。みんなの物語は私の計画どおりに進むわけではない。いくら私が強く願ったとしても。私にできるのは、ただ見守ることだけだ。私の道もまた穏やかでなかったことは、神が知っている。

私がいまのヒメナの年頃だったときは、自分のトラウマに気づいてさえいなかった。

第6章　ペンシルヴェニア州、ランカスター

高校に入る前の夏休み、私は髪をばっさり切った。いたずら好きのかわいい妖精といった感じではなく、地味なボウルカットだ。名前のとおりサラダボウルを頭にかぶせたような髪型で、下のほうは刈りあげ。かわいくなくて、不格好で、完璧だった。かわいくない、というのがまさにポイントだ。私は誰からも見られたくなかった。リマで女の子が注目されないようにするには、魅力的でなくなるしかなかった。

高校の五年間も、制服を着なくてはならない。ぱりっと糊のきいたシャツと、分厚いねずみ色のスカートだ。私はスカートが大嫌いだった。どんなスカートでも。カトリック系の学校でも、スカートめくりをされるからだ。どうして女の子の制服は、男がしたいことをできるようにつくられているのだろう。

通学路を歩いていると、建設作業員たちが私に向かって野次をとばしてくる。目を合わせたくなくて無視していると、口笛を吹いてくる。Jの口笛とは違うけれど、そのころの私には、どんな口笛でも同じだった。家に入れ、と犬に対して言う命令。従え、という命令だ。

「やあ、ママシータ〔中南米のスラング。かわいい、あるいはセクシーな女の子の意〕！　いいにおいだね。こっち向いてくれよ」彼らが大声で言い、笑い声が後ろから追いかけてくる。

あの人たちには私のにおいがわかるの？

男の人はみんなそうなの？

あの人たちはJが私にしたことを知ってるの？

もしそうなら、私はみんなのものってこと？
自分の体はもう、自分のものではないみたいだった。いままでだって、自分のものではなかったのかもしれない。『ザ・セブンハンドレッド・クラブ』に出ていた女性も「私はゴミなんです」と言っていた。だから、あの人たちは簡単に私に声をかけてくるのか。私がこんなに女性らしさを隠そうとしているのに。

センデロ・ルミノソはさらに過激になっていた。マチェテ（山刀）で市民に切りつけたり、通りを歩いている人を拉致して身代金を要求したりしていた。でも、私はすでにペルーに拉致されているも同然だった。ペルーの男たちに。父はいちばんいいベルトで私のむき出しの脚をむち打った。Ｊは私のスカートをまくった。私の体は、自分の家で拉致されていたのだ。私に止めることはできなかった。あの人たちの野次が聞こえなくなるように、通りを歩きながら聖母マリアの祈りを小さな声で唱えた。この先もずっと、「ノー」と言うのは難しいままなのだろうか。

毎日、学校から帰るとすぐに制服を脱いで私服に着替えた。ハイウエストのジーンズと、上まできっちりとボタンをとめたポロシャツを着て、八〇年代風のだぶだぶのジャージをはおった。最初は、私の格好や髪型に母が口を出すことはあまりなかった。母にとっては、たいしたことではないようだった。でもそのうち、ときどきレズビアンという存在のことについて、ちょっとした感想を言うようになった。
「男同士ならわかるけど、女同士っていうのはどうなんだろうね？　ゾッとする」母は少し身ぶるいしながら言ったものだ。こうも言った。「シルヴィア、あなたは笑顔がかわいいんだから、もっとみんなに笑顔を見せるべきよ」

私がそうすることはなかった。学校は最悪だった。男の子たちは私を冷やかしたり、いじめたりした。私の低い声や男の子みたいな見た目をからかってくるのだ。どうにか保っていた私の精神力も萎えていった。そのうち、私は一言も話さなくなった。

かわりに、ヘビーメタルを聴くようになった。AC／DC、オジー・オズボーン、スキッド・ロウなどの有名なアーティストたちだ。歌詞はほとんど理解できなかったけれど、そこに込められた感情は直感的にわかったし、ちょっとした薬のように私の血管を駆けめぐった。ヘビーメタルは、私以外の家族には理解できない言葉だった。悲しみや不幸、憂鬱、傷心が調和したその音が、私の心を慰めてくれた。

高校三年生だったある土曜日のこと、私はキッチンのテーブルにだらりとすわって、母が忙しそうに立ち働くのを見ていた。母はアロス・コン・ポーヨを父の好む味つけにしていた。父が最初の一口を食べるところを見つめている母を見ていたら、ふいにわかった。母はJに私を虐待してと頼むほど強くないし、父に口答えをする勇気もない。母はすべてあきらめてしまっていて、父が母を操っているのだ、と。私の将来がゆがんでしまったのは、Jが結婚したからじゃない。父が私を破滅させようとしているからだ。

「背筋を伸ばしてすわらんか！」父が私に向かって怒鳴った。

獣のようなうめき声が、私の喉をせりあがってきた。「父さんのせいだ」食いしばった歯の間から声がもれる。怖さもどこかに吹き飛んだ。「ぜんぶ父さんのせいだ」ずっと、Jがしていることは悪いことだと知っていたし、十戒を破っていることも知っていた。でも、父のことを考えて誰にも言わなかったのだ。ほかでもない父のために。ずっと父から軽蔑され、いじめられ、叩かれてきた。この家は、嘘とごまかしばかりだった。それもこれも父の名誉のためだった。でも、もうこれ以上は我慢できない。「父さんは最低の人間だ。父さんなんて大嫌い」椅子を床に倒して立ち上がると、私はキッチンを飛びだした。はあはあと息荒く嗚咽しながら、誕生日にエメリタおばさんがもってきてくれたニワトリをしめた玄関ホールに行き、階段を駆け上がった。上まで行ってから息を整えた。左側には長い廊下があって、その先にはJがよく私を連れこんでいた三階の部屋へと続くドアがある。Jの口笛がまだ廊下から聞こえてくるような気がした。

私は走って廊下を抜けると、屋上に出て倒れこんだ。頭上には電線に止まった鳥のように白いシャツが並んでぶら下がり、暖かな午後の風に揺れていた。一階の父の仕事部屋の窓が見えた。小さなデスクランプが点いたままになっている。そこに父がすわっているところを想像した。夜遅くまで桁数の多い数字を赤鉛筆で書きつけ、電卓をカタカタと叩いている姿を。父はいつも家族に、私に、背中を向けている。

階段を駆け足で上がってくるサンダルの音が聞こえ、母が私の隣にやってきた。

「シルヴィア、おいで。落ち着いて」母はひざをつくと、毛布のように私を包みこんだ。

「父さんのせいだ」私はさっきと同じことを言った。

「どうしたの？」母は私を引っぱって立たせた。「いったい何を言ってるの？」

「父さんは私を破滅させたいんだ。だから、Jにあんなことさせたんだ」私は涙を流した。言葉がもつれて喉にひっかかり、痰もからんだ。「父さんがJにさせたんだ」

「なんのこと？」

「あたしが傷ついたのも、あたしがゴミみたいなのも、父さんのせい。あたしはゴミなの。『ザ・セブンハンドレッド・クラブ』に出てきた売春婦みたいに！」ひとこと言うたびに、どんどんヒステリックになっていった。「父さんはそれほど、あたしのことが嫌いなんだ！　だからJがあたしを傷つけた。Jがあたしを好きなようにした。父さんがそうしろって言ったから。あたしに触っていいって言ったから。あたしを虐待しろって言ったから。父さんはあたしのことなんて嫌いなんだ。でも、なんで？　理由が知りたい。教えて、母さん」

私はひざから崩れ落ちた。

母は私の手を握って振った。「どういうこと？」母が叫ぶ。

「ずっと。ずっと長い間、Jはあたしの部屋に来てた。あそこに連れていかれたこともある」私は三階の部屋を指さした。

「あそこで、Jが体をこすりつけてきたの。口を押しつけてきたの」

「やめて！」母は手のひらで私の口を覆った。

一本一本、私は母の指をはがしていった。風にあおられたドアがバタンと閉まる。それを皮切りに、覚えていたことがすべて口をついて出てきた。これまでの虐待の数々が、こんがらがったまま、とどまることなく口から流れ出てきた。トラウマが自分の中から膿のように出てくるのを感じた。「ぜんぶ、Jがやったの」最後にひとつ大きく息をはいて言った。もう力も残っていない。「頼まれたってJは言った」

「そんなの嘘よ」母の声はしぼんだ風船のようだった。琥珀色の目に怒りがこもっている。「違う、そんなはずない。あなたは何か思い違いをしてる。父さんは厳しい人よ。でも、あなたのお父さんはそんなことをしないはず」

母の声は震えていたけれど、取り乱してはいなかった。私を抱きしめて、小さかったころのように揺らしてくれた。私は母の腕の中で泣いた。母が私の額にキスをしてささやいた。「大丈夫よ、私のかわいいシルヴィア。大丈夫。私がついてるから。さあ、お部屋に行きましょう」

私は守られていると感じた。涙が乾いたあと、私は深い眠りについた。

数時間後、母は私を起こして抱きしめると、やさしくささやいてくれた。「サンドイッチを食べにいかない？」私たちはサンドイッチを食べに出かけた。私が食べている間、母は私に、心配しなくていいと言ってくれた。一緒に乗り越えましょう、と。母がそう言ってくれたとき、私はずっとそう言ってほしかったのだとわかった。十年待って、やっと親と話をすることができた。でも、私が待っていたのは父ではない。いつも母のことを待っていた。その日、母は私の前でも、家族の前でも泣かなかった。よかった。母は断固として私のために立ち上がってくれようとしている、と思った。

でも、そのあとすぐに、母は元気がなくなった。何週間もベッドから出てこなかった。そして、ときおり聞くのだ。「シルヴィア、本当に起こったことなの？」

「本当だよ、母さん。ここことか、ここことかが、どんな感じだったか言えるよ」

「でも、私はJの子どもたちの名づけ親なのよ。そのJがどうしてそんなことができたのかしら？」

それでも、幼稚園児だった弟のエドゥアルドが「お母さん死んじゃうの？」と訊いてきたのをきっかけに、母は一気に元気になり、私の力になろうという気持ちを取り戻してくれた。母は私に、Jを告発したいかどうか訊いてきた。でも、私はそんなことは望んでいない。Jの顔は見るのも嫌だけれど、それと同じくらい、傍聴人が不審そうな目で見ている前で、葉っぱのように震えながら自分が証言している姿を思い描くのも嫌だ。一九九〇年代初頭のリマでは、ニュースでも、そのほかのテレビやラジオの番組でも、根拠のない噂話のなかでも、何かあるたびに混乱を引き起こしているのは女性だと言われていた。現代のイヴが原罪の報いを受けているのだとか、被害者は攻撃されて非難される〝無実の男性〟のほうだと言われていた。男性がそんなことをするのは、女性が〝その気にさせたから〟だと。もし私が告発したら、新聞の見出しはきっとこんなものになるだろう。

〈わがままな六歳の子　性的な喜びを得るために年上の若い男性を誘惑〉
〈名指しされた三児の父は必死の反論〉

だから、私は告発なんてしたくなかった。これまでずっと自分のことを責めてきたのに、また責められるなんてごめんだ。

「でも、お医者さんには行ったほうがいい」母が言った。

精神科医に二度、会った。長々と質問に答えさせられ、知能テストをやらされた。これはちょっとおもしろかったけれど。その結果「ペルーを離れたほうがいい」と言われた。

リマの政治情勢は刻一刻と変わりつつあった。恐ろしいことに、暴力的な状況にも私たちは慣れてしまっていた。私が子どものころは爆発や誘拐が横行していたけれど、いまではそれがエスカレートして、ペルー政府と、正式にテロ組織と認定されたセンデロ・ルミノソとの間で、激しい戦闘が繰り広げられていた。私も新聞を読むようになり、センデロ・ルミノソは共産主義者で、〝腐った政府〟を倒して新政府を樹立するために闘っているということもわかるようになった。でも、彼らは一般市民も殺害していた。そのうえ、新しい一派も現れた。トゥパク・アマル革命運動（MRTA）〔日本では一九九六年の大使公邸占拠事件で有名になった過激派左翼組織〕だ。これは、十八世紀にアンデス地方で起こった、スペインの入植者に抵抗するための革命に刺激を受けて結成された組織だ。MRTAの兵士たちは、資産や富は国民に等しく分け与えるべきだと考えていた。だから、彼らの攻撃対象は金持ちだった。父はこうした運動の精神が芽生えた山岳地帯に生まれ、ゼロから財産を築いた人だ。だから父は、父が築いた財産を自分たちのものだと主張するテロリストたちに憤っていた。

人々は大挙してアメリカに移住しようとしていた。私の姉のマリアネラもすでにサンフランシスコに行ってしまったし、ロランドとラミロもあとを追っていった。

だから、セラピストにアメリカの大学を受けてみたらどうかと言われたとき、私は同意した。

私は父にJのことは話さなかったし、母も父には言っていないと思う。かりに言ったとしても、父が私に同情してくれることはないだろう。私の心の中には、やはり父になんとかしてほしかった、という思いがあった。でも、父がなんとかしてくれるのを待っているわけにはいかなかった。

母が、四年間の奨学金を受けられる大学を探してきてくれた。条件は平均でB以上の成績を維持することと、STEM（科学、技術、工学、数学）を専門科目にすることだった。だから、それからの二年間、私は学校の勉強に集中して取り組み、完璧な願書を出せるように頑張った。それまでペルーを離れることなど考えたこともなかったけれど、一転してそのことばかり考えるようになった。ユナイテッド・ステイツ・オブ・アメリカ……。ドラマの『フルハウス』や『ビバリーヒルズ高校白書』の世界が頭に浮かんだ。トラブルすら光り輝いて見え、スポーツカーやお金があれば、どんな厄介ごとだって簡単に解決できる国。

そこには女性を笑いものにするような番組もない。私の過去を誰も知らない場所で、新しい人生をスタートすることができる。

アメリカに行ったほうがいい。いや、行かなくてはならない。


飛行機の乗り継ぎのためマイアミの空港に到着することになっていた一九九二年八月二十四日、ハリケーン・アンドリューがやってきた。私はペンシルヴェニア州のランカスター近郊にあるミラーズヴィル大学に入学することになっていた。大学側がフィラデルフィアの空港まで迎えに来てくれることになっていたのだが、ハリケーンのせいでフライトが遅れてしまい、私は空港から大学まで自力で行かなくてはならなくなった。「大丈夫ですよね？」とフルブライト〔アメリカ最大の留学支援・奨学金機構であるフルブライトプログラムのこと〕のスタッフに念をおされた。私は英語を流暢に話せる、ということになっていた。

リマにいる家族のもとを離れてから二十四時間ほどたって、ようやくフィラデルフィア空港に着いた。飛行機の車輪が滑走路につき、私は初めてアメリカの空気を吸った。「フィラデルフィア！」誰に言うともなく言った。手荷物受取所で不格好なスーツケースをふたつ、ベルトコンベアーから引きずり下ろした。周りには再会を喜んでいる家族や、ビジネスマンを迎えに来た運転手の姿が見える。私は受付カウンターのところへ行って、名前を告げた。

「こんにちは」咳払いをしてから声をかけた。「ペルーから来たシルヴィアといいます。ペンシルヴェニア州にあるミラーズヴィル大学に行きたいんですが」

黒人の女性が驚いたような顔で、私をじっと見ている。「どこだって？　ミルヴィル？」

「違います。ペンシルヴェニア州のミラーズヴィル大学です。どうやってその大学に行けばいいか、教えてもらえますか?」

「ロジャー、この人の用件を聞いてくれる?」その女性はほかの人を呼んだ。

その女性よりも年上の白人男性が椅子から立ち上がり、カウンターのほうへ歩いてきた。「どちらまで行きたいんです?」

「ペンシルヴェニア州のミラーズヴィル大学です」私はもう一度繰り返した。一流大学の新入生であることに誇らしい気持ちでいた。ペンシルヴェニア大学という名前は聞いたことがある。ミラーズヴィルは、その大学の一部なのだと思いこんでいた。

「ミラーズヴィル? ミラーズヴィル……」男性はぽかんとした表情になった。「すいません、聞いたことがありませんね」

大学を選ぶのは母に任せていた。母ならきっといちばんいい大学を選んでくれるだろうと信頼していたからだ。ほかにも、ポモナ・カレッジ、ペパーダイン大学、イサカ・カレッジ、ウェズリアン大学に合格していた。私は大学から送られてきた合格通知を引っぱり出してロジャーに渡した。すると彼は、パチンと指をならした。「ああ、ランカスター〔ペンシルヴェニア中央部にあるランカスター郡の郡庁所在地〕ですね!」

「はい、ランカスターです。そうです」私は元気よくうなずいた。

「誰も迎えに来ていないんですか?」

「ええ。ペンシルヴェニアのミラーズヴィル大学からは誰も来ていません」

「そうですか。わかりました。それではタクシーでアムトラック(旅客鉄道)の駅に行って、ランカスターまでの切符を買うといいですよ」

「はい、そうします。どうもありがとうございます。ミスター」

大丈夫《エスタ・ビエン》、シルヴィア。きっとうまくいく《トド・ヴァ・ア・サリル・ビエン》。そうつぶやいて気持ちを落ちつけた。スーツケースを手に胸をはって空港の出口を出ると、もわっとした空気の壁にぶち当たった。背中や脇の下から汗がふきだし、白いコットンのカファレナ——アメリカでは「タートルネック」——とアルパカのセーターに汗がしみた。このセーターは、飛行機に乗るなら着ていったほうがいいと母がうるさく言っていた代物だ。

「ハリケーンのせいで、北半球の気候はおかしくなってるかもしれないからね」荷造りをするときに母が言った。「雪が降るかもしれないよ！」

そのとき、ペルーは冬だった。

「アルパカのセーターがあれば寒くないから」そう言って、母はふわふわのアルパカのセーターを二枚、私のスーツケースに詰めた。そのほかに何枚ものカファレナ、ジーンズ二本、靴を三足、それから、一度も着たことがないアンデス地方の民族衣装も詰めた。「自分の国の文化は自信をもって紹介しなくちゃ」あきれた顔をしている私を見て母が言った。

手荷物受取所から出ると、同じようなタクシーがずらりと並んでいた。バナナみたいに黄色くてつやつやしている。ボロボロの自家用車を使っているリマの闇タクシーとはぜんぜん違う。それに、私にぶしつけな声をかけてくる人もいない。

「こんにちは」列の先頭にいたタクシーの運転手に、ゆっくりと話しかけた（タクシーの列があることにも驚いた！）。頭の中でスペイン語を英語に変換してから言った。「アムトラックの駅まで行くんです。お願いします」

「30番街の駅かい？」

「アムトラックの駅です。お願いします」

「わかった、30番街の駅でいいな。乗んな」

市街地の近くまで来ると、高速道路は光り輝く川と並走しはじめた。タクシーはガラス張りの超高層ビルや、燦然と輝く鉄骨造りのビルの間を飛ぶように走っていき、私はめまいがするようだった。想像していたとおりのアメリカだ。とても洗練されていて、近代的。アニメ『宇宙家族ジェットソン』の世界に入ったみたいだ。これから私はこの新しい世界の一部になる。この国際的な都市で、新しい人生を始めるのが待ちきれない。

タクシーが30番街駅に着いた。白い石造りの格調高い建物で、ローマ建築風の柱が立っている。歴史書に載っているものみたいだ。ぱりっとした二十ドル札で運賃を払った。なんだか、自分がずいぶん洗練された人のように感じた。肩にかけているのは高校で使っていたバックパックだ。中には数学事典が入っている。ウエストポーチには出生証明書と、パスポートと、聖母マリアのロザリオと、六千ドルが入っている。これだけあれば、奨学金でカバーされない分の授業料も払えるし、そのほかの必要な物も買える。私の家族はクレジットカードをもっていない。いつでも現金だ。

駅の中は、昔のハリウッド映画の一場面のようだった。大理石の床。磨きあげられた木のベンチ。私の国の鉄道駅はこんなにきれいではない。観光客もほとんど来ない。センデロ・ルミノソのせいで冒険好きの外国人さえ来なくなったし、政府も崩壊の危機にある。駅をきれいにしておく資金などないのだ。

チケット・カウンターで、ランカスターにあるミラーズヴィル大学までの切符を買おうとした。

「ああ、ランカスターね」駅員が言った。「ではハリスバーグですね」

「え？　ハンバーガー？」私は訊き返した。

「違う違う」駅員は立ちあがって、ゆっくりと大きな声で言った。「ランカスター、までの、切符を、買うんですね。それなら、ハリスバーグ線、です。あっちの、カウンターに、行って、ください」

「ああ、ありがとうございます。ありがとうございます。感謝します」

そちらのチケット・カウンターに向かった。

「すみません、ペンシルヴェニアのミラーズヴィル大学に行くので、ランカスターまでの切符を一枚買いたいんですが」

「往復切符にしますか？　こちらへは戻ってきます？」

そう言われたのだろうが、そのときの私は何を言われているかわからなかったので、はい、と答えてにっこり笑っておいた。

「はい、こちらが切符です。ハリスバーグ行きの電車に乗ってください。次の方どうぞ！」

駅の中央には大きな時計があった。その隣には中央掲示板があって、小さなフラップがパタパタと回転して列車の発着時刻を知らせるようになっている。知らない土地の名前がたくさん書いてあって、私はうっとりした。中には大きな都市の名前もある。ニューヨーク、ワシントンD.C.……それから……あった、ハリスバーグ行き！　9番線だ。ハリスバーグもきっと大きな都市なんだろう。

アメリカは大きな国で、ニューヨークとロス・アンジェルスが二大都市であるという大まかなことしか、私は知らなかった。サンフランシスコのことを知っていたのは、母がマリアネラを訪ねて行ったことがあるからだった。

車輪のついていないスーツケースを引っぱり上げながら、駅のホームの階段を上がって列車に乗りこむと、気持ちのいい冷気が肌にあたった。ペルーでは、車や家の中にエアコンはない。私は席にすわってヒンヤリした窓ガラスに額を押しつけた。列車が動きはじめた。ものの十分で車掌が最初の駅への到着を知らせた。「アードモアです!」とても美しい風景だ。青々と茂った樫の木の森の中に、古い石造りの建物が点在している。通りはこぎれいでゴミひとつ落ちていない。クラクションの音も聞こえないし、車はきちんと黄色と白の線の間を走っている。みんな赤信号でちゃんと止まり、青になると動きだす。蛍光表示版のついたバスが通りをゆるやかに走っていく。乗客はきちんとバスの中に乗っている。リマのように怒鳴りながらドアにぶら下がっている人などいない。チケットを受け取る人もいない。スモッグもない。何よりそのことに驚いた。どこにもスモッグがない。

これが、アメリカの郊外というものか。

ランカスターまで、あと数駅だ。到着を知らせるアナウンスがあったらすぐに降りられるよう、私は座席の端のほうにすわった。

車掌がやってきて、私のチケットを切り取った。

「ランカスターまでですか?」

「はい。ペルーから来たシルヴィアといいます。ペンシルヴェニアのミラーズヴィル大学に行くんです」

これを言うのは今日十二回目だ。父が礼儀にうるさかったことを、今度ばかりは感謝した。

車掌はにっと笑った。

「それなら、まだかかりますよ。ゆっくりしててください。あと一時間くらいです」

あと一時間？　最初の駅まではたったの十分だったのに。この時間はラッシュアワーで車の往来が激しいから、列車が止まってあげなくてはいけないのかもしれない。私は座席の背にもたれて、横に長く広がったショッピングモールやレストランが、しだいに遠のいていくのを見つめた。町が小さくなっていくにつれて、私の笑顔も消えていった。大きな通り沿いに家が並んでいるのが見える。ガソリンスタンド。町角のお店。しばらくすると、それもなくなり、先端に黄色いものがついている草が生えている景色が広がった。きっとトウモロコシだろう。延々と続くトウモロコシ畑。太陽がさんさんと降り注ぎ、銀色に輝いている。地平線が見わたすかぎり広がっていた。

興奮より不安のほうが大きくなってきた。心臓がドキドキする。どうしてこんなに都会から離れた場所に来てしまったんだろう。私はずっと都会で暮らしてきたのに、ここは牛を飼うような場所じゃないか。これがペンシルヴェニアのミラーズヴィル大学なの？　そんなはずはない。

ふたつ目のスーツケースを隣の席に置いてあるので、それを枕がわりにして横になった。急にお腹がすいてきた。ほかほかのパンが食べたい。ロースのお肉が食べたい。家に帰りたい。アドレナリンが出ていたせいだろうか、もうかれこれ二十四時間は眠っていない。食事はマイアミからのフライトの中で一度とっただけだ。スーツケースの中には、母が毛布にくるんで持たせてくれた、黄色と赤の乾燥唐辛子が入っている。あとはペルー料理のバイブル『ケ・コシナーレ・オイ（今日の料理）』。セビーチェ〔魚介類のマリネ〕や、ロース肉の料理、シチュー、私の大好物のチーファ〔中華風のペルー料理〕などのレシピがたくさん載っている。私は目を閉じて、母の料理を思い出そうとした。

「料理をつくって、お友だちにふるまってあげるといいわ」母が言った。「そうする」私も母に合わせて答えた。

見送りにきたとき、母は私の頭にやさしくキスをしてから後ろにしりぞいた。寂しそうな表情だった。母にJのことを話してから三年がたっていた。うつ状態から回復したあと、母はいつも明るくふるまっていた。でも、私が旅立つのを見るのはつらかったと思う。

「子どもたちのひとりひとりが、私の指のようなもの」母はよくそう言っていた。

すでに、母の四人の子どもがペルーを離れた。

「見て見て。あそこ！」後ろの席のカップルが大声をあげている。私は眠い目をこすって道路のほうを見た。走っていたのは車ではなく、古い馬車だった。西部劇に出てくるような一頭だての馬車が、道の真ん中を速足で走っている。

馬車はほかにも二台走っていた。ひとつの馬車は、ピンとしたひげをはやして、ぺちゃんこの麦わら帽子をかぶった実直そうな男の人が走らせていた。首のところまできっちりとボタンをとめた黒いロングコートを着ている。後ろには女性と三人の子どもが乗っていた。みんな真っ黒な長いマントをはおって、小さな変わった帽子をかぶっている。ペドロ神父が日曜日のミサでかぶっていたのと似ている。私も厚着をしすぎたと思っていたけれど、この暑さの中で、彼らは死んでしまうのではないだろうか。

「アーミッシュ〔ペンシルヴェニア州やカナダのオンタリオ州にまたがって生活する、プロテスタントの一派。初期移民時代の生活を続け、電気もガソリンも使わない自給自足の暮らしを送る〕の地元《カントリー》なのね！」後ろの席の女性が言った。

「アーミッシュの国《カントリー》？」私はいぶかしげにつぶやいた。ここはアメリカじゃないの？　私を送りこむ先がどんなところか、母は知っていたのだろうか。きっと何かミスをしたに違いない。胃がひっくり返るような気がした。私は車内を見まわして車掌を探した。

「次はランカスター。ペンシルヴェニア州ランカスターです」スピーカーから車掌の大きな声が聞こえてきた。列車は徐々にスピードを落としてホームに着いた。

　ふたつのスーツケースを引きずるようにホームに下ろして、「出口」というサインが点滅しているほうに向かってスロープを下りていった。私は汗まみれで、どうしようもなくお腹がすいていた。それでも、タクシー乗り場に行くと、親近感を覚えるような人がいた。ラテン系の男性がいたのだ。

「タクシーですか？」どこの国のものかはわからないけれど、なまりがあった。

「はい、私はタクシーが必要です。ペルーから来たシルヴィアといいます。ペンシルヴェニアのミラーズヴィル大学に行くんです」

「スペイン語を話しますか《アブラ・エスパニョール》？」

「はい《シ》！」私はとても嬉しくて、歩道に寝転がって泣きだしたいくらいだった。父の言葉が頭の中によみがえってこなかったら——「行儀よくしていれば損はしないんだぞ」——そうしただろう。

「どうも。ぼくはラファエル」

「出身はどこ？」

「ボリクア」

「ボリクア？」そんな名前の国は聞いたことがない。

「プエルトリコだよ」彼は笑った。

「そうなのね。ご機嫌いかが？」

プエルトリコなら知っている。フロリダの沖にある島国だ。でも、ボリクアとアメリカの関係についてはよくわからない。わかっているのは、ラファエルは天が私のもとへ差し向けてくれた天使だということだけだ。三十時間旅をしてきたあとで聞いたスペイン語に、心がなごんだ。ラファエルはミラーズヴィル大学まで車を走らせながら、数年前に家族とニューヨークからランカスターに引っ越してきたのだと話してくれた。住んでいたブロンクスがとても危険な状態になったからだという。私も逃げてきたのだと言いはしなかったけれど、共通点があることになぜかホッとした。ラファエルはこの仕事が気に入っているようで、運転しながらツアーガイドをしてくれた。このあたりの歴史を教えてくれて、メノナイト〔アナバプテスト派のキリスト教信徒集団。災害支援への尽力に定評がある〕やアーミッシュがどういう人たちなのか、なぜいまだに電気を使わない生活をしているのかを教えてくれた。私はリマの輪番停電を思い出し、自由の国アメリカで、わざわざ電気を使わない生活をするなんてどういう人たちなんだろう、と不思議に思った。

ランカスターの中心部を走っていくと、活気のある町並みが戻ってきた。赤いレンガでできたどっしりした建物や、キラキラと光っている時計塔が見える。きれいに整えられた公園、石畳の道、そして趣のある小さなカフェ。アーミッシュの居住地であるいっぽう、ランカスターでは国際的なコミュニティも大きくなりつつあるのだとラファエルが説明してくれた。そんなに悪いところではないかもしれない。でも、窓の外はまた牛とトウモロコシだらけになり、だだっ広い平原に家が点在しているのが見えた。まさに、『大草原の小さな家』みたいだ。ペルーでは『インガルス一家』というタイトルだった。

私はこれから牛乳を撹拌してバターをつくるような生活をするのだろうか。小さな帽子をかぶって分子生物学を勉強するのだろうか……。

タクシーを降りるとき、お互いの国の慣習どおり、私はラファエルの頬に軽くキスをした。すると、彼がカードをくれた。

「車が必要なときはいつでも電話して！」

アメリカで初めて友だちができた。

次の月曜日、科学の本を詰めこんだ買い物袋を持って大学の書店から出ると、ランカスターでいちばん読まれている新聞『インテリジェンサー・ジャーナル』の表紙に、笑っているラファエルの写真が載っているのを見つけた。

「あら！　私の友だちじゃない」誰に言うともなく言った。近づいていくと、見出しが見えた。

〈四人の子をもつタクシードライバー殺害される〉

サツガイ？　その言葉を私は知らなかった。そこで、その記事にざっと目を通し、知っている単語をつなげて内容をつかもうとした。ラファエルは土曜の夜、私をタクシーから降ろしてすぐに、殺人事件の被害者になったのだった。乗客の自殺の巻き添えになったらしい。私は息をのんだ。ペルーではこういう事件が起こっていたけれど、ここでも起こるなんて……。アメリカで。アーミッシュの国で。せっかくブロンクスを離れてきたのに、こんなところで殺されるなんて。

こんなのおかしい。絶対におかしい。

奨学金の申請書を出すとき、私は「流暢に英語を話せる」という箇所にチェックを入れた。たしかに、建前上はそうだ。ペルーで何年も英語を勉強してきた。でも、「ほかのペルー人から英語を習った」というペルー人の先生に教わったことがあるだけだ。読み書きはできたけれど、大学の教授たちが導入部を終えて授業の核心に入っていくと、とたんにわからなくなった。クラスメイトもとても速くしゃべるので、私は笑ってうなずくことしかできなかった。一年目はほとんど進歩がないまま毎日が過ぎていった。

そんな一年目が終わった夏のこと、母からメッセージがきた。「連絡して。緊急事態」何か悪いことが起こったのかとおびえながら、すぐに電話をかけた。

電話に出た母の声は震えていた。

「何があったの《ケ・パソ》?」

「とても話せない。悲しいことよ」

「母さん! 何なの?」

「CLAEが……」母は言いよどんだ。「CLAEが……倒産したの」

CLAEというのは、二十パーセントの利回りを約束して評判になっていた投資銀行だ。最初はあり得ないと思われていたけれど、これで多くの人がお金持ちになった。しかもあっという間に。とても保守的な投資家だった私の父でさえ、やっかんでいたほどだ。そして、CLAEの成功を見てすっかりその気になった父は、私の知らないうちに、私の学費も含めたすべての貯金を投資に回してしまっていたのだ。

「ごめんなさい、シルヴィア」母はすすり泣いた。「すべてなくしてしまったの」

「母さん、大丈夫だよ」私は言った。「大丈夫」これまでずっと、必要なものは与えてもらっていたので、私は無邪気にも、生活はなんとでもなるものだと思っていた。母が経験したような貧しさに脅やかされることもなかった。

「こっちで仕事を見つけるから」私は言った。「問題ないよ。なんとかする」

授業料のほとんどは奨学金でカバーできる。必要なのは食費やそのほかの生活必需品を買うお金だ。私は学生ビザで入国しているので、週に十時間までしか働くことができない。でも、財政状況が悪くなっていることを証明すれば、学校側もその制限を緩和してくれるだろう。結局、両親と銀行からの公証書簡のおかげで、週に二十時間、働けることになった。

母は、伯母のフロルに、当面の間私に金銭面の援助をしてくれるように頼んでみると言ってくれた。フロルおばさんはペルーの北のほうにあるトルヒーヨという小さな村の出身だ。祖母がなくなったあと、父はしばらくその村で暮らしていたらしい。おばさんは四年前にアメリカに移住していたけれど、どこにいるのか私は知らなかった。母の話では、ニューヨークのペルー料理店で働いているということだった。私はわくわくした。ずっとニューヨークに行ってみたかった。いっそのこと、ニューヨークの大学に編入してもいい。母がおばさんの住所を教えてくれた。ポート・チェスター、メインストリート123番地。フロルおばさんが私の訪問を待っているという。おばさんの家の電話番号をポケットに入れて、私はランカスター発の列車に乗った。

アムトラックがマンハッタンに近づくにつれ、フィラデルフィアが大都会だと思っていた自分が恥ずかしく思えてきた。なんて世間知らずだったんだろう。私はまだまだ世界を知らない。私にとってニューヨークは新しい世界だった。世界じゅうの力が集まった小さな島。まばゆいばかりの富、エネルギー、目が回りそうな街路。洗練された摩天楼の輪郭に、落書きされたザラザラのブロック壁。メインストリート123番地に向かって地下鉄に飛び乗った。グランド・セントラル駅で身ぶり手ぶりを交えながら、人懐っこいニューヨーカーたちと話してわかったのは、「ポート・チェスターはマンハッタンにはない」ということだった。郊外のウェストチェスター郡にあるという。まあいい。ビッグ・アップル〔ニューヨーク市のニックネーム〕に行って、映画やテレビでしか見たことがなかった摩天楼をこの目で見られたのだから。グランド・セントラル駅のメイン・コンコースでは上を向いて、ネイビーブルーの天井に金色で描かれた十二星座を見ながらくるくると回った。両親はすべてをなくして実質的に破産したけれど、星は私のために瞬いてくれている。メトロノース鉄道に乗っている間の一時間、ほほえんでいた乗客は私だけだったと思う。

ポート・チェスターに着き、タクシーに飛び乗った。ドライバーはちらっと私を見ると完璧なスペイン語で話しかけてきた。

「どちらまで《ア・ドンデ・ヴァ》?」

私はラファエルを思い出した。

「〈エル・ノルテーノ〉というお店です」

「それなら、すぐそこですよ」ドライバーは数ブロック先の、明るいネオンがついている店を指さした。

金曜日の午後九時ごろだった。私は〈エル・ノルテーノ〉の細長い入口を入っていった。フロルおばさんがバーカウンターの向こうに笑顔で立っていた。おばさんはとてもきれいな人だ。色白で濃茶色の目をしている。

「シルヴィア! よく来たね」おばさんは落ち着いた口調でそう言うと、親切そうな笑顔を浮かべた。

「待ってたよ」

　ホルヘおじさんがキッチンのほうから出てきた。ペルー人にしては背が高く、百八十センチ近くある。色白でおちょぼ口をしていて、ほとんどベティ・ブープだ。ホルヘおじさんはトルヒーヨにいたとき、フロルおばさんの家の仕事を何年も手伝っていた。おじさんにはペルーに奥さんがいたのだけれど、アメリカで働く機会に飛びついたらしい。いまではフロルおばさんのビジネス・パートナーであると同時に、ボーイフレンドのような存在だった。

「やあ！」おじさんは大きな声で言うと、私を引き寄せてハグをしてくれた。自分でも驚いたことに、男性にハグされて安心感を覚えた。その温かさが心地よくて、リラックスできた。フロルおばさんは、もう少し控えめな感じだった。ふたりにここまでの道のりのことを話すと、私がまったく怖いとも思わずニューヨークを通ってきたことに、おじさんは驚いたようだった。「きみのお母さんにも会ったことがあるんだ」おじさんが言った。「少しもじっとしていない人だったよね。ぼくがコカ・コーラってニックネームをつけたんだ！　きみがそのあとをつがなきゃ。コカ・コーラ・ジュニアって呼ぶことにするか」

　おばさんがテーブルを指さしたので、椅子を引いてそこにすわると、すぐにぴっちりした白いシャツとミニスカート姿のウェイトレスが、できたてのロモ・サルタード〔牛肉とトマトと玉ねぎの炒め物と、醤油と赤ワインのソースがかかったフレンチフライが、白米と一緒に盛りつけられているペルーの郷土料理〕を持ってきてくれた。私の大好物だ。ロモ・サルタードはアメリカでいえばハンバーガーのようなもので、ペルーのレストランではこの料理の味が店の良し悪しを決めると言ってもいい。ロモがおいしければ、ほかの料理も間違いなくおいしいはずだ。おばさんのつくるロモは、いままで食べた中でいちばんおいしかった。ここはペルーじゃないというのに。私は衝撃を受けた。

その週末は、おばさんのところで過ごした。〈エル・ノルテーノ〉の客足は途切れなかった。十二卓あるテーブルはいつも満席で、テイクアウトの料理を買うお客の列は短くなったり、ドアの外まで伸びたりした。ほとんどのお客はペルーの人だったけれど、中にはコロンビアの人、エル・サルバドルの人、グアテマラの人、メキシコの人もいた。ときどき、エクアドルの人や、ブラジル出身のご夫婦が来たりもした。ニューヨークでこんなに多くのペルー人を見ることになるとは驚いた。あとになって知ったのだが、アメリカで最もペルー人が多いのは、ニュージャージー州のパターソンなのだそうだ。リトル・リマと呼ばれているらしい。ポート・チェスターの町には、化粧しっくいでできた入口に長年のほこりがこびりついている店や、チキン料理とかププサ〔トウモロコシ粉でつくる厚いパンケーキ〕とか書いてある色鮮やかなひさしのついたお店が並んでいた。それを見ていたら、リマの労働者階級が住んでいる地域のことを思い出した。とくに、ラ・ビクトリア地区。私の、父親の違うきょうだいが育った場所だ。

　リマでは貧困と暴力がはびこっていた。私たちの日常生活はそうでもなかったけれど、社会の構造がそうなっていた。でも、アメリカはきらびやかな町や、十代向けの魅力的なドラマのある国だった。リマに比べると豊かで、自由で、安全だった。その週末をポート・チェスターで過ごしているとき、私は母がなぜミラーズヴィル大学を選んだのかわかった。アメリカで生きていくのは難しい。郊外のユートピアでさえ、私のような外見の人、そしてラファエルのような人は、仕事中に殺されてしまうこともあるのだ。

　ポート・チェスターにいる移民の多くは、いくつもの仕事を掛け持ちしている。契約書もないような最低賃金の仕事が多く、それでも祖国にいる家族に仕送りをしたり、週末に〈エル・ノルテーノ〉で食事をしたりするために働いている。私は学生ビザでこの一年暮らしてきた。おとぎ話に出てきそうなアーミッシュの地元に住んではいるけれど、いまや私も移民のひとりだ。くしくも父の財産がなくなったことで、私はアメリカの本当の姿を目にすることになった。

その土曜日のお昼どき、タマル〔トウモロコシ粉とひき肉を混ぜたものをトウモロコシの皮で包んで蒸したもの〕を注文するお客さんがひっきりなしにやってきた。ロクサナという名前のコロンビア出身の美しいウェイトレスは、白人のお客の応対にまごついているようだった。ポート・チェスターは移民の多い町ではあるけれど、コネティカット州との境にあり、橋を渡った先には東海岸でも随一の裕福な町グリニッジがあるので、週末になると好奇心旺盛な人たちが、安くて国際色豊かな料理を求めてこの町にやってくるのだ。

「シルヴィア、ちょっと手伝ってくれる？　あそこのお客さんが何を注文したらいいのかわからなくて困ってるの」ロクサナが私のところへ駆けよってきて言った。

「いいですよ」この週末はずっと、ただでおいしい料理を食べさせてもらっていたから、せめて何かお手伝いしないと。私はウェイトレスのふりをして楚々とそのテーブルへ行き、とっさに考えた料理の説明を丁寧に伝えた。自分の好きな料理の説明をするのは楽しい。私の英語は完璧ではなかったけれど、フィラデルフィアの空港でまごついていた最初のころに比べれば、会話の能力はぐっと進歩していた。

そのテーブルのお客が食べ終わって会計をすませると、ロクサナはお皿を片づけながらにっこりした。

「グリンゴ〔ラテンアメリカの人が、主に北アメリカの白人を指すときに使う言葉〕のテーブルを担当するのは好き」山のようなお皿をキッチンに運びながら、彼女が言った。「だって、気前がいいんだもの。ラティーノよりもずっと。二十パーセントもチップを置いてったわ！」

二十パーセント？　チップに？　私は驚いた。ペルーではチップといえば小銭だったし、〈エル・ノルテーノ〉のような小さなお店では、せいぜいコインを一枚か二枚置いていく程度だと思っていた。週末にここで働けば、チップだけで、これまで両親に仕送りしてもらっていた金額を稼げそうだ。それに、ニューヨークを探検できる機会もあるかもしれない。

おばさんとおじさんにその話をすると、おじさんは厳しい目で私を見た。「でも、きみはあの服を着られるか？」おじさんは父親のような口調で言った。店には三人のウェイトレスがいて、みんな濃いメイクをして、短いスカートと体にぴったり沿う白いシャツを着ていた。店にやってくる男性客に露出度の高い服がどれほど受けるか（どれほど売り上げに貢献するか）私もわかっている。酔っぱらった客がからんでくることがあるのもわかっている。ときには、ウェイトレスがお客と踊りに行ったり、飲みに行ったりすることもある。ペルーでは、テレビに出てくる大人の女性にはふたつのタイプしかいなかった。若くて頼りないけれど見栄えのいい女性か、生活に疲れきった口うるさい奥さんか。私はそのどちらにもなりたくない。おじさんは、ほかのウェイトレスがこの仕事のことをどう思っているか訊いたことがあるのだろうか。私は親族だし、見た目がお転婆そうだから、こういう仕事はさせられないと思っているのだろうか。たしかに、私はロクサナみたいに短くてピタッとしたスカートをはいたことはない。でも、お金を稼ぐためなら、セクシーな格好をしたっていい。それに、ホルへおじさんが近くにいれば安心だろう。

「このあたりにいる移民のほとんどは、大学になんて通ってないんだよ」おじさんが言った。「きみが変な誘惑に負けてしまうんじゃないかって心配してるんだ。もし、大学を中退することにでもなったら、ぼくがきみのお父さんに散々ひどいことを言われちまうよ」

ここには私が誘惑されそうなものは何もない、とは言わないでおいた。男性に本気で惹かれたことなどないからだ。

「大丈夫」私はおじさんに向かってうなずいた。「大学には通うし、働くのは週末だけにする。それに、着なきゃいけないものなら、ちゃんと着る」

自分が意外と気楽にウェイトレスの仕事をできるのには驚いた。英語を話すお客は私の受け持ちのテーブルにすわってもらうことになったけれど、私はすべてのお客に対して同じ態度をとった。母にそうしつけられてきたからだ。ペルー人の客は、長い時間をかけて夕食をとったあと、チップが四倍に見えるように一ドル札を四つに折りたたんで置いていったり、そもそもチップを置いていかないこともあった。それでも私は態度を変えなかった。〈エル・ノルテーノ〉に来るお客は食事をしに来ている。でも、私が、そして彼らの多くがここに来る本当の目的は、コミュニティとのつながりをもつことだ。ホルヘおじさんはさしずめ、法に触れない〝ゴッドファーザー〟だった。コカインのかわりに絶品のセビーチェやロモ・サルタードでお客の心を撃ち抜く。もちろん、おじさんはその筋の人のことも知っていた。パブロ・エスコバルという人が、その世界のトップだった。週末の忙しい営業時間が終わったあと、おじさんは私をニューヨークのお洒落なお店に連れていってくれ、ワインを飲んでゆっくりと食事をしながら（私は未成年だったが、おじさんは私のために偽の身分証を手に入れてくれた）、物騒な話をいろいろと聞かせてくれた。秘密の話をするときのようなひそひそ声で。

「昔、雇ってたバーテンダーの話をしたっけ？　地元の高利貸しから金を借りちまって、期日どおりに返済できなかったもんだから、やつらに乾燥機にぶちこまれたんだよ。クォーター〔二十五セント硬貨のこと〕を入れて動かす、あの乾燥機だぞ！」おじさんは笑って、どんどんワインを注いだ。

おじさんには行ってみたいレストランがたくさんあったのだが、英語があまりうまく話せないので気おくれしているようだった。だから、私がおじさんのためにメニューを翻訳してあげた。おじさんは目を閉じて料理を味わい、材料をすらすらと口にする。そしてそのあと、自分の推理が正しいかどうか、私にウェイターに確認させた。おじさんはたいてい言い当てることができたので、私はおじさんの言うことなら何でも信用するようになっていった。おじさんの味覚は天性のもので、直感はいつも正しかった。私の母と同じように食べ物がとても好きで、そういうところが私は大好きだった。

フロルおばさんがいないとき、おじさんはニューヨークで知り合った女の人のことを、私に話してくれることもあった。「だって、ほかにどうしたらいいんだい？　向こうからこっちに寄ってくるんだから」そう言って肩をすくめた。たしかに、おじさんにはよく女の人が寄ってきた。私の嫌いなリマの男たちと同じようなことをしているおじさんを憎らしく思う気持ちはあったけれど、憎むことはできなかった。リマの男の人のいいところも、もっていたからだ。私の父と違って、おじさんは優しいし、気前がいいし、面白いし、何より父親のようだった。だから、おじさんのことなら何でも許せた。

ミラーズヴィルからポート・チェスターまで、車で四時間かけて通うのは苦ではなかった。ホルへおじさんは、私が車を買うときにも助言してくれた。買ったのは一九八七年式の、中古のニッサン200SXクーペだ。サンルーフとヘッドライトが自動で上がったり下がったりする。夕方六時にはニューヨークに着いて、マンハッタンへと車を走らせたものだ。道を間違えたり、信号を見落としたりしながら、口をぽかんと開けて周りのビルを眺め、その大きさに感嘆した。車の中から眺める街は巨大で、私は小さなアリのようだった。取るに足らない小さな生き物。なぜか、その感覚に胸がドキドキした。〈エル・ノルテーノ〉に行けば、いつでも夕飯をごちそうしてくれるのはわかっていたけれど、私はよくチャイナタウンの安いレストランにふらりと立ち寄って、点心を味わった。肉まんに、餃子に、エビ団子。リマにいたころ好きだったものもあれば、いままで食べたことがないものもあった。私はロウアーマンハッタンを歩きまわり、〈ライムライト〉〈パラディウム〉〈トンネル〉など魅力的なナイトクラブの前を通り過ぎた。クラブの前では、厚底ブーツを履いてチェックのシャツを着た若者たちが、うねうねと列をつくって開店を待っている。蛍光色に染めた髪を頭の上で逆立て、舞台俳優のような派手な化粧をして、好き勝手に騒いでいる。ああいう若者の生活はどんな感じなんだろう、と思った。

　私は不思議の国のアリスのようだった。落ちていくウサギの穴を探していた。じっさいにクラブに行くことはなかった。気おくれしていたからだ。でも、その前を通るだけで刺激的だった。十代のころは、悲しいことや気を悩ませることが多くて、毎日が怖かった。初恋に酔ったり、一晩中汗ばみながらダンスパーティーに明け暮れたりすることもなかった。ここでクラブに通っている子たちはきっと、ドラッグで快感を得たりしているのだろうけれど、私にはそんな経験はまったくない。街角に立って、彼らがクラブに吸いこまれていったり、入店を断られて用心棒につまみ出され、大声でわめいたりしているのを見ていたら、私の体があんなふうに自由だったことはなかったと気づいた。

第7章　リダム

朝になり、ヤクのバターが溶ける強いにおいがしてきた。コックが朝食の支度をしているキッチンから、錫製の鍋がカタカタと鳴る音が聞こえてくる。風にあおられたタルチョが、硬い木の椅子にすわっている私にからみつく。ひとつひとつのタルチョには白いタグがついている。カトマンズにいたときに縫いつけておいたものだ。そこに、寄付してくれた人の名前を書いていく。今回の旅の資金を援助してくれた人は百人以上にのぼる。私は彼らの名前をベースキャンプに残してくると約束した。でも、まだそれは達成できていない。達成できるかどうかもわからない。

でも、大自然の中に来て六日目。少しずつリズムができてきた。インターネットもない、気晴らしになるようなものもない、劇的なことも起こらない生活。でも、やっと落ち着いてきた。こういうのはデトックスに似ている。最初の一日、二日はなんとかなる。そのあと慣れない環境に順応しようと必死になる時期をへて、最終的には身をゆだねるようになる。昨晩、私たちはナムチェ・バザールからデボチェに着いた。医師のジャッキーが同行してくれているので、とても心強い。

私は「いま、ここ」に意識を集中させようとした。感謝をこめて、支援者ひとりひとりの名前を書いていく。でも、テーブルの横にかかっているエベレストの写真に、つい気をとられてしまう。そこに写る山頂はどこか不気味だ。私をあざけってくるようでもある。

シュレヤがキッチンのドアロに立って、何かを指さしながらネパール語でコックと話をしている。トレッキング中の食事は気取りのないものだ。ロッジのコックがお客をキッチンに呼び入れて待たせておいたり、お客の見ている前で食事をつくったりすることもよくある。チームのほかのメンバーも、がやがやと話をしながらやってきて、ロッジのオーナーに会釈をしている。

「ナマステ」「ナマステ」

「シルヴィア、食事の時間だよ」シェイリーが言った。「よく眠れた？」

「眠るのは来世になってからにする」私はそう言って笑い、頭痛が起きそうな気配を振り払った。

私はタルチョを横に置いてみんなのいるテーブルに行き、長い木のベンチの、ルーシーとルビーナの間にすわった。

シュレヤがガーリックスープの入った鍋を持ってやってきた。高山病を予防するためにヒマラヤでよく飲まれているスープだ。毎回の食事で、チームのみんなにこのスープを飲むように勧めている。ピリッとするスープをボウルいっぱいによそってあげて、みんなが緑色に濁ったスープを飲み干すところを見つめた。とくに、アメリカから来たふたりを注意して見ていた。

「これで、ヒマラヤで吸血鬼に襲われる心配はないね」ルーシーがつぶやいた。

頭がよく回るルーシーが戻ってきた。ありがとう、神様。

テーブルの端のほうでは、ジャッキーと、シェイリーと、エハニが、何やら話しこんでいる。ジャッキーがエハニの目に光を当てているようだ。

「目の調子がよくないみたいなんです」シェイリーがジャッキーに通訳している。「これまで眼の専門医に診てもらったことはないそうなんですけど、カトマンズで医者に行ったところ、手術が必要になるかもしれないって言われたらしいんです」

「目をもっと大きく開けて」シェイリーが手本を示しながら言う。「そうそう、そんな感じ」

ジャッキーはオンラインでできる検査を調べて、携帯電話をエハニの目の高さにかかげた。「それじゃあ、右目を隠して。一番のスライドと二番のスライドでは、どちらがはっきり見える？」

「えっと……」エハニは考えこんでいる。

「ここで目の検査をするの？」みんなが言う。

「オムレツの上でね。それもいいじゃない？」ジャッキーが答えた。

シュレヤはキッチンとテーブルの間を行き来している。こんもりと盛られたライスの横にカレーとオムレツがのせられた皿を、うまくバランスを取りながら運んでくる。皿の端には、パパダム〔豆の粉でつくられる極薄のクラッカー〕も盛られている。

「どうもありがとう、シュレヤ」ヒメナが優しい声で言う。

「診た感じでは……」ジャッキーの言葉を、エハニは息をつめて聞いている。「手術するほどではないと思う。必要なのはサングラス」

私たちは歓声をあげ、エハニははにかみながら頭をひょいと引っこめた。

ヒメナは自分の四角い紫色のフレームのサングラスを指さして言った。「これであなたも仲間」

シェイリーと私は身ぶりで、エハニ用のサングラスを調達しよう、と確認しあった。

「ちょっと待って」食べはじめようとしたとき、ヒメナが急に立ち上がって言った。「写真撮ろうよ」ヒメナは自分の携帯電話をつかんで部屋の反対側にあるベンチまで行くと、ちょうど全員がフレームに収まるように、何回か携帯電話の向きを直した。「ここはカラフルですてき」

今朝は目がかすんでいたし、今日の行程——尼僧とラマ僧ゲシェに会って、ペリチェを目指す——のことで頭がいっぱいだったので、部屋の中をよく見ていなかった。ジンジャーティーをすすりながら、ヒメナの目で部屋を見てみた。スパイシーな香りが鼻にぬける。たしかに、ロッジは色であふれていた。花や果物があちこちに置いてある。壁やベンチやテーブルにかけられているのは、花柄の、どことなく無骨な感じのする布だ。私たちの後ろには、青緑色の地に、赤紫色やオレンジ色のバラが描かれたカーテンがぶら下がっている。私たちがすわっているベンチにかかっているのは、チベット風の青やピンクの花が描かれた深紅のショール。一枚板でできた奥行き三十センチほどのダイニングテーブルには、防水性のあるターコイズ色のテーブルクロスがかけられている。縁に描かれているトロピカルフルーツの絵は、とても瑞々しくて食べられそうなくらいだ。

「十二人の使徒とテーブルについているキリストを思い出す。いい意味でね」ヒメナが言った。

『最後の晩餐』のことだ。ヒメナの目で見ると、すべてがアートに見えてくる。並んでいる皿やカップは静物画のようだ。長いベンチに九人で並んですわり、地平線のほうを見た。一瞬、もう目的の場所に着いたような気さえした。私たちは凜として気高い勇者だ。周りには花と果物があふれている。僧院に囲まれたヒマラヤの小さなロッジで、いま私たちは、古い物語を書きかえようとしている。私たちなりのシスターフッドの物語を書こうとしている。神聖な女性同士の絆を築いている。手にしているのは古代のマントではなく、スポーティな山登りの道具だ。

子どものころ、聖週間〔イースターの前の一週間〕の楽しみだった映画『十戒』とともに見た『ナザレのイエス』のミニシリーズを思い出す。その力強さと現実感に圧倒された。最後の晩餐のシーンになると、毎回、イエス様に違った運命が待っていればいいのに、と思ったものだ。イエス様はこれから起こることをつねにご存じでいる。それなのに、裏切り者のユダを含む使徒たちと食事をともにされるのだ。

どんなときでも、イエス様は人々や使徒が絆を結ぶことを願い、自分の罪や裏切りはゆるされることを知ってほしいと願っておられた。これから自分がその罪を犯すことを、まだ知らない者に対しても。

「きれいに見えるほうの横顔を撮ってよ」ルーシーが髪をなでつけながら言った。シュレヤは笑ってルーシーと同じ方を見た。私はまるでおじいさんがかぶるナイトキャップみたいに、ネックウォーマーを頭まで引き上げてかぶっていた。それを見たアーシャが、私のネックウォーマーを引き下げた。これで私もちょっとはましに写るだろう。

「笑って」ヒメナが言った。みんながジンジャーティーのカップを上にかかげる。

エハニはまだ自分の携帯電話をいじっている。

「エハニ！　こっち見て！」ヒメナが声をかけた。

ヒメナは何枚か写真を撮ると、ロッジのスタッフを呼んで、全員の写真を撮ってもらうように頼んだ。

「私も一緒に写りたいから！」ヒメナの顔は明るくて、眉間にしわも寄っていない。四十八時間前に、もう帰りたいと言っていたなんて想像もできない。

帰らないでくれてありがとう、と心の中でつぶやき、私はみんなの愛らしい顔を眺めた。

「トラウマを抱えながら生き延びてきた人たちの、自衛された心の奥には、無傷の場所がある」と、精神科医のベッセル・ヴァン・デア・コークは『身体はトラウマを記憶する——脳・心・体のつながりと回復のための手法』〔邦訳：柴田裕之訳、紀伊國屋書店、二〇一六年。以下、引用訳は本書訳者による〕の中で述べている。「セルフ（自分そのもの）には自信と好奇心と落ち着きがある。生き延びようとする努力によって生まれた様々な保護装置のおかげで、セルフは破滅をまぬがれている」

最後の晩餐は悲しみの時だけれど、審判の時でもある。裏切りと死が復活へとつながり、最後にゆるしへとつながった。いまこのテーブルについている私たちも、自分自身をゆるせるようにならなくては。

少し歩いてシャクナゲの森を抜けると、石畳の向こうに、だだっ広い中庭が広がっていた。真鍮でできたマニ車がずらりと並んでいる。私たちは木製の取っ手を回してマニ車を動かした。金属がキーッという音をたてる。その音の合間に、ジャッキーの咳が聞こえてきた。朝からずっと咳をしている。

中庭を横切って石の門をくぐると、いちばん位の高い尼僧のチョークルが私たちを出迎えてくれた。彼女の後ろには半分崩れかかった、石造りのデボチェ尼僧院がある。二〇一五年の地震で、一部が壊れてしまったのだ。頭を剃り、あずき色のマントに身を包んだチョークルが、会釈をして私たちを歓迎してくれた。私を見ると、もう一度会釈をする。昨年、カトマンズで尼僧たちに会ったとき、チョークルはヒョウ柄のコートを着ていた。寄付してもらったものだと言っていた。仏にお仕えするのにこれはおかしいですね、と笑っていた。そこで、そのあと私は尼僧たちにもっと品のあるコートを贈ろうと思い、カトマンズであずき色の冬用ジャケットと手袋を二日間かけて探した。あずき色のものしかいらないだなんて、ずいぶん選り好みの激しい外国人だと、店主たちは思ったことだろう。私はデボチェらしいあずき色のコートを探した。しかも、二十着をすぐにそろえたかった。やっと、ジャケットを縫ってくれる店を見つけ、あずき色の冬用コートと、それと同じ色の手袋を注文し、それを本格的な冬が訪れる前に尼僧たちに届けてほしいとお願いしておいたのだ。自分にふさわしいものを着ることの大切さはよくわかっている。

デボチェはネパール最古の尼僧院だが、ここの尼僧たちは、ほかの僧院のように教師や瞑想家になる訓練は受けていない。彼女たちはクンブ地方を旅する人のために、プジャという伝統的な儀式を行っている。世界で最も高いところにあるタンボチェ僧院の陰に隠れてあまり知られていないが、この尼僧院には静謐な美しさがある。尼僧院ができたいきさつがまたすごい。昔、ンガワン・ペマという若くて美しい女性がいたそうだ。多くの男性が彼女と結婚しようと争ったが、結婚などしたくなかった彼女は、ある日、崖の横にある浴室の穴から逃げだした。彼女はデボチェへ逃れ、そこの石室で五十一年間、ひとりきりで生きたのだという。一日に二度の食事をとり、すべての生き物の苦しみを和らげようと、毎朝祈りを捧げたそうだ。一九五〇年にチベットが中国に占領されると、自分たちの信仰を守ると決めたチベットの尼僧たちは、ンガワンのいる僧院を探して、ナンパ・ラという険しい峠を越えてデボチェにやってきた。そこで彼女たちのシスターフッドが生まれた。

尼僧たちはとても慎ましい生活をしている。私はずっと、それをみんなに見てほしいと思っていた。軽く挨拶をしたら出発するつもりでいたので、チョークルが天井の低い石造りの尼僧院の中へ私たちを招き入れ、シルクでできた黄色いカタを肩にかけてくれたときは驚いた。アーシャは、私がエベレスト登頂を目指していることを思い出したのか、祈りを唱えながら白いカタを取り出した。特別な願い事があるときには、白いカタを使うのだ。私は感謝の気持ちをこめて、彼女に向かって一礼した。

部屋の真ん中では、あずき色のマントに身をつつんだ三人の尼僧が座禅を組んでいた。そのうちのひとりはドルチェ&ガッバーナ風の、ワイヤーフレームの眼鏡をかけていた。紗のかかったような光の筋がカラフルな祭壇を照らし、部屋の真ん中にある長いテーブルには、お香の入った小さなボウルが一列に並んでいる。奥の壁ぎわにあるテーブルには仏陀の像とロウソクが並び、白い文字で〝お布施〟と手書きされたシンプルな赤い木の箱が置いてある。もうひとつの像はミヨランサンマだ。サガルマータ国立公園の入口にも描かれていた、赤いトラに乗った女神だ。ミヨランサンマは長寿の五人姉妹のひとりで、最初は鬼女とされていたけれど、チベット仏教の創始者のひとりグル・リンポチェ〔「偉大なる師」の意味〕によって女神とされたそうだ。エベレストの谷や頂は彼女の遊び場で、登山者は彼女の加護がなければ山頂に立つことはできないとされている。ミヨランサンマは惜しみなく祝福を与えてくれる女神だ。そのご加護によって、どうか私も無事に山頂に立てますように。

作法もわからないまま、私たちは部屋の中を歩きまわった。シェイリーがチョークルに、今回の旅の意図を話していた。その話の途中で、尼僧のひとりが低い声で早口に読経を始めた。そこに、ほかのふたりの尼僧が加わり、最後には全員一緒に唱えはじめた。その声はうねるように続いていく。歌というほどではないけれど、連禱《れんとう》〔定型句を唱えるキリスト教の長い祈り〕よりは抑揚がある。私が聖母マリアの祈りを唱えるときのようだ。

私たちは壁ぎわに一列に並んでひざをつき、頭を垂れた。読経の声が部屋じゅうに満ち、磨きあげられた真鍮の台の上のロウソクの火がゆらゆらと揺れる。やわらかく反響する声を聞いているうち、ほかには何も聞こえなくなった。自分の息の音も、鳥のさえずりも、外の音も。祈りの声に包まれて、周りから隔絶された世界になった。どこから始まってどこで終わるのかもわからなくなり、そのうちお経は言葉の羅列ではなく、延々と響く音になっていった。

お経の言葉は耳から入って喉を下り、私を洗い清めていく。そして胸に染みこんで何百万という小さな光に変わった。それが肺を経て、血管を巡っていく。私は思わず目を開き、息をのんだ。聖なる神よ。横に並んでいるルビーナ、シュレヤ、エハニのほうを見たけれど、彼女らはまったく動じずに平然としてひざの上で手を組んでいる。ヒメナは神妙な表情で眉間にしわを寄せ、ルーシーは目をしばたたかせながら穏やかな表情を浮かべ、天使のように輝いている。みんな、読経のリズムに合わせて頭を振っている。

先に引用したベッセル・ヴァン・デア・コークは、トラウマを抱えている人たちをテストした結果、彼らは身体をリラックスさせられないことがわかった、と書いている。彼はヨガのクラスで、参加者がサバサナ（死体のポーズ）をしているところを観察した。これはクラスの最後に行われるリラクゼーションのポーズだ。「完全にリラックスして」と言われて体を伸ばすと、彼らの筋活動は逆に増えたそうだ。「静かでリラックスした状態になるのではなく、見えない敵との闘いに備えて筋肉が動きつづけている」と彼は推測する。トラウマから回復するうえで最も難しいのは、完全にリラックスすることと、安心して何かに身をゆだねることなのだ。

気を緩めるのは危険だ。このメンバーの中には、それがとくに危険なものもいる。でも、いまこの小さな石室に抱かれて、みんなは目を閉じ、暗闇の中、平穏な気持ちですわっている。脱兎のごとく、この場から走り去りたいと思っているのは私だけのようだった。彼女たちと同じ年頃のとき、すでに私は神聖なものに対する信仰心を失っていた。いまさらどうすればいいのかわからないのだ。

ルーシーと目が合った。彼女はフッとほほえむとすぐに視線をはずし、肩にかけているカタを何気なくなでた。

私は深く息を吸って、もう一度目を閉じた。音が私を飲みこんでいく。尼僧の声は風になり、人でも物でもなくなった。絶え間なく自由に吹きわたるその風を、私たちは受けとる。それは仏陀の言う、祈りの力だ。誰もが無条件で、それを得ることができる。人からどう評価されようが、自分が何をしようがしまいが、関係ない。ありのままでいれば、仏陀は私を愛してくれる……。どこからそんな考えが浮かんできたのかわからない。でも、すばらしい考えだった。いままで思ってきたことと、まったく違っていた。私はそのシンプルさに胸をつかれた。胸の中で弦をはじくような音が聞こえた。

しだいに歌が消えていき静寂が訪れた。目を開けると、みんながこちらを見ている。彼女たちの表情は温かで優しかった。どれくらいの時間、こうしていたのだろう。一分？　十分？　それとも一時間？　私は自分が泣いているのに気づいた。顔が涙で濡れ、鼻水があごを伝っている。気恥ずかしくなった私は、ほほえんだあと、洋服の袖で急いで鼻をふいた。

「ありがとうございました」私は尼僧に向かってお辞儀をした。「本当にありがとうございました。まさか自分が泣くとは思いませんでした」

笑い声がさざ波のように部屋じゅうに広がった。尼僧たちは私の言っている意味をよくわかってくれているようだった。尼僧たちはお辞儀をして私たちに別れを告げた。これからパンボチェに行って祈りを捧げなくてはならないという。彼らの笑顔は喜びに満ちていた。シュレヤとエハニは手を伸ばして私を引き寄せ、抱きしめてくれた。

「大丈夫だよ、シルヴィア」エハニが言った。

「わかってる。これは嬉し涙だから！　本当に！」

尼僧たちがプジャの儀式を最初から最後までやってくれるとは思わなかった。初めての経験だった。ネパール生まれのメンバーもそうだろう。

私たちが出発するとき、尼僧たちはこれから毎日、私たちのために祈ると約束してくれた。そして、私が山頂に着くまで祈りつづけると言ってくれた。「でも、山頂に着いたら連絡してくださいね」チョークルが真面目な声で言った。「そうでなければ、いつまでもお祈りをやめることができませんから!」

私は声をあげて笑った。無条件の愛にも限界はあるようだ。

祝福を受けた私たちは、ルビーナを先頭にして意気揚々と出発した。次の宿泊場所はパンボチェだ。そこで、クンブ地方で最も位が高く有名なラマ僧、ゲシェのもとを訪れる予定だ。初めてエベレストに来たときの私は、ヒマラヤの伝統や宗教にあまり関心をもっていなかった。お腹がすいていることばかり気になって、答えや説明を聞くことも、知見を得ることもおろそかにしていた。自暴自棄なふるまいを繰り返し、悲嘆にくれ、すぐに心に効くものを求めていた。エベレストを見れば何かが大きく変わるというのなら、ベースキャンプに行くのが早ければ早いほど、早く目標を達成して癒しを得られるはずだと思っていた。癒しとは何か、当時はぼんやりとしかわかっていなかったけれど。

そのころの私は、心の問題を解決する論理的な方法を探していた。

お酒もよく飲んでいた。というか、このトレッキングの二か月前まで飲んでいた。

歩きながらのおしゃべりが、急にやんだ。ここは標高三千八百メートル。昨日より、一歩歩くたびに多くのエネルギーが消費される。空気は冷たく乾いている。砂漠のようだ。太陽が照りつけてはいるけれど、フリースとニット帽は手放せない。四月だというのに、ここは春という感じではない。花も咲いていない。丘の斜面はかさぶたで覆われているかのようだ。背丈の低い茶色の草が生え、ところどころ木が斜面にしがみつくように生えているだけ。ほこりをかぶったパレットのようだ。乾いたアッシュブラウン。どんよりした黄色とベージュ。灰色がかった青色。さまざまな色合いの灰色。私はアーティストではないけれど、ここは灰色の世界なのだと気づいた。遠くには山々が見え、鳩のような灰色、石のような灰色、くすんだ灰色、鋼のような灰色が入り混じった景色が広がっている。鉛色、石英の色、錫の色、雲の色。石墨の色、小石の色、煙の色。滑らかな登山用の服に身を包んだ私たちが、見わたすかぎり最もカラフルな存在だ。地球が生み出した獣のような山々の古めかしい色合いをバックに、赤紫色、青みがかった緑色、濃い橙色のパーカーを着て歩いていく私たちは、さながら喜劇役者だ。この場所まで来てようやく、山は岩なのだと気づく。地球に根を下ろした化石なのだと。

私たちは細い道を進んでいった。険しい山の斜面につくられた、鉛筆のように細い道だ。足の下で黄褐色の砂がザクザクと音をたてる。登山靴の足元から、月の砂のように土埃が舞い上がる。私たちは月からやってきて、地球を探検する宇宙飛行士のようだった。この山々が私たちのフロンティアだ。

はるか下には、青と緑の中間色をした川が流れている。流れは細く浅くなり、白亜色の岩の土手がところどころ見えている。勢いよく流れたり、優雅に弧を描いて流れたりするのではなく、ドレッサーの上に無造作に置かれたネックレスのような流れだ。上方にある丘の斜面には、モノポリーに出てくるような家がはりついている。最初のころのような、青々とした緑が広がり、川が勢いよく流れる明るい景色はもうない。ここでは、建物も洗いざらしのデニムのような色や、病院で見るような緑色をしている。私たちがいまいるのは、ヒマラヤの奥地。生命の気配の希薄な場所だ。私は指先にしびれを感じていた。

「ルビーナ」少し速足で彼女に追いつくと、そっと声をかけた。「今日の儀式のこと、どう思った？」

「よかった。とても」彼女が答えた。

「尼僧たちはとても純粋で、愛に満ちていたね」

「ええ。本当にそうだった」

尼僧院を出たとき、ほかのメンバーの目は潤んでいて穏やかだった。儀式に感銘を受けたようだった。でも、ルビーナの表情はほとんど変わっていなかった。エハニの口数が少ないのは言葉の壁があるからだろうし、もともと恥ずかしがり屋なのだと思う。でも、ルビーナが静かだと、何かあるのではないかという気がしてならない。私はどこまで踏みこんで訊くべきか迷った。身体的な距離と心理的な距離には微妙な差があるものだ。どこが境界線なのかわからない。癒しというものは、標高の高いところをトレッキングするのと同じように不安定なものだ。うかつに踏み入るのは危険ですらある。

もっと話しかけようとしたとき、どこからともなく子どもの一団が現れて、私たちの横を駆けていった。小さなスプーンがカタカタと鳴るような笑い声が響く。黒髪を肩まで伸ばし、だぶだぶのアメリカのTシャツを着て、ボロボロのサンダルを履いたふたりの女の子が、飛ぶように通り過ぎていく。背の順に並んだ三人の男の子は、息をきらしながらしゃべっている。小さな子たちがぜえぜえ言うのを聞いていたら、思わずクスッと笑ってしまった。

「韓国の人？」裾が短いジーンズと使い古したサンダルを履いた女の子が、シュレヤを指して言った。

「女優さん？」

「はずれ！」シュレヤはクスクスと笑いながら答えた。明らかに喜んでいる。口をとがらせながら映画スターがかけるようなサングラスを鼻までずり下げて、女の子のほうを見た。

「違うの、この人はファッションモデル」ルビーナが言った。

「そうそう。ねー、モデルさん！」ルーシーが大きな声で言う。

「そうなれたらいいんだけど！」シュレヤがルーシーの腕をとって言った。「あなたがメイクの仕方をバッチリ教えてくれたら、なれるかもね」

ルビーナとシュレヤはいとこ同士だ。私はこの五日間、シュレヤが少しずつ元気になっていくのを見てきた。どんどん大胆になり、はつらつとしてきた。いっぽう、ルビーナは慎重だった。生い立ちは違うけれど、ふたりの物語はからみあっている。

収穫期になると、シンドゥパルチョークにあるルビーナの家の周りでは、お米や小麦粉やトウモロコシなど、食べ物があふれていた。でも、彼女の家には食べ物がなかった。祖父は豊かな暮らしをしていたのに、ルビーナや姉妹たちを支援してくれなかった。なぜなら、全員女の子だからだ。女性が外で働いてお金を稼ぐことが一般的ではない文化のなかで、女の子は、男の子より価値が低いと考えられていた。結婚することだけが、女性の価値だった。彼女たちの祖父はよくこう言っていたそうだ。「女はなんの足しにもならん」

それでも、ルビーナの母親は娘たちを学校に通わせて、貧困から抜けだせるようにしてやろうと考えた。母親は男性に交じって週に何度か畑で働き、娘たちを学校に通わせられるだけのお金を稼いだ。ところが、事件が起きた。ルビーナの姉が、村を徘徊していたヒョウに襲われ、その治療のために両親は莫大な借金を負うことになったのだ。蓄えは残っていなかったし、村の人たちも冷淡だった。「お前の家の娘はどうせ家を出て行ってしまうんだろう。返してもらえるあてもないのに、どうして食べ物を分けてやらなきゃならないんだ?」と言われたそうだ。彼女の家族は生きていくために、収穫を終えた畑から作物のくずをかき集めるしかなかった。

インドについて教えてくれたのは、親戚だった。ルビーナをインドに行かせれば、そこで仕事もできるし教育も受けられる、という。彼女は深く考えもせずに、「行く」と言ってしまった。

ルビーナはインドにいたときのことを話そうとしないし、あとからインドにやってきた年下のいとこのシュレヤと会ったときのことも話そうとしない。そのあとふたりがどんな生活をへて、いま私たちと山の上にいるのかも。

ルビーナが故郷を離れたとき、シュレヤはまだ幼かった。シュレヤの両親は、ルビーナがインドで元気にやっていると聞き、自分の娘もインドに行かせることにしたのだった。インドに行ったとき、シュレヤはまだ十二歳だった。でも、学校などどこにもなかった。シュレヤは楽しみにしていた学校には行けず、そのかわり暗い部屋に閉じこめられた。毎朝、若い女の人が新しい服と新鮮な食べ物をもってきた。いとこにもほとんど会えなかった。昔は、いとこが通学するときにシュレヤの家の前を通りかかったものだが、ここではいとこの足音が聞こえることもなかった。

部屋からは外があまり見えなかった。だから、シュレヤは耳をよくすますようになった。

ある日、インドまで自分を連れてきた男の人が、鍵束を腰からぶら下げて廊下を歩きまわっている老女に向かって、ひそひそと話しているのが聞こえてきた。

「あの子をこれから移すことになった。あの新しく来た子だ」男が言った。「もっと高く売れるところへやるんだ。処女はいい値がつくからな」

シュレヤはすぐに事情を察した。これまで神聖な牛のように面倒をみてくれていたのは、栄養を与えてふっくらさせ、きれいで健康で丈夫にさせるためだったのだ。そして、いちばん高く買ってくれるところに、家畜のように売りつけるためだったのだ。学校に行けるなんて嘘だった。彼女はまだ処女だった。

ルビーナのせいだ。ルビーナが私の家族に嘘をついて、私を裏切ったんだ、とシュレヤは思った。どうしてそんなことができるんだろう。なぜなの？　シュレヤはルビーナになんとか会いたいと思った。会いに来てほしいと暗号のように書いたメモをルビーナに渡してくれるよう、夜遅くにドアの前を通りかかった女性に頼んだ。ある晩、木の扉をノックする音と、いとこのささやき声で、彼女は起きた。扉ごしに、ふたりは静かに言い争った。

「どうして、こんなことするの？」シュレヤは泣いた。

「私じゃない。私も知らなかったの」ルビーナが答えた。

「あたしたち、いまどこにいるの？　ここは何なの？」

でも、シュレヤもとっくに答えはわかっていた。消えた女の子たちの話は聞いたことがあった。とくに、同郷の子たちの話を。それでも、いとこの口から聞きたかった。

「私たちがいるのは売春宿なの。悲しいことだけど」

「どうやったら出られる？　逃げなくちゃ。一緒に逃げよう」

「無理だよ」ルビーナが答えた。「もし逃げ出してつかまりでもしたら、八つ裂きにされちゃう。前に、そういうことがあったの」ルビーナが力なく言った。

「ルビーナ、大好きだよ」シュレヤは言った。「一緒に来ないなら、それでもいい。もし、ネパールまで行けたら、家族を連れてルビーナを助けにくる。もし、あたしがうまく逃げられなかったら、ルビーナはここで死んで、あたしは外で死ぬことになる。でも、あたしは外で死ぬほうがいい。何もしないのは嫌だ。やってみる」

私たちはマニ石の長い壁の横を通って、峡谷を下りていった。道を歩いていくと、ドドコシ川の支流のイムジャコーラ川が流れる渓谷に出た。谷を流れる水の激しい音がする。新しい橋の隣には、壊れた橋があった。金属の手すりが曲がったり壊れたりしたまま、川の横に放置されて腐っている。

私たちの後ろからふたりのシェルパが、およそ人間ひとりが担げそうにない量の荷物をヒモで額にくくりつけてドシドシと歩いてきた。ひとりはパーカーを着ている。もうひとりはTシャツを着て、大きな木の板を背負っている。彼らを先に行かせるため脇に寄ると、木の板にいくつもの箱がくくりつけられているのが見えた。自分の体を支柱にして、持ち上げたり下に置いたりするようだ。

私たちは傾斜のきつい丘を登りはじめた。登り坂は美しいカーブを描いて岩壁へ出た。「うわ、また登り！」ルーシーが叫んだ。標高が高くなってきてルーシーは頭痛がするようだが、戦車のように前へ前へと進んでいる。エハニはその横にぴたりとついて、たびたび水筒を取り出してはルーシーに飲ませている。シュレヤは映画スターのようなサングラスをかけ、お茶目な笑顔を浮かべながら歩いている。ジャッキーの咳はますますひどくなってきた。ヒメナはひとり、みんなの少し先を歩いている。我が道を行くという感じだ。

カーブを曲がりきると、ヒマラヤの山々が目前に広がった。ふわふわした毛布のような厚い雲の上に、尖った刃のような花こう岩が突きでている。まだ海の底にあった時代の古い堆積物がつくる急峻な山肌は、まるで天から滝が流れ落ちているかのようだ。いちばん近くに見えるのはアマ・ダブラム。ヒマラヤでも指折りの美しさを誇る山だ。スイスのマッターホルンによく似ている。母親が両側にいる子どもを守ろうと腕を広げている姿に見える、と言う人もいる。

「あれに登る！」シュレヤはいちばん奥に見える頂を指さして言った。エベレストだ。矢じりのような頂。そこから清々しい白い尾根が広がっている。

「いつかね」シュレヤは付け加えた。

ヒマラヤの山々に囲まれていると、山に抱きかかえられているような気がする。これほど守られていると感じたことはないし、同時に、これほど怖いと思ったこともない。


傾斜のきつい丘を登りきったところがパンボチェだった。ゲシェの家に行くには、そこからさらに険しい丘を登っていかなくてはならない。ラマ僧のトップであるゲシェのもとを、山頂を目指す人は必ず訪れる。着いてからはスムーズだった。ひとりの女性が私たちを薄暗い部屋に案内してくれた。部屋の中にはお香の煙が漂い、小さな装身具や赤いリボンや封筒が詰めこまれた棚がある。備品がたくさん置いてあるのに神聖な雰囲気があって、商業的なものとスピリチュアルなものとが混ざった奇妙な世界だ。でも、エベレストのトレッキングも、まさにそういうものだ。机の前に、分厚い眼鏡をかけた老僧がすわっていた。ゲシェだ。顔は革のようにつるりとして、ひげがまばらに生えている。赤いローブをはおった背中は丸まっている。にやっと笑みを浮かべ、まるで自分がしかけたイタズラを私たちに見つけてほしいとでも言っているようだ。通訳を介して、ゲシェは私たちひとりひとりに祝福を与えてくれると言った。ここのすべてを取り仕切っている女性とときおり談笑しながら、誰も理解できないような言葉をブツブツと唱える短い儀式が始まった。私たちの態度のほうがずっと神妙だった。

ルーシーが彼の机の前にひざまずき、頭を垂れた。するとゲシェはクックックッと笑い、ネパール語でつぶやいた。「立って、立って！」たぶん、そんなことを言っているんだろうと想像できた。「顔をあげなさい。そんなにたいそうなものではないんだから」とか。

次は私の番だ。私は壁一面にかけられている、世界じゅうからやって来た登山家の写真を眺めた。その多くは山頂で撮られた写真だ。ここで祝福を受けたけれど戻ってこられなかった人のことは、あえて考えないようにした。四日後にはベースキャンプでプジャの儀式を受けることになっているけれど、いまこの瞬間は、頭の中で聞こえるタイマーの音が少し小さくなった。私がお布施とカタを渡すと、ゲシェはそれに向かってブツブツとお経を唱え、私に頭を垂れるようにと身ぶりで示した。ゲシェは赤いヒモを私の首にかけようとしてくれたけれど、そのヒモが、私がいつも身につけているネックレスにからまってしまった。母のロザリオと、聖マリア像のネックレス二本だ。聖マリア像のネックレスを身につけていれば、亡くなったとき、煉獄から天国へ行けると言われている。モンブランを登っているときに崖から落ちてしまい、ネックレスをなくしたことがあったので、念のため二本身につけているのだ。別に一刻も早く天国に行きたいというわけではない。私がどれくらい煉獄にとどまるのかは、マリア様だけがご存じだ。

畏れ多くもゲシェがネックレスのからまりをほどいて一本の赤いヒモを首の周りに結ぼうと必死になっている間、私はじっとしていた。からまったネックレスは、私の心の重荷を表しているみたいだった。

「バアア」ゲシェはとうとうあきらめて、手を上にあげた。そして私の頭の上に一握りの米粒をふりかけ、儀式は終わった。私は笑ってしまった。ヒマラヤ山脈まではるばるやってきて、カトリック式のウェディングのようにライスシャワーを浴びるとは。

「オム・ボロ・サト・グル・バガヴァン・キ・ジェイ〔「すべての教えを尊ぶ」といった意味の真言〕」ゲシェは私をじっと見ながら祈りを唱えた。「オム・ボロ・サト・グル・バガヴァン・キ・ジェイ！　オム・ボロ・サト・グル・バガヴァン・キ・ジェイ！」

ゲシェの声は、しだいに大きく厳然とした響きになっていった。祈りの言葉を繰り返しながら、ゲシェは私の方に向かって一礼する。そのうち私もその言葉を覚え、一緒に唱えた。この言葉を胸に抱いて、山を登っていかなくてはならない。ゲシェは封筒に入った一枚の写真を私に手渡してくれた。アシスタントの女性が通訳してくれたところによると、この写真をもってエベレストの山頂まで行き、それを返しに戻ってきてほしいという。

私を信じてくれているのだとわかり、胸が熱くなった。夢がかないそうな気がした。

登山道を照らす光がうつろっていく。遠くで鐘の音が聞こえるころには気温もぐっと下がり、エベレストの周りの空が寒々とした薄いピンク色に変わった。指先のピリピリした感じはもうすっかりなくなっている。祝福を受けたことで、体に酸素が送りこまれたかのようだった。

私はルビーナと、彼女の過去について考えた。私は彼女が経験したような貧しさを知らない。よりよい生活をさせてやれるかもしれないと考えて、ルビーナとシュレヤの両親は娘たちを外国に送り出した。そうせざるをえなかったほどの貧しさを、私は知らない。でも、自分を傷つけた相手にすがるしかない生活がどのようなものかは知っている。そういう生活をしていると、自己が分裂してしまう。心が壊れてしまう。信頼はメビウスの輪のように表になったり裏になったりする。まるで自分の尾を食べるヘビだ。Jがあんなことをしたのは私がいけなかったからだと、私はまだ心のどこかで思っている。悪い人には悪いことが起き、いい人にはいいことが起こるのだと、どこかで思っている。それは真実ではないし、子どもじみた考えだとわかってはいるけれど、屈辱というものは非論理的なものだ。

それは、こちらを飲みこんでしまいそうなほどの重いマントだ。その感情が、まるでへその緒のように、今回のトレッキングに挑む私たちを結びつけている。

私はルビーナの祖父のこと、それから、祖父がなぜ女はなんの足しにもならないと思っていたのかを考えた。ルビーナの過去の話は手に取るようにわかる。わかりたくなどないのに。みんな、そうだ。みんなの話を知れば知るほど、お互いの心の中に同じガラス片があるのだとわかる。私たちはみんな、遠い浜辺にうちあげられたガラス片だ。男たちからひどい仕打ちを受けながら生き延びてきた。でも、私たちより前にも、そのような仕打ちを受けてきた女性たちがいる。

エベレストの姿が見えなくなった。「浄土」と現地の言葉で呼ばれる谷に向かって下りていくにつれ、松の生えた丘の景色は、木も草も生えていない冬の景色に変わっていった。そこはネパールの山岳民族であるライ族が住んでいるところだった。ライ族は最も古い言語を話す民族で、人口はとても少ない。ライ族は神々を信仰しておらず、寺院も、本も、偶像もない。先祖を敬うことが彼らの信仰であり、その中心となる考えは「リダム」というものだ。それぞれの地域やグループ内に共通のリダムがある。人の中だけでなく、生物や石や木など動かない物の中にもリダムは存在する。万物の中に、昔から今日まで脈々と受けつがれてきたものが存在する。

リダムは、信仰というより口承文学に近い。語りつがれてきたものだ。ライ族はリダムを語り、それを実践する。私たちには先祖の血が流れている。その先祖の物語を語り、それを受けとめて物語を再演する儀式を行うことで、ライ族は自分たちがどこからやってきたのかを思い出し、宿命にしたがって生きていく。物語を語ることによって、自分たちの存在を確かめるのだ。

誰もが先祖の物語を受けついでいるのだとすれば、いまこうしてここにいる私の物語は、きっと私だけのものではないのだろう。ミヨランサンマが私たちに無尽蔵に与えてくれるものは、苦難ではなく祝福だ。自分には価値があると外に向かって証明する必要などないのだ、と私たちに教えてくれる。祝福のもとは、私たちすべての中にある。だからこそ無尽蔵なのだ。

太陽があっという間に地平線の向こうに消えようとしている。「私、先に行ってます」アーシャはそう言って先頭に出た。「ロッジを予約しておきますね！」

「待って、私も行く！」ヒメナが言った。ヒメナは少しいらだっているようだった。不安そうでもある。

「何？　聞こえなかった」すでに三十メートルくらい先に行っていたアーシャが言った。

「彼女が一緒に行きたいんだって！　ちょっと待っててあげて」シュレヤが大きな声で言った。

「〝彼女〟って言わないで」ヒメナがシュレヤのほうを向いて言った。「私、〝彼女〟じゃないから」硬い声で繰り返す。

「え？」

「〝彼女〟って言うの、やめて」ヒメナがもう一度繰り返した。

「あ、ごめん」シュレヤは不安そうに笑った。ヒメナの気持ちを傷つけたのではないかと心配しているようだ。少しの間、その場はしんとなった。

「気にしないで」ヒメナがシュレヤの腕をつかんで言った。「一緒に学んでいけばいい」

アーシャもこちらに戻ってきて、ヒメナと腕を組んだ。シュレヤがヒメナのもう一方の腕に手をかける。三人はペリチェに向かって一緒に登山道を歩きはじめた。ペリチェは今回のトレッキングで最も標高が高いところだ。風の音がうなりはじめたけれど、三人は陽気にはずむように歩いている。

「ねえシェイリー、尼僧たちのお祈りは、どういうお祈りだったの？」私は尋ねた。

「慈悲の祈り」

「誰への慈悲？」

シェイリーは真顔で私を見つめた。「もちろん、ヤクへの」

そのときの私は、きっと複雑な笑顔をしていたのだろう。彼女はたまらずに笑いだした。

「なんだと思ってたの？　自分への慈悲？　もちろんそれもあるけど。自分を慈しむ心があって初めて、他者への慈しみも生まれるからね」

私は笑いながらうなずいた。「そうだよね、やっぱり。そう思ってた」という感じで。慈悲の心があれば、痛みと愛情が隣り合わせであることを受け入れることができる。ヒマラヤの恵みのもとで、自分に注がれる愛情と庇護を受け取ることを、自分に許すことができる。私はそうしたことを、このときはまだわからずにいた。虐待の記憶が私の人生に落とした影とともに生き、Jの行為を自分が止めるべきだったという道徳上の責任を感じていた私は、これまでの人生の中で、慈しみの心というものをもったことがなかった。他者を慈しんだことも、自分を慈しんだこともなかった。

私たち九人はいま、「浄土」と呼ばれる美しい谷を歩いている。ミヨランサンマが私たちの声を聞いているのを感じる。祝福の言葉からも、会話からも、いま旅をしている大地からも、聞こえてくるのはひとつのメッセージだ。あなたはひとりではない、というメッセージ。よくも悪くも、先祖はあなたとともにいる。起きてしまったことを元に戻すには、それを伝えつづけることと、改善しつづけることだ。裏切られ傷つけられてもなお、他者と自分自身を信じることだ。自分の意見と違っても、限界を超えていても、他者を受け入れることだ。

慈しむとは、たとえ理解できなかったり、共感できなかったりしても、お互いの経験を尊重することだ。たとえヒメナの経験を理解できなくても、私、そして私たちは、ヒメナを尊重し、慈しみの心を寄せることができる。大切なのは、ありのままのヒメナでいさせてあげることなのだ。

第8章　トップ・シェルフ

ミラーズヴィル大学の四年生だったときのことだ。あるパーティーで、日本人とドイツ人の両親をもつヨシコという新入生が私に近づいてきて「あなたにとても惹かれてる」と言った。私はあっけにとられた。彼女が言ったことに驚いたというより、この場で彼女が煉獄の炎に包まれなかったことに驚いた。当時の私にとって、同性愛者であることは罪だったからだ。

当時、私が付き合う相手は男性だった。ひとりだけ、大学でまじめにお付き合いをした男性もいた。ヒュイブという名前だった。でも、彼と別れてからは、本気で付き合った男性はいない。当時の私にとって、男性はじゅうぶん魅力的に思えた。みないい人たちだった。だから、女性と付き合うことなど考えたこともなかった。同性愛者たちがどうやって知り合うのかも知らなかった。でも、ヨシコはためらうこともなく、とても大胆に、私への思いを大きな声で誇らしげに語ってくれた。

彼女の体温を感じるくらい近くに立っていた私に、その言葉は染みこんできた。心の奥底で、真実がカタカタと音をたてて揺れはじめた。その真実を突きとめてみたいという気持ちが強くなった。でも、ミラーズヴィル大学でそれを確かめるのはヨシコも私も気乗りがしなかったし、私も女性と肉体的な関係をもつ心構えはできていなかった。だから、そのあとの一年間、ヨシコとは親密な関係になったけれど、お互いに触れたりすることはなかった。それでも、私たちはとても近しく、精神的なつながりを感じられる関係を築いた。この関係を何と呼べばいいのかはわからなかったけれど、これまでと違うという感じはしていた。私たちは大学を卒業したあと、ニューヨークへ行く計画を立てた。そこに行けば、私たちは匿名の誰かになれる。クラブの列に並んでいる若者たちのように。そこで、ふたりの関係をじっくり考えてみようと思っていた。

引越しをする前、私はカリフォルニアに行って、かつていとこだと思っていたきょうだいたち——マリアネラ、ラミロ、ロランドと一緒に夏を過ごした。このころ、三人ともサンフランシスコに住んでいたのだ。ロランドはコロンビア出身のカレーナという女性と付き合っていた。カレーナの親友のトニーは、派手な感じのラティーノのゲイだった。

「トニーって呼んでいいよ、美人さん」と彼は自己紹介をした。

「違うよ、こいつの名前はト・ト・ト・トニーだよ」ロランドがふざけて言う。

トニーはゲイ・プライドという催しのことで、興奮していた。

「すごく大きい、インクルーシブ〔あらゆる人を社会の構成員として受け入れ支えあうこと〕なフェスティバルなんだ。シルヴィアもおいで！カーニバルみたいなんだよ」

私のヨシコへの気持ちは確かなものだったけれど、私たちはまだキスもしたことがない。トニーは私を見て何か感じ取ったのだろうか。それとも兄たちが気づいたのだろうか。

「俺はやめとくよ」ロランドが言った。「ゲイの男に触れられるのはごめんだ」

「ふん。サンフランシスコのゲイは、お前なんかには目もくれないよ」トニーが言った。

日曜日に、カレーナとトニーと私は、ＢＡＲＴ〔ベイエリア高速鉄道〕に乗ってサンフランシスコへ行った。オークランドを過ぎるころには、私たちの乗った車両はテカテカ光るホットパンツや、羽根でできた襟巻や、キラキラした厚底の靴を履いた人たちでいっぱいになった。虹色のものを身につけている人があちこちにいる。この色には馴染みがある。タワンティン・スウユ（インカ帝国）の旗に使われていた。インカはみんな同性愛者だったのだろうか？

ヤッホー！　ハッピー・プライド！　みんな口々に叫びながら列車に乗りこんでくる。カーニバルの笛の音が聞こえると、ワッと歓声が上がった。

「ハッピー・プライドってどういうこと？」私は訊いた。

「ゲイ・プライドの合言葉だよ。ゲイであることとか、ゲイであることを公にするのを祝福しよう、っていう意味なんだ」

私は自分が同性愛者であることを受け入れることも、それを周りに知らせることも、まだできそうになかった。

モンゴメリー駅で電車を降りると、人でごった返していた。リマで行われる「奇跡のキリストの聖行列」のときよりも混んでいる。これほど多くの人が一箇所に集まっているのは見たことがない。マリアネラの家に滞在していたその夏は、朝早くＢＡＲＴに乗って、よく都心部まで行っていた。そのとき周りにいた真面目そうな通勤客は、みんなトレンチコートに身を包み、ブリーフケースを抱え、とてもおしゃれだった。父のスーツを思い出した。だから、私もすました顔をしていようと思った。

でも、マーケット通りに足を踏み入れたとたん、私の心は浮きたった。あたり一面に巻かれた紙吹雪が、私たちの周りをヒラヒラと落ちていく。震えるような笛の音が響き、シャカシャカとマラカスの音が聞こえる。私たちは人ごみをなんとかすり抜けて、道を仕切っている鉄柵の前に陣取った。冷たい鉄柵に寄りかかって見ていると、テクノを爆音で流すＤＪを乗せたフロート〔乗り物に飾り付けをするか、飾り付けされた台車を別の乗り物で牽引したもの〕が通り過ぎていった。私は圧倒された。別のフロートには、紫色の髪をふんわりと盛りあげたドラァグクイーンが乗っている。また別のフロートの上では、むちと鎖をもった彫りの深い男性と、体を虹色に塗ったトップレスの女性が、みんなの前でキスを交わしていた。なんとか抑えようと思ったものの、気づいたら私はビートに合わせてお尻を振り、肩を回し、体にとりついたものを払い落とすかのように体をゆすっていた。まるでひとつの大きな生命体のように、誰もが踊り、叫び、抑えきれない自由と獣性を爆発させていた。自分がこうしたものに加わるなんて、夢にも思わなかった。通りは興奮に包まれていた。

サンフランシスコ市長のウィリー・ブラウンも車で通りかかり、中から手を振っていた。

市長さんも公認の行事なのか。

私の宗教や、両親や、故国は、こういうライフスタイルを罪深いものだと考えている。でも、このパレードを見ていると喜びの中にも反骨心がこもっているのが感じられ、私は夢中になった。同性愛者であるのは幸せなことなのだ、と言っているように感じられた。トニーが言っていた意味がよくわかった。

プライドは、恥の概念とは正反対なのだ。

「あら、いいじゃない！」卒業したらサンフランシスコに引っ越すかもしれないと母に話すと、母は声をあげた。自分の子どもたちが一緒にいるのは、母にとって何より幸せなことだったろう。そのあとどんなことが起こるのか、そのときの母はまだ知る由もなかったけれど。

ヨシコはまだニューヨークに行くつもりでいた。だから、私たちは涙ながらにお別れをした。まだお互いに触れたこともなかった。

「何かご用ですか？」マリッカと書かれた名札をつけた、きれいなブロンドの受付係が言った。

「ミスター・ミッチに面接していただくことになっているんですが」私は少し気おくれしながら答えた。

「どうぞ、お掛けになってください。いま、連絡します」彼女はほほえんで、天井がガラス張りになっている待合室の、白いモダンな革のソファを指さした。机の上にはロイヤルブルーのガラスのボトルが美しく並べられている。そのボトルには金色の文字で「ＳＫＹ（スカイ）」と書かれていた。

スカイウォッカを最初につくったのは、並外れた天才にして発明家のモーリス・カンバーだ。カンバー氏は一九七〇年代にセーターの毛玉を取る製品をつくって一気に財を成した。ほかにも多くの特許をもっていて、その種類は静脈瘤の治療に使われるワイヤーからパズルゲームまで、多岐にわたる。お酒にあまり強くなかったことが、カンバー氏がスカイウォッカを製造するきっかけになった。ある晩、ウォッカを何杯か飲んだカンバー氏は、翌日、ひどい二日酔いに悩まされた。カンバー氏は化学者の友人から、二日酔いの原因はコンジナーと呼ばれる化学物質だと聞いた。一般的なウォッカは、コンジナーを取り除くため、三回の蒸留をへて製造される。そこでカンバー氏は、蒸留する回数をもう一回増やせば、〝二日酔いしない〟ウォッカをつくれるのではないかと考えたのだそうだ。

もちろん、この日、ヴァンネス通りの突き当たりにあるＳＫＹのオフィスにすわっていた私は、そんなことはまったく知らなかった。このときの私は、前日にディスカウントストアであわてて買ったロード・アンド・テイラーのきつすぎるネイビーブルーのスーツを着て、できるだけ上品にすわっていようと必死だった。ノートを取り出して、〝ＳＫＹ〟と書かれた後ろに、もうひとつ〝Ｙ〟を書きいれた。そういえば「スカイ・イズ・ザ・リミット〔「空が限界」、転じて「限界はない」の意〕」という言葉があったな、と思い出した。大学を卒業して三か月がたつ。私はサンフランシスコに引っ越してきたばかりで、必死に仕事を探していた。学生ビザはあと一年残っていて、大学を卒業したあとの一年間は〝プラクティカル・トレーニング（企業研修）〟を行えることになっている。そのあともアメリカに残りたければ、H―1B就労ビザの取得を後押ししてくれる企業に就職しなくてはならない。そうすれば、外国人労働者として三年間就労することができる。ミラーズヴィル大学に通っていた外国人の友だちの多くは、プラクティカル・トレーニングを受けることができなかった。私は大学で会計学を学んでいたので、さまざまな企業や会計事務所に応募したけれど、不採用通知が積み上げられていくばかりだった。大学に入って最初の数年間の成績の悪さがいけないのかもしれない。ＳＫＹＹは二百社目だ。支援してくれる企業が見つからなければ、ペルーに帰るしかない。それだけは、絶対に避けなくてはいけない。

いまやアメリカは、私にとってのホームだ。ここなら安心して暮らすことができる。ペルーから遠く離れたことで、心の痛みも遠のいていた。ずっと昔に、どこかほかの場所で、ほかの人に起きた悲しい出来事のように感じる。でも、正式な書類がなければ、アメリカに残ることはできない。どう考えても望み薄だった。それに、家族が私の力を必要としているなら、家に帰らなくてはいけないだろう。ホルへおじさんの手伝いをしているとき、とてもやる気があって労働倫理もきちんとわきまえている、とほめられた。そういう人はなかなかいないものなんだよ、とおじさんが言ってくれた。おじさんは、私がこれまで必死に生き延びてきたことを知らない。

「ミスター・ミッチがお会いになるそうです」廊下の先にあるドア口を指しながら、受付係が言った。

「やあ、シルヴィア」私が中に入ってすわると、カーリーヘアのＣＦＯ（最高財務責任者）が言った。「ＳＫＹＹのことは知っているかい？」ＣＦＯが机の向こうでほほえんでいる。野暮ったいワイヤーフレームの眼鏡と真面目そうな態度を見て、緊張がほぐれた。

「はい、知っています」よくこんな嘘がスラスラと自分の口から出てきたものだと、我ながら驚いた。それからミッチ氏は会社の沿革を話しはじめ、私は笑顔でうなずきながら、あとから見たらとても読めないような字でメモをとった。

顔を上げると、ミッチ氏が私の答えを待っているような顔をしていた。

「えっと……な、なんでしたっけ？」私はしどろもどろになった。

「ＭＥＮＳＡ（メンサ）のことは聞いたことがあるかい？」

そのときの私は、ＭＥＮＳＡが世界で最も古い、高いＩＱ（知能指数）をもつ人たちの団体であるということを、まったく知らなかった。しかも、たったいまミッチ氏が、自分も創業者のモーリス・カンバーもＭＥＮＳＡのメンバーで、そこで知り合ったのだ、と私に話してくれたこともわかっていなかった。

オフィスの高級な椅子に触れているひざの裏が汗ばんでくる。

「ええ、もちろんです。ＭＥＮＳＡですね！」私はまた嘘をついた。

ロランドとラミロが、サンフランシスコにいるほとんどの人はゲイなのだと言っていた。ＭＥＮＳＡは〝men（男性）〟で始まっているから、きっとゲイの人たちのクラブか何かだろう。ということは、ミッチ氏もゲイ？　私は何かヒントになるものがないかと、ミッチ氏の優しそうな顔を眺め、首元まできっちりとボタンをとめたピンストライプのシャツと、カーキ色のズボンに目を走らせた。

私の父はいつもスーツを着ていた。だから、スーツを着た人はゲイではないはずだ。

でも、いったいゲイって、どんな見た目をしているんだろう……。

「ミラーズヴィル大学に通っていたんだね」眼鏡ごしに私の履歴書を見ながら、ミッチ氏が言った。

「たしか、フランクリンとマーシャルも近くだったね」

「ええ、そうです」私は力強くうなずいた。「ミラーズヴィルでも、フランクリンとマーシャルの先生の授業がたくさんありました」

これも嘘だ。フランクリンとマーシャルというのはレベルの高い、ランカスター郡が誇りとしている私立大学だ。そこの先生をミラーズヴィル大学に呼んで講義をしてもらうことはあるにはあったけれど、ごくたまにある程度だった。

「うちは小さな会社でね」ミッチ氏が言った。「全社員あわせて十二人しかいない。でも、製品はよく売れているんだ。ぼくたちの会社は名前に〝ドットコム〟とはついていないが、いわゆるドットコム企業〔インターネットを主戦場とするベンチャー企業。一九九五〜二〇〇〇年にかけて多数設立され、バブルのようになっていた〕、つまりスタートアップだ。各自が多岐にわたる仕事をしなくてはならない。きみはそれができるかな?」

私はすでに夢見るような目つきになっていた。ドットコムじゃないドットコム企業……。どういう意味かはわからないけれど、暗号好きの私にとっては、なんとも耳に心地よい言葉だった。ベイエリアは当時、ドットコム企業の最前線だった。リマにいる人たちが想像することもできないような新しい世界の幕開けに、自分が立ち会っているような気がした。ドットコム企業で働くのは――その区別にどういう意味があるのかは正直よくわからなかったけれど――リアルな企業で働くのと同じくらいよいことに思えた。

コンピューターを使った仕事ができなかったとしても、その周辺の仕事ならできるだろう。ミッチ氏のオフィスにいるうちに、私はどうしてもこの仕事を得たくてしかたなくなっていった。

二時間ほどの面接が終わった金曜日の午後六時、私は売掛金の計算や回収を担当する新入社員として雇ってもらえることになった。私は泣かないよう、必死にこらえた。ほかの企業からはすべて断られた私に、ミッチ氏はチャンスをくれたのだ。アーミッシュの居住地のど真ん中にある小さな大学出身の、平凡な学生に。私を雇ったのは最高の決断だったと思ってもらえるように頑張ろう、と誓った。

アメリカの本物のビジネスマンのように握手を交わしたあと——ミッチ氏をハグしたい気持ちをなんとか抑えた——ミッチ氏は私を休憩室に案内しようと言ってくれた。彼に連れられて暗い廊下を歩いていった。ドアを開けると、そこはウォークインクローゼットのような部屋だった。私たちは頭をかがめて中に入った。壁一面に棚がある。その上には、さまざまなサイズのスカイウォッカのボトルが、きれいに並べられていた。飛行機の中で出されるようなサイズのものから、一ガロン入りの持ち手がついたボトルまである。青いガラスが海の底のような暗い影をつくりだし、ＳＫＹＹという金色の文字が海の宝石のようにきらめいている。私は九歳のころのことを思い出した。両親がお酒を保管していた階段下の部屋。変わったデザインの、グラマラスなボトルに魅せられたのを覚えている。よくある花の香りのする芳香剤に混じって、どこかで嗅いだことのあるようなカビ臭いにおいが、かすかにした。つんとするにおいだ。

「ボーナスとして、社員は一か月に二リットル持っていっていいことになっているんだ」ミッチ氏がボトルのほうを頭で示しながら言った。

「わあ、それはまた太っ腹ですね」

私はちょっと計算してみた。二リットルということは一リットルボトルが二本。七百五十ミリリットルのボトルなら三本。一か月でそんなに多くのウォッカを飲む人などいるのだろうか。私はちょっと肩をすくめてから、誇らしい気持ちで最初の割当量をもらった。それから、赤ちゃんを抱くようにボトルを両手に抱えて、ミッチ氏に挨拶をした。

「ありがとうございました」ドアを出ながら、私は大きな声で言った。「本当にありがとうございます。では月曜日に!」


アメリカの永住権をもっていないことが、とにかく不安の種だった。ビザが切れる日が日一日と近づいていたけれど、SKYの新入社員になったことで、その不安と戸惑いは和らいだ。私は毎朝七時に出社し、ほとんどいつも最後までオフィスに残っていた。この会社は、そこらのアルコール飲料メーカーではなかった。トップ・シェルフ(一流)のブランドだった。

さらさらのブロンドヘアをした営業のデイヴが、私に説明してくれた。

「バーに行ったら見てごらん。いちばん上の棚《トップ・シェルフ》に並んでるのは高級な酒だけだ。安いものは見えないように奥のほうにつっこんである。きみも底辺に甘んじていてはいけないぞ。それを忘れないように」

私は力を込めてうなずいた。

仕事が決まったことを報告しようと両親に電話をすると、父はおめでとうの一言すら言わずに、会計学の専門用語を使って話しはじめた。

「北米で使われている元帳や会計の仕組みに興味があるんだ」父が言った。「これから、こんなふうに理論理的な話をすることは、まだできそうにない。ミラーズヴィル大学では一年半、分子生物学を専門に勉強していたので、会計の仕組みを理解するのにまだ苦労している。子どものころコンピューターに興味をもっていた私は、大学時代にその熱がふたたびわいてきて、専攻をコンピューターサイエンスに変えようと思う、と父に言ったことがあった。そのとき父に、それならペルーに連れ戻すぞ、と言われたのだ。父はコンピューターを信じていなかった。一時的に流行っているだけだと言って。「その点、電卓はいつまでもなくならないからいいぞ。アバカスもそうだ」父はよくそう言っていた。「コンピューターを使う技術だけ習得してもしかたない。もっと確かな力を養わないと」そこで、私は会計学を専攻した。父が言ったからそうしたのではない。アメリカにいるために必要だから、そうしただけだ。でも、父はそうは思っていないようだった。

「いつでもメモを取れるようにしておけ！」父はしつこく言う。「最初は、どんなことでも貴重な勉強になる。いつでもペンと紙を用意しておけよ。相手にペンと紙を貸してください、なんて言うのは最悪だからな」

「わかった」私は答えた。「父さんの言うとおりだね」

いっぽうの母は、お金のことばかり言っていた。

「お父さんと私は、あなたたちに教育を受けさせようと頑張ってきたの」母はゆっくりと言った。「あなたたちのために、いろいろなことを犠牲にしてきたのよ。休暇でもお金をあまり使わないようにして、あなたと弟たちの教育費にあててきた。今度はあなたが私たちを助けてくれる番」

「もちろんだよ、母さん。忘れてないよ。ここで自立できたらお金を送るから」親からお金を無心されるのは変な感じだった。父が気にかけていたのは、いつだって仕事のことだった。でも、そんな父が築いたものだって一日でなくなってしまったのだから、確かなことなんて何もないのだ。

SKYYの後押しのおかげで、私の移民区分は、アメリカの永住権を得られる区分にひとつ近づいた。SKYYはウォッカ専門の新興企業だ。流行に敏感な、アーティスティックなVIPたちが上顧客で、ウォッカを愛飲してくれていた。私たちはきらびやかなファッションショーや、ギャラリーのオープン、サンフランシスコのフィルムフェスティバルなどのスポンサーにもなった（モーリスが映画好きだったのだ）。何本かのハリウッド映画にも出資した。

ビバリーヒルズに住んでいる、きれいでセクシーなアメリカ人と自分が交流することになろうとは夢にも思わなかった。ドットコム企業の人や、すらっとしたモデルや、早口でまくしたてる起業家などがいた。ときは九〇年代の終盤。二十三歳の私は、世界でも有数の大都会で贅沢な暮らしをしていた。アメリカ西海岸。デジタル最前線の地。ここでは誰もが熱狂し、勢いがあった。SKYYの社員が交流するのは、流行に敏感なお金持ちばかり。そのうち私も顧客たちとワインを飲んだり食事をしたりするようになり、ウォッカだけでなく、高級なブルゴーニュワインからバーボンまで、あらゆるお酒の味を覚えた。紳士録に載っている人たちのような話し方をして、よく遊びよく働け、というアメリカの言葉どおりの暮らしを送った。

仕事でパーティーに行くことも多かった。毎朝、二日酔いのまま、重い足を引きずるように出社するのが普通だった。高級店でディナーをとったり、高級なお酒を飲んで酔っぱらったりして、絵に描いたエリートのような生活をしていた。恥ずかしげもなく。

仕事以外でも、お洒落なバーに行くのがお決まりだった。イベントが終わると、同僚と一緒に大通りにあるバーやフランス料理店など、話題の店にふらりと立ち寄った。そうすると、バーテンダーが何杯か無料で飲み物をサービスしてくれることもあった。三杯目か四杯目のカクテルを飲んでいると、おいしそうなオードブル——オイスター、イカのフリット、生ハムで巻いたデーツなど——が次々と運ばれてくる。私たちはウィンｰウィンの関係だった。バーテンダーはＳＫＹＹが販売促進のためにつくっている、さまざまなアイテムを欲しがった。スカイブルーのカクテルシェイカーとか、デザインの凝ったカクテルセットとか。私は会社の販促品をリボンにぶら下げて自室に飾っていたので、しまいにはルームメイトもうんざりするくらいだった。

ある日、私は会社の製品をスーツケースにいっぱい詰めて、ペルーを訪れた。母はあまりお酒を飲む人ではなかった。一杯くらいなら飲むけれど、頬が赤くなりはじめたら、もうそれ以上は飲まない。それでも、私のプライドが母にも伝染していたのか、母は友人でも、近所の人でも、聞いてくれる人なら誰彼かまわず、娘が名のある高級酒造会社に勤めていることを延々と話して聞かせていた。まるで私たちがボトルに入れているのが穀物でできたアルコールではなく、聖なる水であるかのように。初めて帰郷したとき、母はＳＫＹＹウォッカの一リットルボトルを、暖炉の上に飾ってある家族写真の隣に並べた。家族がひとり増えたみたいに。

高級なものに弱い父も、ＳＫＹＹのことを誇りに思っているようだった。瓶詰め作業はサンノゼにあるフランクリン・ディスティラーズという会社で行っている——ちなみに、ここの自社製品のウォッカは安物だから注意したほうがいいと、昔デイヴに教えてもらった——のだが、そんなことは関係なかった。なにせ、私たちの製品を製造するときは、蒸留する回数が一回多いのだ。私たちは特別。私たちはほかとは違う。私たちはトップ・シェルフ。

一年後には、私は二重生活を送るようになっていた。

蛍光灯の明かりが目に飛びこんできた。私はひとつまばたきをしたあと、さらに何度か目をパチパチさせた。天井が白い。まぶしすぎて、思わず目を細めた。あらゆる方向から、機械の甲高い音やブンブン鳴る音、シューッという空気のかすかな音が聞こえてくる。何度かビービーと長い音が聞こえたあと、短めのビープ音が聞こえ、それからまた長い音が聞こえた。何もかもが真っ白だ。手足はセメントで固められたかのようだった。きっと夢を見ているんだろう。私は目を閉じて、今度こそ目を覚まそうとした。でも、目を開くと、また真っ白で何もない空間だった。すぐ近くで何かが絶えずピッピッと鳴っている。口の中がザラリとする。

「ここはどこ?」私はかすれた声で言った。

ぼんやりした頭で、自分の両手を見下ろした。左手には細い透明なチューブが、蝶の形をしたテープで止められていた。チューブの先を目でたどっていくと、前腕から肩に向かって伸び、私の頭上にかぶさるように立っている銀色の長いポールのところまでつながっている。そこにはほとんど空になった透明の液体入りの袋が、小さなフックからぶら下がっていた。点滴だ。私は頭を巡らせた。自分の足を見てみる。

自分がストレッチャーの上に寝ているのがわかった。一度目を閉じ、もう一度開けてみたけれど、いる場所は変わらない。リアルすぎる悪夢？　それならきっと、ここから出ていけるはずだ。子どものころに、よくそうしていたように。

めまいがする。いまにも部屋がひっくり返りそうな感じがして、私は手すりをしっかり握りしめた。

ちょうどそのとき、看護師が入ってきた。

「あら。やっと目覚めたのね」口笛のような音を出して言う。

私は無言で、自分の腕を指さした。

看護師は私の横に立つと、蝶の形のテープをはがして点滴をはずし、そこに小さな絆創膏をはった。

「気分はどう？」優しい声で聞かれたが、私はまだ声が出なかった。

彼女は肩をすくめると、部屋から出ていった。私は体を丸めてストレッチャーから下り、近くの出口を探した。頭をかがめてナースステーションの前を通り過ぎたけれど、誰からも何も言われなかった。きっと夢なんだろう。外に出れば、きっと目が覚めるはず……。

表の道には陽の光があふれていた。一面が光で真っ白になっていて、病院の床みたいだ。

角に標識があった。サクラメント通りとブキャナン通り。もうひとつ、案内板が見えた。赤い文字で書かれている。「救急入口」

いったい何があったの？

そういえば、財布がない。私の財布はどこ？

私が身につけているのは、ウォッシュ加工した黒のジーンズに、ピッタリした丈の短い白のTシャツ。

Tシャツには黄色いシミがついている。すでに乾いているけれど。

鍵はどこだろう？　私はジーンズのポケットを探った。ない。

そのとき、思い出した。サクラメント通りといえば、私の住んでいるブッシュ通りの数ブロック先を平行に走っている道だ。ここから歩いて帰ろう。ルームメイトは家にいるだろうか。さいわい、ルームメイトはユニオンスクエアにある高級リネン店での仕事を終えて家に帰っていたので、私を入れてくれた。鍵を家に忘れてたみたい、と彼女に説明したあと、私はまっすぐ自分の部屋に行き、ベッドカバーをめくって中にもぐりこみ、深い眠りについた。目覚めたときには、この夢が終わっていますようにと願いながら。

起きたときには、すでに外は薄暗くなっていた。私はまだ、シミのついた洋服を着たままだ。

何が起こったのか、状況を整理して考えようとした。最初は、だめだった。何も思い出せない。

しばらくすると、少しずつ記憶がよみがえってきた。スライドショーのように。ほかの誰かの人生を映した白黒の映像を見ているようだった。順番もめちゃくちゃだし、字幕もないし、支離滅裂だったけれど。

誰かを待っていた。踊っていた。お腹に響くようなベースの重低音。紫や緑の光。渦を巻くピンク色の光。カクテル。笑い声。タバコ。タバコ。タバコ。体は汗ばんでいて、キリキリと痛んでいた。手と胸。私の体。誰かの体。そこらじゅうに女の人……。

クラブQだ。

今日は土曜日だから、昨日は金曜日だ。月の初めの金曜日。女性限定の伝説的なパーティー、クラブQ

の日だ。クラブQは有名なDJのペイジ・ホーデルが始めた、月に一度のパーティーだ。タウンゼント通り沿いのサウス・オブ・マーケットにある大きなクラブで開かれ、レズビアンが集まる場所として西海岸で最も人気がある。毎回、ベイエリアのあちこちから女性がやってきて入場待ちの列をつくる。

私が女性と出会える確率が最も高いと見込んだのがここだった。誰かに出会えたとして、その女性と何をしたいのか、自分でもまだよくわからなかったけれど。私は千五百人もの人に混じって、ひとりで列に並んだ。ちょっと周りの人とおしゃべりをしようとしたけれど、みんな連れの人とピッタリくっついていた。そういう場面はあまり見たことがないので、気恥ずかしく感じたくらいだった。

その日は同僚と一緒にストレートの人が行くバーを出たあと、みんなが帰ってしまったので、ひとりでそこに行ったのだった。ゲイ・バーやガールズパーティーには、いつもひとりで行く。ストレートのクラブにひとりで行くことはなかったけれど、クラブQのようなところで人ごみに紛れて匿名の誰かになり、汗ばんで酔っぱらった女性たちの間をすり抜け、自分の居場所を探していると安心できた。周りの人たちに自分の姿を重ね合わせてみたりもした。最初のころの私は、見知らぬ奇妙な土地をさまよう、おどおどした女の子のようだった。さまざまな女性がいる同性愛者の楽園には、女性らしい外見の人もいれば、男っぽい人もいたし、私と同じような人――中間くらいの人――もいた。スピーカーからジャネット・ジャクソンやピー・ディディの曲が流れてくると、アフリカ系、アジア系、ラテン系の女性が集まってきた。中には白人の女性もいて、騒がしいファミリーパーティーのような感じだ。汗がキラキラと光るスレンダーな肢体が光に照らされる。革の洋服に身をつつんだゴーゴーダンサーが、ステージやお立ち台の上で身をくねらせる。曲芸師が天井からぶら下がった銀色のリングをつかんで、くるくる回る。ダンスミュージックショーの『ザ・グラインド』とシルク・ド・ソレイユを合わせたような感じだ。ゲイ・プライドのパレードを見たときと同じように、私は安心感を覚え、自由を感じた。でも今度は、観客として見ているのではなく、私もその中にいるのだ。いつか私も自分だけの誰かを連れてここに来よう、と思った。

広い店内を歩きまわって、あちこちの部屋をのぞくと、VIP用の部屋にはテレビで見たことのあるWNBA〔女子プロバスケットボールリーグ〕の選手や、サッカー選手がいた。SKYでの地位は、ここでは通用しない。外でどんな生活をしていたとしても、ここでは関係ない。

どうやって他の女性にアプローチすればいいのかわからなかった。あわよくば私にコツを教えてくれる、きれいな女性に出会えないかと、あちこちの部屋を回ってみた。もし、クラブQで私がデートしたいと思うような人に出会えたら、そのあとどうなるだろう。どんな人生が待っているだろう。これまで自分の将来像を頭に思い描くとき、隣にいるのはいつも夫と子どもだったし、両親が後ろのほうで満足げに笑っていた。その絵はまだ描き直せていなかった。解決しなくてはならない問題がたくさんある。

それにしても、いったいどうしてそこから救急救命室に運びこまれるようなことになったのだろう。少しずつ、昨日の夜、出かける準備をしていたときのことや、夜の十時半にクラブQに着いて、自分の気持ちを高めていたときのことがよみがえってきた。今夜こそいいことがあるはずだ。今夜こそ、と思っていた。でも、クラブQで私は誰にも声をかけなかったし、誰にも声をかけられなかった。私はお酒を飲みまくって、しまいにはまっすぐ立てなくなるまで酩酊したのだった。いたたまれなさをお酒で紛らわすことには慣れていた。

真夜中に行われたパフォーマンスは覚えている。サクランボ色の口紅を塗り、ハーネスをつけた三十人のダンサーが、ミッシー・エリオットの最新曲「ザ・レイン」にのって踊っていた。お酒の入った私は、すっかり気が大きくなっていた。ステージに飛び乗ると手足を振り回し、ビートに合わせて体をスウィングさせた。汗がしたたり落ち、シャツが胸にはりついた。誰かが私を見ていてくれればいいのにと思ういっぽうで、もし見られていたら怖いな、とも思った。

そのあとのことは、何も覚えていない。

私は手早くシャワーを浴び、新しい服に着替えてクラブに戻った。クラブQの名残はまったくなく、その場所はいつもの普通のバーになっていた。見覚えのある用心棒が、早めに飲みに訪れた人たちの身分証を確認している。背の高い黒人の男性で、にこりともしない人だ。

「おやおや、誰が戻ってきたのかと思えば」

「こんばんは」私はおどおどと言った。気おくれしているときの癖で、変に丁寧な口調になる。丁寧な言葉づかいをしていれば、悪いイメージを払拭できるとでもいうように。といっても、今回の場合、私は自分が何をしたのか正確に覚えていない。でも、確実に何か失態をした気がする。

「あの、昨日の夜の出来事を思い出す手伝いをしてもらえないかと思って。目が覚めたら救急救命室にいたんです。まだ頭が混乱していて」

「混乱してるだって？」用心棒は大きな声で言った。「きみが生きててよかったよ！」

私はぽかんと相手を見つめた。

「は？　はあ……」

彼は信じられないといった様子で首をふると、ラストオーダーのあともダンスフロアに残っていたのは私を含めほんの数人だった、と教えてくれた。そのあと、私はふたりの美しい女性と出ていったらしい。「えっ……」どうやら盛りあがっていたみたいだ。うまくいっていたに違いない。「どんな人たちだったか覚えていませんか?」

もしかしたら、どちらかとまた会えるチャンスがあるかもしれない。

「それも覚えてないのか。しっかりしろよ! きみはそのふたりとここを出ていった。べろんべろんになって、足元もおぼつかない状態で車に乗りこんで。それが五分後、その車がキーッと音をたてて戻ってきたかと思ったら、ドアを開けて、きみをあそこの曲がり角のところに捨てたんだ。で、行っちまった」

「え、そうなんですか?」

「そうさ。車の中で吐くなんてサイテー、って悪態をついてたよ。あんなふうに突き落とすなんてひどいね、まったく。きみを起こそうとしたんだけど、だめだった。だから救急隊員を呼んだんだ」

私は呆然とした。両手に花のおとぎ話の結末は、無残な、赤面ものの悪夢だったというわけだ。

「ご迷惑をおかけして、すみません」私はボソッと言った。「本当に、ごめんなさい。私のことを気にかけてくれて、ありがとうございました」

「生きててよかったよ。ゆっくり休むことだな。月曜までには元気になるだろう。で、来月になったら、きっとまた来るんだろうな」

もう二度と来ない。もういい。

「あ、そうだ。私の財布を見ませんでしたか?」

「ああ、見たよ。救急隊員が持っていった。救急救命室に行って訊いてみるといい」

一時間後、病院の受付で財布を受け取った。私は何度も丁寧に謝った。まるでその人が私の胃を洗浄してくれたかのように。彼女は何も言わず、書類仕事に戻っていった。その日は一日、苛立ちと憐れみの入り混じった視線をみんなから受けたような気がする。懺悔の言葉が口からあふれてくる。お願いだから誰かこの言葉を受けとってほしい。私の懺悔を聞いてほしい。私は運転免許証を取り出して、うんざりしながら自分の写真を眺めた。そこにはりついた笑顔を。私は自分の笑顔が嫌いだ。こんな笑顔をして、いったいどれだけ不面目なことを繰り返せば気がすむのだろう。

私はばかだ、大ばかだ！　繰り返し、自分を責めた。

職場の人に見つかったらどうなる？　ペルーに送り返されてしまうだろう。これまでSKYにはよくしてもらってきたのに、それをぜんぶ台無しにするつもり？　この国は私のライフラインなのに。それをぜんぶ台無しにしたいの？

この役立たず！　頭の中で父の声がこだました。お前は何の役にも立たない。この能なしめ！　とんだ酔っぱらいだ。外に放り出されるのを待ってるゴミと一緒だ。

非難の言葉がペドロ・P・ディアスの上等なベルトと一緒に打ちつけられる。私がどこにいたか誰も知らないので、誰からも叱られることはないし、責任を取らされることもないのはわかっている。私の友だちは同僚だけだ。一緒にお酒を飲んで酔っぱらう仲間。でも、彼らの前ではストレートのふりをしている。クラブQのことは誰も知らない。この街には同性愛者の友だちもまだいない。

病院で目覚めたのがショックで、しばらくはおとなしくしていた。でも、母がいつもこう言っていた。

「キスをして、また最初からやり直しましょう」

だから、そうした。

兄のガールフレンドのカレーナが、〈ラス・アトレヴィーダス〉という地元のサッカークラブに私を紹介してくれた。「大胆な女たち」という意味の名前で、ゴールデン・ゲイト・ウィメンズ・サッカー・リーグに所属するクラブだ。リーグのいちばん下のクラスに属していて、毎週土曜日に試合がある。サッカーをしていると、ミゲルと私道でサッカーをしていたころのことを思い出した。学校の体育の時間に、校庭のトラックを走っていたときのことも思い出した。スポーツや体を動かすことが好きだったのに、家族はそれに何の価値も見出さなかったことを思い出した。母はほかのことで手一杯だったし、父は娯楽よりも実用的なものに重きを置いていた。スポーツを熱心にやっていても評価されなかった。とくに女の子はそうだった。高校でしばらく陸上競技をやっていたけれど、父は大会があっても来なかったし、ほかの父親のようにアドバイスをしてくれることもなかった。

走るのは得意だった。〈ラス・アトレヴィーダス〉では怖れを知らなかった。ドリブルのテクニックは我流だったけれど、走りはじめたら誰も私を止められない。ケガをするのも怖くなかったし、負けん気も強かった。ルーズボールを狙うのはわくわくした。ボールを足元に収めてフィールドを駆け上がると、誰もついてこられなかった。自分の恥さえも振り切れそうな気がした。

「走って《ラン》、フォレスト、走って《ラン》！〔映画『フォレスト・ガンプ』の有名なセリフ〕」チームメイトがサイドラインのところで叫ぶ。その瞬間が何より幸せだった。私はリーグの得点王になった。一試合の平均得点は三点から四点だった。

〈ラス・アトレヴィーダス〉に入ったことで、私はこれまでなかったようなコミュニティを見つけることができた。ほとんどの選手はクィアだったし、三分の二の選手が深い仲だった。だから、家でのケンカがフィールドにもちこまれて、ゲーム中のコミュニケーションが複雑になることもあった。

「キャロル、ヤナにパスして！」私が叫ぶとする。

「え、嫌だ、絶対に嫌！」キャロルはこう叫びながらドリブルで前線へと駆け上がるのだ。

「ヤナとはもう口をきかない！　とんだ嘘つきの浮気女なんだから」

「そんな目であの子のことは見てないって！」ヤナがフィールドの真ん中で叫び返す。「ただコーヒーをいれてくれただけだよ」

試合が終わると、みんなで誰かの家に行って、バーベキューをしては踊った。何時だろうと関係なかった。必ずバーベキューをして、コロナビールを何杯も飲んだ。試合が午前十時キックオフだったときは正午には飲みはじめ、日が沈んでからも踊りつづけた。〈ラス・アトレヴィーダス〉にいたおかげで、明るい光の中で自分のクィアネスについて考えることができただけでなく、慣れ親しんだラテン文化に触れることもできた。みんなといると、なりたい自分になれた。

相変わらず、お酒の問題はついてまわっていた。自分のクィアネスを堂々とオープンにしながら考えを深めることができる唯一の場所なのに、私はいつもへべれけに酔っぱらっていた。それでも、私たちは仲間だった。変わり者で、情熱的で、酔っぱらいのファミリーだ。フィールドの外でも仲間だった。オークランドにある〈ベンチ・アンド・バー〉で毎週のように行われるラテン・ナイトにみんなで繰りだし、サルサやクンビアを踊った。私の体は、同性と踊る喜びと安心感に目覚めた。子どものころによく聞いていたアレハンドラ・グスマンや、マナや、シャキーラの歌をスペイン語で高らかに歌いあげた。なぜか、ペルーにいたころより、故郷の文化により深くつながっている気がした。ペルーでは女性が蔑視されていたので、私が好きなことをしようにも、いつも制限があった。虐待もされていた。恐れを抱いたままでは、ビートに合わせて踊れない。でも、このとき、ついにビートが私の中からあふれでてきた。私は家のことを忘れようとしていた。いや、逆に私にとって家とは何か、考えはじめたと言ってもいいのかもしれない。私にとって家《ホーム》とは、まったく別のものを意味するのかもしれない。

職場の人は誰も、〈ラス・アトレヴィーダス〉のことなど知らなかった。隠し事をするのは私にとっては珍しいことではない。常に生活の一部を人目から切り離しておくほうが安全だし、そうしておいたほうがいいと直感的に思っていた。自分の性的指向についても、けっして誰にも言わなかった。そもそも、自分でもまだ模索している最中だった。

でも、お酒についてはコントロールできなかった。

姉のマリアネラと、ペルー人の夫のベトが家を買った。ふたりは私たちがよく知っている方法で家を清めた。大きなパーティーを開いたのだ。私はＳＫＹＹの一リットルボトルを持参してバーテンダーの役を務め、コスモポリタン〔ウォッカベースのカクテル。マドンナが映画『エビータ』（一九九六年）撮影の間に愛飲したり、ＴＶドラマ『セックス・アンド・ザ・シティ』（一九九八年～二〇〇四年）に登場したことで人気が高まった〕を何杯もつくった。当時はコスモポリタンを飲むのがとてもお洒落なことだった。コスモポリタンを好きなだけ飲んでいると、その夜の雰囲気がちょっと高級なものになった。それに、ペルー人は、一晩じゅう熱狂的に踊りつづけていれば、お酒なんて吹っ飛んでしまうと考えている。

私たちは大丈夫。まだじゅうぶん、しらふだ。

お客がだんだん少なくなってきてもまだ、マリアネラが愛情をこめて〝酔っぱらい〟と呼ぶ私たちは、あと一杯だけ、とねばっていた。私はこの家に泊まることになっていたので、年上の男性たちと同じペースでビールを次々と飲んでいた。お洒落なカクテルからビールに移ったのだ。それほどお酒に強くないマリアネラは先に寝てしまった。ほかの人も寝てしまい、最後に残った義兄のベトと私は「もう一杯だけ」と言いながら、キッチンカウンターで飲みつづけていた。ふと気づくと、私たちはキスをしていた。

パジャマ姿の姉が重い足取りで廊下を歩いてきて、電気をつけた。「ベト！」

私は一瞬で酔いがさめた。

次の日の朝、姉は私をすわらせて、夫のことが好きなのか、と冷静に訊いてきた。

「マリアネラ。違う、絶対そういうんじゃない。ねえ聞いて。私、すごく酔っぱらってて、どうしてキスしちゃったのか、ぜんぜんわからないの。お願い、ゆるして。あれに意味なんかないから。何もないから」

胸がはりさけそうだった。昨晩のことは何も覚えていないし、誰が誰にキスをしたのかも覚えていない。ホルへおじさんの言ったことは正しかったと思って、息苦しくなった。ポート・チェスターで働いていたとき、おじさんは忘れられない忠告をしてくれたのだった。「酔っぱらった女は、どんな動物とでも簡単にやっちまうからな」

マリアネラとは一緒に育ってはいないけれど、私を本当の妹と認めてくれて、サンフランシスコに移住するときも助けてくれた。姉を失いたくない。でも、私は一線を越えてしまったのだ。姉は私を警戒するような目つきをしていた。私が昨晩のことを覚えていようがいまいが、関係ないことはわかっている。

ひとつだけできることは、仮面をはずすことだ。

「マリアネラ……」心の中で姉の手を取りながら言った。「ベトのことは、誓って何とも思ってない。本当だよ。だって、私は……同性愛者だもの」

正式にカミングアウトした。初めて。

家族に私のことをわかってもらいたかったからじゃない。姉のことが大好きで、その姉をお酒のせいで傷つけてしまったからだ。でも、カミングアウトしたものの、本当にそうなのかどうか、自分でもよくわからなかった。クラブQの日を毎月、指折り数えて楽しみにしているし、休みの日はクィアのラティーナたちとサッカーのフィールドを駆けまわっている。でもなぜか、「自分は同性愛者だ」と声に出して言う必要があると思ったことはなかった。まだ女性に触れたこともなかった。サッカーの仲間たちも、性的には私に見向きもしない。私自身、男の人のこともじゅうぶん魅力的だと思っていたし、いつか男の人と結婚するんだろうと思っていた。でも、相手は女の人だっていいかもしれない。同性愛はひとつの選択なのだと思いたかった。そのオン／オフを自分で決めることができるのだと思いたかった。家族を喜ばせつつ、自分の愛を見つけることもできるはずだ、と思った。

その日、私はひとつ目のルールを書いた。

ルールその一。「姉の前ではお酒を飲まない。家族の集まりのときも飲まない」

もちろん、サンフランシスコでは飲んでいいことにする。仕事で必要なときもある。でも、家族の集まりのときには飲まないようにしよう。それでマリアネラとの関係を修復できるのなら。

姉は私を許してくれて、私のカミングアウトも応援してくれたけれど、数か月たつころ、私は家族の集まりには顔を出さなくなっていた。

第9章　私たちには力がある

みんなで最高の瞬間に向かって歩いているところを想像した。ベースキャンプに着くところだけでなく、そのあと訪れるカタルシスの瞬間のことを。靴には泥がこびりつき、筋肉は疲れきっている。それでも私たちは充実感とともに腰を下ろして、この旅がどれほど自分に力を与えてくれたかを顧みる。そんな場面を自然と想像することができた。その一部始終を。でも、現実にはまだそこまで進めていない。ベースキャンプまであと三日かかる。一日の終わりにはくたくたになっていて、過去に受けた心の傷について考える力も残っていない。でも、それこそが大事なのだと思う。「いま、ここ」に意識を集中させること。みんなとともにいまを生きること。自分の体と向きあい、山に登ることだけを考えるのだ。

しかし、頭にあるのはそれだけではない。

すばらしい景色と毎日の計画で頭がいっぱいだが、じつはその奥に、ずっと不安がつきまとっている。祈っているときも。尼僧やラマ僧に会い、マニ車を回し、カタを肩にかけているときも。ヤクの糞を燃やしたストーブのそばで食事をしているときも。私はこの若いサバイバーたちのリーダー役を自ら買って出た。もし彼女たちに何も伝えられなかったら、もし彼女たちが自分は変わったと思えなかったら、どうしよう。私が初めてエベレストに来たときのように、道が開けたと思ってもらえなかったとしたら、私に価値などあるのだろうか。もし、すばらしい瞬間を迎えることができなかったら、みんなを失望させてしまうのだろうか。

ジャッキーの高山病は悪化していたし、道も険しかったけれど、昨晩はなんとかペリチェまでたどり着くことができた。その足で、私たちは医者のいるところへ向かった。

「ラストネームを教えてください」クリップボードに走り書きをしながら、医者が尋ねた。若くて健康そうな、格好いい女性医師だった。首に聴診器をかけていなかったら、登山者だと思ったところだ。

「ヴァスケス＝ラヴァドです」

「ラヴァド！　スペイン語の話者《アブラ・エスパニョール》？」

「はい《シ》！　ペルー出身です。先生のお名前は？」

「イサベルです。そしてあの人が、私のガールフレンドのライディ」イサベルが私たちの後ろで本を読んでいた女性を指さして言った。ニット帽を目深にかぶり、フランネルのシャツを着ている。ライディは私に手を振ったあと、また本に視線を落とした。

「ここでお会いできて嬉しいです。私はいつも……その……」

「オンリーワンな存在？」イサベルが笑いながら言った。

「そんな表現、思いつきませんでした。でも、言われてみれば……そのとおりです！」

「いい表現でしょ？」

　たしかに、イサベルの言うとおりだ。白人の世界にいる褐色の肌のラティーナであることにも、男性の世界にいる女性であることにもすっかり慣れてしまっていたので、山でそんなふうに自分のことを見つめ直すことになるとは思ってもみなかった。旅行中にパートナーについて訊かれたときは、嘘をつくか、「夫は仕事で一緒に来られなかったのだな」と思わせるような話し方をしていた。世界の多くの国では女性であるというだけで障害が多いのに、女性が恋愛対象である女性となればなおさらだ。山の上で一緒にいるイサベルとライディを見ていたら、社会はいい方向に変わっているのだと希望がもてた。きっといつか私も、パートナーと一緒に堂々とこの道を歩くことができる日がくるだろう。

健康診断を受けるためにみんなで並んでいると、書類を腕いっぱいに抱えたライディが通りかかった。ライディはちょっと足を止めて、イサベルの頬にキスをした。

「こんにちは！」ライディは手を振って挨拶をした。パートナーと一緒にここにいるのは、どんな感じだろう。一緒に山に登れる人がいるというのは。

私たちは全員トレッキングには問題なしと診断されたものの、ペリチェにもう一日滞在したほうがいいとイサベルに忠告された。

「どうするか、決めかねてるんです」私は口ごもった。「スケジュールが決まっているので。私たちなら大丈夫だとも思うんですが」

すでにスケジュールからは遅れている。ここでもう一日休んでしまうと、ベースキャンプに着くのがさらに遅れ、私がエベレストに登頂する前に受けなくてはならないプジャの儀式に間に合わない。

「でもね、あなたのチームの医師の具合も悪いんだから」イサベルが言った。「よく考えて。山では無理は禁物。そのことをよく覚えておかなくちゃだめ。休まなかったら失敗する。そういうものですよ」

彼女の言葉に、背筋がゾクッとした。誰かにきっぱりと言われることが必要だったのだ。きっと山が、イサベルを通して私にメッセージを送ってくれているのだろう。私はその言葉を聞かなくてはならない。

「わかりました、先生。先生の言うとおりです。もう少し休むことにします」

「よかった！」ルーシーが言い、みんなのため息もやんだ。みんな、そんなにつらかったのだろうか。ネパールの三人も？　ルビーナとエハニはとてもたくましそうだし、シュレヤも一言も不平をもらしたことはないのに。疲労の度合いを確かめようと、みんなの顔をざっと眺めた。水にも食事にも高度にも、絶えず気を配ってきたつもりだ。でも、本当のところ、みんなの体調はどうだったのだろう？　これまではプライバシーに配慮して、深くは詮索してこなかった。でも、もうそんなことは言っていられない。

次の日は一日休みにするのではなく、午後はミーティングをすることにした。ざっとみんなの様子を確認したあと、会社のトップのように明日の議題を伝えておいた。

大まかに想定したミーティングの流れはこうだ。「みんな、気分はどう？」と私が言う。すると、「トレッキングの〇〇が気に入ってます」と誰かが言う。「〇〇ということを学びました」「〇〇を改善したいと思います」「自分の強みを見つけました」と、みんなが口々に言う。そのあと、それぞれ三つくらい、個人で学んだこと、チームとして学んだことを話してもらう。そうして、トレッキングの最後の数日の目標と目的を定める。ミーティングの時間はだいたい四十五分くらい、長くても一時間。そのあと、めいめい部屋に帰って休む……。

次の日の午後、ミーティングはアーシャとシェイリーの部屋で行われた。みんなフリースとダウンコートを着こみ、部屋から毛布を持ち寄った。標高が高くなると、ロッジ内の気温も低くなる。私たちはふたつのベッドをくっつけて壁ぎわに寄せ、キングサイズベッドをつくった。そこに何枚もの毛布を重ねて、大きなダウンケットのようにした。私たちはベッドに上がって肩を寄せあいながら毛布にもぐりこみ、大きな半円をつくった。お互いの息づかいが聞こえるくらいぎゅっと集まっているので、みんなのつま先が真ん中のところで触れあっている。私はシェイリーの隣、いちばん端にすわった。真正面にいるのはルビーナだ。ジャッキーは部屋で休んでいる。

「みんな、気分はどう？　くつろげてる？」私は言った。

みんな口々に、はい、うん、バッチリなどとつぶやいている。

「ではでは。今日は、みんなの様子を聞いてみたいと思います。全体的にみて、気分はどう？」

「いいです」「まあまあかな」「お腹がすいてる」「疲れてる」

「なるほど。そうだよね。そうだと思う。じゃあ……ほかに何か感想はある？」誘導するような話し方をする自分に驚いた。でも、自然とそうなってしまった。「これまでのトレッキングで感じたことを話してくれる人はいない？」

みんなの顔をひととおり眺めたけれど、ぽかんとしていたり、肩をすくめたり、目をそらしたりという反応ばかりだった。まるで私が学校の先生で、みんなは宿題を忘れた子どもみたいだ。私は爪をかんだ。

「トレッキングでよかったと思ったことは何かある？」シェイリーが口を開いた。助かった。ありがとう、シェイリー。

「やっぱりホテル・エベレストかな」力強くうなずきながらヒメナが言った。「初めてしっかりとヒマラヤ山脈を見たから」

「私は、尼僧たちに会えたのがよかった」ルビーナが言った。私はそれを聞いて驚いた。プジャの儀式のとき、彼女は平然としていたからだ。そのあとも口数が少なかったし。

それぞれがいちばん印象に残っていることを話している間に、私はミーティングの進め方をもう一度考え直した。そしてバッグの前ポケットから一枚の写真を取り出し、自分の前の毛布の上に置いた。

「私の過去について、少し知っている人もいると思うけれど」私は話しはじめた。「私の生い立ちを、もう少し詳しくみんなに話そうと思う。それから、どうして私が山に登るようになったのか、どうしてこの旅を企画したのかも話すね」

シェイリーが手早く通訳してくれるのを待った。

「六歳から十歳まで、私の両親は、家族ぐるみで付き合いのある人に、私や弟たちのお守りを頼むことがよくあってね。その人は家の仕事を手伝ってくれる人だった。私は、その男に性的な虐待をされた。しかも、その男は、『両親はこのことを知っている』と私に信じこませたの」

シェイリーが通訳をしている間に、息を整えた。

「どうして彼にそんなことをさせるのか、両親が説明してくれるのを何年も待ってた」私は話を続けた。「それが何年も続いた。でも、私はそのことを誰にも言わなかった。それからずっとひとりで心の傷を抱えていたけど、しだいにそれが大きな闇になって、すべてに影を落とすようになった。私は歩く影だった。でも、初めてエベレストのベースキャンプに行ったとき、とても楽に呼吸ができると感じたんだ」

「えーっ!?」ルーシーがまぜっ返すように大げさに笑った。

「たしかに変だよね。空気が薄いところのほうが息がしやすいなんて。でも、私を覆う影を飲みこめるほど大きいのは、山の影だけだった。そのときは言葉にできなかったんだけどね。とにかく、他人のことは信じられなくても、山は信じることができた。エベレストは揺るぎない。太古の昔からある岩。誰にも揺るがすことができない」

シュレヤはうなずいて、お祈りをするときのように両手を合わせた。「ありがとう。ここに連れてきてくれて」彼女ははにかみながら英語で言った。

「こちらこそ、来てくれてありがとう」私はそう言って時計を見た。まだ四十五分ある。みんなの話を聞く時間はじゅうぶんある。

ルビーナは私の向かい側にすわっていた。私は彼女に向かって、小さくうなずいた。すると、彼女は咳払いをしてから、ネパール語で早口にしゃべりはじめた。シェイリーが笑い声をあげ、ルビーナから通訳を頼まれたのだと教えてくれた。

「『シェイリー、完璧な通訳よろしく！』って言われたの」

ルビーナ以外のみんなが、ドッと笑った。ルビーナは真面目な顔つきになり、ひとつ深呼吸をしてから、また話しはじめた。シェイリーはときどきうなずいて、小さくうんうんと言いながら注意深くルビーナの話に耳を傾けている。ルーシーとヒメナは、ルビーナの言葉がわかるシュレヤとエハニの表情を見ている。シュレヤとエハニは複雑な表情をしていた。

通訳をしてもらおうと、私たちはシェイリーを見た。

「ルビーナは、普段は映画を観ないらしいの。感情や思考がかき乱されるから。でも、今年はもう四本も観たんだって。彼女の中で何かが変わりつつあるみたい」

ルビーナは話を続けた。彼女の声は低くて、いつもよりも整然としたしゃべり方だった。ひとつ話を終えるたびに、シェイリーが通訳するのを待っている。そして、それをシェイリーが手早く通訳する。ルビーナの両親は友人にインド行きの仲立ちを頼んだのだが、あとになって、その友人こそが人身売買の業者だったことがわかったそうだ。結果的に娘を売ることになってしまった少なからぬ数の親たちと同じように、彼女の両親も、何が起こっているのかまったく知らなかったという。両親はその友人から、ルビーナをインドに行かせて勉強しながら働かせれば、ルビーナの姉の手術のための借金などすぐに返せる、と聞いたらしい。

私は初めてカトマンズを訪れたとき、ネパールで起こる性的な人身売買のほとんどが借金がらみで、言ってみれば、現代版の奴隷制度なのだということを知った。ネパールでは二〇〇二年に人身売買が正式に違法とされたが、いまも形を変えて横行している。ルビーナとシュレヤとエハニの出身地であるシンドゥパルチョークのような農村地帯では、自分の土地をもたない家庭は、地主からお金を借りなければならない。借金を返せない者や、先祖から受けついだ借金がある人は、返済のために、ネパールよりもお金が稼げる国に家族を出稼ぎに出すのだそうだ。渡航をアレンジする人たちの中には、合法的な仕事をあっせんする人もいるけれど、ほとんどの場合、高い利子をつけたり、部屋代や食事代や飛行機代という名目で、給料から多額の中抜きをする。そうすると、現地に着いたときには、さらに借金がふくらんでいることになる。ほとんどの借金は、アメリカドルに換算すると八十ドル足らずだ。それでも、そのサイクルから永遠に抜け出せない人もいる。

ネパールでは、毎年一万二千人から一万五千人にものぼる六歳から十六歳までの少女が、インドに売られている。彼女たちは客の相手をして、少しずつ家族の借金を返済していく。一日に四人もの男性の相手をさせられる人もいる。タクシーの運転手。大学生。レストランのオーナー。観光客。既婚者。警察に目をつぶってもらうために、ときには警察官の相手をさせられることもあるらしい。そうまでしても、性産業で働かざるをえなかった人は、借金を返済して家に帰ったあともずっと社会からその汚名を着せられたままになる。

ルビーナの場合は、家族の借金が多額だったため、彼女の身柄は人身売買業者が保有することになっていたそうだ。家族に電話できるのは番人から命令されたときだけだったという。しかも、喉元にナイフをつきつけられて、学校も仕事もうまくいっていると家族に嘘をつくように脅されていたらしい。だから、シュレヤの両親も、娘をいとこのところに行かせてやりたいと思ったのだ。

「シュレヤがインドに来たときは、胸が張り裂けそうな気持ちだった」ルビーナが言った。「人身売買業者と取引をしようともしたの。私がもっと借金を背負うから、彼女を自由にしてやってくれないかって。でも、拒否された。その人が言うには、私の借金だけでも、生きているうちに返しきれない金額だってことだった。私は罪悪感にかられた。だって、シュレヤはまだたったの十二歳なのに、ひとりでここみたいな石室に閉じこめられていたんだから」ルビーナは私たちのいる部屋を指し示した。「でも、ここよりももっと汚くて、寒くて、何もないところだった。彼女を守ってあげられる方法は何もなかった」

私は向かい側にすわっているシュレヤを見た。面長の顔に高い頬骨、筆で描いたような細い眉。快活さも輝きもなくして、石の部屋の隅で丸くなっている彼女の姿を頭に浮かべようとした。木の板でできたベッドに、シミのついた枕がひとつ、毛布はない。窓には鉄格子がはまっている。肌の艶を保つために食事が運ばれてくる。市場に売り出される動物みたいに。結局、彼女は傷つけられるだけだというのに。それを思い描くことすら、つらかった。

「シュレヤは逃げ出そうと決めてた」ルビーナが言った。「私はシュレヤのことをよく知ってる。もし逃げ切れる人がいるとしたら、シュレヤしかいない。でも、ひとりで行かせることはできなかった。それで一緒に計画を立てていたんだけど、そうしている間に、ふたりの女の子が同じように逃げようとしたの。そのあと、彼女たちの姿を売春宿で見ることは二度となかった。うまく逃げられたのか、もっと悪いことが起きたのかは、私たちにはわからない。それでも、シュレヤは逃げ出すつもりだったから、どうすればいいか、ふたりで考えて考えて考えぬいた」

　私はいとこ同士のふたりが、ひそひそ声で脱出計画を立てているところを想像した。売春宿の女主人は、ふたりの口から疑わしい言葉が出てこないかと耳をすましている。きっとふたりは、食事をしているときや、お風呂の列に並んでいるときや、売春街として有名なソナガチの騒々しい通りへの外出をたまに許可されたときに、ふたりにしかわからない秘密の言葉を考えだしたのだろう。ソナガチの街では、リキシャ〔日本の「人力車」を語源とするインドの庶民の交通手段。形状は人力車とは違い、自転車や三輪バイクの後ろに座席がついたものである〕が水たまりのある道を走って泥をはねあげ、売り子が温かいチャイを売り、男たちが店の正面や道の角から、欲望と侮蔑をこめたいやらしい目つきで、彼女たちを見ていたことだろう。

　ルビーナが話を続ける。「いちばん問題なのは、門のところだった」

「うん……」シュレヤがうなった。

「売春宿の正面には巨大な鉄の門があって、大きな鍵がついてた」ルビーナが言う。「とても重くて、私たちの力ではビクともしない。四日間、昼間の散歩のときにこっそりそこへ行って、鍵を開けるありとあらゆる方法を考えたんだけど、どれもうまくいかなかった。でも、四日目にお葬式があって、売春宿の人がみんないなくなったときがあったの。警備員もいなくなった。これが最初で最後のチャンスだ、と私たちは思った。それで、午前十一時、私たちは門に向かって走った。そのとき、シュレヤが私を振り返って……シュレヤ、自分がなんて言ったか覚えてる？　『神様とつながろう。寺院に行かなくても、お供え物をしなくても、神様とつながれるはず』って言ったんだよ」

「そうだったね」シュレヤはそう言うと、その夜のことを思い出しているのか、目を細めてヒマラヤ山脈のほうを見た。そして、ルビーナの話を受けて続けた。「こうも言ったはず。『真剣に祈れば、心の底から祈れば、きっと神様とつながれるはずだ』って」

「で、ちょうどそのとき」ルビーナが話を続ける。「門をもう一度強く押したの。そしたら門がぱっと開いて、私は地面に投げ出された。階段をいくつか下りた先に道があった。いまでも覚えてるけど、その階段はとても大きくて、簡単に駆け上がったり駆け下りたりできないように、わざと一段の奥行きを広くつくってあった。だから、門を出たあとも、外の道までの階段を一段一段下りていくのが大変だった。後ろから誰かが追いかけてくるんじゃないかって、怖くて息も止まりそうだった」

「道まで下りてから、裸足で走った」今度はシュレヤが話しはじめた。「裸足で、ぬかるんだ道を全速力で走った。足の下で牛の糞がつぶれるグシャッという音がして、小石や虫が足の裏についた。足を糞だらけにしながら、私たちは迷路のように入り組んだ路地を走ったの。とにかく走りつづけるしかなかった」

「一度も振り返らなかった」ルビーナが言う。

「売春街のはずれまで来たら、タクシーの運転手たちがたむろしてた」シュレヤが言う。「インド人だった。ルビーナが彼らに近づいていったの。ルビーナは地元の言葉がわかるようになっていたから」

「私たちは軍人の娘で、ネパール行きのバスに乗らなくてはならない、と説明したの。インド人たちが軍人を恐れていることを知っていたから、そう言えばなんとか耳を傾けてくれるんじゃないかと思って」「うまくいったよね！」シュレヤが言った。「信じてくれた」

ふたりはお互いの話を引きつぎながら、だんだん早口になっていった。目の前で脱出劇が繰り広げられているかのようだった。

ふたりの話をここまで詳しく聞いたのは初めてだ。心臓がドキドキして、胸がつぶれそうだった。一瞬、会社の役員じみた考えがよみがえってきて、このあとルビーナはトレッキングの話をしてくれるだろうかと考えた。もとの話題を思い出させて、ここまで歩いてきて学んだことに話を戻すように促すべきだろうか。でも、そういう考えは思い切って捨てた。彼女たちがこれまで経験してきたことを考えれば、私の活動などたいしたものではない。部屋にいる誰もが、ふたりの話に心を奪われているようだった。逃げ出すのはどれほど大変なことだったろうか。ネパールに帰ってくるまでに、どれほどの度胸と闘志が必要だったろうか。私の設定していた目標や目的など、もうどうでもいい。

「バスに乗ったときは……」シュレヤが話している。「本当に怖かった。もしここで眠ってしまったら、バスの運転手にまた売りとばされてしまうんじゃないかと思って。運転手はすごい年寄りで、耳の中まで毛が生えていたんだけどね」シュレヤはそう言って笑いはじめた。涙が頬を伝っている。あれは嬉し涙なのだろうか？　私にはわからない。

「ネパールとの国境まで行くのに、二日かかった」今度はルビーナが話しはじめる。「その間、食べ物も飲み物もなかった。で、国境の手前まで行ったところで、バスが止まったの。運転手に、ここまでの運賃しかもらってないと言われたから、私たちはバスを降りるしかなかった。それでも、夜の間だけ、なんとかバスの中で眠らせてくれないかと頼んでみたの。警察にでも見つかれば、連れ戻されてしまうから。運転手はブツブツ言いながら去っていった。中にいさせてくれたの。でも、もちろんふたりとも眠れなかった。それで、次の日の朝早く、私たちはバスをこっそり抜け出して、一緒に国境を越えた。でも、ネパールに足を踏み入れたとたん、私だけが警察官に止められた。シュレヤはまだ小さな子どもだったから、気にされなかったみたい」ルビーナが言った。

シュレヤは冗談っぽく唇を突きだし、ふくれっ面になった。

「私は、そのまま歩きつづけた」シュレヤが言う。「振り返ることもしなかった。いとこを置いていきたくはなかったけど、もしふたりとも家にたどり着けなかったら、すべておしまいだから。そこにはバスが何台か停まってた。ルビーナが警察官からいろいろと質問されている間に、私はカトマンズ行きのバスにこっそり乗りこんだの」

「しばらくすると、警察官が、『妹もここに連れてきなさい!』と言ったの」とルビーナ。「それで私は、探しに行ってきます、と答えて、シュレヤの乗ったバスを見つけて乗りこんだ。そのとたん、ドアが閉まってバスが発車したの。警察官をそこに残したまま、バスはカトマンズに向けて出発した」

シェイリーがそこまで通訳してくれたあと、私たちは言葉もなく、あっけにとられたますわっていた。部屋はしんとしていて、日に焼けた窓の外側をそよ風がなでていく音まで聞こえた。ルビーナは天を仰いで大きく目を見開き、部屋にある光をすべてとらえようとしているかのようだった。

外見だけなら、ふたりはとても無垢に見える。顔つきも若くて生き生きしている。でも、よく見ると、ふたりの顔に刻まれているのは若さではなく、地獄から生還した者だけがもつ強さと、そのことで得た生命力だ。最初から最後まで、ふたりが通ってきた道は危険だらけだった。もし門が開かなかったら？　もしタクシーの運転手がルビーナの嘘を信じなかったら？　もしバスがそこにいなかったら？　もしすべてうまくいかなくて、逃げ出そうとしたほかの女性たちと同じ悲惨な運命をたどることになったら……。

でも、そうはならなかった。

ルビーナがいつも寡黙で冷静なのはなぜなのか、よくわかった。

「うまくいったのが奇跡みたい」ヒメナはそう言って、考えこむように口を結んだあと、ルビーナに向かってこぶしを突き上げ、連帯の意思を示した。

「両親も驚いてた」シュレヤはそう言って、いとこのほうにやさし気なまなざしを向けた。「何が起こっていたのか、両親はまったく知らなかったんだって」

シンドゥパルチョークに行ったとき、私はルビーナの家族に会ったことがある。彼女の母親、父親、妹のうちのひとり、それから彼女の祖父に会った。家の中でお茶をごちそうになった。十八平方メートルほどの広さの小屋で、そこに家族全員とヤギが暮らしていた。娘たちの話を聞いた母親は、さぞかし胸を痛めたことだろう。

私の母も知らなかった。Jが私にしたことを。きっと、母親たちの多くが知らないだろう。子どもの心がどれほど傷ついているのか。女の子は、多くのものを欲しがるだけで罰を受ける。そのことを考えると、まるで母親のような怒りを覚える。なぜ女の子は嘘の約束をされて、だまされなければならないのか。学校に通ったり、家に仕送りをしたりしたいと夢見ているだけなのに、なぜそこにつけこまれ、夢がゆがめられてしまうのか。夢をもつことで、なぜ彼女たちは苦しむことになってしまうのか。私はバッファローのような大きなため息をついた。すると、ルーシーが驚いて飛びあがった。「わ！　びっくりしたなあ、もう。ヤクみたい」ルーシーが言った。

みんな笑ったけれど、今度はエハニが話しはじめた。

「私は家に帰っても、誰も気にかけてくれなかった」エハニがネパール語でつぶやいた。

とても小さな声だったので、彼女の声が聞こえるように、シェイリーは私たちに「しーっ」と言った。

「二年もいなかったから」

私たちは身を乗りだした。

「誰も私を受け入れてくれなかった。私はいわば傷ものだった。わかるでしょ？　ゴミみたいなもの。もう、死にたかった」

シェイリーが通訳をしてくれ、私たちはうなずいた。私たちにはエハニの言っている意味がよくわかる。それぞれどんな過去があるにせよ、みんな同じ気持ちを抱えて生きてきた。

「インドに連れていかれたとき、私は十五歳だった。シュレヤとルビーナと同じように、私も売春宿に入れられたの。でも、半年後に警察に摘発されて、牢屋に入れられた。そこではコップの底が見えないほど、水も汚かった。食べ物は、虫がわいたり砂が混じっていたりするような、残飯みたいなのが少しあるだけだった。毎食毎食、食べられるところを手でかきださなくちゃならなかった。一年後……一年半後だったかな、釈放された私たちを、あろうことか警察官が別の売春宿に送ったの。そこは、前よりもっとひどいところだった。女主人は、その警察官の奥さんだった」

「なんてこと」ヒメナとルーシーが同時に言った。

「女主人の目があって、逃げ出すことはできなかった。逃げ出そうとした人は八つ裂きにされたって聞いた。でも、私は鍵を持ち出せる立場にあった年上の女の人と友だちになってね。彼女のことをとても愛してくれているお客さんがいて、その人が、私たちふたりが逃げるのを手助けすると約束してくれた。私たちはもうひとり、友だちを一緒に連れていきたかった。その子はいつも脚がむくんでた。何かの病気だったと思う。でも、いざ逃げ出すときになったら、その子は『私のことは置いていって』と言ったの。足手まといになってはいけないと考えたみたい。『あなたを置いてはいけない。そんなことはできない』と私は言ったけど」

エハニはいったん話をやめ、水を飲むかのように息を大きく吸った。シェイリーの通訳を介して話を聞いた私たちもみな、かたずをのんだ。

「ある朝」エハニが話を続けた。「夜明け前に、さっき言った男の人がタクシーでやってきた。私たち三人は正面のドアから走って出て、タクシーに飛び乗った。命がけで走った。そのあとしばらく、私たちは警察官や国境警備員を避けるために、インドのほかの地域を旅してた。鍵の女性とその男性は結婚して、私はそのあとしばらくして、カトマンズになんとか帰ることができた」

シェイリーの通訳を聞いた私たちは、悲劇的な脱走劇の中で起こった思いがけないラブストーリーに、口元をゆるめてうっとりした。私はエハニに訊きたいことがたくさんあった。お金もないのに、どうやってカトマンズに帰ったのだろう。どれくらいインドを旅していたのだろう。変装でもしていたのだろうか。そのカップルはどこで結婚したのだろう。それにしても結婚しただなんて！　脚がむくんでいた女性はどうなったのだろう。でも、こういう話は論理的な質問や余計な好奇心で台無しにしてはいけない。私が訊きたかったのは、ぜんぶ余計なことだ。

　エハニを尊重しているからこそ、これ以上詳しいことは聞きたくない。ネパールの人はとても優しいけれど、プライバシーを重んじる人たちだ。ここで自分の話をするだけでも、ずいぶん思い切りが必要だっただろう。それだけでじゅうぶんだ。じゅうぶん以上だ。語ってくれたことがすべてだ。

「私たちの住んでいた地域からは、何百人、何千人という女の子が売られてた」ルビーナが言った。「そのなかの六人が、訴訟を起こしたの。ここにいる三人と、ほかにもう三人。権力をもっている人たちは、私たちを黙らせようとした。家族も何度も脅された。和解をしようとお金を積まれたこともある。でも、家族はお金よりも何よりも、私のために裁判をしたいと考えてくれた」

　ルビーナはまっすぐにシュレヤを見た。「だから、いまは家族のことをリスペクトしてる。もう神様は信じてない」ルビーナは目を細めて言った。

　部屋に満ちていた緊張感が和らぎ、みんなの気持ちが高まった。

「神様が門を開けてくださったんだよ！」シュレヤが叫んだ。「それはわかっているでしょう?」

「シュレヤ、神様じゃないよ」ルビーナが言った。「私はもう信じてない。だって、私たちが苦しんでたとき、神様はどこにいた？　家族だけが私に寄り添ってくれたんだよ」

「私のために立ち上がってくれる人はいなかった」エハニが言った。「家族も、誰一人立ち上がってくれなかった。裁判所に行って訴訟を起こしたときも、ひどい質問をたくさんされた。だから、言い返してやったの。『もし私があなたの妹だったら、同じような質問をしますか?』って。相手がどんなに権力のある人であろうと、脅されてなるものか、と思ってた。これから先の人生では、誰にも私を脅させたりしない。私の家族はとても弱かった。でも、ひとりでここまでやってこれたのだから、絶対にこれから先もやっていけると思ってる。それに、私には〈シャクティ・サムハ〉がある。私のことを気にかけてくれるのは、あそこの人たちだけ」

「〈シャクティ・サムハ〉は絶対に屈したりしないものね」シュレヤが言った。

ルーシーを見ると、アイラインを完璧にひいた目から、涙があふれそうになっていた。ヒメナも無言のまま涙を流している。私も静かに泣いていた。誰にも気づかれないように、そっと涙をふいた。

「男たちは私が訴訟を取り下げるように、お金を渡そうともしてきた」また小さな声でエハニが言った。

「だから言ってやったんだ。『私たちが失ったものを返してくれるなら、話を聞いてあげてもいい』って」


エハニがこんなにしゃべるのを聞いたのは初めてだった。彼女の目は力強く輝いていた。私は打ちのめされた。私が彼女と同じ年頃だったときは、お酒を飲んで自分の過去を忘れようとしていた。会社では出世の階段を上りはじめたところで、ビジネスで成功しさえすればトラウマから抜けだせるに違いないと信じていた。いまこの部屋でみんなが見せてくれたように、自分の弱さを正直にさらけ出すことができるようになったのは、世界で最も高い山を五つも登ってからのことだった。私はみんなで話すことが癒しになると思っていたけれど、そんな小ぎれいな話ではなかった。それぞれの強みや弱みを書きこむ、つまらないチェックリストなどつくって、このチームをリードしようと勢いこんでいた自分が恥ずかしい。彼女たちが私から何かを学びたがっていると思いこんでいた自分が恥ずかしい。いま、この瞬間に身をゆだねてみよう。みんなを包みこもうとか、コントロールしようとかいう気持ちは手放そう。私の頭の中は何も書かれていないホワイトボードになった。期限も、行程も、すべて消え去った。毛布の真ん中から熱が伝わってくる。私は脇の下に汗をかいていた。

「ヒメナ、窓を開けてくれる?」私はそう言ってから言葉を続けた。「みんな、すごいね。とても心は痛むけど、力がわいてくるような話を聞かせてくれてありがとう。ちょっと休憩にしようか?」

みんなのことを考えてそう言っているのか、自分のために言っているのか、もはやわからなかった。私のお腹はぐうぐう鳴っている。もう一度、時間をたしかめた。もう二時間もたっている。私はフリースのポケットからアーモンドの袋を引っぱりだして、みんなに回そうとした。みんな、いらない、と首を振った。アーモンドのことではない。休憩はいらない、という意味だ。誰も動かなかったし、水を飲む人もいなかった。

何かが解き放たれ、自由に広がっていこうとしている。私たちの体はひとつの大きな固まりになった。誰かの話を聞くたび、みんなの呼吸が一斉に速くなったり落ち着いたりする。間違いなく私たちはひとりひとり独立した存在でありながら、ひとつの大きな集合体だった。うまく言えないけれど、それは、あるひとつの形を成している。私が何もしなくても、自然と円環を描いていた。

「あなたの話を聞いていると、胸が痛む」ルーシーが言った。私たちはみんな、ルーシーのほうを見た。頰がいつもより赤くなっている。今日の彼女はいつになく静かだ。ルビーナとヒメナの間で猫のようにすわっているルーシーは、まるで部屋の中をさわやかな風が吹き抜けているかのように、目を閉じている。

「私も監禁された経験がある」ルーシーが言った。「信頼していた知り合いにね」

シェイリーがまた通訳を始める。今度は英語からネパール語に。

「たぶん私は、簡単に人を信じすぎちゃったんだと思う」ルーシーが言った。

「だって、あんたそのとき、まだ十六歳だったじゃない」ルーシーの身に起きたことを知るヒメナが言う。

「私の妹は、年上のボーイフレンドと付き合ってた。あるとき、その彼の友だちが、私と弟を車で学校まで送っていってあげると言ってきて。その人は弟をミドルスクールで降ろしたあと、私をどこか知らない家に連れていってレイプした。私はそこに一晩じゅう監禁されたの。すごく暗かったから、自分がどこにいるのかもわからなかった。もし逃げようとしたり、家族に言ったりするようなことがあれば殺す、と言われた。そして次の日、その人はさも自分が私を発見したような顔をして、私を家に連れて帰ったの。家にはみんなが集まっていて、警察官もいた。みんな私を心配して、生きた心地がしなかったみたい。私はそこで、その人のことを話した。そのあと、家族は私をメキシコの家に行かせて、セラピーを受けさせたの。アメリカに戻ってきたとき、母はまだサンフランシスコにいたんだけど、私はどうしても母と仲良くできなかった。母は、私やきょうだいのことよりも、自分の恋人のほうを大事にしているように見えたから。どこかへ出かけて、長い間帰ってこないこともあった。だから、私も家出をするようになった。高校を中退するまで、私は母の家にいるときもあれば、シェルターや路上で夜を明かすこともあった」

ここまで話すと、ルーシーはひとつ長い息をついた。シェイリーがネパールの子たちに通訳をする。ネパールの子たちはあぐらをかいたまま、じっと言葉を待っている。

「シェイリー、水を飲む？」私は自分の水筒をかかげて言った。

「ううん、大丈夫」

「本当に？」ルーシーも尋ねる。

「うん。大丈夫」シェイリーが答える。「私はラクダの仲間だって、まだ気づいてないの？　疲れ知らずだから、ノンストップの通訳にはもってこいだよ」

「なるほどねえ」茶化すようにルーシーが言う。

「ほら、話を続けて」とシェイリー。叙事詩でも語られたかのような長い話のあとでも、シェイリーはすべて覚えているようで驚く。どうやったら、一度にあれだけの言葉を覚えていられるのだろう。

「わかった」ルーシーが言った。「で、そのあと、私は路上生活をしたりしなかったりしてた。ある日、友だちの家に洋服を取りに行こうと歩いてて、ガソリンスタンドを通りかかった。そのとき、とつぜん、何もかもが真っ暗になったの。目覚めたとき、私は車のバックシートにいた。どこかのガレージの中だとわかった。たしか夜中の二時ごろだった。壁に時計がかかってたから。で、あの男、私をレイプした男が、そこにいたの。それから一週間、私はそのガレージに監禁された。食べ物はもらえなかったし、トイレにさえ行かせてもらえなかった。私はあなたたちのように逃げようとはせずに……」ルーシーはルビーナとシュレヤのほうを示しながら言った。「どうして、こんなことが私の身に起こったのかを考えてた」

ヒメナがルーシーの背中に腕を回した。

「その週は、弟の誕生日だった。だから、弟にメッセージを送りたいから携帯電話を貸してくれ、ってその男に頼んだの。それで、私は弟にメッセージを送るかわりに、友だちに『警察を呼んで』って送った。もちろん、そのメッセージは消しておいた。でも、そいつに携帯電話を取りあげられたときに、ちょうど友だちから『何があったの⁉』っていう返事が来て、それを見られちゃった。めちゃくちゃ殴られた。警察官が来たとき、私は血まみれで床に倒れてたらしい。でも、まだ生きてた。生きてたの。そいつはメキシコに強制送還されたけど、罪には問われなかった。それから数年たって、その男がサンフランシスコに戻ってきているのを知った。あいつと同じ街に住んでいるなんて怖い。近くにいると思っただけで怖い。でも、もう私の人生の邪魔はさせない。私は三人きょうだいのいちばん上だから、弟と妹のお手本になれるようにしなくちゃならない。十代のころ、私は路上で生活したりしてたけど、いまはちゃんと住む家もあるし、コミュニティ・カレッジにも通ってる。この先は、正義のための仕事をしようと思ってる。社会起業家〔社会の課題を解決することを目的としたビジネスを立ち上げる起業家〕になる。それが私の宿命なの」

「きっとできるよ」ヒメナが言った。「それに、いまでもじゅうぶん、いいお手本だよ」

「私はどうしてもこの旅に来たかった。エベレストだなんて壮大じゃない？」ルーシーが言った。「奇跡みたい。ここに来る前のトレーニングは、いままで経験したことがないほど、きつかったけどね。体力的に、っていう意味で。でも、私はけっしてあきらめなかった。それもこれも、みんなのおかげ」

涙がルーシーの頬を伝う。ルビーナが彼女を抱きしめた。シェイリーが話の最後をネパールの子たちに通訳する。話を聞き終わったエハニも涙を流している。シュレヤはなんとか平静を保とうとしていたけれど、鼻をすすりあげていた。

初めて会ったときから、ルーシーとはすぐに意気投合した。ふたりとも移民だったし、頑固さの裏には何か人に言えないことがあるということも、心の痛みを隠すためにわざと悪態をついたりしているということも、お互いすぐにわかった。それでも、ルーシーが自分の話を詳しくしてくれたことは一度もなかった。だから、私は驚いて声も出なかった。不平を言ったり苦しんだりしながらも、彼女は持ち前の明るさで、いつだってこの旅を明るく照らしてきてくれた。機転をきかせてくれたり、ちょっと笑える嫌味を言ったり。とても優しいし、ちょっとしたジョークをいつも言ってくれる。彼女の話を聞いたいま、私の彼女への愛情は母性にすら近いものになった。この旅の最中も、この旅が終わってからも、私は彼女の母親のような存在でありたい。トレッキングが終わったあとも、彼女のそばについていてあげたい。

「私たちには、相手に責任をとらせる力がある」考えこんでいたエハニが言った。「私たちの裁判がそれを証明してる。私たちが訴えた男は悪党で、いろいろなところで恐れられてた。ネパールでいちばん大きな人身売買の組織を運営していたの。何十万人もの女性が被害にあってきた。でも、シャクティの助けを得て、私たち六人の若い女性が、その男に百七十年の刑を科すことができたの。ネパールでこんな判決が出たのは初めて。地元に帰ると、いまでも言われるよ。『ばかな女たちだ、殺されちまうぞ』って」

「組織のリーダーはもう死んだの」ルビーナが言った。「牢獄の中でね。でも、その男の相棒は逃げ出して、まだ、見つかってない」

「もうそいつのことは心配してないけどね」シュレヤが言った。

「そのとおり」ルビーナが無表情のまま肩をすくめた。「もし、そいつを見つけたら、叩き殺してやる」

ヒメナが声を出して笑った。

「笑っちゃってごめん」ヒメナが言う。「あーもう。ほんとにごめん。いま、頭の中であなたの話を理解しようとしてるの。それにしても、すごい話だよね。笑っちゃったのは、私も大学でラディカル・フェミニストのグループにいて、同じようなことをやってるから。ブラックとブラウンの女性のグループで、アジア系の女性も少しいる。私たちはみんな、自分が受けた暴行の話を誰にも信じてもらえなかった。だから、レイプされた女の子がいたら、その男の家に行ってケツを引っぱたいてやったりしてたの」

「やるね！」シュレヤがいいね、という感じでうなずく。「女王さまだ」

「グラビ・ギャング〔家庭内暴力や性暴力を受けている女性を守るインドの自警団。積極的な介入を行い、実力行使もいとわない〕って聞いたことある？」ヒメナが言った。

「グラビ？」エハニがシュレヤにネパール語で訊いた。

「ピンク色の洋服を着て、闘っている人たちのこと？」シュレヤが言った。

「そうそう」とヒメナ。「インドでね。あなたの話を聞いてたら、グラビ・ギャングのことを思い出した。自分たちで自分たちを守る、っていうところがね」

「自分たちで自分たちを守る」シュレヤが繰り返した。

部屋じゅうにエネルギーが満ちてきたのがわかる。

「私について言えば」ヒメナが遠くを見ながら話しはじめた。

「何が本当で何が本当じゃないか、ときどきわからなくなることがある。ずいぶん昔の話だから。とっても昔の話だから……。私も声をあげようと思ったことがあった。でも、私の住む世界では、女性の安全よりも男の満足のほうが大切だとされてたから」

車座になったみんながうなずき、口々にそうそう、とつぶやく。男性の満足のために女性が犠牲になるのは、ひとつの国、文化にかぎった話ではない。

「私には母親がふたりいる」ヒメナが話を続けた。「ふたりはレズビアンでね。そのうちのひとりが生物学上の母親。自分で自分のことをそう呼んでる。で、その生物学上の母は、同性愛者だったことで、自分の母親から縁を切られたの。私の祖母にあたるその人は、敬虔なカトリック信者のメキシコ人だったんだけど、娘と二十五年も話をしなかったらしい。そんな経験があるのなら、私の母はさぞかし愛情深い母親になるだろうと思うでしょう？　もっと子どもに聞く耳をもつ母親になるだろう、って。でもね、トラウマがトラウマを生み、それがまたトラウマを生むものなの」

シェイリーが最後まで訳し終えると、エハニは、そのとおり、というようにゆっくりと、そして力強くうなずきながら、眉毛をくいっと上げた。

「ふたりの母親は、私が八歳のときに離婚した。生物学上の母は私たちを祖母の家に預けた。二十五年も話をしていなかった祖母のところに。そこには里子を含めて、子どもが九人もいた。私たちはカリフォルニア南部のラテン系住民の多い地区にあるトレーラーハウスで、ふたつのベッドルームに九人で暮らしたの。祖父に初めて性的虐待を受けたとき、私は母親に訴えた。母は祖母にも話をしてくれたけど、ふたりとも**『しーっ、誰にも言っちゃだめ』**って言うだけだった。問題を起こしたくなかったから、私を黙らせたの。祖父は、幼い妹が横で寝ているのも構わず、私のところへやってきた。本当に怖かった。子どものころは、簡単に自分を分離することができたのを覚えてる。自分が自分の体から離れて空中を漂うの」

私は身ぶるいした。その感覚、私も覚えている。飛んでいく風船の気持ちと、風船が手から離れてしまって泣いている幼い女の子の気持ちと、両方がないまぜになった気持ち。

「ある日、私たちはガレージセールをしたのね」ヒメナが話を続ける。「母はお金が必要だからと言って、私のぬいぐるみをぜんぶ売ってしまったの。それで私に、家の中から釣銭用の小銭を取ってきて、と言った。家の中に入ったら、そこに祖父がいた……祖父は私を部屋の隅に連れて行って、そこで私を虐待したの。真っ昼間に。外ではみんなが古着のTシャツやオモチャを選んでいるというのに。母に釣銭を持っていくことはできなかったけど、そのあと、いつもとは違うことが起こったの。私はトレーラーを飛びだして、母の名を叫びながら走っていった。目の前は太陽の光で真っ白で、その光のほうに向かって走っていったら、母が反対方向に走っていくのが見えた。母は家の中に走りこむと、ナイフをつかんで祖父を追いまわしたの。私は地面に倒れこんで泣いた。『あたしのせいだ。こんなおおごとになったのはあたしのせいだ』ってことしか考えられなかった」

ヒメナによると、ふたりの白人の警察官があとで駆けつけたとき、ヒメナの母親はどこにもいなかったという。警察官の誘導するような質問にひとりで答えていたヒメナが、あまりにもはっきりと簡潔に何が起こったかを話したため、警察はヒメナの話を信じてくれなかったそうだ。

「私の話はいつも明確すぎて信じてもらえないから」ヒメナが表情を硬くしながら言った。

エハニがシェイリーのほうを向いて、ネパール語で何か耳打ちしたあと、もう一度ヒメナのほうに視線を戻した。

「そんなことがアメリカでも起こるなんて信じられない、って」シェイリーが訳した。

「アメリカにいる人はみんな金髪で、きれいで、幸せなんだと思ってた」シュレヤが笑いながら付け加えた。

ヒメナとルーシーが甲高い声で笑いながら首を振った。「まったく、そんなことないよ」

「エハニ、私も昔は同じことを思ってた」私は自分に向かってほほえむような気持ちで言った。

「ずっと自分を体から分離させていたから、体を取り戻さなくてはならなかった」ヒメナがつづけた。

「もう一度、感覚を取り戻す作業が必要だった。いまではときどき、この部屋にいるみんなの気持ちに敏感になりすぎるときがあるくらいになった。気づいてると思うけど、私があまりしゃべらなかったのは、それが理由。自分が治ってきている証拠とは言いたくないけどね。だって、そう言ってしまったら、これまでの自分が壊れていたみたいだから。いまでも壊れてなんかいない。私はトラウマを乗り越えようとしているだけ。長い間、私は自分の体をぞんざいに扱ってた。自分が扱われたように、自分でも自分の体を扱ってたの。でも、このトレッキングに参加して、それも変わりつつある」ヒメナはさらに話をつづける。「体に感覚が戻ってきたのを感じてる。ルーシーと同じように、私はこれまで精神的にも、感情的にも、ひどい目にあってきた。肉体的にも、いまよりもっとつらかった。でも」ヒメナはいたずらっぽく私を見ながら言った。「この旅は――いまここにいることは――体は最高にきついけど、自分でやると決めたことだからね」

私はにっと笑った。

「それに、ほかにも体に変化が起きてる」ヒメナが言った。「思ってもみなかったけど」

今度はエハニがシェイリーに通訳してくれと頼んで、ネパール語で話しはじめた。

「〈シャクティ・サムハ〉に住んで、学校にまた通おうとしていたとき、職場でひとり友だちができたの」エハニが言った。「私を助けてくれたのは彼だけだった。血を分けた兄ですら売春宿帰りの私と縁を切りたがったのに、その人は私の兄のようになってくれた。よく一緒に木曜日の人気ラジオ番組を聴いてた。ラジオのパーソナリティはいつもこう言ってた。『あなたには力がある。まずは一歩、踏み出しましょう』って」

「ああ！」シェイリーが言った。「それはいい言葉だね」そして、それを英語に訳してくれた。「私たちには力がある！」

「そのとおり！」私は毛布をはねのけて、こぶしを空に突き上げながら言った。まるで、重病の治療法を発見したかのように。私がずっと言葉にできなかったことを、エハニが言葉にしてくれたのだ。

私たちには力がある。

このトレッキングを始める前に〈シャクティ・サムハ〉に行ったとき、ヒメナは「シスターフッドとはたんなる概念ではない」と言っていた。行動することなのだ、と。

この部屋にいるみんなが生み出す力。その意味が、やっと私にもわかった。私たちはぎゅっと身を寄せあって、もう一度声に出して言った。私たちには力がある！ 笑いながら声を張りあげる私たちの頰を、涙が伝っていく。その声はしだいにシュプレヒコールのようになっていった。

部屋は浄化された。激しい嵐のあとのような、清々しい空気になった。私も、スケジュールを守らなくてはならないというストレスを吐きだし、清々しい空気を胸いっぱいに吸った。時計を確認する。驚いた。五時間がたっていた。ジャッキーが待ちかねているだろう。

「じゃあ、食事にしようか？」私は言った。

みんなはうなずいたあと、ゆっくりと繭の中から滑り出た。立ち上がり、自分の水筒やコートを手に取る。みんなは手を取りあって部屋を出ていき、私は部屋の奥へ行って窓を閉めた。しばらくその場にたたずみ、景色を眺めた。このペリチェは、地下に永久凍土が広がっている荒涼とした広大な盆地だ。周りを鋸状の山々に囲まれている。窓の外を見ると、役所のような石造りの建物の煙突から滑り出てくる煙が、空に字を書くかのように漂っている。まるで出来損ないのメッセージのようだ。ヒマラヤは、もう遠くに仰ぐものではない。いま、まさに、私たちはそのふところにいるのだ。太陽が沈みはじめ、その光を背後から浴びたロブチェの姿が見えた。その向こうにあるのが、エベレストだ。エベレストはいつでもずっとそこにあったのだ、といまさらながら気づいた。窓の向こうから、静かに私たちの話に耳を傾け、私たちの人生の影を飲みこんでくれていた。エベレストも、私たちの円陣に加わってくれていたのだ。

世界の母神・エベレストが、本当の母親のかわりに、私たちを見守ってくれている。大きな笑みが私の顔に広がった。自信がみなぎってくる。

きっと、私たちは大丈夫。きっと、成し遂げられる。

トレッキングのあとにエベレスト登頂を目指す私は、プジャの儀式に参加しなくてはならない。山頂に挑む者が必ず受けなければならない儀式だ。ラマ僧が執り行ってくれる。登ることを許してもらえるかエベレストにお伺いをたて、お供え物をし、エベレストからの祝福と加護を受ける。登頂チームのメンバーは、もうみんなベースキャンプにいて、メンバー同士の交流を深めたり、この時期に同じようにエベレスト登頂を目指すほかのチームの人たちとも交流を深めたりしている。

女性たちとのトレッキングにここまで時間がかかってしまうとは思ってもいなかった。いまごろ私はとっくにベースキャンプに到着し、ゆっくり体を休めているはずだった。帰路につく前に、みんなにもすばらしいプジャの儀式を一緒に見てもらおうと思っていた。でも、このトレッキングでわかったのは、みんなそれぞれ自分のペースでしか歩けないということと、ベースキャンプまであと二日かかる、ということだ。予定の倍の時間がかかることになる。プジャの儀式に間に合うように、できることは何でもしなくてはならない。女性たちは私に先に行けと言った。自分たちはシェイリーとアーシャと一緒に、ゆっくりと一・六キロほど先にある次の宿泊地ゴラクシェプに向かっているから、と。私だけプジャの儀式に間に合うよう五時間でベースキャンプまで行き、儀式が終わったら、ゴラクシェプに引き返してみんなと合流し、そこからまたベースキャンプまでトレッキングをすることになった。

プジャの儀式が行われる場所は、すぐに見つけられるものだと思っていた。でも、肩で息をして汗を流しながら最後の丘を登った私は、うろたえて言葉を失った。ベースキャンプはとにかく広かった。登頂シーズンにここに来たのは初めてだったので、これほど多くの登山者のテントや、さまざまなサービスが受けられるテントがたてられているのは見たことがない。まるで、リマを取り囲む丘にあるスラム街のようだった。

「場所はすぐにわかると思いますよ」と、アドベンチャー・コンサルタンツ社のベースキャンプ責任者であるアンシアには言われていた。「大きな青いタープと、五つの黄色いテントがあるところです」

でも、どこもかしこも青いタープだらけだ。荒涼とした岩場の端のほうには、明るい黄色のテントがミツバチのように群がっている。この小さな村の真ん中には雪が帯状に残っていて、そこに「ダイニング」や「テクノロジー」と書かれたテントが並んでいる。そのほかにも、トイレ用のテント、レクリエーション用のテント、赤白のマークがついた救急救命用の細長いテント、よくわからないけれど測地用のドーム型テントなどがある。千人ほどの人がここに一時的に住み、トレーニングをしたり、山を登ったり下りたりしながら、登頂するのに最適な日がくるのを待つ。周りを見わたすと、これから自分が何をしようとしているのか、やっと実感がわいてきた。
これからの六週間、ここが私の家になる。でもいまは、そんな感慨にひたっている暇はない。いまやるべきことをやらなくては。プジャの儀式の場所を見つけなくてはならない。

かりそめの村の中心部に急ぎ足で向かい、ザ・ノース・フェイスのスベスベしたジャケットを着た登山者たちに、プジャの場所を知っているか尋ねた。でも、みんな、困惑の表情を浮かべるだけだった。発着所の上でホバリングしているヘリコプターのプロペラが空《くう》を裂き、髪の毛が顔にバサッとかかる。何もかもがハイテクで、設備も整っている。癒しと絆を深めることを目的として、控えめで礼儀正しい女性たちと一緒に質素な食事をしながら一歩一歩トレッキングをしてきたあとだったので、余計に面食らった。そうこうしているうちに、ひとりのガイドが立ち止まり、それぞれのチームごとにプジャが行われるのだと教えてくれた。だから、私はまず自分のチームを見つけなくてはならない。そのガイドがアドベンチャー・コンサルタンツのキャンプの場所を指さして教えてくれた。

「ずーっと向こうです、この道をあと三十分ほど進んでください」

えっ？

私たちのキャンプは、メインの入口に近いところにあると思いこんでいた。小走りで道を進んでいきながら、私は何よりも自分に苛立っていた。凍りついている岩を避けようとして右のほうにちょっと跳んだとき、あやうくバランスを崩しかけ、足首をちょっとひねってしまった。怒りがこみあげてきたけれど、なんとか自分をなだめた。黄色いテントの間を縫うように進み、岩から岩へと注意しながらジャンプした。背中を丸めないように集中し、周りに広がるばかでかい氷河に目を奪われないようにした。キャンプはまだずっと先まで広がっている。

程なく、視線のちょっと先に男性が集まっているのが見えた。

私は重い足を引きずりながら進んだ。近くまで行くと、パタゴニアやザ・ノース・フェイスの上着を着た、似たような外見の西洋人の登山者が十人ほどいた。仏陀の姿をイメージした、絹織物をかけた石の祭壇の前で、蛍光オレンジ色のシートにすわっている。その向こうには、輝かんばかりの氷の山が、空を突き刺すように谷からそびえ立っていた。祭壇の前でお経を唱えているラマ僧の隣には、アン・ドルジーが立っていた。アン・ドルジーの隣にいるのは、レイバンのサングラスをかけた背の高い男性。マイクだ。彼はこのチームのリーダーだ。彼らの頭上で、タルチョが風にはためいている。すわっている人たちの周りには、五十人ほどのシェルパやネパール人が半円を描いて立っている。アンシアやリディア、そのほか西洋人の女性数人は、シートの後ろで椅子にすわっていて、その横にはシェルパや、キッチンスタッフ、ロープスタッフ、登山者、そして医師がいた。ほとんどが男性だ。アドベンチャー・コンサルタンツによる今回の遠征チームには、八十人ほどがいるようだ。その全員がこうしてプジャの儀式に集まっている。

マラソンのようなトレッキングをしたあとで、まだ息はあがっていたけれど、こっそり集団に加わろうとした。みんなの視線が私に集まった。遅刻してきた無礼な外国人、とでも思われているのだろうか。

アンシアの一列後ろに、空いているクッションがあるのを見つけた。そこにすわると、クッションの下の凍った大地の冷たさが、ズボンごしに伝わってきた。ひとりの若いシェルパが小さな青い椅子を持ってきて、私にすわれと身ぶりで伝えてくれた。

親切なふるまいだったけれど、私はみんなの注目を集めたくなかったし、特別な扱いも受けたくはなかった。たったいま来たばかりの私に、椅子を勧めてくれるなんて。それは、私が女性だからだろう。そうに決まっている。私は椅子なんていらない。私は丁寧にほほえみ返すと、声には出さずにナマステと言って、椅子を隣に置いた。

祭壇の真ん中には石で組んだ炉があり、青々とした松の木の枝がくべられている。火が燃えあがると、ハーブの香りがする煙がもくもくと上がり、私たちの頭上でゆらめいた。シェルパがお経を唱えながら一握りの米粒を皿からすくい、火の中に投げ入れる。周りを見まわすと、体格のいい白人男性も椅子にすわっていた。彼らがすわるなら、私が少しくらいすわっても弱く見られることはないだろう。

それからの九十分間は、何がなんだかわけがわからなかった。私は周りに合わせてお経を唱え、これを食べろとか、あれを飲めとか、言われるがままにお茶、クッキー、バター、チョコレート、スプライトなど、いろいろなものを口に入れた。学生たちが聖体拝領の真似事をしているみたいだった。私はとても昂った気持ちでぼうっとしていたので、隣にいた男性が最後にくれたものも、すぐに飲み干してしまいそうな勢いだった。でも、はっと我に返って琥珀色の液体を見つめた。甘やかなオークの香りがする。間違いない。ウィスキーだ。ここ二か月、お酒は飲んでいない。でも、祝福の一部を省いてしまうのも怖い。母なるエベレストの力を余すことなく受け取らなくてはいけない。祝福を受けるためにこれを飲まなくてはいけないとラマ僧が言うなら、それに異議を唱える私はいったい何様なんだろう。聖なる目的のためなら、これくらいどうってことないだろう。あれこれ考えはじめる前に、私はその液体を一気に飲んだ。焼けつくような、ヒリリとするなつかしい感覚が喉元を過ぎていく。耳のふちがジンジンした。神の祝福が液状になったような快感だ。

小麦粉が空から降ってきた。シェルパが小麦粉をすくい、登山者に渡してまわっている。私も手をお椀の形にして、聖体を受けとる準備をした。これまで厳しい自然と闘ってきたことを想像させるような風貌の男性が、私の手に小麦粉を入れてくれた。私は小麦粉を空へ撒いた。風で吹き返された小麦粉が、私のジャケットに降ってくる。シェルパと登山者は周りにいる人たちとハグをして、お互いの顔に小麦粉を塗りつけはじめた。髪やひげが白くなるまで生きられますように、というシェルパの伝統的なおまじないだ。聖水や灰の水曜日の儀式と同じで、隣人の平和を願うものだ。

平和があなたとともにありますように。

小麦粉をかぶったオバケのような顔のまま、私はマイクのところへ走っていって自己紹介をした。そのあと、ナマステ、ナマステ、と言いながら、人々の間を抜けていった。私がその場を立ち去ろうとしていると、みんなのおしゃべりの声に負けないように、マイクが声を張りあげて言うのが聞こえた。「じゃあ、一時間後に夕食にするから、みんなよろしく」振り向いて見たけれど、誰も私がこの場を去ろうとしているのに気づいていないようだった。マイクの近くにたむろして、古くからの友だちのように気楽なおしゃべりを楽しんでいる。

岩の道に引き返すと、ヌプツェの山肌に金色の月明かりが忍び寄っていた。今宵は、小さな家族と過ごす最後の夜だ。そして、十年前に山に誓った約束を果たす夜。ほろ苦い夜になるかもしれない。でも、一緒に旅をしようと思うほど私のことを信頼してくれている、若くて強い戦士たちのことを思い出して、私の心は喜びで満たされていた。みんながベースキャンプに着いたときの顔を、早く見たくてたまらない。エハニとシュレヤとルビーナにとっては、この旅は巡礼のようなものだ。ペルー人がマチュピチュに行くのと同じように。

でも、彼女たちとはベースキャンプでお別れしなくてはならない。そのあと彼女たちは、シェイリーとアーシャと一緒に山を下っていく。そのことを考えると、胸がつぶれるような気持ちだ。約束どおり、みんなをこの山に連れてくることができたら、エベレストが彼女たちを癒してくれるだろうと思っていた。でも、苦痛と屈辱に満ちた過去について彼女たちが話すのを聞いているうちに、自分はなんて小さい人間なのだろうと思った。彼女たちは薄暗いクラブでお酒を飲みながらではなく、日の光のもとで、誰にも、自分自身にさえ嘘をつかず、話を美化したり、はしょったり、黙っていたり、うまく言いつくろったりすることもなく、話してくれた。私がおこがましくも「このトレッキングで得てほしい」と思っていた力を、彼女たちはすでに備えていたのだ。みんなの話を聞いていたら、私が思う〝癒し〟など、小さくて浅はかなものにすぎなかったのだと気づいた。

私はずっと、家庭内での女性の地位や、女性の権利を向上させるべきだと説いてまわってきた。でも、ある時点で、自分自身を性暴力のサバイバーだとみなすのはやめた。そのかわり、外からサバイバーたちを助ける団体をつくり、このトレッキングの目的を達成させられるように、そしてみんながカタルシスを得られるように頑張ってきた。自分を駆り立ててきたのと同じように、彼らを駆り立てた。父親だったらこうしてくれるだろう、という方法で。

私は前に突き進む方法だけは知っている。そうやって生き延びてきた。生き延びることが大切なのだと思っていた。生き延びることさえできれば、過去を克服したことになると思っていた。Jのことを克服し、アメリカに行き、そこで成功することができれば、私は大丈夫だと思っていた。でも、ただ生き延びればいいというわけではないのだ。生き延びたからといって、快方に向かっているわけではない。それは、ただ生きているというだけだ。体がうまく機能しているからといって、傷が癒えているわけではないのだ。神の祝福を受け、このトレッキングは癒しの旅だと口で言うだけでは、傷が癒えないのと同じだ。

この旅が癒しの旅になったのは、勇敢な女の子たち《カレイジャス・ガールズ》が自分をさらけ出したからだ。私が彼女たちの年頃のときは、自分の弱さをさらけ出すことができなかった。いまでもできないかもしれない。

とつぜん、腸がゴロゴロと鳴りだした。おなじみの不吉な音だ。

もう、こんなところで、こんなタイミングで！

このトレッキングの最中、私のお腹は快調だった。でも、いまは胃の中でスプライトとウィスキーと紅茶が混ざりあっている。道を駆け下りながら、人に見られずにしゃがめる場所はないかと探した。どんなときでもトイレットペーパーは持っておけと教えてくれたことだけは、父のセグンドに感謝している。

ペルーでは、トイレットペーパーは欧米社会の贅沢品だった。父はそれだけは絶対に手に入れるようにしていた。車にはつねにトイレットペーパーをワンセット積んでいた。私も、バッグには必ずひとつ入れておくようにしている。神の祝福を受け、新たな思いを発見した一日の終わりに岩陰に駆けこんで用を足すはめになったいま、自分のその習慣に感謝した。

第10章　過去のない女

二〇〇二年の夏のことだ。私は釣りをしていた。最初はどうやって動けばいいのかわからなかったけれど、もうそんなことはない。日によって成果――釣れる女性は違う。背が高くて女性らしい人――私とは正反対の人――なら申し分ない。でも、夜が深まるにつれ、その見込みは薄くなっていった。

クラブQはその前の年になくなっていたけれど、おしゃれで高級な新しいスポットは次々と現れるものだ。その日は、芸術やテクノロジーの分野で活躍中のレズビアンたちが、〈メッカ〉に集まってきていた。〈メッカ〉はマーケット・ストリートとドローレス・ストリートの角に新しくできたセンスのいいレストランで、そのゴージャスさで注目を集めている。ここで、LGBTQ＋の起業家として有名なベティー・サリヴァンが、毎週木曜日の夜に、専門職に従事している同性愛者の女性の集まりを開催しはじめたのだ。女性をものにするのにうってつけの場所だ。

店内にはおしゃれな円形のバーカウンターがあって、夜八時にはいつも満員になる。周りからは見えないようになっているラウンジもあって、バターが焦げたような茶色の革のソファが置いてある。薄暗くて人目につかない部屋の隅は、虚勢をはるには最適な場所だ。木曜日に相手を見つけて、そのまま一緒に週末を過ごすこともよくあった。

相手を自分の部屋に連れてくることはめったになかった。たいてい朝になって相手の部屋で目覚めて、ひと騒動起きる。二日酔いで、自分がどこにいるかもわからないまま知らない部屋で目覚めたときは、作家のバイロン・ケイティみたいに自分に問いかけてみる。

「私、死んじゃった?」いや、生きてる。じゃあ次の質問。

「ここは病院?」もし病院なら裸でいるわけがない。だから違う。次の質問。

「これは私のベッド?」もしそうなら、収穫なしだったってこと。もし違うなら、次の質問。

「これは誰のベッド?」誰のでもいい。さっさと起きて支度をして、ここを出なくちゃ。

ギラギラした日の光のもとで見ると、アイシャドウも赤い口紅もすっかりはげている。すでに昨夜の情熱は消え去っていて、肉欲のかわりに、見知らぬ人の朝の息のにおいをかぐ居心地の悪さだけが残っている。昂る感情にまかせて脱ぎ捨てた洋服はクシャクシャのまま床に落ちていて、ひどいありさまだ。絶望的な気分で起きあがり、自分のジーンズを身につける。

「急いでるから、またね」私はそう言いながらしわくちゃのシャツをはおり、玄関に向かって走る。朝食に誘われて、私の子ども時代のことをあれこれ訊かれたくはない。

自分の弱さをさらけ出すほうがいいと人は言うけれど、そんなことはないと思った。私は自分の過去をまるでヘビが脱皮するようにぬぎ捨てて、生まれ変わった。ストイックでセクシーな人物に。誰も知らない誰かに。いっさい過去をもたない、ペルー生まれのプレイガールに。

自分の部屋に帰ると、服を脱いでシャワールームに飛びこみ、二日酔いの体を洗い清めた。体からあらゆる罪をこすり落とし、髪の毛は二回洗った。そのころ、私はSKYとカンパリの合併にともなって、信じられないくらいの長時間労働を続けていた。そんなときに異変が起こった。それまで豊かなストレートだった私の髪の毛が、クルクルした巻き毛になりはじめたのだ。ゆるやかにウェーブしているという程度ではなく、シャーリー・テンプルみたいな巻き毛だ。それとともに、うまく説明できないけれど、自分を男性みたいに感じるようになった。

まさに旧約聖書に出てくるサムソンそのものだ。私は自分の髪の毛に新しい力が宿っていると考え、そのまま巻き毛を伸ばし、デリラという名前の女性を避けた（サムソンは自分の力の秘密をデリラに話してしまったため、敵に捕まってしまう）。

でも、そのほかの女性は私の標的になった。週末になると出かけ、毎週、違う女性と寝た。そうしていないときは、うまくいかなかったときだった。私は百人の女性と寝るという計画を立てた。そして、計画どおりに実行した。三人で寝たこともある。以前の上司とも寝た。ストレートの女性とも、同性愛者の女性とも寝た。相手がストレートだと言えば、こう返した。「じゃあ、ストレートにベッドに行こう」

誰にも負けなかった。

人と人の境界線に敬意をはらうことはなかった。関係をもつことが言葉のかわりになった。壁は簡単に越えられた。私のものであろうが、人のものであろうが、関係なかった。友だちが病気の両親の世話をしに町を出ている間に、彼女のパートナーと寝たりもした。二回も。友だちは「友だちだった人」になった。それでも私はそのままの生活を続け、失ったものを嘆くこともなかった。答えや人生における教訓など、求めていなかった。

とにかく、忘れたかったのだ。

女性をひっかけるたび、もっと欲しくなった。この欲望の果てがどこにあるのか知りたかった。そして、そこから真っ逆さまに落ちてしまいたいと、どこかで思っていた。

母はときどき私ときょうだいを訪ねてきた。私の人生は、母がミラーズヴィル行きの飛行機に私を乗せたときに期待していたものとは、ほど遠かった。でも、母はそのことを知らない。母を悲しませるとわかっていたから、私はいまの自分を隠した。

秘密が自分の巣になった。身を隠すことができる、温かくて暗い場所。私だけでなく、ほかの人のことも守るために身につける、着心地のいいマントだ。少なくとも、そう自分に言い聞かせていた。でも、しだいに黙っていることに耐えられなくなって、人生が崩壊していった。嘘と秘密のせいで。

あるとき、ペルーに帰国した私は、もう母に本当のことを話そうと決意した。そこで、母をすわらせて手を握った。母に本当のことを告げたら、すぐに空港に向かうつもりでいた。

「母さん、聞いてほしいことがある」私は言った。「きっと認めてくれないと思うけど、言わなくちゃならないことがある。私、いま女性とお付き合いをしているの」そのころじっさいに付き合っている人はいなかったので、これも嘘だったわけだが、そう言ったほうが「百人の女性と寝ようと思っている」と言うより簡単だと思ったのだ。

母は永遠とも思える時間、私の目をじっと見つめたあと、首を振った。

「いい男性がたくさんいるでしょうに。きっとすてきな男性が見つかるわよ」

女性を愛するという選択肢もあるのだと知る前は、同性愛者でもいいのだと知る前は、私だって男性と付き合ったこともある。

母の目の端には涙がたまっていた。でも、母はその涙を流さなかった。そのときはまだ。

「なんてこと……」

母の目には失望の色が浮かんでいた。

「私は男性を愛せないの、母さん」そう言う自分の声が聞こえた。私たちはこれまで、たくさんのものを失ってきた。お互いの存在を失うことはできない。

「シルヴィア、私がそれを許すことができないのはわかっているでしょ？　あなたがやっていることが罪深いことだって、どう言えばわかってもらえるのかしら。Jのことは私がなんとかしたから、あなたは自分の人生を取り戻すの。いい？」

「何を言ってるの？」

「Jを家に呼んで、メッチェとふたりがかりでJを椅子に縛りつけたの。それから大きな鍋に水をいっぱい入れて火にかけた。沸騰したら、それをJにかけてやったのよ。ゆっくり、たっぷりとね」

私は啞然とした。どうしてそのことを教えてくれなかったのだろう。

「だから、Jがあなたに悪さをすることはもうない」母が言った。「男性を怖がる必要はないの」それまでこらえていた涙が、母の頰をゆっくりと伝っていった。

私が男性を恐れているのは本当のことだ。父やJといったラティーノの男性が、家庭内で女性を虐げるのを見てきた。物心ついたころから、私を傷つけた男たちの記憶があった。でも、私が愛したい人を愛するのは、そのせいではない。

私が女性を愛するのはJのせいじゃない。Jのかわりに女性を愛しているわけでもない。

「母さん。残念だけど、そんなことをしても、何も変わらないから」

私がきっぱりと言うのを聞いた母は息をのみ、長い間、黙ったまま私の目を見つめていた。しばらくたつと、母は私から手を離し、髪の毛をなでつけたあと涙をふいた。

「ありのままのあなたを受け入れなきゃね。あなたは私の娘なんだから」

母は私を引き寄せてハグをした。母の香水のかおりに包まれる。「愛してる」

「私もだよ、母さん」

母はささやくような声で言った。「でも、**誰にも言わない**と約束して。とくにお父さんには内緒だからね」


母にカミングアウトしたあと、より職場に近い、サンフランシスコのマリーナ地区に引っ越した。新居で荷物を片づけていると、マリアレイナ小学校の一年生のときに教室で撮った一枚の写真が出てきた。

写真の中の私は、合成繊維でできたターコイズ色の不格好なジャージを着ている。ということは、体育の授業があった日だ。たしか木曜日だった。その日のことはよく覚えている。クリスマスの写真を撮る日だった。そこで、キリストが降誕する場面の絵の制作が、急ピッチで行われた。一年生は二十人ほどのグループに分けられた。私のテーブルは1Bだ。クレヨンで描いた家に雪をパラパラと降らせ、ベルベットでできた赤くて細長い布で、折れ曲がった帽子をつくった。祝祭気分でわくわくしていた私は、鼻歌を歌いながら青い画用紙を四角く切って雲にしたり、べたべたする綿のボールを使って雪だるまをつくったりした。私たちがつくっていたのは、一度も見たことがないクリスマスの場面だった。アメリカの映画で見たことのある場面。映画『ホワイト・クリスマス』で見たことのあるトナカイや、雪だるまや、そのほかの人物。それから、そりに乗ってよい子に幸せを届ける、大きなお腹のサンタクロース。私たちはミサに行って、キラキラした飾り物をつるし、歌い、レンズ豆やM&Mチョコレートをむしゃむしゃと食べた。でも、雪なんて想像上のものでしかなかった。南半球に位置するペルーでは、クリスマスの日はいつも太陽がさんさんと降り注いでいた。雪なんて見たこともなかったのだ。

母は早めにやってきて、写真撮影を見守っていた。

「カメラのほうを向いて笑って」カメラマンが優しい声で言った。でも、私は笑いたくなかった。前歯が抜けていたし、何もおかしくないのに、なぜ笑わなくてはいけないのだろう。ジャージの着心地も悪い。肌に触れてぬるぬるする。上着はきつすぎるし丈も短い。

それに、家で私を待ち受けているもののことを考えたら、どうして笑えるだろう。片方の口角をかすかに上げるくらいしかできなかった。このとき初めて、作り笑いというものをした。

「はい、次の人!」カメラマンが大きな声で言った。

サンフランシスコのがらんとした部屋で、いくつもの段ボール箱と、半分空になったＳＫＹＹのボトルに囲まれながら、私はひとりで写真を見ていた。写真を裏返すと、母の癖のある文字で日付が書かれていた。一九八一年十月。

私は本当にあのジャージが嫌いだった。それに、このぎこちない笑顔といったら。この小さな子は弱かった。いろいろなことを怖がっていた。無力だった。哀れだった。写真を破り捨てたい衝動にかられたけれど、この子をふたつに引き裂くことはできなかった。だから、葬ることにした。段ボール箱の底に入れて、クローゼットの上段の暗い隅に置いておくことにした。

私はこの子を、何度も何度も、毎晩毎晩、葬ってきた。ＳＫＹＹの青いボトルでできた棺に。

ドアが乱暴に叩かれる音で目が覚めた。海に面した窓から、太陽の光が差しこんでいる。頭がズキズキする。昨晩飲んだ三杯の1800テキーラがまだ残っているようだ。空腹で胃が痛い。昨晩は空腹のまま帰ってきたのだった。そういえば、鶏肉を料理したはずだ。その残りがあるはず。でも、本当に料理したのかどうか、よく思い出せない。凍った鶏もも肉を冷凍庫から取り出したときに漂ってきた冷気は覚えている。鶏肉を解凍するためにシンクにつけて、コンロに火をつけたところも覚えている。でも、食べた記憶がない。

「シルヴィア！」誰かが玄関のドアをこぶしで叩いている。私の頭蓋骨の内側で、その音が洞窟のように響く。音という音がすべて恐ろしい。

「ドアを開けろ！」

もう。何なの？

立ち上がると締めつけられるような強い痛みを感じ、思わず倒れそうになった。キッチンを通り過ぎ、重い足を引きずりながら玄関に向かう。何かのにおいがする。何かが焦げたような、腐ったような、灰のようなにおい。ドアの木製の外枠がめくれてダランと垂れ下がっている。まるで誰かにこじ開けられたみたいに。こぶしが飛んでくるのか、靴が飛んでくるのか、逮捕状が出てくるのかわからないけれど、破壊された木枠に体を寄せて身構えた。泥酔したあとは、何が起こるかわからない。昨晩の出来事をなんとか思い出そうとするものの、ぼんやりとしか思い出せない。

助かりますように、と願いながらドアを開けた。一ガロンの水を浴びせられるかもしれないし、外にある非常階段から落とされて死んでしまうかもしれない。でも、外廊下に立っていたのは歯ぎしりするような表情をしたサイだった。二階の住人だ。

「いったい何があったんだよ」サイが大声で言う。

何も思い出せない。あらためてサイを見る。これが鬼の形相というものなのだろう。

「ちょっとは反省しろよ」彼が怒鳴った。「おれたちみんなを殺すところだったんだぞ。リュークさんも殺しちゃったかもしれないんだからな」リュークさんというのは、この共同住宅の三部屋を所有している人だ。九十代のおばあさんで、私は会ったことがない。サイと彼の奥さんはノースビーチでイタリア料理店を営んでいて、リュークさんのかわりに、ここの管理をしている。

サイは折りたたまれた紙を差しだした。「立ち退き命令」という赤いスタンプが押されている。

「きみが起きなかったから、消防士がこの部屋に突入したんだよ」サイが言った。男の人が脈をとってくれた記憶が、断片的に残っている。立たせようとしてくれたけれど、私がベッドに倒れこんでしまったことも。「サイ!」「四十五日以内だ」

「サイ!」呼びかけたけれど、彼は振り向きもせず行ってしまった。

これで、三度目の立ち退き命令だ。その紙を手の中でクシャッと丸めて、事件現場へ向かった。コンロの上の換気扇のフードには、油っぽい真っ黒な残留物が一面にこびりついている。鍋の中の鶏肉は炭になっていた。咳きこみながら、ぜんぶをゴミ箱にぶちこんで、その場にすわりこんだ。ひんやりとしたリノリウムの床が、熱っぽい肌に触れた。

私はアルコール依存症じゃない。ときどき酔っぱらって問題を起こしてしまうだけだ。お酒の量を減らせばいいんだ。もう強いお酒は飲まないようにしよう。それが問題なんだから。テキーラショットも、カクテルも、もう飲まない。ビールを数杯、赤ワインを一杯くらいにしておこう。

年に一度行われるSKYYの営業会議が、七月の半ばに行われた。商品のラインナップも増え、今年の売り上げは過去最高になる予定だった。全国から担当社員が集まり、新しくできた豪奢な会議室で長時間のミーティングを終えたあと、私たちは少し早めの祝杯をあげた。SKYYでは、ディナーのあとは宵っ張りの社員が集まって、ナイトクラブや悪名高いストリップバーなどに繰り出すのが恒例だった。そのあとは、オフィスにあるバーや、出張で来た社員が泊まっているフィッシャーマンズワーフのマリオットホテルに行き、寝る前の一杯を楽しむのだ。

私は性欲を抑えきれなくなっていた。酒量をセーブし、へべれけになるまで酔わなくなったことで、私の中の獣がさらに勢いづいた。もっと欲しくなった。毎日誰かと寝なければ気がすまなくなった。私は水を注ぐだけでできあがる、即席のセックスの悪魔みたいだった。でも、私にとっての水とはお酒だ。お酒を飲むともっと欲情したし、セックスをすればするほど、もっと欲しくなった。自分はいま、そういう時期なんだと思おうとした。遅れてきた思春期なんだと。性欲が出てきたところなのだと。セックスをすればするほど、自分という存在を確認できた。私の中にはずっと、男性的なエネルギーがあった。男性のような、征服者のエネルギーが渦巻いていた。

奪われたくないなら、先に奪ってしまえばいい。

三杯お酒を飲むと、私は見境がなくなった。店を見わたしてひとり、またひとりとカップルになって帰っていく人たちを見ると、私は毎度パニックになった。クラブや、バーや、ディナーテーブルなど、そこかしこを見わたし、一緒に店を出てくれそうな人はいないか探した。ラストオーダーの時間になり、お酒のグラスも空になるころには、相手は誰でもよくなった。

販売促進の担当者の顔ぶれは豪華だった。プロモーション会社から雇ったモデルたちもいた。彼女たちの仕事は、性的な魅力を利用して、SKYYの商品をいちばんいい場所に並べてもらうようにすること。だらしなさそうなストレートの男たちが、彼女たちにしつこく言い寄ったりしていた。でも、私にその勇気はなく、指をくわえて見ていた。私のサンフランシスコの同僚も、いまでは私が同性愛者だと知っている。でも、彼らの前で女性と一緒にいる姿を見せたことはない。全国から集まってきた営業担当者のチームは、ほとんどが中西部出身の、共和党を支持する男性で、保守的な考えを声高に話す人たちだった。伝統的な家族観を重んじる人たちだ。

私の人生でうまくいっているのは仕事だけだった。だから、この組織のトップにまで登りつめてやろうと思っていた。私への攻撃材料になるようなものを、絶対に彼らに与えてはいけない。それに、この場にいる女性たちに居心地の悪い思いはさせたくない。男性からいやらしい目で見られるのも居心地が悪いだろうけれど、私だって気味の悪いレズビアンだと思われたくはない。

昨晩の営業会議のあと、私たちはマリオットホテルに行った。みんな、だらしなく酔っていた。強者たちがバーに並んですわり、最後の一杯をくれと騒いでいた。ほどほどをわきまえた人たちは互いに目くばせをして、そっと部屋に帰っていった。ラストオーダーの時間になり、私は完全にパニックモードになった。そして、なぜだかわからないけれど、上級管理職のニックのところへ行ったのだった。ニックは会社のイベントにガールフレンドを連れてくることがよくあるけれど、その夜、彼女はいなかった。みんなでバーを出て、分厚いカーペットの敷かれている廊下を歩いているとき、私は後ろのほうへ行ってニックの耳元にささやいた。「ニック、このあと、あなたの部屋でもう一杯飲みたい」

ニックが私を見た。驚いて青い目を大きく見開いている。「ああ、いいとも」彼はニヤリとしながら言った。「おいでよ」

彼が泊まっているスイートルームのバーには、お酒がたくさん置いてあった。一杯で二十ドルはするテキーラショットを何杯か飲むと、私はいよいよセックスの悪魔へと変身した。誘惑したい気分になり、酔った勢いでニックの体に手を伸ばした。唇が触れあい、舌がからまりあう。欲望が勝り、これまで職場で自制してきたことも、すべて忘れた。何か激しいものを私は求めていた。ニックがそれを満たしてくれると思ったのだ。

でも、その夜は、私が願っていたようなエロティックで荒々しい夜にはならなかった。ニックの体調もよくなかったし、ふたりともひどく酔っていたので、私たちはお互いを少し愛撫したあと、清潔で真っ白なダウンケットの下で裸のまま眠ってしまったのだ。ひんやりしたシーツが熱をもった肌に心地よくて、私は熟睡してしまった。

起きたとき、私はまだ顔の半分くらいまでダウンケットにもぐったままだった。でも、脚の間に変な痛みを感じた。小さくてカサカサしたタンポンを入れるときのような鈍い圧迫感。まぶたは重くてネバネバする。ゆっくりと息をして、気持ちを落ち着けた。目を閉じたまま、飲んだあとのいつものチェックリストを思い浮かべた。

「死んでる？」生きてる。「病院？」それにしては静かだ。「私のベッド？」シーツの手触りを確かめる。違う。パリッとしてる。「じゃあ、誰のベッド？」大変、もう行かなきゃ。

私は目をこじ開けた。まぶたの隙間から周りを見ると、部屋がぐるりと回転した。むき出しの窓からまぶしい光が差しこんでくる。ブラインドは下ろされていなかった。頭がふらふらする。まぶしくて思わず瞬きをしながら、ベッドに視線を戻した。驚いたことに、私の上にニックがいた。どうしてニックが？いったい何が起こっているのだろう。彼はゆっくり体を揺らしながらうめいている。私の中に入れるようにダウンケットのすそをまくり上げている。雰囲気を盛りあげようとしているのか、「ああ、ああ、ああ」とうなっていた。いま起こっていることを理解したのは、しばらくたってからだった。というのも、ニックはどうやら私とセックスをしているようなのだが、私はほとんど何も感じなかったからだ。体に感覚がなく、昨晩のお酒のせいでいまだ半分死んだような状態だった。ニックがキスをしてきたかどうかも、朝になってセックスをしようと誘ってきたかどうかも、まったく覚えていない。昨晩の合意があればじゅうぶんだと思ったのだろうか。

しまった、ニックは避妊をしてる？

私はこぶしを握りしめ、叫びたいのをこらえた。彼を突き飛ばしたいけれど、相手はニック。上級管理職のニックだ。だから、ことが早く終わるのを願いながら、私はそのままそこに横になっていた。ペルーの家で、門が開く音を待っていたときのように。つやつやのフローリングを歩く母の足音が聞こえてくるのを待っていたときのように。「シルヴィア！　お土産を買ってきたわよ！」という母の声が聞こえて、あいつが私から飛びのくのを待っていたときのように。

ている。


「シルヴィア! シルヴィア!」

「え、あ、何?」気づくと、ニックが満足した様子で私の隣にすわっていた。血走った目で私の顔を眺めている。

「『何か欲しいものはあるかい?』と訊いたんだ」

お酒を飲んだあとのしわがれた声に、肌がざわっとする。「何か持ってこようか?」彼がウィンクした。

「新しい人生が欲しい!」私はそう叫びたかった。これまで何回セックスをしたか、もはや数えることもできないし覚えてもいないけれど、毎回、合意のうえだった。街じゅうを徘徊して性の征服者のようにふるまっていたこの二年間でさえ、必ず互いの合意があった。私はこの街で、いちばんになりたかった。でも、私が夢想していた力強く燃え上がる情事は、悪夢へと変わった。たった一夜の過ちが、すべてを台無しにしてしまった。

ニックの立場は安泰だ。でも、私は取り替え可能な存在。恥辱が、どす黒い雲のように私をおおった。でも、こうなったのも、もとはと言えば自分のせいだ。私は何を期待していたのだろう。また、『ザ・セブンハンドレッド・クラブ』に出ていた女性たちの言葉を思い出した。「私はゴミみたいなもの。何者でもない……」そのとおりだ。でも、今回は、母が屋上まで私を探しに来て、ぎゅっと抱きしめてくれることはない。私はひとりだった。また、ひとりになってしまった。

無言のまま、体を丸めてベッドから出た。金曜日の朝だった。すべて忘れて仕事に行かなくてはならない。SKYYでは、夜遅くまでパーティーでハメをはずしていても、翌朝バリバリ働いていればなんの問題もない、ということになっている。

その日の夕方、ニックの秘書から連絡がきて「今日の夜、ニックと夕食をとる時間はあるか」と訊かれた。秘書はいま流行りのステーキハウスを予約してくれていた。どうやって断ればいいのかわからなかったし、仕事を辞めさせられたくはなかったので、おずおずと承諾した。

二日酔いが抜けきらない状態でレストランに着くと、ニックが高級な白ワインを用意して待っていた。私は仕事用の顔を崩さないまま席につき、自分用にカンパリ・オレンジを注文して、自分がその場にいることへの苦々しい気持ちを飲み干そうとした。数十分後には、私はおいしい赤ワインを飲んで頭をふらふらさせながら、ニックがガールフレンドと喧嘩していることをグダグダと話すのを聞いていた。訊いてもいないのに、ニックは彼女とは別れようと思っていると言った。レアに焼いてもらったヒレ肉のステーキと、二杯目のワインを味わいながら、彼は私を家に連れこみたがっているのだとわかった。私は角が立たないように気をつけながら、断った。

一か月後、彼の婚約がオフィスで発表された。

二週間もしないうちに、ニックのことは忘れてしまった。SKYの前の上司に、マリーナ地区にあるお洒落なイタリアンレストラン〈A16〉に誘われたのだ。彼女の誘いを断ることはできなかった。数か月前、私が立ち退きを迫られる前に、彼女とは寝たことがあった。女性と関係をもったことはないけれど興味はある、と聞いてゾクゾクした。ストレートの女性を引き入れるなんて、究極のクーデターだ。

バーにすわってバーテンダーと談笑したあと、私たちはイタリア料理のフルコースを食べ、たっぷりと飲んだ。食前酒のプロセッコ、ワインを二本、一九七四年もののポートワインをグラス一杯、そして最後に食後酒のサンブーカ。夜中の十二時ごろ、友人からのメッセージで、カストロ〔サンフランシスコのユリーカ・ヴァレー近郊にあるカストロ・ストリートを中心とした地域。一九七〇年代以降、性的少数者の権利運動やコミュニティ・カルチャーの中心地となってきた〕で女性ばかりの集まりがあることを思い出した。ここからはそこそこ距離がある。

私たちが〈A16〉を出たのは午前一時ごろだった。元上司はタクシーに乗り、またね、私に手を振った。私はおぼつかない足取りで、笑顔のまま愛車の黒いフォルクスワーゲン・ジェッタに向かった。

最初は、制御できていた。ハンドルの十時と二時の位置に手を置き、信号ではすべてきちんと止まったし、大きく道をそれることもなかった。でも、街灯がほとんどなく、傾斜がきついことで有名なサンフランシスコの丘を車で登ったり下ったりするのは、しらふの、経験豊富なドライバーでさえ難しい。ましてや酔っぱらいにとっては、ジェットコースターに乗っているようなものだ。どうか道をはずれませんようにと祈るしかない。

いくつかの丘をうまく越えたあと、私はアクセルをぐっと踏みこんだ。ジェッタの車体が急に加速してコントロールができなくなり、停まっていたミュニ〔「Muni」と略称されるサンフランシスコの公共交通。メトロとバスを運行している〕に車をこすってしまった。左前のフェンダーがバスの後方の非常口にぶつかって割れ、はずみで私の体はハンドルに強く打ちつけられた。見たところ、向こうに傷はない。私はフェンダーを引きずりながら、アクセル全開で丘の上まで車を走らせた。樹脂でできたフェンダーは細い帯のようになって、車の横に垂れ下がっている。

フェンダーが道路にこすれてキーキーと音をたてる。でも、私はそのまま車を走らせた。もう止まることはできない。カストロが待っている。今日の獲物が釣られるのを待っている。立ち退きを迫られたって、救急救命室に何度も運ばれたって、数えきれないくらい二日酔いになったって、レイプされたとは言いたくないけれど朝になったらそういう状況だったことがあったって私は止まらなかったんだから、フェンダーが曲がったくらいで止まってたまるか。私はカーステレオのボリュームを上げ、ガンズ&ローゼズの曲を爆音にした。リズムに合わせてハンドルを叩き、開けっ放しの窓の外に向かって『ウェルカム・トゥ・ザ・ジャングル』を歌った。車は切断された脚のようなフェンダーを引きずったまま、車線をはずれながらふらふらと進んでいった。

赤信号でブレーキを強く踏むと、私は車からつんのめるように降り、ぶら下がっているフェンダーを引きはがした。そのあと、後ろを振り返ることもなく車のスピードを上げた。夜に溶けこもうとしていた。ケガをして血だらけの状態で、何も感じないまま、なんとしてもパーティー会場に向かおうとしていた。でも、そのエリアの住人が、車をぶっ飛ばす私のことを見ていたのに違いない。ディヴィサデロ通りとブッシュ通りの交差点に差しかかったとき、青と赤の警告灯がついた車両のサイレンが聞こえてきた。「車を止めなさい!」声が聞こえる。「サンフランシスコ警察だ」

しまった、しまった、しまった! 落ち着け、シルヴィア。これが初めてじゃないんだから。色目を使えば、きっと警告だけで見逃してくれるはず。

「ミュニ・バスとぶつかったのは、わかっているかね?」その警官は私の目の高さまでかがみ、車の中にざっと目を走らせた。「バスは市の所有物だ。重い罪になる。それから、何ブロックか手前でフェンダーを置いていったのも、きみのようだね」

「も、もうひわけ、ありまへんが……」私はろれつの回らない舌で言った。「何を、おっひゃってるのか、わかりまへん」

「車から降りて」

自分を落ち着かせたあと、私は車から降りて呼気検査を受け、見事にパスした……と自分では思った。顔はのぼせたようになっているし、体からはアルコールのにおいがする。でも、警官を出し抜いてやった、と私はにんまりした。でも、とつぜん後ろを向かされ、両手を後ろで押さえつけられた。血中アルコール濃度は〇・二八パーセントだ、と警官が言った。法律で定められている限度の四倍に近かった。

自分の人生は価値のあるものだと最後に思っていたときから（そんなときがあったとすればの話だけれど）、長い年月が過ぎていた。でも、誰かを危険にさらしたことはけっしてなかった。『ザ・セブン・ハンドレッド・クラブ』で聞いた芝居がかった預言が恐ろしくて、私はそこから逃れようとしていた。ほかの人の目に私の人生がちゃんとしたものに映っているかぎり、ドアの内側や、タバコの煙が漂うクラブの片隅や、お酒の会社のイベントと称したルーズな催しで私が何をしようと、関係ないだろうと思っていた。悪循環におちいり、自分を制御できなくなってもなお、私はいい仕事と華やかな生活にしがみついていた。それこそが、自分の運命に打ち勝った証だと思っていたから。でも、私の心の傷は、新しい環境に合わせて形を変えただけだった。お金のために体を売っていたわけではないけれど、私は毎晩お酒に魂を売っていたようなものだった。酔っぱらって靄がかかったような頭の隅で、私の怒り、恥、そして影がヘビに変身し、私を内側から食い尽くしていくようだった。

硬い手錠が手首にかけられた瞬間、思わず安堵のため息がもれた。やっとこのときがきた、と。私は、誰かが自分を止めてくれるのを待っていたのだ。

第11章　ともに歩む

「シルヴィア、入ってもいい？」

「もちろん」そう答えるが早いか、ルーシーがドアを開けて、私とシェイリーの部屋に入ってきた。ロッジの部屋は、だいたいどこも同じだ。合板でできた壁。ショールのような毛布がかけられた木製のベッドがふたつ。フリルのあしらわれた手縫いのカーテンがかかった小さな窓。今朝、私はすべてを味わいつくそうとしていた。これから六週間、ちゃんとした部屋で寝ることはないのだ。

「渡したいものがあって」ルーシーはそう言いながら、布でできた小さな人形を取り出した。先住民族の洋服を着て、長い髪をふたつに結んでいる。ペルーのアンデス地方にある手工芸品のお店で売っているのと同じようなものだ。

「これは私の故郷のメキシコのものでね」ルーシーが言った。「アメリカに来てから、ずっと肌身離さず持ってたの。お守りみたいに。これを、シルヴィアに持っていってほしいと思って」

「ルーシー、ありがとう。とてもいいお守りになるよ」私は涙をこらえながら言って、人形をバックパックの前ポケットにしまった。私の写真と予備のトイレットペーパーもそこに入れてある。

「すぐに出発しないとね」その日の行程を思い出して、感情の波をなんとか抑えた。「荷物をまとめてね。それから、出発する前に、常温の水を最低二リットル、絶対に飲んでおくこと。それから、この先の水分補給のために、ゲータレードの粉末を混ぜておいてね。みんなにも伝えて！」

ルーシーはニヤッと笑って言った。「イエス、マム」

「冗談じゃないんだからね」私はしかめ面をつくって、うなずきながら言った。「まだ終わりじゃないんだから！」

今日の行程は、これまででいちばん短い。昨日、私は同じルートを歩いてプジャの儀式に行ってきたので、それがわかって安心した。でも、けっして簡単ではない。むしろ一筋縄ではいかない道だ。細くてジグザグの岩の道や急カーブが続き、氷塊や雪塊が点在する丘を登ったり下ったりしなくてはならない。標高が上がるにつれて凍えるような気温になり、木も生えていない岩場になる。ここまで来たらもう、引き返すことはできない。文明の産物はここにはない。私たちはいま、自然のふところに抱かれているのだ。

ゴラクシェプにあるブッダ・ロッジの前に集まったチームのメンバーはみんな、スキー用の上着、ネックウォーマー、ニット帽、分厚い手袋を身につけ、何枚も重ね穿きした長い下着の上に保温性の高い雪山用のズボンを穿いていた。温度計はマイナス二十度を指している。ルビーナとエハニの唇は青みがかった紫色になっていて、寒々しい。いっぽうの私は、南極大陸での経験が生きているのか、驚くほど好調だった。昨年末に、南極大陸の最高峰ヴィンソン・マシフ〔四千八百九十二メートル〕に三週間かけて登ったのだ。山頂の気温はマイナス三十三度で、凍てつくような風が吹いていた。強風と闘いながら、これまで見たこともないような急峻な氷の壁と対峙した。初めて経験する寒さだった。でも、そのおかげで、今回の登頂への準備ができたと言ってもいいだろう。自分は準備ができている、と信じなくてはいけない。

「ベースキャンプに向かって出発！」アーシャが大きな掛け声をかけ、先頭に立って歩きはじめた。ヒメナが続く。その後ろのシュレヤは、ゆっくりしたペースで歩くジャッキーに歩調を合わせている。ジャッキーの体調は、今朝はいくぶんよくなっていた。でも、この高度になると急性高山病になる危険性が高い。しかも、症状はとつぜん現れ、一気に重症になることもある。

シェイリーはルーシーと並んで歩きながら談笑し、エハニとルビーナがその後ろをゆっくりと歩いていく。私は最後尾だ。残すはあと三キロほど。私は一歩一歩かみしめながら歩いた。彼女たちが腕を振って歩く姿と、メロディーのような足音を記憶に刻みつける。そうすれば、彼女たちと別れたあとも、ゴール直前のこの瞬間のことを思い出すことができる。最悪な記憶は振り捨てて、頂に向かっているこの瞬間のことを。朝起きて、ただ歩くだけの毎日は、ある意味、祈りのようなものだ。日の出とともに起き、ロッジのダイニングルームでお湯を飲み、においのきついガーリックスープを何杯も飲んでいると、外の世界のことは、しだいに意識から消えていった。

「ゆっくり歩いてね」私は声をかけた。「今日は急がなくても大丈夫だから!」

みんなが振り向いて、どの口が言うのか、という感じで私を見た。あのシルヴィアが、「ゆっくり」「急がないでいい」だなんて! 私自身も不思議だった。

黙ったまま一列になって歩き、大きな岩の横をいくつも通り過ぎていくと、右手に大きな谷が広がった。月面に採石場があったらこんな感じだろうと思わせる景色だ。灰色のほこりっぽい景色が、山々のふもとまで延々と広がっている。ギザギザしたヒマラヤの氷の刃が地平線から突きでていて、一筋の雲がその山頂を舐めるように浮かんでいる。標高五千メートルを超えているので、植物は生えていない。広大で厳粛な、岩と氷の大聖堂だ。

ヒマラヤは、人間の尺度で測ることはできない。遠くから見れば、人間はアリより小さなただの点にすぎないだろう。それが、超現実的な地平を目指して歩いている。ここから先にはもう村もない。ほかの登山者もほとんどおらず、いたとしても遠く離れたところにいる。ここまでくると家畜もほとんどいない。タルチョの切れ端があちこちに散らばっている。なかにはまだ新しくて色鮮やかなものもあり、道の脇にある岩に引っかかって、木に花が咲いたようになっている。そのほかのものは地面に落ちて日に焼け、長い間、放置されたままになっている。風はナイフのようだ。最後の行程を歩く私たちの耳に聞こえるのは、笛のように高い音をたてて吹く風の音と、ナイロンのズボンがシュッシュッと鳴る音だけ。私たちは足を地面につけるたびに感じる振動に身をまかせて進んだ。

この十日間、一緒に歩いて、一列になって進み、冗談を言いあったり、他愛ない話をしたりしてきた。お互いに自分の過去をさらけ出したけれど、それで萎縮することもなかった。そしていま、誰も何もしゃべらなくても、居心地よく歩けている。沈黙していても寂しくはないし、緊張や恐怖を感じることもない。

親密な者同士の、満ち足りた沈黙。安全な空間だ。

黙って歩いていると、多くのことに気づいた。たとえば、ルビーナの歩き方は、ペリチェ以降変わった。以前は緊張して肩に力が入っていたけれど、いまは肩から力が抜けている。それに、何かに引っ張られているかのように、胸をはって歩いている。でもよく見ると、ほかにも変化があることに気づいた。いつもよりゆっくりで、足を引きずるような歩き方だった。みんな、疲れているのだ。エハニがルビーナの肩に手を回し、歩調を合わせて歩いている。

このトレッキングを始める前、今回の旅のテーマとなるような言葉を、それぞれ考えてもらった。ルビーナの選んだ言葉は「手放す」だった。エハニに寄りかかっている彼女を見ると、そのとおりにしているように見える。ペリチェでルビーナとシュレヤが過去の話をしてくれたとき、ルビーナは一瞬、恥じいるような顔をしていた。自分のことではなく、小さないとこをインドに来させてしまったことを恥だと思っているようだった。恥というのは奇妙なものだ。抱えているとふくれあがり、息苦しくなってしまうが、そのうち、恥という柱がなければまっすぐに立っていられないようになる。恥はすべてを飲みこんでしまう暗闇でもある。立ち直ろうと必死にもがいても、恥は木々のように大きくなっていき、体に食いこんでくる。やがてその枝も、石も、傷も、すべて私たちの一部になる。

私たちの中には、あまりにも長いこと恥を抱えて生きてきたために、それがなければどうやって立っていればいいのかわからない者さえいる。心の奥底にある恥がなくなると、そこには大きな空洞ができる。そのむき出しのやわらかい空洞を埋めたい、蓋をしたい、紛らわせたいという衝動と闘うことができれば――私の場合はその気持ちが強すぎて、お酒やタバコや残業でその空洞を埋めてきた――そして、傷はもう癒えたから大丈夫と虚勢をはらずにいられれば、そのうち道は開けていく。

私たちはいまルビーナのために、そしてお互いのために、囲いを築こうとしている。九人の体と十八本の腕と脚で防壁をつくり、中にいる人を全力で守る。中にいるのがルビーナであれ、ほかの子であれ、その子はほっと息をつくことができる。山に向かって心の傷をさらけ出し、空気をいっぱいに吸うことができる。ひとりで取り残されることはないと思うことができる。

そうすれば、真の自由を手に入れることができる。

昔は、自由に腕を振ったりお尻を振ったりして踊ることができた。息が切れたら、また整えればよかった。そうしても何も危険なことがなかったのは、はるか昔の話だ。

「変化するためには、自分の感情に気づかなければならない。そして、自分の体が世界とどのようにかかわっているかを知らなくてはならない」ヴァン・デア・コークはそう書いている。「とらわれていた過去から解放されるには、五感を使って自分という存在を認識することが第一段階である」

とらわれていた過去からの解放。歩くというシンプルな行為をとおして、それができていることを祈りたい。

出発から二時間たったものの、通常二時間で到達する道のりの半分までしか来ていない。でも、心配はしていない。私たちは低い岩陰で立ち止まり、隊列を組み直した。エハニは岩に寄りかかって鼻から大きく息を吸い、ゆっくりと吐きだしている。落ち着いた息づかいだ。上下する胸に手を当てている。

「大丈夫?」シェイリーが尋ねながら、エハニの肩に手を置いた。エハニは首を横に振ったけれど、ネパールではこれは「ノー」ではなく「イエス」を意味する。私はパルスオキシメーターを取り出して、彼女の動脈血酸素飽和度を測った。酸素飽和度は七十五パーセント。よくはないけれど、この標高ではこれで普通だ。パルスオキシメーターで全員をチェックした。エハニの数値がいちばん低かった。ずっと咳をしていたのが、頭の隅で気になっていた。昨晩泊まったロッジでも、遅い時間に咳をしているのが聞こえてきた。今朝は咳をしていなかったので、ホッとしていたところだった。こんなにも彼女のことが気になっていたとは思わなかった。彼女だけでなく、全員の喜びと痛みを自分がこれほど深く受け取っていることに、これまで気づかなかった。これまではどこか外側からみんなが歩きとおせるか心配し、歩きとおせなかったらどうしようと心配していた。みんなを追いつめてしまったらどうしようと心配していた。じゅうぶんに背中を押してあげられなかったらどうしようとも心配していた。

「ヘリが飛んでる！」ルビーナが声をあげた。

ヘリコプターが氷河の上を、ベースキャンプの方角に向かって低い高度で飛んでいった。六人乗りのヘリコプターの刃が、しんとした空気を切り裂いていく。月面のような風景の中で聞くモーター音は不快だった。ベースキャンプで待っている現実——ハイテクなオペレーションシステムがあり、登山家のエリートが世界じゅうから集まってくる場所になっていること——も、私はまだじゅうぶんに受けとめきれないでいる。だから、そのことは忘れて、何物にも邪魔されないこの最後のひとときを味わうことにした。

「はい、プルパリンド！」ヒメナがメキシコのキャンディをくれた。私はヒメナの隣に立って、糖分の入った水をごくごくと飲み、レモン味のするキャンディを舐めた。

バックパックを背負い直して歩きはじめようとしたとき、年配の白人男性三人が横を通り過ぎていった。「こんにちは」彼らが言った。「ナマステ」私たちは口々に挨拶した。ヒマラヤで出会った人にはそう言うのが習わしだ。

すると、男性のひとりが立ち止まって、まるで棚に並んだ人形を眺めるように、私たちの一団を見下ろした。

「女子学生クラブ《ソロリティ》か何かですか？」その男の人が訊いた。

これだけの女性が集まっているのは珍しい。とくにこの場所では。

「そんなようなものです」私は笑顔でそう答えた。説明するのは面倒だ。

「いいえ」ヒメナが口を出した。「ぜんぜん違います。グラビ・ギャングは聞いたことがありますか?」

男性はその名前を思い出そうとしてか、顔をしかめた。ルビーナは笑ってしまいそうになるのをこらえながら、エハニに何かささやいている。エハニも口を手で覆って、笑い声がもれないようにしている。

「ソロリティって何?」男性が手を振って歩いて行ってしまうと、シュレヤが訊いた。

「女子学生が絆を深めるクラブのこと」私は答えた。「アメリカでは、そういうクラブに所属する女子学生もいるの。大きな家に一緒に住んで、パーティーなんかをしたりして」

「わあ」シュレヤが声をあげた。「楽しそう」

「私たちも似たようなもんでしょ」ルーシーが言った。

「もっとすごいけどね」ヒメナが言った。

「そうだよ。私たちは強いからね」シェイリーが力こぶを見せながら言った。

「みんな、聞いて」ルーシーがまつ毛をパチパチとさせながら言った。「つけまつ毛をつけてたって、強くなれるんだからね。わかった? それがフェミニズムってもんよ」

「おみそれしました」シェイリーが頭を下げながら言ったので、みんなが笑った。

ルーシーも満足気だ。ヒメナとシュレヤがバックパックを背負って先頭に立った。ふたりは軽快に歩いていく。残りの私たちも一列になって進んだ。

私はまたいちばん後ろで、みんなの姿を見ながら歩いた。水筒と、法外な値段で買ったポテトチップスを入れたバックパックを背負っているみんなは、もうすっかり熟練の登山者のようだ。足元の硬い土の上には薄く氷がはっている。ルーシーとルビーナとエハニは前かがみになり、トレッキングポールの先をツルツルした地面に突き刺して、滑らないように気をつけながら歩いている。ルーシーがいちばん苦労しているようで、大きな岩のところでは、両手を岩につきながら歩いている。ルーシーがこちらを振り返ったので、目が合った。彼女の目はやさし気で、大丈夫、と言っているようだった。苦労しているけど大丈夫。心配しなくて大丈夫、と。

本当だろうか、と思った。ルーシーは大丈夫？　みんなも大丈夫だろうか。

エベレストの姿が見えなくなった。地平線からそびえ立っているのは、エベレストに連なるプモリ、リングトレン、クンブツェといった山々の巨大な姿だ。そのふもとには、バスくらいの大きさの雪の塊がいくつもある。小石や土がついて汚れている。でも、近づいていくと、薄汚れた白色に見えた雪の塊の内側から、美しく鮮やかな青い光が発せられているのがわかった。氷河だ。

とつぜん、私たちはドミノのように次々と立ち止まった。ヒメナがシュレヤに話しかけながら、遠くにある何かを指さしている。

「どうしたの？」ルーシーが息をきらしながら後ろから声をかけ、トレッキングポールに寄りかかった。

私たちはヒメナが見つめているヌプツェの方角へ視線を走らせた。すると、視線の先では、雪塊から二本の乳白色の煙の柱が立っていた。変だな、と思った。あそこでキャンプをする人はいない。雷のようなゴロゴロという音が鳴り、頭上を飛ぶジェット機のようなシューッという音が谷にこだましている。それから一分とたたないうちに、あの柱は煙ではなく、雪なのだとわかった。雪が音をたてて山を下っていく白い波と化し、その波のあとに細かな雪の粉末が立ちのぼっていたのだ。

「すごい」ヒメナがつぶやいた。

「ワッフ音だ」私はゴクリとつばを飲みこんだ。指先がジンとする。

「ワッフ音?」ルーシーが私の肩にあごをのせ、引きつったような声を出した。「いったい何?」

「雪崩が起きてるってこと」アーシャが近くに来て言った。

「シルヴィアはあそこに行くの?」ルーシーが甲高い声で言う。

「いや、心配しないで」シェイリーがルーシーの肩をつかんで言った。「シルヴィアはもっと大変なところに行くから」

シェイリーがククッと笑ったので、私も笑った。でも、私の心の中にある小さなくぼみで恐怖がこだましていることは、誰も知らない。


行く手にある大きな岩が、トレッキング街道の終点であることを示している。なんともそっけないが、そこがベースキャンプの入口だ。右手にある岩場には、黄色いテントがいくつも張られたキャンプの中心地がある。明るい青色のテントは救急救命用で、ヘリパッドも備えられている。こうした人間の営みの向こうに、クンブ氷河が横たわっている。

私は列の先頭に立って歩き、小石だらけで滑りやすい丘の斜面は前かがみになって歩くといいのだとみんなに教えながら、大きな岩をぐるりとまわりこんで入口まで行った。そこは拍子抜けするほど簡素な場所だ。「ゴール」とか「お疲れさまでした」などと書かれた看板はない。みんな、自分たちが歩きとおしたという実感がわいていないようだ。私も何も言えなかった。

みんながひとりずつ大きな岩の脇を通ってくる。私は空を仰いだ。灰色と青色の、ドラマチックなドーム状の雲が広がっている。二羽のヒマラヤハゲワシが私の頭上を滑空していく。ゆうゆうと風に乗り、地面に落ちている死体や骨など、何か漁れそうなものはないか見わたしているのだ。

ここでは自分も飛べそうな気持ちになる。走っていって崖の端から飛びだしたら、ヒマラヤハゲワシと一緒に飛べそうな気がする。

シュレヤが最初に私のいるところまで来たので、私は彼女を抱きよせようとした。でも、彼女は何事かと驚いて身を引き、周りを見わたした。そのあとやっとここがゴールだとわかったらしく、私の肩に顔をうずめてきた。

「着いたんだよ。頑張ったね」私はささやくように言った。

ヒメナはすぐわかったようで、私の腕に飛びこんできた。感情があふれて顔がくしゃくしゃになっている。

「よく頑張ったね」娘のことを誇りに思う母のような気持ちで言った。

次はルビーナだ。彼女は何も言わずに、私たちに抱きついてきた。

「よく頑張った」私は小さく声をかけた。

そして、エハニ、アーシャ、シェイリー、ジャッキーと続いた。腕を大きく広げて、みんなでハグをした。

「やったよ！　やったんだよ！」私は大きな声で言った。

いちばん最後だったルーシーは、腕にこげ茶色のテディベアを抱えていた。お腹のところに赤い糸で

「アイ・ラブ・ユー」と刺しゅうがしてある。末の妹がくれたものだそうだ。そういえば、揺れの激しかったルクラまでの飛行機の中でもこれを抱きしめていた。そのときヒメナは、窓の外を見ながら眉をひそめて考え事をしていたのを覚えている。テディベアを抱きしめたルーシーを見たときにわかった。彼女はいま、幼かったときの自分に戻っているのだ、と。

みんな、そうだ。私たちはみんな、六歳、九歳、あるいは十五歳のころの自分に戻っていた。廊下の先で口笛の音がするのを、なすすべなく聞いていたとき。逃げられないように暗い部屋に閉じこめられていたとき。残飯から腐っているところや虫がわいているところをよけて、食べられるところを探していたとき。身内に裏切られ、組み敷かれる自分の体を他人ごとのように空中から見つめていたとき。ガレージに閉じこめられ、体の自由を奪われ、なぜ、と考えていたとき。なぜ、なぜ私が、と考えていたときの自分に戻っていた。

でも、そのとき、もうひとつの映像が頭の中に浮かんだ。小さな女の子が私の手を握って、山のほうへと導こうとしている。仲間がいるよ、と背中を押してくれている。無邪気な心を奪われた仲間たち、そしてそれを取り戻そうとしている仲間たち。

ルーシーはみんなのところに来ると、腕を広げてみんなに抱きついた。

「よく頑張ったね……!」絞り出すように言った私の声は震えていた。

私たちはひとつになっていた。疲れきって、汗まみれのまま、大きな固まりになってゆらゆら揺れていた。息づかいは荒く、寒気もする。誰が泣いているのか、もはやわからなかったけれど、みんな心で泣いていた。私はこの瞬間を胸に刻みつけようとした。むき出しの、二度と味わうことができないこの瞬間を。

「やったよ！」私はみんなから離れて叫んだ。

「ヒュー！」くぐもったような喝采の声が聞こえてきた。「ヤッホー！」「やった！」

みんなは私を輪の中に引き戻して、きつく抱きしめた。私の頬がヒメナのニット帽に押しつけられる。思ってもみない言葉が、自分の口から飛びだした。

「ものすごいことを、私たちは成し遂げたんだよ。これはとても特別な瞬間。わかる？ 願いをかけよう。山に向かって」私は大きな声で言った。

私は一歩下がって、涙をふいた。「みんなできた？ それじゃあ、一、二、三で何か掛け声をかけよう。何て言おうか？」

「ベースキャンプ」ルビーナが言った。

「オーケー」私は笑顔で答えた。

「一、二、三。ベースキャーーーーンプ!!!」

そして、この掛け声とともに、私たちにかけられていた魔法も解けた。みんな、このあとどうすればいいのかわからないようで、岩の上で周りを見まわしている。とても疲れているようだ。でも、暗くなる前にゴラクシェプまで戻るエネルギーを残しておかなければならない。だから、キャンプの中心地までみんなを連れていくのはやめておこう。ここで別れることにしよう。

「ついに、ここまで来たね」私は笑顔で言った。「世界でいちばん高い山のふもとに。信じられる？」

「ちょ、ちょっと待って」ヒメナが手を挙げて言った。「ここがそうなの？ いちばん高い山？ 世界でいちばんの？」

「はあああ？」シュレヤが間延びした声でつっこむ。

「ほかにもっと高い山があるっていうの？」シェイリーがジョークを飛ばす。

「だって……」ヒメナが小さな声で言った。「なぜだか、そんな気がしなかったから」

「何言ってんの」ルビーナがからかうように言った。「もう、わかったでしょ？」

「あなたは、壮大なチョモランマのふもとまで歩いてきたんだよ。いまさら何言ってんの」シュレヤはたしなめるように言ったあと、大地に向かって仰々しくお辞儀をした。

ヒメナは頬を赤らめてうつむいた。でも、そんなヒメナを見ていて、山の登り方はひとつではない、世界をめぐる方法はひとつではない、と思った。特別な、ものすごい経験をしなければ自分を変えられないということはない。山の高さなど、本当はどうでもいいのだ。彼女たちがここに来たのは山を越えるためではない。何かもっと、抽象的なものを越えるために来たのだ。心の中の山を越えるために来たのだ。

「さて、次はどうする？」

「祈りの旗！」シェイリーが言った。私たちはカトマンズで買ったタルチョをバックパックから取り出して、岩棚の上に登った。私たちの前の誰かが残していったタルチョのヒモが、四方八方の岩に結びつけられていて、そこからこの岩棚に向かって放射状に集まってきている。

「あなたたちは、本当に大変なことを成し遂げた」私は言った。「簡単なことではなかったと思う」

「私なんか、途中であきらめそうになったもんね」ルーシーが思い返して言う。「でも、みんなに助けられて歩きとおせた。とても大きなことを、私はやってのけたんだね」

「このトレッキングが始まったばかりのころは、自分がこんなことをしているのが信じられないってずっと思ってた」ヒメナが言った。「でも、信じられない、って言うのをやめて、信じられる、って思うことにしたの。みんなの支えがなかったら、ここまで来られなかった。それでも、私は自分の脚でここまで来たんだよね。自分を誇りに思う。強くなった気がする！」そう言うと、ヒメナはしゃがんで、トレッキングポールで石に何か書きはじめた。「ここまで、あの家にいたきょうだいたちのことを思いながら歩いてきた。だからこうして、ひとりひとりの名前を頭の中で呼んでるの」

私たちはタルチョのヒモを、一本一本結びつけていった。手袋をしていてもかじかむ指で、不器用に、でこぼこしたヒモを三箇所で結び、強風にあおられても大丈夫なようにしっかり引っぱって結び目を固くした。「ヤクの糞のにおいも、いまになってみると、なつかしいな」ヒメナはそう言うと、鼻をすすった。

シェイリーがネパール語で私たちに指示を出す。涙と、寒さと、おかしくて笑ってしまうのとで、なかなかうまく手が動かない。ネパールの子たちのやり方を見ながら、タルチョの形を整えていった。ひとつひとつの旗が、私たちの傷のように並んでいる。でも、旗と旗を結びつけていくにつれて、その傷は強さに変わっていった。それは力が強いとか、押しが強いとかいう意味の強さではなく、優しさという強さ、手放すという強さ、仲間を受け入れるという強さだ。冷たい風にはためきながら、旗は私たちの願いと祈りを、天まで運んでくれた。

「みんな、心の中に暗い部屋がある」ルビーナが言った。「私たちの仲間の多くが、いまだにその部屋に閉じこもってる」ルビーナは自分と、エハニと、シュレヤを指し示した。「ネパールでは、私たちのように逃げ出した人の多くが、それでもいいと言ってくれる男性とすぐに結婚するのが普通なの。男性は、過去のことは私たちの弱みだと思ってる。だから、傷だらけの過去があってもいいと男性が言ってくれるなら、女性はそれだけで幸せなことだと思わなくちゃいけないんだと言われてる。でも、私にとって大事なのは、相手が私を受け入れてくれるかどうかじゃない。私が相手を受け入れられるかどうかなの」

ルーシーとヒメナは、詩人が称賛を示すときのように指を鳴らし、ルビーナの肩に手を置いた。

「私の過去は、もう私の弱みじゃない」ルビーナが言った。

「私たちは夢をもたなくちゃ。心から願えば、きっと夢はかなうはず」シュレヤが言った。「ここからは、私がみんなを引っぱるから。シルヴィアみたいに。それから、いつかあそこに行く」私たちはシュレヤが指さしたほうを見た。クンブ氷河の向こうにエベレストがそびえ立っていた。その精神力があるから、シュレヤはインドから逃げだせたのだ。ルビーナもそう。いとこを見つめるルビーナの目は優しかった。

「あなたならきっと行けるよ、シュレヤ。私は信じてる」

ベースキャンプに来ることの意味は、人それぞれ違う。ネパールの女性たちにとっては、心を癒したり、体力を試したりすること以上の意味がある。仲間のほとんどができないような偉業なのだから。

「私がこのトレッキングに参加したのは、成長できる機会だと思ったから」エハニが言った。「私はいつも成長したいと思ってる。去年、結婚したんだけど、婚前契約をするときに、夫になる人に向かってこう言ったの。『結婚するのに、ひとつだけ条件がある。この先もしたいことをさせてもらいます』って」

ペリチェにいたとき、ヒメナは「トラウマを乗り越えたい」と言っていた。どこでその言葉を獲得したのだろう、と思ったのを覚えている。私は、自分の経験をうまく言葉にすることができなかった。でも、いまベースキャンプに立ってみて、私はずっとトラウマを乗り越えようとしていたのだと思った。みんな、そのためにここに来たのだと思った。

たんに登るのではなく、乗り越えるのだ。宿命を乗り越える。傷を乗り越える。そうすれば、世代を超えて受けつがれるトラウマの呪縛が解かれるはずだ。私たち自身を変えることで、苦しみの歴史から、次の世代を解放することができるはずだ。

このトレッキングでのエハニのテーマは「穏やかでいる」だった。強さというのは、必ずしも声高に何かを唱えたり、支配的な態度をとったりすることではないと、彼女が私に教えてくれた。思いやりや愛情深さも、強さのひとつだ。内に秘めたものも。山も。エベレストも。エハニは父親から「いつか大物になるに違いない」と言われたそうだけれど、彼女はすでに大物だと言ってあげたい。

みんなと別れる前に言いたいことをすべて言っておこうと思ったのに、いざ口を開いてみたら、言葉は喉を滑り落ちていくだけだった。

ほかのタルチョに結びつけられた私たちのタルチョがはためき、それぞれが心に抱いている願いと夢が空に運ばれていく。ほんのひととき、私たちは山を見つめたり、岩の上に腰を下ろしたりしながら、それぞれの物思いにふけり、その瞬間を胸に刻んだ。ヒメナはきょうだいの名前を山に刻みつつ、声を出さずにその名を呼んでいる。シェイリーと、アーシャと、ジャッキーと、私は、みんなが無事に山を下りるための方法を話しあった。というのも、ジャッキーはゴラクシェプにとどまることになっていたからだ。私も、登頂チームに合流しなくてはならない。「シルヴィア！」ルーシーが道を見下ろせるところにある岩棚の上から、こちらに向かって手を振っている。片手にギンガムチェックの小さな箱を持ち、もう片方の手には、白いセージを一本持っている。彼女がその小箱を私にくれた。中には赤い土くれが入っていた。

「これは何？」

「メキシコの土」ルーシーが言った。「私の故郷の。山の神様に向かって一緒に捧げものをしよう。道中の無事を祈って。それから、シルヴィアが山頂まで行って、無事に戻ってこられるように祈って」

「いいね」私は小さな声で答えた。心が動かされ、それ以上声が出なかったのだ。

少しの間、目を閉じたあと、みんなは土をひとつかみずつ手に取って投げた。土は空中を舞いながら、岩場に落ちた。

「私もやっていい？」私は訊いた。

「もちろん」

その特別な土を手のひらですくいあげた。

「あなたたちが、ここで学んだことを身につけて飛び立てますように」私は言った。「高く高く、飛んでいけますように。あの山を越えるくらい高く飛んでいけますように。あなたもね、ルーシー」

私は土を空に向かって投げた。ルーシーはセージに火をつけると、それで空中にくるりと円を描いた。光の輪ができ、ハーブの香りが漂ってくる。このとき私は、母親であるというのはほろ苦いものなのだなと、しみじみ思った。

母親の役割をしてほしいと頼まれたわけではない。でも、気づいたら、みんなを母親のような目で見つめていた。このトレッキングをとおして、もし母親になることがあるとしたら、自分はどんな母親になるのかわかった気がする。かつて憧れていたような、かいがいしく世話をするような母親ではない。でも、みんなが自分で自分の強さを見つけるところを、しっかりと見守る母親だ。イライラするくらいペースが遅いときでも、いつも自分の中の母性のような力が、やきもきする気持ちを抑えこんでくれた。そうするべきだ、とそれが訴えていた。彼らのためだけではなく、自分のためにも。みんなゆっくり歩きながら心の傷を癒しているのだ、とわかっていたから。

最後にセルフィーで写真を撮ろうと集まり、私は腕をいっぱいに伸ばした。

「三つ数えたら撮るよ。一、二、三……」

「ベースキャンプ！」私たちは手でピースサインをつくり、もう一度叫んだ。舌を口の横に突きだしている子、笑っている子、真面目そうな顔をした子。永遠に忘れることのできないこの瞬間を写しとろうと、みんながカメラを見ている。私はまだみんなとお別れをする準備はできていない。私の故郷では、人前で泣くのは弱さの証だと言われている。私の母も、子どもの前で泣くことはめったになかった。「どんなに悲しくても、母親は子どもの前で泣いちゃだめ」母が友人にそう言っているのを聞いたことがある。

でも、最後にみんなでハグをしたとき、その温かい体に囲まれて、ついにこらえきれなくなった。涙が頰を伝った。涙を流すのは弱いからではない。母はそのことを教えてくれなかったけれど、山が教えてくれた。彼女たちが教えてくれた。

ヒメナがみんなに向かって言った。「なんだかとても……安心する」

私たちはハグを解いた。

この危険な旅をとおして、私たちは安心できる場所を得たのだ。

「じゃあね！」みんなが来た道を戻りはじめたので、私は声をかけた。

「バイバイ！」みんながこちらを振り向いて、手を振る。

「またね！　元気でね！」大きな岩の脇を通っていくみんなに向かって叫んだ。

「まったねーーー！」振り向きもせず、みんなが答えた。

「さよなら！」みんなが最初のカーブの先に消えようとするとき、私はあとを追いかけながら叫んだ。

「さよなら！」声がしだいに遠ざかっていく。

「さよなら……」その姿が地平線に向かって小さくなっていくのを見ながら、私はつぶやいた。

ベースキャンプでみんなと別れて、これから彼女たちなしでエベレストの山頂に挑む。ひとつの旅を終えて、ここからまた新しい旅をスタートさせる気分だ。でも、彼女たちを見送ったあと、私たちの物語は始まりも、中盤も、終わりもないのだと気づいた。物語は続いていくのだ。これからのあの子たちの旅には、私がいる。私も、あの子たちの強さと勇気をたずさえていく。それは、バックパックに入っている道具と同じくらい大切なものだ。私が彼女たちに何かを教えたのではない。彼女たちが、この山に挑む私に、大事なことを教えてくれたのだ。いまわかっているのは、これから私は、先人たちが登った道を登っていくということだ。そして、あとから来る者のために私の足跡を残していかなくてはならないということだ。道に迷い、助けを必要としている人たちのために。

誰もひとりでは山に登れない。

ひとつ大きく息を吸って、小さな声で勇敢な女の子たち《カレイジャス・ガールズ》に最後の別れを告げた。そして、重い足取りでキャンプに向かって丘を下っていった。

またここから、頑張らなくてはならない。

第12章　崩れゆくとき

日曜日の朝六時、「カリフォルニア交通局」と書かれた白いバンが、モリス通りにある、なんの変哲もない白いビルの前で停まった。飲酒運転の罰として、私は社会奉仕活動に参加することになっていた。バンのスライドドアが開いた。私はいちばん先に乗りこみ、奥のシートに詰めてすわった。前のシートにすわっている白いフードをかぶった女性が、こちらを向いて言った。「ねえ、あなたは何したの？」

「えっと……飲酒運転」私はまっすぐに彼女を見返しながら、もごもごと言った。

「あたしの彼もそれやってた」彼女はうなずきながら言った。「あたしは万引き」

「万引き？」その子の隣にすわっていた、アライグマのような目をしたブロンドの子が甲高い声で言った。「あたしもだよ」

「こっちは保険金詐欺」前のシートから、低い声が聞こえてきた。「そう疑われてるだけなんだけどね」

声の主はあえて見ないようにして、私は窓から道の先を見た。愛想笑いを顔にはりつけたまま。粛々とやることをやって、とっとと帰ろうと思っていた。敵や友だちをつくるつもりはない。

「ねえねえ、ミシェル！」白いフードをかぶった女性が私のほうを指さしながら、バンの前方に向かって声をかけた。「この子も飲酒運転だって！」

私はシートの上で身をかがめた。私が飲酒運転で捕まったことは誰も知らない。友人も、家族も、SKYYの人たちも。皮肉なことにSKYYには、どんな小さな違反も許さないという方針がある。この二か月間、裁判所に命じられて、私が毎週土曜日の午後にフォート・メイソン〔サンフランシスコ湾岸部の、陸軍施設などがあるエリア〕で、アルコール依存者向けの教育・治療プログラムに参加していることや、飲酒運転で死亡したり重傷を負ったりした人たちのビデオを見せられていることは、誰も知らない。高いお金を払って弁護士を雇ったおかげで、牢屋には入らずにすんだけれど、社会奉仕活動としてゴミ拾いをしなくてはいけないことになった。いまでは毎週日曜日の朝、国道１０１号線沿いのいろいろな場所でバンから降ろされて、ゴミ拾いをしている。ひとつずつゴミを拾いあげ、それを八時間続けなくてはならない。

ある意味、新しい休日の過ごし方だった。言ってみればミサのようなもの。神の光はなく、堕落した、罪滅ぼしをするミサだ。キャンディの包み紙やタバコの吸い殻のひとつひとつが、ロザリオのビーズだ。

アヴェ・マリア、恵みに満ちた方……。

セミトレーラーやＳＵＶがすごい速さで横を通り過ぎていく。カールした髪がバサッと目にかかり、古い新聞紙やコーラの缶が風で雑草のように吹きとばされ、私たちはそれを中央分離帯のところまで追いかけていく。昨夜の武勇伝や自分がおかした犯罪のことをみんながひそひそと語りあっているなか、私はひとりでうつむいて、ゴミ袋を早くいっぱいにしようと必死に作業した。私はほかのみんなとは違う。ちょっと判断を間違えただけだ。危険なことで有名なサンフランシスコの通りで、車の操作を誤っただけだ。そんなこと、誰にだってあることだ。

シリコンバレーは急速に成長していた。ひとつのスタートアップ企業が、上場するなり一夜にして巨大グローバル企業になることもあった。カンパリとＳＫＹＹで国際的な仕事をしてきた私の経験も価値のあるものになり、毎週、ヘッドハンティングの電話がかかってくるようになった。辞めていった人のことは誰も口にしなかった。ただ、ここでの役職よりも低い職位についた人のことだけは、終業後にジョークのネタにされたりしていた。会社からの支給品でハイになった私たちには、ウォッカが好きなだけ飲める特権があるこの会社を辞めるなんて、考えられなかった。それに、私はＳＫＹＹに忠誠を誓っていた。私がアメリカにいられるように手を尽くしてくれた企業を去るのは、裏切りだと感じていた。

でも、その輝きは失われつつあった。規制当局――アルコール・タバコ・火器及び爆発物取締局――に起訴されたことで、自分が売り歩いている商品がとても危険なものであることがわかるようになったからだ。たしかに車で歩行者をはねはしなかったけれど、気づかないうちに人を殺していたかもしれないのだ。自分自身を殺していたかもしれないし、生活も立ち行かなくなったかもしれない。驚くことに、ＳＫＹＹにいる間に、私は三つの依存症になってしまっていた。アルコール依存症、仕事依存症、そしてセックス依存症だ。ＳＫＹＹというファミリーに順応するために、それなりの代償を払っていたのだ。

わが身を振り返って、自分の行動の責任をとろうと考えたり、こうなった原因を考えたりするよりも、前に進むほうが簡単だった。だから、人材スカウト業者からの電話に出るようになり、福利厚生や社員への手当など、魅力的な話を聞くようになった。本物のドットコム企業の役員になれるかもしれないと想像した。いままでの自分をどうにかするのではなく、新しい自分になれるかもしれないと。

友人のシュリーンが、ハロウィンの夜に小さなパーティーを開いた。私は三か月間の社会奉仕活動を終え、免許停止の処分も終わったところだった。でも、真面目くさってパーティーに行くのはつまらないし、ゾッとする。お酒が飲めないとしても、せっかくの祝日なのだから、何かちょっとした楽しみが欲しい。ハロウィンの仮装をして何かの役になりきれば、お酒の誘惑に打ち勝てるかもしれない。

「マドモアゼル・シルヴィアです。なんなりとお申しつけください」シュリーンがドアを開けると、下手なフランス語のアクセントで、はずむように言った。「クローゼットのお掃除も承ります」

「まあ、シルヴィア。きれいな脚だこと！」シュリーンがヒューと口笛を鳴らした。私はサッカーをやっていたけれど、脚は細かった。マドモアゼル・シルヴィアはセクシーなハウスキーパーだ。私は突きだした脚を、羽根ばたきでなまめかしくなであげた。

シュリーンの後ろから歓声が飛んできた。人いきれのするリビングルームに入っていくと、天使に目が釘づけになった。

ふわふわした光の環をつけ、きらきらした星のステッキをもった天使がいた。情熱的な、ヘーゼル色の瞳をしている。日に焼けた褐色の肌をしていて、ダーティブロンド〔色の濃いブロンド〕の髪が肩のあたりで軽くカールしている。コスチュームはちょっと変わっているけれど、これぞアメリカン・ビューティという感じの女性だった。フリルなどついていない、ラルフローレンのヴィンテージものを着ている。ロゴマークのカウボーイがよく似合っている。なんの屈託もなさそうに満面の笑みをたたえ、輝くような白い歯を見せている。隠すことなど何もない、といった表情だ。

すっかり彼女に見とれていた私は、彼女が私の脚を上から下まで眺めていたことに気づかなかった。彼女はピアスをつけた眉を少し上にあげて、見覚えのある視線をちらりと向けてきた。私と同じような視線。あなたもそうなんだね、という視線だ。

「シルヴィア」彼女はそう言って、星のステッキで私の羽根ばたきを軽く叩いた。「世界は狭いよね」

私は不安気な顔をしていたに違いない。彼女はお腹を抱えて笑いはじめた。

「心配しないでいいよ。〈レッド・デビル〉で会ったんだっけ？　それともオゾマトリ〈ロス・アンジェルスを拠点に活動する人気バンド。日系人を含む多様な人種からなる〉のコンサートだったたっけ?」

「ああああ、思い出した！　ごめんなさい。仕事でいろいろな人に会うものだから。顔と名前がなかなか覚えられなくて」それは嘘ではなかった。

彼女がウィンクをすると、小さな銀色のピアスが右眉の上できらりと光った。「私はローリ」

ああ、なんてことだろう。あのときの、革ジャケットを着た女性だ。心臓がドクンとした。一か月ほど前、オゾマトリのコンサートで少し挨拶を交わしたんだった。あのときの彼女は黒のライダースジャケットを着ていた。私が憧れていた、周りに関心がなさそうな反逆児タイプ。彼女みたいな女性に話しかけるときは、いつも何杯かお酒をひっかけなくてはならなかった。お酒の力がなければ、とてもそんな勇気は出なかった。だから、お酒を飲まなくなったいまは一夜かぎりの関係をもつこともなくなっていた。

あのときは彼女をダンスに誘おうとしたんだった。でも、やんわりと断られ、会話にもつまずき、彼女が何を考えているのか必死に読みとろうとしていたのだった。ストレートみたいに見えるけれど、もしかしたら同性愛者かもしれない。というか、そうであってほしいと思っていた。とにかく、その晩は答えを得られなかったのだ。でもいま、その彼女がここにいる。天使の格好をして、同性愛者のパーティーに。

セクシーなフランス人メイドは中南米のメロドラマによく出てくるけれど、じつは万国共通のファンタジーなのだとわかった。私の衣装、とくに羽根ばたきは、いかがわしいパーティーグッズだった。

真夜中になるころ、酔っぱらった人たちがいっせいに大声で言いはじめた。「これでおひらき！」おひらきと言っても、次に行こう、という意味だ。ネオンサインがジージーと音をたてて点滅し、窓もなく、タバコの煙が充満している深夜営業のクラブへ。

「私が運転する！」私は声をあげた。酔っぱらっていないし、今回は責任のある行動ができるのだ。誇らしい気分だった。私の黒いジェッタに六人が乗りこんだ。カップルが二組と、ローリと私だ。

ダンスフロアに行くと、カップルたちはどこかへ消えてしまった。ローリと私は、次々と声をかけてくるストレートの男性をかわすというゲームをした。ローリは私の近くにいて、音楽に合わせてシャウトしている。彼女はデンバーで生まれ育ち、サンフランシスコに落ち着く前は東海岸に住んでいたという。飲食業界の専門誌のジャーナリストをしていて、いま注目が集まっているオーガニック食品の取材に力を入れているらしい。「でも、ほんとは小説を書きたいんだ」彼女がいたって真剣に、信念をもって語るのを聞いて、私はいままでにないような興奮を覚えた。健全な興奮だ。

私もこれまでの人生のことを、ぽつりぽつりと話した、と思う。でも、覚えているのは彼女が身につけていた貝がらのイヤリングだけだ。それから、自分の熱い息。彼女の顔が私の顔の近くに寄るたび、彼女が私の下手なジョークに笑いながら私の耳たぶをかむたび、頬の産毛がビリビリとした。

酔っているとき、私の性衝動はむき出しの激しい力になって、たったひとつの目的を目指す。でも、酔っていない私の体は、新しい感覚で満たされていた。ローリがしゃべるたび、脚の間に感じていた興奮が背骨を駆け上がり、骨をピリピリと震わせて衝撃を与えた。

そのとき、ビヨンセが歌う「ノーティ・ガール」のセクシーで印象的なリズムがクラブ内に鳴り響いた。今回は、ローリを無理にダンスに誘わなかった。でも、ローリのほうが私の手をつかんでダンスフロアに連れていった。

私たちはゆっくり体を動かしはじめた。心もほぐれ、セクシーな気分になって、体をぴたりと寄せあった。私は昂ぶる気持ちを抑え、落ち着いて言った。「キスしてもいい？」彼女は片方の眉毛をセクシーにくいと上げた。銀色のピアスが、紫色のライトでキラリと光る。ローリは私を受け入れてくれた。


初めてのデートで、私は彼女をペルー料理のレストランに連れていき、基本的なペルー料理をあれこれと頼んだ。魚介類のマリネ、ロティサリーチキン、そしてもちろん、ロモ・サルタード。ペルー人がそのレストランを評価する決め手として頼む料理だ。会話は自然にはずんだ。

「すごく仕事熱心なんだね」夢中になって仕事の話をする彼女に、私は言った。

「セクシーな仕事じゃないけどね」ローリが言った。「でも、私たちがこの業界を変えてみせるって思ってる。いまは廃棄される食品が多すぎる。でも、誰もそれを変えようとしない。変化を起こす人が必要なの」

私はうなずきながら、ジューシーな牛ヒレ肉にフォークを突き刺した。ローリは話しながら、まっすぐにこちらを見つめてくる。誘惑しようとしているのではなくて、本当の私を見ようとしているみたいに。

「たとえばね」彼女はインカコーラをがぶりと飲んで言った。「この間、タイソン・フーズについての記事を書いてたの。チキンで有名な。知ってるでしょ？　そしたら、なぜかあの会社、私に試食用のチキンを五十キロくれてさ。いま思うと、きっと私を買収しようとしてたんだね！　そんなにいらないけど」彼女は笑った。「で、私はひとりでチキンの入った巨大なパックをあわてて車に積んで、腐らないうちに、手近なホームレス・シェルターに届けに行ったの」

「それはすごいね」正しいことをしたいという彼女の純粋さに、あらためてうっとりした。「あなたに初めて会ったとき、あなたがどんな人か必死に読みとろうとしたんだ。あのジャケットを着てるってことは、たぶん同性愛者だな、って」

「革のジャケットで判断しないほうがいいよ。男性でも女性でも着るし、そうでなくちゃ困るもの」

「そうね。私のミス」

「じつは、私はバイセクシュアルなの。これまでふたりの女性と暮らしたことがあるし、ボーイフレンドとは別れたばかり」

私も男性と付き合ったことがあるけれど、女性のときとは違う心の痛みが残った。女性の場合、少なくとも相手は同性愛者の世界にとどまっているはずだ。どこかでもう一度会うこともあるだろうし、運命とタイミングが合えば、また関係を再構築することもあるだろう。でも、別れた男性はもう二度と戻ってこない。ストレートの人の世界に飲みこまれていくのだから。また男性を愛せば、その先も男性を愛していくしかなくなる。でも、ローリはもっと自由に見える。だから、私は彼女を信じたいと思った。何かが私を強く彼女のほうへ駆り立てた。親しみを感じるからとか、安心できるから、といったこと以上の何かがある。私の人生にぽっかりと空いた穴を埋めてくれるだけではない、何かがある。ハワイには「七世代前からの先祖がすべて、自分の背骨の中に生きている」という言い伝えがあるそうだ。もしそれが本当なら、私の背骨の中の先祖たちが目覚めて踊りながら、私はいるべき場所にいるから大丈夫、と言ってくれているような気がする。だから、この関係を壊してはいけない、と言っているような気がする。本当に先祖がそう言っているなら、何も言わずにこの直感に従おう。ローリがなんと答えようと、彼女の答えを受け入れる覚悟はできている。

「しばらくは、ひとりでいようと思ってる」ライスを一さじ口に運びながら、彼女が言った。「というか……そうしようと**思ってた**」彼女が私を上目づかいに見た。ヘーゼル色の瞳が、穏やかな光をたたえて青みがかった緑色になった。

　運命というものを信じたのは、これが初めてだった。

　夕食を終えたあと、私たちは食べきれなかったチキンとライスを入れた大きな容器を手に、通りをぶらぶらと歩いた。残り物の料理を持って、彼女を私の家に連れていこうと決めていた。マーケット通りを歩いているとき、灯りの消えた建物の戸口にしゃがみこんでいる男性の横を通り過ぎた。街灯の明かりで、その男性が毛布にくるまっているのが見えた。顔は垢で黒ずんでいる。その男性が声をかけてきたので、私は急いでその場を通り過ぎようとした。でも、ローリは立ち止まり「ちょっと待ってて」と私に告げると、残り物の料理が入った容器をつかんでその暗がりに走っていき、それを彼にあげたのだ。

　こんな女性に、私は何をしてあげられるだろう。ホームレスに食べ物を分けてあげるために立ち止まるような女性に。仕事中に大量のチキンのパックをシェルターに運ぶような女性に。彼女は、いつも外の世界のために動いている。いま地球に何が必要か、コミュニティには何が必要か、考えている。世界をよくしようと働いている。それにひきかえ、私はただお金を得るため、そして会社への忠誠心だけで働いている。しかも、それは、どんなに大変でも笑顔でいる、というゆがんだ忠誠心だ。会社の仲間を落胆させてはいけないという忠誠心だ。それに、トラウマや依存症のせいで、心の内側はいつまでたっても冬のままだ。私も自分の殻を破ってみたい。なんの見返りも求めずに、ほかの人のために何かをすることがどういうものなのか、知りたい。

それからの六か月は至福のときだった。

いちばん下の弟のエドゥアルドが最近アメリカに移住してきたので、サウス・オブ・マーケット地区の、イレブンス通りとハリソン通りが交わるところにあるロフトに一緒に住むことになった。午前中、エドゥアルドは宝石店のガードマンとして働き、ローリと私は、ローリの部屋と私の部屋を行ったり来たりするようになった。秋が過ぎ、暗くて長いサンフランシスコの冬がめぐってきた。日曜のブランチが、一週間の中でいちばん好きな時間だった。

ローリにはとっておきのレシピがあって、ミルクとパンとベイクドポテトを使って、よく絶品のフレンチトーストをつくってくれた。彼女が料理をしている間、私たちはミモザを飲み、彼女のお気に入りのアル・グリーンの曲を聴いた。ローリはそれほどお酒を飲まないので、彼女の影響で、私も節度をわきまえて飲むようになった。自分がときどき軽く飲むだけの人に生まれ変わったのだと思いこんだ。一杯でじゅうぶん、という人になったのだと思いこんだ。ローリは私の飲酒運転のことを知らないし、私の酒癖がどれほどひどかったかも知らない。私の秘密は何ひとつ知らない。私は新しく出直したのだ。だから、私たちの関係もそれにふさわしいものでなくてはいけない。だらしない関係も、記憶をなくして救急救命室で目覚めるような日々も、もう終わりだ。

食事をしていると、ねっとりしたアルの歌声が、部屋を官能的なムードで包みこんだ。ダンスをしようと思い、ローリを椅子から立たせてリビングに連れていく。天井まである大きな窓から、サンフランシスコ湾の午後の光がキラキラと差しこんでくる。私は頭を彼女の肩にもたせかけながらダンスをする。そのままずっと頭を彼女にあずけたままでいることもあった。このまま身をまかせていよう、と思いながら。

ローリにリードをお願いするときもあった。「Let's Stay Together（一緒にいよう）」が彼女のお気に入りの曲だった。陽が傾くまで、ローリはその曲を何度も繰り返しかけた。アルは私の言いたいことをぜんぶ歌にしてくれている、と思いながら、私も一緒に歌った。

関係が深くなるにつれ、ローリを失うことが怖くなった。朝、嫌な予感がして目覚め、ほかの人を――男性を――好きになったと電話がくるんじゃないかと思うこともあった。彼女は私が心の底で何を考えているのか、確かめようとしたことはない。いつも私のことをガールフレンドだと紹介してくれるし、外で手をつないでもくれる。でも、愛し愛されることを覚え、パートナーでいることを覚え、相手を見たり自分を見てもらったりすることを覚えてもなお、親密な関係を築くことへの恐怖がつねにあった。漠然とした恐怖が、ずっと渦巻いていた。一緒に何をしていても、それが心の奥深くを流れていた。とくに、ローリが夢中になっていた「バーニング・マン」というイベントに一緒に行こうと言われたときには、その気持ちが強くなった。彼女は、私たちの関係がより燃えあがって深まるはずだ、と言うのだけれど。

バーニング・マンは、毎年八月の終わりから九月のはじめに、ネヴァダ州の人里離れた砂漠で開かれるフェスティバルだ。このフェスティバルは、一九八六年にひとりのアーティストがサンフランシスコのベイカー・ビーチで、男性をかたどった二・四メートルの木像（ザ・マン）を燃やしたことから始まった。

これは反体制的な運動だった。それが二十年たつうちに、奇怪なアートのフェスティバルとして巨大化し、毎年開催されるようになった。砂が吹き荒れる土地で、商業とは無関係な時間を過ごしたいという強者どもが、世界じゅうから何千人と集まってくる。ドットコム企業に勤める人も、アーティストたちも、自分の中にいるもうひとりの自分を砂漠の真ん中で解放しようと、このフェスティバルのために一年かけてお金をため、計画を立てる。彼ら参加者は、自分たちのことを〝バーナーズ〟と呼ぶ。ローリは彼らのことを家族だと思っていた。

バーニング・マンの会場には大きなキャンプもあって、彼女はそのキャンプの運営を手伝っていた。一年がかりで計画を立て、キャンプをつくり、次の年のための資金を募る。バーニング・マンでは個性的な彫刻やアート作品が並べられ、参加者の中には、ボディーペイントをして羽根飾りをつけたトップレスの女性や、アイライナーをばっちり引いた女性的な男性もいる。募金活動をしているのは、そういうバーニング・マンの雰囲気を体現したセクシーな人たちだ。物腰がやわらかくて夢見がちな、フェミニンな男性といえば、ローリのようなバイセクシュアルの女性にはぴったりの相手だろう。バーナーズの多くはＩＴ企業の役員など裕福な人たちだ。社会的な価値と、自由の思想と、富と、ベイエリアのＩＴバブルのおかげで、バーニング・マンは資産をもったヒッピーたちのフェスティバルになり、おおいに関心を集めた。かかわりたいような、かかわりたくないようなところだ。

その春、朝方に霧がたちこめる季節から、しだいに日が長くなる季節に変わるころ、ローリが一緒にバーニング・マンに行こうと言いだした。バーニング・マンはあなたを変えてくれるから、と言う。行く意義があるだろうかと考えてみたけれど、ポリアモリー（複数恋愛）を経験したいという気持ちはさらさらなかった。ローリにとってバーニング・マンは模範的なユートピアで、資本主義の世界であわただしく毎日を送るいまの生活を変えてくれるもののようだった。本当の愛とは何か学べるところだから、と彼女は言う。でも、やっぱり、ドラッグでハイになって乱交するパーティーなのではないかという気がしてならなかった。そんな自由を手にする必要があるだろうか。

それに、私は夢だったドットコム企業に転職しようと頑張っているところだった。テクノロジーの先端企業で仕事を得ることができれば、この自堕落な生活を変えることもできるだろう。ローリにとってバーニング・マンがそうであるように。テンポの速い業界に入れば迅速に仕事をこなさなくてはならないだろうし、いつでも最先端の思想をもつことを心がけるようにもなるだろう。私にとっては、それが成功したという究極の証になる。

春が終わり夏が始まるころ、私はバーニング・マンに行くつもりがあるようなそぶりを見せながらも、うやむやのままにしていた。この話が立ち消えになればいいのに、とひそかに思っていた。でも、はっきりと断るのは怖かった。彼女にとって、そのコミュニティはとても大事なように見えたし、アイデンティティの一部のようだったけれど、そこにいる彼女の姿を見たくなかったし、直視することもできそうになかった。でも、私が行かなければ、彼女の一部を失うこともわかっていた。

二〇〇五年のゲイ・プライドのパレードは、六月の最後の週末に行われた。この日、下着のデザイナーをしているリッチなゲイの男性が、私たちをパーティーに招待してくれた。彼はゴールデンゲートブリッジが一望できる、豪華なペントハウスに住んでいた。パーティーに出かける支度をしているとき、私はローリのベッドに腰かけて、彼女が洋服の山の中から今日の服を選ぶのを眺めていた。ローリのクローゼットには、バーニング・マンで手に入れた毛皮やら、鳥の羽根やら、キラキラした白いゴーゴーブーツなどが詰まっている。彼女のプライドそのものだった。

「違う、これじゃない」そう言って、ローリはチュチュとボディチェーンを放り投げた。私は八年前に初めてゲイ・プライドに参加したときの自分を思い出した。二十二歳と若く、女性にキスをするのはどんな感じなのだろうと思っていた。自分にまとわりついていた通念を捨てられたことが嬉しかった。体いっぱいに喜びを感じ、いままで知らなかった自由と心地よさを知った。ここなら自由でいられると思って、サンフランシスコに来たのだった。三十一歳になろうとしているいま、私はその喜びと自由の感覚を思い出そうとしている。でも、何かがそれを阻んでいた。

ヒョウ柄や金メッキの装飾がたっぷりとほどこされたペントハウスは、映画『ブギー・ナイツ』のようだった。裸同然のダンサーが踊り、エクスタシーやコカインがあちこちで使われていた。みんなヴーヴ・クリコを浴びるように飲んでいた。

ゲイの男性が集まる最大のパーティーは、パレードが行われる日曜日の前日に開かれる。これまでたくさんのパーティーに参加してきたけれど、ＳＫＹＹのパーティーとはちょっと違った。まず、女性はほとんどいない。ローリと私と、友人のアン。それから数人のレズビアンだけ。あとは中性的な男性と、その男友だちだ。ストレートの男性は、この日だけゲイの仲間入りをする。

ざっと会場を見まわしていると、ローリが私を洗面所に引っぱっていき、淡い青色をした丸い錠剤を私にくれた。ハトの絵が刻印されている。小さくて神聖な錠剤だ。ローリも自分用の一粒を手に握っていた。汗ばんだ手のひらに青い色がついている。

「覚悟はいい?」目を輝かせながら彼女が言った。

「覚悟も何も……」私は肩をすくませ、どぎまぎしながら笑った。私たちはエクスタシーの錠剤を口に放りこみ、シャンパンで流しこんだ。頭上のシャンデリアが、ビート音で震えていた。

ローリは私にセクシーなネグリジェを着せ、自分は真っ白な上着と、どぎついピンク色の帽子をかぶった。私たちは洗面所を出てリビングへなだれこんだ。ダンスフロアではミラーボールが回り、上半身裸の人たちが、キラキラした体をくねらせて踊っている。アンがローリをダンスフロアに引っぱっていった。私はシャンパンで喉の渇きをうるおそうと、まっすぐにバーへ向かった。冷たくキリッとした泡が静かに喉を落ちていく。私は一杯、また一杯と飲みながら、恍惚とした瞬間が訪れるのを待った。

五分ほどたっただろうか。いや、もしかすると一時間ぐらいたっていたかもしれない。ふと振り向くと、アンとローリがブラ一枚になって、スピーカーから流れてくる音楽に合わせて踊っていた。男たちがふたりを囲んでいる。ずるそうな顔をした女っぽい男たちが、ふたりに引きつけられたように、顔をにやりとゆがませている。ひとりの男性が暖炉の上に置いてあった花瓶から薔薇の花を一本とり、ローリに渡した。ローリは花びらをむしりとって投げた。花びらがその男性の顔にピンク色の雨のように舞い落ちるのを眺めていた私は、脚がこわばった。怒りと嫉妬と喪失感がこみあげてきた。ローリはすぐそこにいるのに、私は触れることができない。私は彼女を失おうとしている。彼らに奪われようとしている。でも、私から先に別れを告げれば、失うことにはならない。

朝の六時、私たちは体を引きずるようにエレベーターに乗りこんだ。頭の中で鐘が鳴っているかのように、ぐわんぐわんと頭痛がする。体は濡れた絨毯のように重い。

「なんか、もうどうでもよくなった」私はぼそっと言った。

「どういう意味？」ローリの顔は汗で光っていた。色白の頬が赤く染まっていて、完璧な美しさだ。そう、彼女は完璧だった。完璧すぎた。そして自由だった。

「楽しめなかったの？」ローリは息を切らしながらそう言うと、ビルの玄関のドアを押し開けて外に出て、ほの暗い朝の空気の中で伸びをした。

タクシーを呼びとめてふたりで乗りこむと、ローリは「うー」とか「あー」とか言いながら、サンフランシスコ湾に昇る朝日を見ていた。私は黙ってすわったまま、深く物思いに沈み、考えをめぐらせていた。タクシーを降りるころには、自分がすべきことがわかっていた。

「私にはわかる」彼女にというより、自分に向かってつぶやいた。言葉がヘドロのようにドロッと口から出てきた。「あなたは遅かれ早かれ、私のもとから去っていく」

ローリがこちらを振り向いた。夜明けのような、期待に満ちた喜びが浮かんでいた彼女の顔が、私の言葉を聞いて暗く沈んでいった。「いま何て言った？」

彼女の美しい顔は、私の心を落ち着かせるどころか、怒りをかきたてた。

「ごめん、ローリ。楽しい経験だった」こんな言葉が自分の口から出てくるなんて信じられなかった。ロボットが発するような冷たい言葉だった。「でも、もう続けるのは無理」

「楽しい経験？」ローリは吐き捨てるように言った。涙を浮かべた目を大きく見開いて、私を見つめる。

「うちの鍵を返して、シルヴィア」彼女は意外にも冷静に言った。私は彼女の言うとおりにし、キーホルダーから彼女の部屋の鍵をはずして返した。

ショックを受けたように、ローリは手の中の鍵を見つめていた。そのあと、何も言わずにドアを開けると、建物の中に入っていった。私は彼女が遠ざかり、こちらに背中を向けたままエレベーターに乗りこむのを見ていた。彼女の姿がだんだん小さくなっていく。やがて銀色のドアが閉まり、見えなくなった。

ローリは行ってしまった。

自分が何をしたのか、まだよくわかっていなかった。打ちのめされたような気持ちではなく、正しいことをしたのだという気持ちでいた。ひどい失恋をしなくてすむようにしたのだ、と思っていた。今回ばかりは、道義的な行動をしたのだ、と思っていた。でも次の週末、私は浴びるようにお酒を飲んでいた。

記憶をなくしたことならいくらでもある。こんな飲み方をするのは、私にとっては別に珍しいことではない。バーのはしごをして土曜の夜を過ごすのも、かつての私と同じだ。知らない人の家で記憶を失うのも、以前と同じ。

その日曜の朝は違った。弟のエドゥアルドが宝石店の仕事に出かけるときに、ロフトの入口でうつぶせに倒れている私を見つけたのだ。エドゥアルドはしゃがんで、私の腕をつかんで揺すぶった。「シルヴィア！　どうしたの？　大丈夫？　息はできる？」

「ううう……」私はひじをついてなんとか体を起こし、顔についている吐しゃ物をぬぐった。口からは、もわっとした不潔な息が出てくる。テキーラのにおいと、酸っぱいにおいの混ざったような息だ。冷蔵庫に入れ忘れたドレッシングのにおい。自分の息のにおいをかいだら、また吐き気がこみあげてきた。でも、こういうことは以前はよくあった。覚えがある。少なくとも、自分はかつてこういう人間だった。この次はどうなるかも、わかっている。

「気分が悪い。横になりたい」グダグダと私が言い、弟が私を部屋まで連れていってくれる。一階にある洗面所の壁や床には、吐しゃ物が飛び散っている。大きな洗面所だから、まだまだ吐いても大丈夫だ。

うつぶせでベッドにドサッと横たわり、窓を見つめて昨夜の記憶を取り戻そうとした。エドゥアルドが心配そうに何か言っているのがぼんやりと聞こえる。しばらくすると、ブーツの足音が遠ざかっていき、ドアの鍵が閉まる音が聞こえた。飲んだ翌日の、謎解きの時間だ。でも、それをするには疲れすぎていた。睡眠不足や、お酒をたくさん飲んだせいではない。心が疲れきっていた。走るのに疲れ、よかったことを忘れるのに疲れ、壁を壊して前よりもっと高い壁を築くのに疲れていた。秘密をたくさん抱えているのにも疲れ、もう何が秘密で、何がそうでないのかもわからなくなっていた。だから、誰にも何も言わなかった。念のために。

酔っぱらって宝探しをしたあとの結末は、いつも同じ。ベッドの上に倒れこみ、テキーラのにおいが残った酸っぱい息をして、ひとりで後悔にさいなまれる。いつもそうだ。そしてそのあとは、長く、悲しい日々が続く。でも、この日の朝は、いつもと違った。目撃者がいた。私の大好きな弟が、いつまでも愛して守りつづけると誓った弟が、吐しゃ物にまみれてうつぶせに倒れている私を見つけたのだ。家族の誰も、私のこんな姿を目にしたことはない。エドゥアルドは私を尊敬してくれていたのに、もうだめだろう。尊敬してくれるわけがない。

私は、これまでまったくしなかったことをした。家に電話をかけたのだ。

「もしもし、母さん?」

「アロー?」母の温かい声が響くのを聞いて、私は涙が出そうになった。

「母さん、助けて。お酒を飲みすぎて、どうしようもないの。もう無理」

「シルヴィア、わかってる」母が言った。「エドゥアルドから聞いた。あなたはもうじゅうぶん頑張った。家に帰ってきなさい。フランシスが相談にのってくれるから」

いとこのフランシスは、親族で唯一、医師になった人だ。アマゾン川流域のタラポトという小さな都市で研修医をしていた。そこで彼は、ジャック・マビットというフランス人の医師と友だちになった。ジャックは、アヤワスカの精神的な効用について研究している著名な研究者だ。アヤワスカは先住民の間で古くから用いられている薬で、ジャングルに生えている植物のツルをチャクルーナの葉っぱと一緒に煮出したものだ。チャクルーナにはDMTと呼ばれる幻覚作用のある物質が含まれている（「魂の分子」とも呼ばれている）。DMTは人間の体内にもあるけれど、その役割については、研究者や霊媒師の間で議論が分かれている。ある研究者によれば、死ぬ直前にこれまでの人生が映画のように目の前によみがえるのは、この化学物質が放出されるからだという。また、DMTには人間を死の向こう側へ連れていく作用があるので、幸運な人は、それを経験したあとの人生が違って見えるという。

先住民が使っていたこの薬が、サンフランシスコのヒッピーたちによって再び使われるようになっていた。ローリと交流のあったバーニング・マンのスタッフの多くも、これを使っていた。けれど、フランシスによると、アヤワスカは遊び半分で飲んでいい薬ではないという。古くから伝わっているもので、経験豊富なシャーマンのもとでのみ服用できる向精神薬なのだ。クランデロ（呪術医）とシャーマンは、精神的な苦痛を癒し、意識を解き放つためにアヤワスカを使う。シャーマンたちの歌をとおして、アヤワスカのツルがメッセージを伝えてくれると言われている。

フランシスは以前、保守的なカトリック信徒の母にも、アヤワスカの儀式をしてくれたことがある。母はトリップ状態になって、自分が十四歳のときに殺された父、フランシスコの幻を見たそうだ。父親と会話をしたことで、母はこれまでけっして癒すことのできなかった傷を封印することができたという。幻覚を見せてくれるツルのおかげで母が心の傷を癒すことができたのなら、きっと私にだってできるだろう。これまで家族が口にすることもはばかられ、どうすることもできなかった傷を癒せるかもしれない。

これまで、ありとあらゆることをやってきた。新しい国に行き、新しい仕事をして、新しい関係を築き、新しいアイデンティティを見つけた。お酒でいろいろなことを忘れようとして、あやうく牢屋に入れられそうになり、誰かを殺しそうになり、自分も死にそうになった。これだけやってもだめだったのだから、もうあきらめるしかない。すべての問題が始まった場所へ、戻るしかない。

「わかった、母さん。考えてみる」

次の週、イーベイから、企業向けの融資を担当する仕事をしないかと誘われた。聖母マリアのお導きだ。やり直せるチャンスがきた。ローリはいなくなってしまったけれど、彼女の影響で、私はさらに多くのもの、多くの意義を求めるようになっていた。

九月六日からイーベイで働くことになった。くしくも私の三十一歳の誕生日だ。ＳＫＹＹを退社することには後ろめたさがあったので、辞める四週間前まで引っぱって辞表を出した。イーベイでの仕事をはじめるまでに一週間の余裕があったので、ペルー行きの航空券を買った。いま帰らなければ、二度と帰れないかもしれない。

依存症から立ち直るための第一歩は、自分はその物質に対して無力なのだと自覚し、より大きな力に身をゆだねることだという。たしかに、役に立ちそうな気はするけれど、私にとって神様はまだ漠然とした存在だったし、セラピーは本当に問題を抱えている人が行くところだと思っていた。だから、私にとってはアヤワスカを飲んでみることが、大きな力に身をゆだねる方法だった。儀式に備えて身を清めるため、フランシスは私に、食事と、お酒と、セックスと、甘いものを、三週間禁じた。

土曜日の夜、リマ郊外のプエンテ・ピエドラに隣接する労働者の町カラバイヨで、フランシスが有名なシピーボ族の聖職者であるマリアと一緒に、アヤワスカの儀式をしてくれることになった。この町には、エメリタおばさんがフェリペと一緒に住んでいる。儀式には少なくとも二、三時間かかるらしい。

私は両親と一緒に真夜中にフランシスを迎えに行き、そこから長い時間をかけて車で移動した。儀式を行う場所は遠い田舎にあるのだと、フランシスが教えてくれた。彼はとても真剣な顔をしていた。あの植物はじゅうぶん気をつけて扱わないと、精神的なダメージを負ってしまうんだ、と彼が言った。車内は重苦しい沈黙に包まれた。私たちは黙ったまま、ずいぶんと長い時間、暗い道を走った。古ぼけた屋敷に向かって、じめじめした霊的な道を走っている自分たちの姿を想像したら、なんだか腹がすわった。まるで初めて自分自身に会いに行くみたいだ。両親の助けが必要だったので、ふたりは車の前の座席に乗っている。助けて、と両親に言ったのは初めてのことだった。

家族の間で、あえて口にしない言葉がある。「アルコール依存症」「小児性愛者」「レイプ犯」「虐待者」だ。私たちは、自分たち家族を悩ませてきた事柄について、婉曲的な表現を使ったり、言外にほのめかしたりするだけだった。はっきりと口にするのは、はばかられた。

騒がしいナイトクラブが並ぶ通りにくると、とつぜんサルサの音楽が車内まで聞こえてきた。列に並んでいる人もいれば、トラックほどの大きさもあるスピーカーから流れてくるトランペットと打楽器の派手な音に合わせて踊っている人もいる。この町では誰もが自由にふるまっていて、活気にあふれていた。車の窓ごしに通りを眺めながら、私は自分が踊っていたころのことを思い出した。私もあんなふうに自由に見えていたのだろう。でも、あのころの私は、手足の先まで深い悲しみを感じていた。

私たちはでこぼこした土の道に入っていった。

「ここです！　停めてください」大きな白い倉庫の前でフランシスが言った。

「え、ここ？」こんなところに来てしまって、ほんとうによかったのだろうか。どうも妙なことになってきた。よく考えてみたら、私の人生はここまで来るほど悪くなかったのかもしれない……と不安になる。

父が車を駐め、私たちは、裏にある大きな入口を入っていくフランシスのあとについていった。中はがらんとした空間になっていて、百個はありそうなキャンドルが灯っていた。その部屋の真ん中にある祭壇の隣で、シャーマンのマリアが神聖な紫色をしたクッションにすわっていた。ゆらめくキャンドルの光に下から照らされた彼女の顔は、部屋全体に神秘的なオーラを放っている。彼女の両脇には、ふたりの若い男性の助手がすわっていた。彼女の前には半円を描くように、小さなマットと、白いプラスチックの椅子と、毛布と、バケツが置かれた席が八つ用意されていた。フランシスによると、いちばん大変なのは嘔吐するときだという。でもそれも、浄化の一部なのだ。これまでだって、吐いたことはたくさんある。でも今回は、きっとものすごく吐くことになるのだろう。

私たち以外の四人は知らない人だ。みんなもう、黙って足を組んですわっている。知らない人と一緒に儀式をするなんて思ってもみなかった。みんな、これから起こることをよく知っているようだ。フランシスは私に、マリアの正面にすわるように指示し、自分は私の左側にすわった。母と父は私の右側だ。アヤワスカの儀式を両親と一緒に受ける人なんて、ほかにいるだろうか。

父は母と一緒にこの儀式を受けたことがあるそうだが、何も感じなかったらしい。母はどう説得して、父をまたここに連れてきたのだろうか。きっと、父の罪悪感に訴えたのだろう。私の受けた虐待について話そうとすると、いつも言いあいになって終わっていた。家族でセラピーを受けようと思ったことはないし、父が謝ってくれたこともない。

助手のひとりが銅鑼を鳴らし、その澄んだ音色が部屋の空気を震わせた。もうひとりの助手がレインスティック〔空洞になった木に種や雑穀を封入した楽器〕を振り、小さなビーズがたてる雨のような音が私たちに降り注いできた。マリアがシピーボ族の言葉で呪文を唱えはじめた。そして、プラスチックのボトルから泥のような液体をティーポットに注ぎ、お湯を加えた。そのあと、唇をすぼめてポットの上にかがむと、液体に向かって口笛を吹き、また呪文を唱えた。言い伝えによると、口笛を吹くことでアヤワスカの力が目覚めるのだという。

フランシスが私に、祭壇のほうへ進みでて、そのお茶を受けとるようにと合図した。小さなカップに入った液体をあおると、ドロッとした苦い液体が喉を通り過ぎていった。助手のひとりが葉っぱのついた枝をわさわさと振り、マリアは呪文を唱えつづけた。私に続いて母が飲み、続いて父が飲み、そのあとにほかの人たちも飲んだ。私はマットに戻り、フランシスに言われるがまま、横になって瞑想をした。

全員がお茶を飲み終えると、マリアは大きなタバコに火をつけて何度かふかし、煙を小さなロケットのように吐きだした。そのあと、祈りはじめた。彼女の小さい体の奥から聞こえてくるエンジンがうなるようなメロディーが、部屋全体を震わす。延々と続くチャントが私の意識を出たり入ったりする。私は目を閉じて毛布を足にかけた。美しいメロディーが部屋を吹き抜けていく。歌はレインスティックの音色と一体になった。私はマリアの声に没入した。

音楽がくねりながら私の体を駆けめぐる。アヤワスカのツルが私の体の中に広がっていく。私を導いてくれるのは、そのツルだ。マリアは仲介者にすぎない。イカロスと呼ばれるその歌は、シャーマンの体をとおして聞こえるアヤワスカの歌だ。たとえ言葉はわからなくても、その内容は魂で理解することができると言われている。

頬が赤くなり、ピリピリしはじめた。目を開ける必要はない。目がなくてもすべて見える。紫、赤、緑、オレンジの水彩絵の具が混じったような虹が目の前に現れた。そのまま眺めていると、虹はらせんを描きはじめ、やがて渦になった。マリアの歌に包まれながら、私はその渦に巻きこまれ、地球の中心まで落ちていった。静寂が訪れた。音楽は聞こえない。でも、明かりが見えた。そちらに向かって歩いていくと、その明かりは一軒の家からもれていた。両親の家だ。玄関のドアを開ける。つやつやした木の床はいつもきしんでいたことを思い出し、音をたてないように気をつけながら中に入る。床はきしまなかった。

部屋の隅に、小さな子がいた。誰だろう。目をこらした。怖さはまったく感じない。

近くまで行ってかがむと、その子は私に気づいて顔を上げた。どうやら泣いていたらしく、体がまだ少し震えている。写真で見たことのある女の子だった。髪の毛をふたつに結んでいる。ターコイズ色のジャージを着た小さな女の子。六歳の私だ。抱きあげると、その子は小さな体に力をいっぱいこめて、私にぎゅっと抱きついた。私は胸が震えた。その子をぎゅっと抱きしめると、涙があふれてきた。次に、お腹から熱いものがこみあげてきた。怒りだ。烈火のごとき怒りだ。誰かがこの子を傷つけたのだ。私は女の子をもっときつく抱きしめる。怒りから胆汁がこみあげてきて、喉もとが熱くなった。その幻覚が過ぎ去ったあと、仰向けに寝転んでいた私は、体を洗い流されたような、奇妙に安らいだ気持ちになった。すると、もう一度、その女の子が現れた。大人の私が、その隣に立っている。私がそこにいるかぎり、その子を離さないかぎり、誰も二度とその子を傷つけることはない。私たちふたりの胸には、同じ光が瞬いていた。私は身をかがめてその女の子を抱きしめて優しく揺らし、深い思いやりの心を、肌をとおして彼女に伝えた。その子の顔がしだいに温かく、明るくなっていく。

遠くで、何かがゴロゴロと大きな音で鳴っている。私たちは何かの入口の前でさまよっていた。私たち自身の入口？　足下の地面が震え、揺れている。何も見えなかったけれど、女の子が私の手をとってくれたので、私たちは歩きはじめた。空気はさわやかだ。周りには木々や草がまだらに、こんもりと生えている。地平線のほうで、何かが形をとりはじめていた。それがこちらに向かってくる。雷だろうか。

いや、違う。動物の群れでもない。岩だ。大きな岩。いや違う。山だ。まるで卵の殻を破るように、地球の殻を破って地面からぬっと突きでている。眼前に広がる広大な谷のまわりを、空を突き刺すような岩山が囲んでいる。高々とそびえ立つその頂は雲を突きぬけた先にあって、ここからは見えない。私たちは圧倒されながら、その光景を見ていた。ゴロゴロいう音がやんだあと、私は周りを見わたして安全を確かめた。でも、女の子は少しも怖がっていない。私の手をつかんで、谷のほうへと引っぱっていく。歩きながら、その子はいろいろなものに目をとめた。鳥を見ては嬉しそうにまばたきし、草むらに小さな昆虫がいれば、それを指さして歩いた。女の子の手はまだ温かい。リラックスしているようだ。平穏そう。私たちは、ただ歩いた。

また、音楽が聞こえてきた。わけのわからない言葉が聞こえてくる。

目を開けると、ペルーに戻っていた。私の隣のマットで体を揺らしている母の顔はやわらかで、どこか遠くに行っているような表情をしていた。母の隣では、父が大きないびきをかいている。口をだらりと開け、腕を胸の上で組み、昼寝をするときと同じ体勢をしていた。私はまた目を閉じ、耳に神経を集中させた。ゴロゴロと鳴って山になったのは、父のいびきだった。父のいびきが、私の幻覚の背景音になっていたのだ。おかしくて、つい涙が出るほど笑った。涙をぬぐったあと、私は大きなため息をひとつついて、マットにまた体を横たえた。マリアがたいているお香の白い煙が鼻をくすぐり、私はクスクスと笑った。

パロサント（香木）の香りを体いっぱいに感じた。クランデロによると、アヤワスカのツルは、自分が必要としているものを与えてくれるという。父に必要なものは、あきらかに睡眠時間だった。

アヤワスカは〝母〟とも呼ばれている。自分の真の姿を浮かび上がらせてくれるからだ。エベレストと同じで、この母はつねに優しく慈しんでくれるわけではない。でも、カラカラに乾いて堕落しきった私を、ペルーの辺境の地にあるこの壊れかかった家に連れてきてくれた私の母と同じように、アヤワスカは私に真実を告げようとしてくれていた。その声を聞くか聞かないかは、自分しだいだ。

ジャージの女の子。写真で見た女の子。思わず目をそむけたくなる、その弱い女の子を、私は長い間、心の奥に隠してきた。でも、山々を前にしたとき、私たちは平穏な気持ちでいられた。山は何かを象徴しているのだろうか。人生の山や谷を、もっとうまく越えていかなくてはならないという意味なのだろうか。

私たちの心は、底が二重になっている。心の底だと私たちが思いこんでいる、そのもっと奥に、何かを抱えていることがある。はっきりとしたものではないこともあるし、些細なことである場合もある。私が心のいちばん奥底に抱えていたのは、飲酒運転でも、失恋でも、一夜かぎりの関係でも、上司にレイプされたことでもなかった。弟に見られたことだ。私の心の傷を肉親に見られてしまったことだった。

あなたのインナーチャイルド——傷ついた子どもの心——と、もう一度つながりなさい、シルヴィア。それが、アヤワスカのツルからのメッセージだった。その子の痛みに耳を傾けなさい、と。その子は私に何かを見せたがっていた。心の傷の奥にある何か。それが何なのかわかったのは、二週間後にサンフランシスコに帰り、イーベイの新しいデスクにすわったときだった。

山はたんなる象徴などではなかった。

あの子は私に、どこか自由に歩きまわれるところへ自分を連れていってほしいと思っていたのだ。体を思いきり動かしたり伸ばしたりできるところへ。恐怖心を抱えているせいで目を向けることができなかった、さまざまなものを肌で感じることができるところへ。自由を感じられるところへ。アヤワスカは、母が抱えるいちばん大きな傷を癒してくれた。そして、私のいちばん大きな傷は、あの小さな女の子の身に起こった出来事だ。だから、私はあの子を——私の心のいちばん大きな傷を——ただの山ではなく、世界でいちばん大きな山に連れていかなくてはならない。

エベレストに。チョモランマに。世界の母神に。

第13章　テストステロン

チームにいる女性は私ひとりだった。しかも、遅れての参加だ。

アドベンチャー・コンサルタンツ社の食事用テントは、まるで水タバコのラウンジのようだった。でも、安っぽい装飾も、標高五千四百メートルのこの地では、目を細めて見ればそれなりに豪華に見える。明るい色をした造花の束が、テントの支柱に飾りつけられている。電気ストーブの周りの居心地のよさそうな場所にはサイケデリックな紫色の布がかかったエッグチェアが三脚並んでおり、ふたつの四角いダイニングテーブルには、明るい色の防水布がかけられている。

一方のテーブルはもう満席だった。白人男性ばかりで、ほとんどの人の頭ははげあがっている。彼らは互いにジョークを言いあい、大声で会話していた。男性を恐れながら人生の大半を生きてきた私が登山家という道を選んだなんて、自分でも変だと思う。エリートの登山家たちは、これまで私が見てきた中でも、最も原初的な男らしさをむき出しにした人たちなのだ。

みんなそれぞれ、自分の場所をすでに確保しているようだった。とつぜん、私は高校生のころのことを思い出した。教室のいちばん後ろにいたときのことを。ひとつ深呼吸をして、私は席が空いているほうのテーブルに近づいていった。

「どうも。シルヴィアです」そう言って、手を振りながら挨拶をした。「よろしく」

「やっと来たな！　大変だったろう」茶色の髪をして、オーストラリアなまりのある戦車みたいな男性が言った。「きみの分の食事をダニーにやろうかと思っていたところだよ」

テーブルが笑いに包まれた。私は気にしないようにしながら愛想笑いをした。でも、勇敢な女の子たち《カレイジャス・ガールズ》と別れてからの私は、歩く心臓みたいな状態だった。

「よろしく。ブライアンだ」その男性が手を伸ばしてきたので、固く握手をした。「どこの国のアクセントだろうと思った？　ニュージーランドだよ」ブライアンも七大陸最高峰に挑戦しているらしい。残るふたつは、エベレストとデナリ〔北アメリカ大陸の最高峰。六千百九十・四メートル〕だという。

「ぼくはロブ」真っ白な短いひげをはやした男性が言った。こっちもオーストラリアなまりかと思ったけれど、違った。ロブもニュージーランド出身だ。エンジニアで、いまはアデレードを本拠地としているらしい。エベレストに挑戦するのは、これで三度目だそうだ。「ここにすわりなよ。君にプレゼントがあるんだ」ロブはそう言うと、もうひとつのテーブルから空いている椅子を引っぱってきてくれた。そして、ビニール袋からコアラのぬいぐるみを引っぱりだした。

「私に？　ありがとう」私は緊張したような笑顔を顔にはりつけて、お礼を言った。「ご親切にどうも」ぬいぐるみをどうしたものか、わからなかったけれど、女性がひとりだけだと知って、きっと気をつかってくれたのだろう。ぬいぐるみがあれば、恐怖が紛れるだろうとでも思ったのかもしれない。たしかに、そういうときもあるかもしれないけれど。

夕食を待っている間、残りの男性たちが自己紹介をしてくれた。次から次へと速いスピードで名乗るので、ついていくのに必死だ。白髪がはげかかった男性が自己紹介をしてくれた。首には筋が浮き出ているけれど、筋肉はよくついている。

「もし、この暴れん坊たちがきみにちょっかいを出したら、すぐ国に送りかえしてやるからな！」その男性が大声で言った。

「トムじいさんにはじゅうぶん気をつけろよ。詮索好きだからな」ブライアンが冗談を飛ばした。

トムはただものではないことがわかった。かつてはアメリカ海軍の特殊部隊ネイビーシールズの、テロ対策などを担当するチーム6のメンバーだったという。ウルトラマラソンにも参加したことがあるし、世界一過酷なトライアスロンであるアイアンマンレースを二度も完走したことがあるそうだ。トムが自分の偉業を次々と挙げていくのを聞いていたら、自分がしだいに萎縮していくのを感じた。トムにとっては初めてのエベレスト登頂らしい。それでも、とても自信がありそうだった。

トムの次はゲイブ。オーストラリアの警察署長だ。自己紹介のとちゅうで急に立ち上がったかと思うと、サッカーボールでリフティングをしはじめた。「山頂でこいつを蹴ろうと思ってるんだ。ぼくらしいだろ。標高八千八百メートルでリフティングするなんて！」

「おい、危ないだろ。すわれよ」ブライアンが言った。ブライアンは七大陸最高峰に挑戦している人だったっけ……。顔と名前を覚えなくては。

次の人が立ち上がって自己紹介をしたとき、私は驚きのあまり口をあんぐりと開けてしまった。二メートルはあろうかという長身だったからだ。「ぼくはダニー。ニュージーランド出身だ。エベレストに挑戦するのは、これが二度目なんだ。最初に挑戦したのは去年。あの雪崩があったときだよ。ロブ――あ、コアラをあげた彼ね――も一緒だったんだ」

二〇一五年の雪崩事故は、エベレスト登山史上、最悪の事故だった。二十四人が亡くなり、小さな要塞であるベースキャンプも大損害をこうむった。その年の春は、ひとりも山頂に登ることはできなかった。登頂者ゼロとなったのは四十一年ぶりのことだ。

「あなたも雪崩に？」私は訊いた。

「埋もれたわけではないけどね」ロブが答えた。コアラをくれたロブだ。〝コアラ〟のロブと覚えよう。「でも、地震が来て、キャンプ1から動けなくなったんだ。その日は死を覚悟したよ」

私は低い口笛を鳴らした。「想像することしかできないな」

もうひとつのテーブルにいたのはジョン。イギリス人の投資家で、香港と東京——どちらも私が大好きな都市だ——を行ったり来たりしているという。上品な話し方と、角ぶち眼鏡をかけた風貌は、登山家というより大学教授のようだ。アドベンチャー・コンサルタンツのプライベートツアーに参加していて、リディア・ブレイディをガイドとして雇っている。リディアは女性で初めて、エベレストに無酸素で登頂した人だ。

最後に、ジョンの隣にいたマークが自己紹介をした。コネティカット州に住む大学教授だという。親切そうな人で、ほかの人たちよりも控えめな印象だ。優しさがにじみ出ている。威勢のいい人たちのあとだったからか、彼の存在がとてもありがたく感じられた。今回が、初めてのエベレスト挑戦だという。

マイクが食事用のテントに入ってきた。マイクにはプジャの儀式のときに、少しだけ会った。

「やあ、シルヴィア。ようこそ。これで全員そろったな」マイクはそう言うと、ニコッと笑った。彼の笑いじわは断層線のようだ。目じりの深いしわが頰のあたりまで続いている。

「どうも」私は落ち着いた声で言った。

「簡単に自己紹介してくれるかな」

「ええ。もちろん」私は誇らしげな笑顔を見せながら言った。咳払いをして立ち上がる。「今日までの十日間、勇敢な若い女性たちをベースキャンプまで案内してきました。私と同じように、性的被害を受けた経験のある女性たちです。このトレッキングは、自分の中にある強さに気づくことが目的でした。エベレストに来ることで、自分がいかに強い人間であるか気づいてほしかったんです。彼女たちはいま、山を下っているところです。そして、私はここから山頂を目指します。あなたたちと一緒に」話し終えると、みんなが拍手をしてくれた。

「すばらしい」上品なジョンが、眉をくいっと上げながら言った。そっけないイギリス英語のせいで、本心なのか皮肉なのかよくわからない。

「たいしたもんだ」特殊部隊のトムが言った。「きっと疲れてるだろう」

「信じられないよ。ぼくだったらそんなことはしないな」山頂でサッカーをすると豪語していたゲイブが愉快そうに言った。「これから最高の試合をしなきゃならないってのに。どこまで体力がもつか、お手並み拝見だ」

みんなが笑った。でも、ゲイブの言わんとしていることは私にもよくわかる。

「そうですね。頑張ります」私はニヤッと笑って言った。

彼の言うとおり。私は疲れきっていた。体だけでなく、心も。

若いシェルパがふたり、湯気のたっている食べ物と、大きなスープの鍋を持ってテントに入ってきた。

このチームのコックのテンディが、その晩のメニューを読みあげてくれた。フレンチフライ、ライス、レンズ豆のカレー、それからフライドチキンだ。

「オーケー。自己紹介はこれで終わり」ダニーが大きな声で言った。「お腹が減ったよ。さあ食べよう！」

ひとつ目のテーブルの人が立ちあがり、ビュッフェスタイルの料理を取るために列をつくった。私の前に並んでいたロブが、チキンをひとつ、私のお皿にのせてくれようとした。

「ありがとう、でもチキンは大丈夫」私はみんなに聞こえるように大きな声で言った。「私はベジタリアンだから」

「ああ、そうなのか」

「ええ。少なくとも山の上ではね。あなたは？」

「いままで、そうだったことはないね」

「ほかの人はどう？」私は列に並んでいる人を見わたした。

「ぼくも違う」

「ぼくには無理だなあ」

「肉食動物、参上！」

「ぼくは、血なまぐさいほうが好きだな」

遅れてきたうえに、たったひとりの女性で、しかもただひとりのベジタリアンだなんて。グルテンアレルギーでベジタリアンのレズビアン――「面倒くさい人」を意味する決まり文句のようだ。自分でも嫌になる。でも、そんなことを悩んでいる余裕がないほど、私はお腹がすいていた。料理に覆いかぶさるようにして油っぽいフレンチフライと、ライスと、レンズ豆のカレーをおかわりして食べた。シェルパたちは「レンズ豆のカレーを食べると、一日分の力がわいてくる」と言う。シェルパにとっていいものは、私にとってもいいものだ。

テーブルにつくと、テストステロン（男性ホルモン）をビリビリと感じた。私はさながら、酒場にいるアームレスラーを目の前にした、エネルギッシュなサバイバーだ。彼らの飛ばしあうジョークについていくのも大変で、すでに始まっている物語に途中から加わるようなものだった。私が女性たちの面倒をみている間に、彼らは高度順化をして、ルートや装備について話しあい、戦争の話——じっさいの戦争の話——などをしていたのだ。これからの六週間は、この人たちと張りあうことになるわけだ。

私は早めに食事を終えると、コートをはおった。「とても疲れてるから、ちょっと休むね」むわっとするテントから外に出て、暗く冷たい空気のなかを駆けていくと、パニックがやってきた。

みんな、ジェームズ・ボンドの映画に出てくる人みたいだ。お金持ちのイギリス人。警察署長。二メートルのニュージーランド人。海軍特殊部隊。それに比べて私はどう？　ああ、どうしよう。

勇敢な女の子たち《カレイジャス・ガールズ》を率いることすら恐れていた私がこんなところにいるなんて、信じられない。ほんの数時間前に味わった優しい空気がなつかしくてしかたない。この十年、大きな夢に向かって邁進してきた。「いつかエベレストに登る」と自分に言い聞かせてきたし、周りにも言ってきた。その〝いつか〟が、やってきたのだ。しっかりトレーニングをしてきたし、ここまでトレッキングをしてきた。スケジュールどおりにいかなかったり、心を痛めたりしたけれど、頑張ってきたつもりだ。それなのに、私はまだ準備ができていない。その〝いつか〟に意識を集中させていなかったからだ。

ジッパーを開けて自分のテントに駆けこみ、寝袋にくるまった。ダウンの寝袋に入ると、まぶたが重くなってきた。どうか、みんなが無事にゴラクシェプまで帰れますように。電話でみんなの様子を確認したいところだけれど、私の携帯電話はここでは使えない。食事用のテントに戻ることもできない。あれはとても優しい時間だった。いまはとても怖い。とても疲れている。とても……とても、疲れている……。

そのうち眠気がやってきて、幸せな無の時間が訪れた。

「シルヴィア、シルヴィア！　起きなさい《レバンタテ》！」

うっすらと目を開けると、母の姿が見えた。ベッドに寝ている私をゆすっている。「空爆よ」私をベッドカバーから引きずりだしながら、母が言った。母が階段を駆け下りていく。私は寝ぼけたまま、階段を踏みはずさないように注意しながら母のあとを追った。中庭には、家族がパジャマ姿のまま立っていた。「シルヴィア！」父が大声をあげた。「お前はどんなに物音がしても起きないんだな。いまいましい爆弾が落ちても」

「近づいてきてる」母が私の髪をなでながら言った。

私はガバッと体を起こした。寝袋のジッパーが喉もとまで閉まっている。吐く息は白く、冷たい雲のようだった。どこか遠くのほうで、マシンガンのようなドドという音がする。雪崩だ。雪崩が起こっている。いま私がいるのはエベレストだ。ペルーではない。でも、ペルーは、いつも私についてまわっているような気がする。

夢をふりはらって、また、みんなのことを考えた。暗いテントの中で、衛星電話が震えて小さくピンと鳴るのが聞こえた。シェイリーからのテキストメッセージがスクリーンに映しだされた。

「私たちは無事。みんなとても元気。疲れてるだろうから、ゆっくり寝てね。明日また話そう」

枕に倒れこみながら、心にのしかかっていた重荷が消えていくのを感じた。この二週間というもの、彼女たちのことばかり考えていた。いや、正確には二か月だ。サンフランシスコでは、お酒も飲まずに自分のエネルギーをトレーニングや準備に注いできた。いまはもう、彼女たちのことは考えなくてもいい。すると、その心の空洞に、かつての恐怖心が戻ってきた。

苦労しただけ強くなれる、と人は言いたがる。たしかに私は生きてきたけれど、「生き残るとは乗り越えることだ」という考えに照らせば、死んでいるも同然だ。でも、山は何度も何度も、弱さの反対は強さではなく共生なのだと教えてくれた。強いだけではじゅうぶんではないのだ。強さがあれば山頂には登れるかもしれないが、強さのみを信じていたのでは、山を下りたあとも、あてどなくさまようだけだろう。勇敢な女の子たち《カレイジャス・ガールズ》は私に教えてくれた。ラマ僧や尼僧の足元にひざまずき、内なる精神のことを語り、ショールや、ロザリオや、祈りに使うビーズを身につけ、この土地の癒しの言葉を受け入れればいい、と。柔軟になることを避けているかぎり、私はいつまでも離れたい場所から離れられないだろう。

私は涙にむせびながら、また眠りについた。まぶたの薄い皮膚の裏で、恐ろしく大きな氷塊がスピードを増しながら私に向かって崩れてきて、粉状の雪が波のように降り注いでくる夢を見た。雪崩の音が、けたたましい警告音と爆発音に変わっていく。私はまたペルーに戻っていた。男たちと爆弾。子どものころの私を爆撃したのは、このふたつだ。あのころは、何もかもがいまにも崩れてしまいそうだった。

第14章　万里の長城

転地療養というものがある。これは環境を変えれば自分が変わる、という考えにもとづくものだ。環境を変えれば、不快感、孤独感、不安、うつ、依存症などから解放される、と考えられている。自分を追いつめるものから逃げられる、ということだ。つまり、自分自身からも逃げられる。

私は交通違反で社会奉仕活動をしていたとき、自分が拾っているものが何なのかろくに見もせずに、ただやみくもにゴミを拾っていた。反省するための活動をしていても、反省する気持ちはなかった。こんなことになった原因を考えることもなく、ひたすら時間が過ぎるのを待っていた。初めてエベレストのベースキャンプへ行ったあとも、自分がなぜこうなったのか考えることはなく、次にやることを考えていた。

「じゃあ、エベレストに登るの？」ローリが私をじっと見ながら言った。驚いたようすで、ピアスがついた眉毛をくいっと上げた。ヘーゼル色の瞳が、今日は緑がかって見える。くすんだ海のような緑色。吸いこまれてしまいそうな瞳。

「イエス、マム」私はゆっくりと答えた。

「危ないんじゃないの？」

「もちろん！　そんなことは百も承知だよ」私はそう言って、紅茶にブラウンシュガーをほうりこんだ。

土曜の午後の〈ファーリーズ〉は混んでいた。ポトレロ・ヒルの上にある、このアットホームな雰囲気のコーヒーショップは、ローリのお気に入りだ。お茶をしようと誘ったら、彼女は意外にもすんなりと来てくれた。私は初めてベースキャンプまでトレッキングをして帰ってきたばかりで意気揚々としていたし、その経験をローリに話したくてしかたなかった。あのアヤワスカの儀式を体験したあと、私はサンフランシスコに戻り、イーベイで新しい仕事をしていた。でも、幻覚の中で見たエベレストの風景と、山間を歩いていた小さな女の子の姿が頭から離れなかった。そんな私の様子をみかねた上司が一週間の休暇をくれたので、私はエベレストのベースキャンプまで初めてのトレッキングに出かけ、そして、絶対にまたここへ戻ってこようと思ったのだった。

「まず登山家にならなくちゃ、って思ってる」私は言葉をしぼりだした。

登山家？　この言葉を口に出して言ったのは初めてだ。言ってみたら、なんだかばかげた響きがしたけれど、ローリはほほえんだ。

「想像できる」ローリがラテをすすりながら言った。泡が上唇にちょっとついている。テーブルの向こうに手を伸ばして、それを拭いてあげたい衝動を懸命にこらえた。「あなたなら何でもできるよ」

耳の先がほてった。ローリのことを考えただけで胸が高鳴る。半年前、エクスタシーを飲んで衝動的に彼女と別れて以来、ふたりきりで会うのは初めてだ。私は彼女が恋しくてしかたなかった。生まれ変わった私と、またよりを戻してくれないかと願っていた。甘い紅茶をすすりながら、私は彼女にアヤワスカの話や、ベースキャンプの話をした。目の前にまるでカーペットを広げたように幻覚が現れ、それが私をカトマンズに導いてくれたこと、そしてヒマラヤ山脈を初めて見たとき、自分がちっぽけな存在に感じられたことなどを話した。そのときの感覚が、どれだけありがたいものだったか。そして、生まれて初めて、自分が安全で自由だと感じられたことも話した。意外にも自分の肺と脚が頑丈で、ここへ来たのはただの偶然ではなく運命だったのではないかと思ったことも話した。私がローリに対して運命を感じているのと同じように。最後の部分は口には出さなかったけれど。

ローリは私の人生にポジティブな影響を与えてくれた。彼女の愛に包まれていると、もっと自分を磨かなくては、と思う。エベレストの話を共有したのは、私から彼女へのメッセージだ。意味ありげな目の輝きから私の気持ちを察して、もう一度やり直してくれないだろうか。

「絶対にまた戻ってくるって、エベレストに誓ったの。いまの私なら、落ち着いて人生を送れる」私は彼女の目を見ながら言った。「もう一度、チャンスをくれたら嬉しい」

ローリの口元が恥ずかしそうにゆるみ、彼女も同じように思っているのだとわかった。

ふたりの絆は、前よりもずっと強くなった。新たな前途と新たな仕事を得て、私はローリに依存することなく、彼女を愛することができるようになった。私のもとを去っていってしまうのではないかと心配することも、私から先に別れを切り出すこともなくなった。ふたりの絆は強力だった。どこへ行っても、ストレートのカップルたちが私たちを見て、とてもセクシーだと言ってくれた。バーテンダーは、ドリンクをサービスしてくれた。私たちの愛は、比類のないものだった。少なくとも、サンフランシスコで放送している、山あり谷ありのレズビアンのロマンチックコメディーには負けない。しらふのときに出会い、薬物を飲んで別れ、アヤワスカの幻覚を見て自然にまたよりを戻し、私はエベレストに行く……。サイケデリックな『Lの世界』〔二〇〇四年から二〇〇九年まで放送されたアメリカのドラマ。レズビアンやバイセクシュアルの若者たちを描いた群像劇で、米国ドラマ史上初めて正面からレズビアンを主題にした作品である〕そのものだ。

昔、誰かが言った。心からやりたいと思えるものだけをやればいい、と。私は宇宙に向かって叫びたい気分だ。私が求めてきたのはこれなんだ、と。たとえエベレスト登頂に成功できなかったとしても、幻覚を見たことで私はローリのもとに帰ってくることができた。それでじゅうぶんだ。

イーベイは、シリコンバレーの中でもとくに成長の著しい企業だった。ＳＫＹＹは販売に力を入れていたけれど、イーベイは企業の社会的責任という概念を初めて打ち出したテクノロジー系のスタートアップだ。いち早く世界じゅうのＮＰＯに何百万ドルもの資金を提供するファンドをつくったり、言語の壁があって取引に不安を覚える海外の顧客のためのプラットフォームをつくったりしていた。ローリは教会で炊き出しのボランティアをしていて、コミュニティの役に立ちたいとつねに考えている。私にとって、自分も意義のあることをしていると感じられるのはいいことだった。モデルたちを酔わせることが仕事でなくなるのはいいことだった。何年もの間、バーテンダーやＶＩＰたちに私の存在を認めてもらおうとして、一流の人を気取ってみたり、それらしい衣装を着たりしていた。でも、イーベイでは見た目は二の次だった。狭い視野ではなく、グローバルに物事を見ることを求められた。ヒマラヤ山脈に囲まれて、いい意味で自分の小ささを思い知らされたのと同じように、イーベイでの新しい仕事では、自分が何かもっと大きなものの一部であるという感覚を得ることができた。

それに、仕事中のお酒は厳禁だった。仕事は厳しく、サンノゼにある本社はじつにプロフェッショナルで、よく油がさされている機械のようだった。二日酔いで、サングラスをして這うように出勤すると、みんなが体調を心配してくれた。皮肉がこもっている様子はみじんもなかった。そろそろ私も、ウォッカの力を借りて自分の欲望や夢や落ちこんだ気持ちを紛らわすのではなく、自分の力を発揮しなくてはならない、と思った。暮らしは落ち着いていたし、自分が思い描いていた自分——自分がなれそうな自分——

に、初めてなれそうな気がした。こんな気持ちになったことは、いままでなかった。

週に三日か四日は、ローリの家で夜を過ごした。離れている夜には、愛情をたっぷりこめた濃厚なテキストメッセージを交わし、笑顔で眠りについた。急いで一緒に住まなくてもいいと思っていた。前回は私の気が急いていたせいで、すべてが壊れて燃え尽きてしまったのだから。今度は、違うやりかたをしたかった。ゆっくり、物事が自然に進むのにまかせることにした。恐怖心にあおられるまま、半狂乱になってもっともっとと求めるのはやめた。SKYYでは身を粉にして働いた。必要とされる存在になろうと必死だった。今度は愛情をコントロールしようとはせずに、いろいろあっても肝心なところがしっかりしていれば大丈夫だと思うことにした。相手を信じることにした。「ほどほど」ということを心得るようにした。恋愛関係だけでなく、飲酒についても。お酒に頼ることなく、新しい仕事をうまくこなし、愛を深めることができるなら、この世に不可能などないように思われた。

朝、ローリを起こさないように気をつけながらベッドから抜けだし、早い時間のサンノゼ行きの電車に乗ることもあった。そんな日は、キッチンカウンターにランチの入った紙袋が置いてあって、こんなメモがついていた。「今日も一日頑張って。愛してる」とか「昨日はうちに来てくれてありがとう。週末を一緒に過ごすのを楽しみにしてる」とか。ふたりとも平日はめいっぱい働き、週末はアル・グリーンを聴きながらワッフルのブランチを食べるデートをした。

でも、ある日曜日のこと、ローリがパニック状態で、ガバッとベッドから起き上がった。顔からは血の気が引き、白くて薄いパジャマの脇の下が、汗でぐっしょり濡れている。

「どうしたの?」寝ぼけまなこのまま、ボソッと訊いた。「何かあった?」

「怖いの。何か嫌な予感がする」彼女が言った。

「私たちのこと？」

「違う、私のこと。よく頭痛がするって話したでしょ？」

私はうなずいた。このところ、彼女はひどい偏頭痛に悩まされていた。医師に薬を処方してもらってはいるものの、マリファナを吸うのがいちばん効くらしい。

「金曜日は仕事を休んだの」彼女が言った。ゆっくりと回転する傷のついたレコードのような声だった。

「その日は、ほとんど一日じゅうベッドにいた。これは現実なんだろうかって思いながら」

「何が現実だって？　私たちのこと？」

「違う、この世界のこと。この場所のこと。これは現実なのか、それとも虚構なんだろうかって」

どうしてしまったのだろう。虚構だなんて、何を言っているんだろう。

「何か不安なの？」ＬＧＢＴＱ＋のコミュニティではよく交わされる会話。深夜のテレビで流れている、効用よりも副作用のほうが心配になるような薬のコマーシャルでもよく聞くセリフだ。

ローリはうなずいた。「うん、まあね」彼女はシーツをかきよせて胸に抱えた。ダーティブロンドの髪の後ろがもつれている。ヘーゼル色の瞳がきらりと光ったあと、まるでカモフラージュするかのように緑色になった。彼女にしか見えない何かから、身を隠そうとでもするかのように。

「シカゴに住んでいたころ、双極性障害を患ってた。とつぜん、周りの人たちが私とは違う世界で生きているように感じてしまったりして。そうかと思えば、私たちはみんな、もうひとつの世界に住んでいる異星人で、そこから解放されて真実を目にする日を待っているんだ、って思うときもある」

「そっか」彼女の髪をなでながら言った。何を言えばいいのかわからない。

「自分の症状のことを精神科医に話したら、双極性障害だって。ほかの人には、これまで話したことはなかった。それが、金曜日に、また同じような症状になってしまって」

「ご両親にこのことを話した？」

「理解してくれるとは思えない。私をどこかへ連れていって監禁するかもしれない……薬を飲ませて。映画の『17歳のカルテ』をあなたも観たことあるでしょ？」

彼女が説明すればするほど、私は混乱してきた。メンタルヘルスのことについては、ほとんど何も知らずにきてしまった。家族の間でも、あいまいな言葉でしか話したことがない。「彼女はいま大変なときなの」とか「あの人は難しい人だ」というくらいだった。ローリのような女性が、そんな苦しみを抱えながら生きているなんて、想像することすらできなかった。傍から見れば、不屈の精神をもった明るい人に見えるのに。私もこんな女性になりたいと憧れるような女性なのに。

彼女のために何かしたい。

「ビーチまでドライブに行こうか」彼女を引き寄せておでこにキスをしながら言った。彼女の肌はなめらかで、ひんやりとしていた。

その日の午後、彼女を暖かい毛布でくるんで、ジェッタの助手席に乗せた。運転しているときも、私たちは手をつないでいた。窓の外を見ている彼女の髪の毛が、風にひるがえる。スピードをあげてハイウェイ1号線のカーブを曲がるとき、彼女は一瞬、私の手をぎゅっと握った。少し怖いのだろう。スピード狂の私の運転も怖いだろうけれど、何より自分の身に起こっていることが怖いのだろう。私たちはハーフムーンベイにあるポプラー・ビーチまで行き、景色のいい場所をみつけた。寄せては返す波のように風が吹いてくる。私は何も言わずに彼女に腕を回し、大西洋に太陽が沈むまで、ふたりで何時間もそこにすわっていた。きつく抱きしめると、彼女の泣き声もおさまっていった。

ローリはいまにも壊れてしまいそうだった。こんな姿を見たのは初めてだ。私は全身で、彼女を守ってあげたいと思った。安心させてあげられるなら何だってする。その日から四日間、私は彼女の部屋にとどまった。

「近くにいてくれてありがとう」次の日の朝、彼女が小さな声で言った。「ずいぶん気分がよくなった」

その言葉を待っていた。これで苦しみは去った。彼女はもう安全だ。もう大丈夫。そう思っていた。双極性障害には極端な気分の波があることを、私はまったく知らなかった。セラピストのところへ行ったことがなかったから。

「じゃあ、二十七日から五日までは休みなのね？」鏡の前でローリが言った。

数週間後、私たちの生活はいつもどおりに戻っていた。「うん」私はうなずきながら、歯磨き粉の泡でいっぱいの口で答えた。

「旅行の前後は、一日ずつ空けたいんだっけ？」ローリは髪の毛をハーフアップにしながら言う。

「ちょっと失礼」私はお尻で彼女のお尻を押しのけた。彼女がドアのほうに少し寄ると、私は彼女の横で前かがみになって洗面台に歯磨き粉を吐きだした。

「旅の疲れをとるために、できれば、もうちょっと休みをとれるといいんだけど。きっと、あなたもそう思うはず。信じて。本当に頭がぶっ飛んじゃうから。バーニング・マンは言葉では説明しきれないほどすごいの。アートも音楽も、いままで見たことのないものばかりなんだよ。もう、待ちきれない」そう言って、ローリは興奮したように、タイルの床をリズミカルに踏み鳴らした。

「これが精一杯の長期休暇だよ」冷たい水を顔にかけながら言った。「それ以上は無理」ハンドタオルで押さえるように顔をふき、カールした髪を指ですいた。ローリの高価なスキンクリームのおかげで、私の肌もずいぶんと調子がいい。そのおかげか、愛情のせいなのか、五歳は若く見える。ローリはまつ毛にマスカラをつけながら笑顔になった。

「バーニング・マンに行くと、カップルができることもあるし、別れることもあるって言われてるてね」

「ふーん、そうなの?」私は悪役みたいに眉をつりあげた。ローリは声をたてて笑ったけれど、彼女の口調がちょっと気に障った。こちらを試すような物言いは好きじゃない。答え方すらわからない質問をされるのは苦手だ。でも、少なくとも八月まで、その答えを考える時間はある。

その年の三月、私は出張で上海に行った。イーベイでの私の仕事のひとつが、海外市場の開拓をサポートすることだ。最高経営責任者のメグ・ウィットマンのもとで、私たちは中国市場に照準を合わせていた。イーベイで働きはじめてから、中国に出張に行くのはこれで三度目だ。私はこの国が好きになりつつあった。ローリは海外旅行に行ったことがなかったので、彼女にもぜひ海外旅行を経験してもらいたいと思い、私と一緒に上海へ行けるように手配した。思ったとおり、彼女も中国に魅せられた。

ローリは圧倒されたような表情で、上海の通りを歩きまわった。彼女の好奇心はまるで磁石のようだった。背が高く、ダーティブロンドの髪の彼女はとても目立っていたし、言葉も話せなかったけれど、なんとか現地の人とコミュニケーションをとっていた。彼女はどこでも、誰とでも話せるタイプの人だ。熱心で、正直で、引きつけられずにはいられない。上海の外灘（ワイタン地区）を歩きながら、ローリは目がくらむようだと言っていた。シアトルにあるスペースニードルにそっくりなオリエンタル・パール・タワーや、銀色とピンク色をした、群を抜く高さの上海タワーが、とくに気に入ったようだった。上海タワーをバックに、純粋な喜びにあふれた彼女の写真を撮った。

上海での仕事が終わったあと、ふたりで北京に飛んだ。私がペルー人の天性とも言うべき交渉力を発揮して、万里の長城の奥のほうまで連れていってくれるガイドを見つけることができた。新・世界七不思議に選ばれた場所で、ローリに魔法のような体験をしてもらいたかった。踏みならされた道からはずれ、一般的な万里の長城のツアーでは行かないところまで連れていってあげたい――私にしかできないことを、彼女にしてあげたかった。

私たちは門をくぐり、舗装されていないジグザグの急な坂道を上っていった。前方には青々とした山を縫うように、岩の脊柱が延々と続いている。外国人は私たちだけだ。城壁に登ると、綿毛のような雲の固まりが流れていき、丘のふもとに濃い青緑色の影を落とした。このあたりの山はヒマラヤのような高さや壮大さはないけれど、エメラルド色のひだが連なっている景色を見ていると、ヒマラヤと同じように自由を感じる。可能性を感じる。私はローリの手をとり、前後一列になって歩いた。崩れた石が山積みになっているところをよけながら歩き、きれいに復元された場所まで行った。この城壁を築くのにどれだけの労力が必要だったか、想像してみた。一世代だけでは無理だったろう。きっと何世代もの中国人が、この城壁に人生を捧げたはずだ。かつては防御のためのものだったけれど、いまは遺産として残っている。

「この城壁、この先どうなるんだろう」ローリが言った。

「ぜんぶ修復するのか、崩れるにまかせるのか。そのまま自然に返っていくのかもしれないね」

どんな要塞も、いつかは朽ち果てる。

「ローリ、あなたに言わなくちゃいけないことがある」

ローリがこちらを向いた。頬が赤くなっている。「何？」

「イーベイから海外赴任をしないかって言われてるの。いまは中国に力を入れてるけど、ヨーロッパでの仕事もたくさんあって。いまの仕事をするには、カリフォルニアから出たほうがやりやすいんだ」

「すごいじゃない。おめでとう」

「一緒に行かない？」

彼女は私にキスをしてくれたけれど、何も答えなかった。

「ちょっと考えてみてくれる？」ドキドキしながら言った。

「バーニング・マンに行ってからね」


北京で過ごした何夜かは、しっとりとした夢のような時間で、まるでハネムーンのようだった。頭がくらくらするほど笑いながら夜の市場を縫うように歩き、コオロギの串焼きを食べたり、サソリや毛虫を焼いたものを試食したりしながら大騒ぎした。ローリは串焼きのヒトデにも挑戦した。ヒトデが〝アーティスティックに〟食欲を刺激しているように見えたらしい。まずかったけれど、ローリは楽観的で冒険好きなところを発揮して、なんとか足を二本食べた。私は彼女と海外暮らしをしているところを想像した。ふたりとも異邦人として、一緒に新しい世界を探検するのだ。ヨーロッパで自由きままな人たちに囲まれて暮らしてもいい。いまの私はガチガチの会社人間で自由からはほど遠いけれど、アーティストや自由人たちに囲まれて暮らすなんてロマンチックだ。ローリも『ナショナル・ジオグラフィック』か何かのライターになれるかもしれないし、以前からの夢だった小説の執筆もできるかもしれない。その間、私は登山家として腕を磨くこともできる。

中国を発つ前に、私たちは約束をした。バーニング・マンが終わったら、これから旅してみたい場所をリストアップして、ひとつひとつ実行していこう、と。私はローリに高価なヒスイのネックレスをプレゼントして、ふたりの気持ちを確かめた。一緒に世界じゅうを旅して、いつでも、どんなところでも、一緒に冒険をしよう、と。「北京の次は、バーニング・マンだよ！」私は言った。ローリは唇を私の唇に押しつけた。コンサートで初めて会った夜のように、私の体に電気が走った。サンフランシスコに帰るころには、私たちの愛はもっと深まっていた。

でも、バーニング・マンが行われる週、私はローリと一緒にネヴァダの砂漠にはいなかった。私はひとり、パリにあるロマンチックなブラッスリーで三品コースの食事を終え、フルボディの赤ワインの最後の一杯を堪能していた。あのあと、北京への旅から帰ってすぐに、ヨーロッパへの転勤を命じられたのだ。私はローリに一緒に来てほしいと懇願した。

「できるだけ早く赴任してほしいって言われてるの」私の部屋で夕食を食べているときに、興奮しながら彼女に言った。「二か月間、いろいろなオフィスを回って、どこで働くか考えてもいいって言われてる。ロンドンでも、ベルリンでも、パリでも、ベルンでも。行こうよ！　私たち、世界を股にかけた高等遊民になれるよ。いや、働かなくちゃならないけど……でも、世界を股にかけて働けるんだよ」

「バーニング・マンのときには、帰ってこられる？」

「わからない。詳しいスケジュールは聞いてなくて」私はイライラしながら言った。私の人生でこれほど大きなチャンスはないというのに、彼女はバーニング・マンの心配ばかりしている。「そのころはベルリンにいるかもしれない」

「帰ってこられるように頼めないの？　特例で」

「どうかな」私は否定的な答えを返した。とうとうハイクラスの人たちの仲間入りができるのだ。アイビーリーグの血統書つきで、協力的で育ちのいい、エネルギッシュな人たちに囲まれることになる。二〇〇〇年代のシリコンバレーで自分の居場所を確保するのは簡単なことではなかったし、会社を困らせる勇気もなかった。いまこそ、私自身と、私の能力を示すときだ。

「一緒に冒険するって約束したじゃない」ローリの鎖骨に沿って指を滑らせ、北京から帰って以来ずっと彼女が身につけている、滑らかなヒスイのネックレスを手にのせる。

「バーニング・マンはただのパーティーじゃないんだよ」ローリが言った。「わからないの？　過酷な環境に身をおいて、私たちがカップルとしてやっていけるか、確かめるために行くんだから。いろいろなことがあるはず。物理的なことだけでなく、精神的な面でも。スピリチュアルな面でも」

一緒に中国に行ったでしょ？　あれだってじゅうぶんな挑戦だったよね？　一週間、砂漠でバカ騒ぎすることに、どうしてそんなにこだわるんだろう。

「私にとって大きなチャンスなの」腕組みをしながら言った。「あと二か月で出発しなくちゃ」

それから数週間、私は彼女を説得しつづけた。でも、彼女はあれこれと理由をつけて渋った。

「だって、私がいるのはアメリカの雑誌なんだよ」ローリは『デイリー・フーズ』の編集者だ。「アメリカを拠点にしている編集者が必要なの」

「わかった。じゃあ、いまの仕事をやめて作家になったらどう?」見事な解決法でしょ、とばかりに言い返した。「ずっとなりたかったんじゃないの?」

ローリも専業作家になるという案は気に入ったようだったが、ある日曜日にアル・グリーンを聴きながらブランチを食べていたとき、自分が書いたものを読者にさらすなんて怖くてできないと言いだした。でも、彼女にとっても、挑戦するならいましかないと私は思っていた。いまなら、一緒に飛躍できる。

「できたらいいなとは思うんだけど、そんなに簡単な話じゃないの」彼女が言った。

「どうして? 簡単な話だと思うけど」

作家の生活がどんなものか、私はまったく知らない。どんなものが必要なのか、どんなに難しいものなのかは知らない。でも、だんだん私もイライラしてきた。ローリは作家になる準備も、サンフランシスコを離れる準備も、バーニング・マンのコミュニティから離れる準備もできていないのだ。だから、言い訳ばかり並べているのだ。つまらない言い訳ばかりを。

「あなたが来ないなら、私たちはどうすればいいの?」怒りが少しおさまると、次は絶望的な気分になった。

「シルヴィア、あなたには夢を追いかけてほしい」

「あなたも私の夢の一部なんだよ。あなたを愛してる。どうしてやってみないの?」

「ごめんなさい、シルヴィア」彼女の声は震えていた。「私は行けない……」

ローリを深く愛すれば愛するほど、愛情に裏切られる気がした。私の人生にかかわりのある女性はみんな、愛情に裏切られている。母は愛のために、愛だと思っていたもののために、すべてを捨てた。ひとりで生きるすべがほとんどない母のような女性にとっては、生活の安定を得るためにしかたないことだったのかもしれない。母にも夢はあった。それなのに、私の父は、母から夢も、夢を見る勇気さえも奪ってしまった。そのくせ、自分がのし上がれるチャンスはけっして逃さなかった。父にとっていちばん大切なのは、いつだって仕事だった。次に大切なのは弟たちだ。母と私はそれよりもずっと下の三番目だ。

考えてみたこともなかったけれど、きっと私は父に似ているのだろう。キャリアアップの機会をどうしても逃したくなかった。あきらめたくなかった。たとえ愛情のためであっても。

今回は、ローリが私のもとを去っていった。私はズタズタになった。絶望した。この選択は、ローリにとって最大の失敗だと思うことにした。私にとっても最大の失敗にならないことを願うばかりだ。でも、いつかまた、どこかで、ローリとの関係を修復できるはず。だって、私のローリへの愛情は薄れていないんだから。でも、またしても彼女と離れたことで、愛情なんてはかないものだという思いが強くなった。

野心というものは、自分が望み、栄養を与え、慈しむことで、植物のようにぐんぐん成長していく。高い地位につきたい。エベレストの山頂に登りたい。傷ついた女の子たちを肩にのせて、もう二度と誰にも触れられないようにしてあげたい……。

仕事をすることは、私にとって贖罪のようなものだった。イーベイという、誰もが憧れるようなしっかりした会社でいい仕事ができれば、堕落した私は消えてなくなるはずだ。知らない人のベッドの中で記憶をなくすような女は、いなくなるはずだ。不名誉な同性愛者の女は消えてなくなるはずだ。傷ついた女の子もいなくなるはずだ。成功しさえすれば、その輝きが隅々まで明るく照らしてくれるはずだと思っていた。私はローリが本当に言いたいことを理解できていなかった。彼女は安全なコミュニティを見つけて、地に足をつけて生活していた。だから、私しか頼る人のいないような外国へ行って、双極性障害やうつが悪化することを恐れていたのだ。

ローリがバーニング・マンでラテックス製の衣装を着たり、パイロットがつけるようなゴーグルをつけたりして楽しんでいるころ、私は二か月間におよぶ、あわただしいヨーロッパ滞在を終えようとしていた。私は自分を元気にする新しい方法を見つけていた。ひとりで食事に行くことだ。豪華なレストランの隅のほうにあるテーブルにひとりですわるのは、ちょっとした冒険だった。同性愛者になったヘミングウェイみたいな気分だった。血のしたたるようなステーキとおいしいワインを楽しむ、男のような女。あとはシガーさえあれば完璧だ。

シラーズ種のワインの最後の一杯を味わっているとき、いつかエベレストに登ると誓ったことを思い出した。ワインをがぶがぶ飲み、ヨーロッパじゅうをふらふら遊び歩いていては、とても山に登れるようなコンディションはつくれない。でも、七大陸最高峰のことについてはずっと調べていた。各大陸にある最高峰の山に登るチャレンジのことだ。これを成し遂げた人は、世界でも二百人足らず。中でも女性は数えるほどしかいない。何も知らない私は頭の中で、書いてある順に上から登っていけば、エベレストに登る準備が自然とできるのだろう、くらいに考えていた。

いちばん簡単そうなのは、タンザニアのキリマンジャロ〔標高五千九百八十五メートルのアフリカ大陸最高峰だが、傾斜は緩く登山道も整備されているため、登頂に高度な技術や装備を必要としない〕だ。マサイ語で「神の家」という意味だ。完璧に準備は整っていないし、装備やトレーニングもじゅうぶんではなかったけれど、山頂にある氷河を見てみたかった。氷河時代の、神秘的な遺産のはずだから。

いま私は、これまでの人生でいちばんタンザニアに近いところにいる。

行くならいましかない。

キリマンジャロに登頂して帰ってきたあと、イーベイは私を、ヨーロッパとアジアの金融システムを統括する部署のトップにした。好きな都市に行っていいという。私はスイスのベルンを選んだ。馬蹄の形に流れるアーレ川のほとりにつくられた、美しい街だ。川の水は青みがかった緑色をしていて、神秘の沼のように光り輝いている。初めのころ、スイスに住むのは刺激的だった。アメリカの永住者であることを示すグリーンカードを持ってはいたけれど、これまで自分をアメリカ人だと感じたことはない。でも、ヨーロッパはとてもしっくりきた。世界じゅうから集まってきた新しい同僚たちはみな聡明で、明るい人たちだった。仕事も楽しかったし、ディナーパーティではワインをたっぷり飲みながら、夜遅くまで大笑いして過ごした。まだ従業員が十数人しかいなかったＳＫＹＹで働きはじめたころのことを思い出した。サンノゼにあるイーベイのオフィスでは、経営幹部たちの目にとまろうと、従業員たちは互いにしのぎを削っていた。でも、ヨーロッパのオフィスでは、同じ志をもつ者同士、仲間になれた。ここでの私は、小さな池の中にいる大きな魚だった。

でも、何かが足りなかった。

十二月の初旬、私はロフトに残っていた最後の荷物をコンテナ船で送るために、サンフランシスコに戻った。この街にもう未練はなかった。ローリ以外には。

バーニング・マン以降、彼女から連絡はなかったけれど、キリマンジャロに登ったあとに、一度だけ電話をしたことがある。彼女は私の無謀な挑戦を聞いて笑った。じっさい、笑うしかなかったのだと思う。でも、ばかにされたのではなく、自分のことをちゃんと見てくれていると感じた。電話で話しただけでも、お互いに会いたいという気持ちをもっているのがわかった。最後になってようやく、ローリはバーニング・マンの話をしてくれた。もう、来年のキャンプの計画も立てているらしい。「ヒスイのネックレス、まだ持ってるよ。砂漠でもいつも身につけてた」彼女が言った。

「サンフランシスコに戻ったら会えるかな?」私は訊いた。

「私の電話番号は知ってるでしょ?」からかうように彼女が言った。でも、このときは、それ以上の約束はしなかった。

ローリのことを理由に、人生を変えるようなチャンスを逃さなくてよかったと思っている。でも、アメリカを永遠に離れることに決めたのは、野心があったからだけではない。平日に意識がなくなるまでお酒を飲むことはもうなくなっていたけれど、アメリカにいた当時の私は、仕事依存症だった。私の家族にとって、アルコール依存症はもとより、依存症と名のつくものは不名誉なものだ。名前がつくと、そこに問題があることが浮き彫りになる。対処しなくてはならないものになり、近所の人が飛びつくような格好のゴシップのネタになる。野心だけなら、家族も誇れるものなのに。かつて母も「よりよくなるためなら、家だって売る」と言っていた。親のようになりたいと思っているわけではない。でも、遠ざかろうとしても、追いかけてくるようだった。だからアメリカを離れたのだ。

しばらくして、私が海外での冒険談をつづっていたブログに、ローリがコメントをしてくれた。「あなたがいないと、この街は空っぽで、しみったれたところになる。なくしてみないとその大切さがわからないのは、どうしてなんだろうね」

サンフランシスコには一か月いる予定だった。その間にローリとの関係にけりをつけようと思っていた。そのあとは片道切符でベルンに向かう。土曜日の午後、ローリと〈バーニーズ〉でお茶をすることになった。これが最後だ。すべて話そう。思っていることをぜんぶ吐きだそう。ヨーロッパを離れること以外なら、一緒にいるために何だってする、と話すつもりだ。愛さえあればいいと思ってくれることを願うしかない。約束の日の朝、私はサイレンの音で目が覚めた。目を半分閉じたまま、横にある時計を見る。七時半。

私はサンフランシスコの対岸、サウサリートのホテルにいた。ベッドから這いだし、カーテンを開ける。太陽の光が窓に降り注ぎ、一瞬、目の前が真っ白になった。その瞬間、昨晩の記憶がよみがえってきた。サウサリートの〈スシ・ラン〉で、友だちと再会を祝して飲んだのだった。飲みすぎた。寿司、酒、ワイン。励ましの言葉。乾杯、知らない人も参加してきたっけ。おめでとう！　きみはもうヨーロッパ人だ。異邦人っていうわけか。ぼくたちの仲間入りだね。そうだった、私は引っ越すのだ！　異邦人になるのだ。私はローリのことを本当に愛している。酔っぱらってしまったから、いますぐ運転して帰ることはできない。でも、明日ローリと話をしなくちゃならないから、なんとか帰らないと……サンフランシスコへ……サン……サウ……サウサリート。記憶はそこまで。

そうだった、私はまだサウサリートにいたんだった。

車は昨晩から店の向かいに駐めてある。私はそれに飛び乗った。ローリに会えることに興奮して、頭がぼうっとしている。はやく午後になってほしい。ゴールデンゲートブリッジを渡ってサンフランシスコに向かう道は腹が立つほど混んでいた。週末のこんな早い時間にこれだけ混むなんて珍しい。だが、車を運転するときはいつも怒りっぽくなると言われていた私も、この日は感傷のせいか、気持ちがいつもより和らいでいた。ゴールデンゲートブリッジも、サンフランシスコ湾も、この道も、すべてが別れの色合いをおびていた。ひとつの季節の終わりを告げるような、特別な輝き。こんなゴールデンゲートブリッジは、いままで見たことがない。背後から太陽の光を浴びた大きな赤いアーチが、赤褐色の焼き物みたいに見えた。ただの鉄の塊ではなく、土でできた自然の造形のようだ。朝の光の中で、橋は生きているように見えた。私は車の窓を開けて、潮風を胸いっぱいに吸いこんで吐きだした。手足の緊張が解け、胸がいっぱいになった。頭の中ではトニー・ベネットの『思い出のサンフランシスコ』が繰り返し流れている。

十一時に、今日の約束を確かめるメッセージをローリに送った。「二時に会えるのを楽しみにしています。迎えが必要だったら連絡ください」送信ボタンを押してから、なんだかビジネスメールみたいだったな、と思った。もっと生き生きとした文章にすればよかった。表現を豊かに！　相手は作家なんだから。

返信はない。ローリにしては珍しい。いまはクリスマス・シーズンだ。デコレーション好きのローリのことだから、クリスマスを祝ってお酒でも飲んでいるんだろう。

一時になったけれど、まだ返信がない。私は彼女に電話をかけて、留守電にメッセージを残した。「ローリ、私。お茶の約束、忘れてないよね?」ああ。なんだか切羽つまったような、痛々しいメッセージになってしまった。これじゃあ、やりすぎだ。

二時になった。まだなんの連絡もない。私は〈バーニーズ〉に行って、日のあたるテラスの席で彼女を待った。そこで偶然、ローリの友だち数人に会った。私がヨーロッパに転勤になったのを知っていて、おめでとうと言ってくれた。

「ありがとう」そう言ったあと、さりげなく訊いてみた。「ねえ、ローリを見かけなかった?」

「見てない。でも、今夜はパーティーに行くはずだよ」ひとりの友だちが言った。

やっぱり。五、六年前から共通の友だちのエレナが、地元の慈善活動の資金集めのために「ホーホーホー・クリスマスパーティー」を開いているのだけれど、ローリがこのパーティーに行かないわけがない。レズビアンのクリスマスパーティーとして有名なのだから。

「そうなんだ。じゃあ、また!」私は答えた。

三時半になり、ローリは来ないつもりなのだと、私は確信した。ローリにと持ってきたスイスのお土産が入った袋をつかんだ。彼女の家に寄って、置いてこよう。その袋がドアにかかっているのを見つけたときの彼女の顔を想像しただけで、頭がくらっとする。

ローリの家に着くと、いつもの場所に車は駐まっていなかった。玄関のドアにお土産の袋をかけ、夜のパーティーに行こうと考えた。ふたりきりで話がしたかったけれど、これまで自分が何度もその機会をつぶしてしまったのだから、いまさらそんなことを願うのは虫がよすぎるというものだ。率直に話をしよう。何もかも。勇気をもって、自分をさらけだそう。

その夜、パーティーは大盛況だった。その中でローリを探しだすのは、泥酔した人からの電話を聞きとる罰ゲームみたいだった。ある人は、さっきローリを見かけたと言い、ある人は、ついさっき中庭にいたと言い、ある人は、たぶんあっちの部屋にいるだろうと言う。みんなアルコール入りのエッグノッグ〔牛乳と卵ベースの甘い飲み物。ラム酒やブランデーなどを入れることもある〕をたっぷりと飲んでいて、クリスマス気分でふわふわしていた。私は深夜の二時までそこにいたあと自分のロフトに帰り、これが最後とローリの留守電にメッセージを残した。

「ローリ、話したいの」なるべく悲壮な声にならないように気をつけたけれど、だめだった。もう彼女とは話せないのだろうか。「本当に、大事な話があるから。お願い。電話ちょうだい」

次の日の朝は、遅くまで寝ていた。携帯の電源を入れると、二十五回もの不在着信があった。ロックを解除してスクロールしようとした矢先、また着信があった。友人のタラだった。

「シルヴィア、いまどこ?」もしもし、とかすれた声をしぼりだした私に向かって彼女が言った。

「家だけど」

「ひとり?」

「うん」

「いまから行くから。待ってて」

「え、どうして? 何かあった?」

「聞いてないの？」

「聞いてないって、何を？」

「ローリのこと」

「何かあった？　ローリは大丈夫なの？　ずっと探してたんだけど。昨日、会うはずだったの」

「シルヴィア」そう言ったきり、タラはしばらく黙っていた。

「タラ！　何？　何があったの？」

「飛び降りた。昨日。飛び降りたの。あの橋から」

あの橋。ゴールデンゲートブリッジ。

「シルヴィア！」タラが電話の向こうで叫んでいる。「シルヴィア？」

私は昨日、さざ波が打ち寄せるサンフランシスコ湾と、そのネイビーブルーの穏やかな水面を見ながらあの橋を渡った。泡のたった水面に、太陽の光がキラキラと反射していた。トニー・ベネットの歌声を聴きながら、私はサンフランシスコに心を置いていくつもりはないと思った。私は、彼女を取り戻しに帰ってきたのだ。そういえば、あの橋でのあの渋滞。いつもと違って変だと思った。土曜日なのに変だな、と。あの朝、私はサイレンで目覚めた。あれは本当にサイレンだったのだろうか、それともホテルの目覚まし時計だったのだろうか。あの物悲しいサイレンは……。

水……。そうだ、橋の下には水がある。よかった。ローリは水に飛びこんだんだ。

「タラ」しばらくたってから、私は声を出した。「病院はどこ？　どこにいるの？　どこに運ばれた？　骨は何本折れたの？」

沈黙。

「シルヴィア、そこにいて。十分で行くから。もっと早く着くかも。ううん、きっと早く着くから」

「タラ、質問に答えて！　ローリはどこに？」

沈黙。

沈黙。

沈黙。

「タラ!!!」私は叫んだ。

「ごめん、何て言ったらいいのか。本当に……」電話の向こうにいるのは、もう私の友だちではなかった。女性でも、人間でも、ほかのどんな生き物でもなかった。私の肺からすべての空気を吸いこんでしまう真空地帯だった。私のベッドルームは灰色になった。「ローリは亡くなったの、シルヴィア」これが、そこから最後に私の耳に届いた言葉だった。「ローリは亡くなった。すぐに行くから待ってて」

潮風を胸いっぱいに吸いながら、私はあの橋を渡ったのだ。ローリの最後の息を、私は吸っただろうか。彼女の叫び声も吸っただろうか。それとも、彼女は声も出さずに飛び降りたのだろうか……。

第15章　エベレストのふところ

「サーダー」シェルパのダ・ジャンブが言った。

「サーガー」私が言う。

ダ・ジャンブは違う違う、と首を振った。「サー・ダー」

「サー・ガー」ゆっくり繰り返してみたけれど、どうしても、間違った音節が口から出てきてしまう。これでは先が思いやられる。今朝、ベースキャンプにある祭壇で祈ろうと思ってそっとテントを抜けだしてきたら、驚いたことに、ダ・ジャンブがいたのだ。彼は祈っていたわけではなく、黙ったままクンブ氷河をじっと見つめていた。

ダ・ジャンブは私たちのサーダー〔シェルパのチーフ〕だ。ベースキャンプで、サーダーは管制官のような役割をする。欠くことのできない重要な存在だ。その責任は多岐にわたる。各遠征隊に雇われたサーダーは、物資の運搬、ルート工作、山への荷揚げのほか、ガイドと登山者とシェルパ間のコミュニケーションなどを統括している。

「エベレストは女神だ」ダ・ジャンブが氷河に向かってうなずきながら言った。私に向かって言っているのか、ただの独り言なのか、よくわからなかった。「いちばん大切なのは、つねに敬意をはらうこと」

「そうね」私はうなずいた。

「ここで起こったことは、残念なことだったが」

彼は過去二年の間に起きた事故のことを思いながら、地平線を見ているようだった。その目は暗い色をおびていた。二〇一五年の地震による雪崩で、アドベンチャー・コンサルタンツだけでも六人が亡くなった。ほとんどが食事の用意をするスタッフだった。ほかにも十数人がケガをした。そのときの雪崩は映像で見たことがある。低い音が鳴り響いたかと思うと、とつぜん雪の津波と氷の斜面が山を滑り落ちてきて、すべてのテントがつぶされた。雪煙がおさまると、大きな食事用のテントも、大量の雪でめちゃくちゃになっているのが見えた。つやつやした錫のポットが、まるでパンくずのようにベースキャンプに散らばっていた。その前年の二〇一四年には、十階建てのビルくらいの高さがあるクンブ氷河が崩れて、十六人のシェルパが亡くなっている。

エドモンド・ヒラリーがシェルパのテンジン・ノルゲイとともに世界で初めてエベレストに登頂してからの六十年間で、じつに三百人以上が命を落としている。回収されていない遺体もある。でも、長い登山の歴史の中で、二〇一四年と翌一五年のように二年続けて大きな犠牲を出した例はほかにはない。呪われた年だったと言うシェルパもいるし、これほど多くの人が山で亡くなったのは人間の行いのせいだと言うシェルパもいる。たんなる自然災害ではなく、人間が招いた災害だというのだ。西洋文明のエゴが引き起こした災いだ、と。

標高六千七百メートルの地は、酸素が薄い。体力は何より貴重なものだ。でも、二〇一三年に、三人の有名なヨーロッパの登山家がシェルパの反対を押しきってキャンプ2からキャンプ3へ登り、百人にのぼるシェルパとの間で乱闘騒ぎが起きたとき、体力や酸素を温存しておこうと思った人は誰もいなかった。岩が武器として使われ、パンチや罵声の応酬になった。双方とも当時の状況を自分に都合よく語っているが、突きつめれば、これは敬意の問題だと私は思っている。シェルパにとって山はたんなる征服すべき頂ではなく、神そのものだ。そのシェルパの感覚と専門的な知識がないがしろにされたことで、登山者とシェルパの間で長年くすぶっていた緊張が、とうとう臨界点に達したのだ。エリザベス・ホーリー〔アメリカの著名な山岳ジャーナリスト。自身で山に登ったことは一度もないが、四十年以上にわたってカトマンズに住み、すべてのヒマラヤ登山隊に聞き取りを行った。「ヒマラヤの生き字引」と呼ばれ、ネパール政府が精緻な記録を残さないこともあって、彼女の記録が公式記録同然に扱われている。二〇一八年に死去したが、その記録は現在 http://www.himalayandatabase.com/ で閲覧できる〕は、困惑していたヨーロッパの登山家たちに、あなたたちの行動はシェルパを侮辱するようなものだったと語っている。「アジアの文化では、それは最低な行いです」と彼女は言ったそうだ。

その衝突は起こるべくして起きた、と言う人もいる。

「わだかまりは、つねにあったんです」シェルパのタシが、『アウトサイド』誌のインタビューで答えている。「昔は、ほとんどのシェルパが無学でした。だから、侮られても笑って耐えていたんです。自分たちの感情を押し殺していたんです」タシは新時代の若いシェルパだ。最初に七大陸最高峰への登頂を始めたネパールの登山家兄弟も、新時代のシェルパだった。このふたりは十四座ある八千メートル級の山すべてに登っている。彼らはもはやヨーロッパや、ニュージーランドや、アメリカの老舗アウトドア用品店の手伝いをしているだけでは飽き足らないのだ。

もう少し年長のシェルパは、アドベンチャー・コンサルタンツなどの企業でいい仕事を得て、エベレストの登山シーズンに六千ドルを稼ぐ。ネパールの平均年収が千百ドルであることを考えると、いかに大金かわかるだろう。でも、私のような登山者が企業に払う金額は、平均で四万五千ドルだ。登山のサポートがもっと必要な人は――自分専用のガイドを雇ったり、ベースキャンプで特別な待遇を受けたりしたい人は――十万ドル払うこともある。エベレストは収穫できる生産物ではないし、インデックスを見て売り買いできるようなものではないけれど、地元の人は、自分たちはこの山を高値で売っているようなものだと感じている。それでも、その分け前の多くを得るのは、彼らではない。

　私が登頂に挑んだこの年は、かつて雪崩事故のあった一九九六年の二十年後にあたる。なんとも不吉な節目だが、加えてこのところ三年続けて事故があったので、これは何かの呪いなのではないかという噂がベースキャンプでも広まっていた。キャンプにはどことなく落ち着かない、不穏な空気が漂っていた。雪崩事故によって亡くなった人のことを、まだ多くの人が悼んでいた。精神の安寧をもたらしてくれるはずのエベレストの力が、うまく行きわたっていないようだった。私は静かに歩を進めた。シェルパがこの山を女神であり教会であると考えているのなら、私もこの山を、私の女神であり教会であると考えよう。

「私もちょっと祈らせてもらっていい？」小さくお辞儀をしながら、ダ・ジャンブに声をかけた。朝食の前に、お祈りをすませてしまいたい。

「うむ」ダ・ジャンブはうなるように言うと、また氷河のほうへ目を向けた。

　屋外にある祭壇は、石でできた簡素な塔に、すりきれたタルチョをかけたものだ。凍えるような冷気の中、昨日お供えされた果物がまだ置いてある。まるまるとしたナシとライチだ。ライチの赤い皮はひび割れていて、まるで長時間の登山をしたあとの手袋みたいだ。岩がゴツゴツしていて、ひざまずくことができないので、かわりに祭壇に一礼して、中国の道教信者に教わった四つの方角のことを思い出した。まず、北に向かって三度お辞儀をする。「友人、親戚、隣人に対して親切で寛大でいること」次に、東に向かって三度お辞儀。「両親を敬い、尊ぶこと」次に、南に向かって三度。「師に敬意をはらい、従うこと」

　そして最後に、西へ。「自分の人生に誠実でいること、全力を傾けること」

かじかむ指で母からもらったロザリオを握りながら、私は仏教のお経を唱えはじめた。サンフランシスコにいるシャーマンの友人マルタが、エベレストに持っていくといいと言って、お経を書いた紙を持たせてくれたのだ。意味はわからなかったけれど、百八回唱えるといいと教えてもらった。それを、飛行機の中で覚えてきた。

「オム・ターレー・トゥターレー・トゥレ・ソーハー〔チベット仏教において衆生を苦しみから救う多羅菩薩の真言。「空、母、解き放たれ、受け入れ、与える」といった意味がある〕」風にはためくタルチョの音に合わせて唱えた。

オム・ターレー・トゥターレー・トゥレ・ソーハー。

オムターレー・トゥターレー・トゥレソーハー。

オムタレトゥタレ・トゥレソーハ。

四十五回目あたりで言葉は互いに溶けあい、長いひとつの音になった。

キャンプにいる人たちが起きだしたようだ。背後からフライパンがカチャカチャ鳴る音が聞こえてくる。スクランブルエッグと朝のお粥をつくっているのだろうか。目を開くと、自分がどこにいるのかあらためて思い出し、衝撃を受けた。すぐに状況をのみこむのは難しかった。ここからはエベレストの姿はあまり見えない。小さなこぶが見えるだけだ。あれが、これから私が行こうとしているところ？　この二本の脚と腕で、自分の体を世界でいちばん高い場所へ運ぶなんて。きっと無理だ。私は想像力が豊かなほうだと思うけれど、これは想像を超えている。ここまで頑張ってたどり着いたものの、自分が山頂に立っている姿は、目を閉じてもイメージできない。エベレストに来るという考えは、すばらしいものだった。都会のディナーパーティーでは、誰もがその話を聞きたがった。「え、エベレストに登るの？　すごい！

私にはできないな。ねえ、その話、もっと聞かせて！」みんな、息をのんで前かがみになる。急にうちとけた雰囲気になる。頭で考えているだけなら、本物のヒーローの冒険譚だ。でも、この冷たい空気の中、空に向かってそびえ立つ山々に囲まれた円形劇場で祈っている私のひざはがくがくと震え、手のひらは汗ばんでいた。山々の姿を全身で感じるのはこれが初めてだ。なんと狂暴なのだろう。

　ここで癒しを得ようなんてとんでもない思い上がりだった、という思いが急にわきあがってきて、私は声をあげて笑いだした。ダ・ジャンブはいぶかしそうにこちらを横目でちらりと見たあと、礼儀正しく会釈をして朝の仕事に戻っていった。

　今日から、ラダー（梯子）を使ったトレーニングが始まる。迷路のようなベースキャンプを縫って歩く私の顔に、やわらかな雪煙が降りかかってきた。エベレストは登山シーズンの始まりを迎えている。これから六週間、たくさんの人がこの標高五千百メートルの地で暮らす。その準備をする音が聞こえてくる。映画『☆M☆A☆S☆H マッシュ〔朝鮮戦争の戦場を舞台にドタバタの騒動を繰り広げる軍医たちを描いた、ロバート・アルトマン監督のコメディ〕』のオープニングシーンのようだ。でも、ジープのかわりにいるのはヤクだ。必要な物資はすべて、上空でハチドリのようにホバリングしているヘリコプターで運ばれてきて下ろされ、それを、色あせたジーンズや着古したフリース姿のネパールのポーター、そしてポーターが連れているヤクが運ぶ。ヤクはザ・ノース・フェイスのロゴがついたバックパックや、食料が入った大きな荷物を高々と背中に積んで、ベースキャンプまでやってくる。ヤクがつけたベルがたてる銅鑼みたいな音が、あたりに響く。ベースキャンプはちょっとした要塞のようだ。二十もの遠征隊がいる。それぞれガイド、登山者、サーダー、シェルパなどを含めて四十人から八十人くらいの一団だ。頭上ではタルチョのついたヒモがたわんで、風にはためいている。これが各遠征隊の敷地を区切る道のように、物資を多く持っている遠征隊と、そうでない者とを分けている。労働者階級の人たちが使う三万ドルくらいのテントは、みな似たりよったりだ。食事用のテントやラウンジがあり、個人が寝泊りするドーム型の小さなテントがある。もっと高級なテントにあるような、便利な設備はない。

ふたりの男性がこちらに向かって歩いてきて、挨拶もせずに通り過ぎていった。コンラッド・アンカーとラッセル・ブライスだった。エベレストのアイコンとも言うべき存在で、登山家の間では有名だ。一九九九年、世界で最も尊敬を集める登山家のひとりであるアンカーは、イギリス人登山家ジョージ・マロリーの凍った遺体を発見した。マロリーは一九二四年に世界初のエベレスト遠征隊の一員としてエベレストに登り、頂上付近で亡くなっている。いっぽうのブライスは、お金のかかった遠征隊のガイドとしてよく知られた人物だ。彼がガイドする登山者たちは、個室で熱いシャワーを浴びたり、ヨガをしたりする。有名なのは多面体のドーム型テントで、そこには造りもののトラの毛皮が敷いてあり、大画面のテレビもある。窓からはヒマラヤ山脈の息をのむような景色がくっきりと見える。

私だって七大陸最高峰のうちの五つを制覇したのだから、登山におけるこうした階級や文化の衝突に、そろそろ慣れていいはずだ。でも、ここでは何もかもが増幅される。渇望もむき出しになる。この仮設の村にいる人たちはみんな、ひとつの同じ目標をもっている。それは、エベレストの山頂に登ること。あるいは、チームの誰かだけでも登らせること。

それがエベレストだ。究極の成功。輝かしい成功だ。

入口のジッパーを開けて食事用のテントに入り、ビュッフェの列に並ぶ前に、チームのメンバーに挨拶をした。「おはようございます」オートミールをよそいながら、コックのテンディが言った。テンディは、昨年の雪崩で兄といとこを亡くしている。でも、ベースキャンプを整えてくれるシェルパと同じように、彼もここへ戻ってきてくれた。アドベンチャー・コンサルタンツのキャンプは完全に中流階級のそれといった感じで、フリースとナイロン製のトレッキング用ズボンを身につけた登山者たちは、生活費を切りつめて、夢だったエベレスト登山にお金をつぎこんだ人たちばかりだ。地元のスタッフは、十年以上にわたってアドベンチャー・コンサルタンツと仕事をしている。彼らには忠誠心とプライドがある。山頂に到達できるのが何人であろうと、チームのすべてのメンバーが登頂成功のために必要なのだと知っている。テンディは私の姿を目に留めると自分のカップによそう手を止めて、温かいキヌアをよそってくれた。

「ナマステ」私は彼からカップを受けとった。「私がベジタリアンだって覚えていてくれてありがとう」彼はキヌアにバターとシナモンを加えてくれた。ふくよかな、森のような香りが鼻をくすぐる。私は黙ったまま、マークの隣にすわった。優しいしゃべり方をする、コネティカット州の大学教授だ。

食事をしていると、ガイドのマイクが立ち上がった。

「知っていると思うが、疲労を防ぐために間隔をあけながらローテーションをするので、そのつもりで」彼は軍隊に向かって話す指揮官のように声を張りあげた。

「明日からトレーニングを始める」

エベレスト登山は、下から上まで一気に登るような旅ではない。ローテーションといって、登ったり下りたりを三回繰り返しながら山頂を目指す。酸素の薄い環境に体を慣らすため、少しずつ登っていかなくてはならないのだ。ベースキャンプから頂上までは五段階ある。キャンプ1、キャンプ2、キャンプ3、キャンプ4、そして山頂。一回ごとに前回よりも高いところまで登ってからベースキャンプに戻り、休養をとって体を回復させ、最後のローテーションで山頂に挑む。その行程には六週間かかる。頂上まで登るころには（登れればの話だけれど）、実質エベレストを二回近く登った計算になる。

私は女性たちとトレッキングをしていたので、最初のオリエンテーションを逃してしまっていた。それに、アドベンチャー・コンサルタンツが用意してくれた荷物リストに沿って荷物をそろえ、家でトレーニングをしていたほかは登山ルートを調べることもしなかったし、エベレストに登るイメージトレーニングもしてこなかった。ここにいるいま、自分はなんて愚かだったんだろうと思う。覚えておけば、きっと役に立ったのに。でも、むしろ準備が足りなかったことが、私の最終兵器だ。あまり不安を覚えずにすむ。失敗したらどうしようと、あまり思わずにすむ。自分が山頂に立つところや、失敗するところを思い浮かべるより、思い浮かべる材料が何もないほうがまだましだ。

次の日も朝食のキヌアをお腹におさめ、私たちはトレーニングに出かける準備をした。これまで自分の技術には自信をもっていたけれど、今回は少し不安だ。私たちはマイクとアン・ドルジーを先頭にして、小さな谷があり氷の崖がそびえる雪原へと出かけた。谷にはアルミ製の梯子を水平に渡して橋をつくり、崖には梯子を垂直に固定した。梯子の横には、アイススクリューで地面に固定されたナイロンのロープがくねくねと垂れ下がっている。まるで消防士のブートキャンプだ。山頂に行くまでに、こうした梯子を二百回は登ったり渡ったりしなくてはならない。そのほとんどは、クンブ・アイスフォール（氷の滝）で使うことになる。登山シーズンはまだ始まったばかりなので、クンブ・アイスフォールを渡る最初のチームのひとつが、私たちだ。

クンブ・アイスフォールは、約四キロメートルにわたって続くクンブ氷河の中でも、とくに危険とされる地帯だ。ベースキャンプからここを越えたところに、キャンプ1がある。一日に一・二メートルほど下に滑り落ちつづけているアイスフォールは、まさに生き物だ。行く手を阻む危険な氷の塔はセラックスと呼ばれる。セラックスはいつ崩壊してもおかしくないし、アイスフォールはつねに砕けたり、移動したり、沈んだり、融けたり、また凍ったりしている。「クンブ氷河は不安定なところだ」と人は言うが、その程度の言葉で形容するのは、「エベレストなどただの丘だ」と言うのに等しい。クンブ氷河は非常に危険で、常軌を逸した、移り気で変化の激しい場所なのだ。

氷が砕けて引き裂かれると、そこにクレバスができる。大きなものともなると、その深さは四十五メートルほどにもなる。登山シーズンが始まると、アイスフォール・ドクターと呼ばれる、ネパール政府に雇われたシェルパの精鋭部隊が最初にクンブ氷河に入る。彼らは何日もかけて氷河を登るルートを考え、登山者のために梯子やロープをかけ、入り組んだ迷路のようなクンブの凍った谷や山に道をつくっていく。

アイスフォール・ドクターは優れた技術をもっているけれど、仕事の方法は想像するほどハイテクではない。基本的には氷にアルミの梯子を取りつけていくものだが、クレバスを渡ったり、大きな氷の壁を登ったりするときにはふたつか三つの梯子を太いロープで連結して、グラグラする橋をかけることもある。ある年には、五つの梯子を連結した橋もあった。五つも！ 危険な川を渡るのに、ちゃんとした橋ではなく、ロープでつながれた梯子を渡っていくところを想像してみてほしい。しかも、下にあるのは勢いよく流れる川ではなく、ぽっかりと開いた氷の奈落。もし落ちるようなことがあったらどうか即死できますようにと願うしかない。そうでなければ、骨が折れた痛みを感じながらしだいに体温を失い、たったひとりで凍死するしかない。

登山用のハーネスに足を入れ、きつく締める間、誰ひとりとしてしゃべらなかった。周りを見まわして、誰がいちばん早く装着できるか、自分が何番目くらいなのかを確かめた。〝警察署長〟ゲイブと〝特殊部隊〟トムの動きはすばやくて流れるようだった。ほかの男性たちは、念入りに装着している。留め具に手間取っていた私は、急に緊張してきて指がもつれた。

ハーネスを装着すると、私たちはトレーニングコースまでドタドタと歩いていき、クランポンを靴に装着した。一列に並ぶと、なぜか『ロッキー』のテーマソングが頭の中でかすかに聞こえてきた。

去年もここへ来たというダニーの近くへ寄っていき、トレーニングコースを指さして言った。「ねえ……クンブ氷河も、こんな感じ？」

「いや、まったく違う」彼はニヤッとして言った。「まあ、それは言いすぎだが、十倍は厳しい場所だと思っておくといい。いや、二十倍かな」

息がつまりそうになった。「知らなきゃよかった」そう独りごちた。これまでの人生で、何度もそう思ってきたように。いまは目の前のことに集中しよう。心配ならあとでゆっくりすればいい。

まず渡るのは水平な梯子だ。近くで見ると、梯子は思ったより小さく見えた。二本のロープが手すりのように梯子の両脇にかかっていて、それぞれのロープはテントを固定するときのように、特別なネジで両端の氷に固定されている。渡るのは一度にひとりずつ。両端にはそれぞれふたりがいてロープをぎゅっと引っぱり、渡っている人のために手すりをピンと張っておく。まずはトム、次にゲイブが渡っていった。

次は私だ。向こうの端で、ゲイブが私をじっと見ながらロープを引っぱっている。私の後ろでは、ブライアンがロープのもう一方の端を握っている。

「いちばん大事なのはロープのつかみ方だ」アン・ドルジーが言った。「ロープを感じて。手袋ごしでもロープの感触をつかむんだ。張りすぎても緩めすぎてもだめだ」

私は自分のハーネスからぶら下がっているカラビナを右側のロープにかけ、両脇にあるロープを握って歩きだした。両端の男性たちは腰の高さにあるロープを、少し引っぱれる程度に緩めつつ、手すりとしてしっかり機能するくらいの張り具合にしてくれている。頭の中のBGMが『ロッキー』のテーマからサーカスの音楽に変わった。私は綱渡りをするパフォーマーだ。両手で握っているロープはバランス棒。ポップコーンのにおいがする。ときおり、こちらを見上げている観客のどよめきが聞こえてくる。くるくると渦を巻くようなライトの熱、猛獣たちの爪の音、キラキラ光るコスチューム。体中をアドレナリンが駆けめぐり、肌がゾクゾクした。

でも、男性にはない問題が、私にはあった。彼らの登山靴の大きさは梯子の横桟《よこさん》の間隔にちょうど合うので、クランポンの前後の爪を二本の横桟にかけて体を安定させることができる。でも、私の靴はトムやゲイブより六センチは小さいため、横桟と横桟の間に落ちてしまうのだ。だから、一本の横桟の上でバランスをとりつつ、ゆっくり進むしかない。固定ロープの張りをうまく利用して、直立の姿勢を保つことも必要だ。生まれて初めて、走るのが速くてサッカーが得意なこの足がボートくらい大きければいいのに、と思った。

「揺れたり、たわんだりしても、大丈夫だから」横桟から横桟へじりじりと進んでいると、マイクが叫んだ。「ひざをやわらかく！」私は彼をぎっとにらんだ。

サンフランシスコにいるとき、近所にウィスコンシン州から来た元軍人が住んでいて、うちのベランダからその人の家の中庭まで、六メートルの梯子を渡っていくという練習をよくさせてもらっていた。不安定なところを渡る練習をするために、角度をつけて梯子を渡した。日曜の朝になると、その元軍人は、私がクランポンをつけてエベレストに行ったつもりで梯子を渡るのを監督してくれた。揺れに体をまかせればいいんだ、と私は得心したものだ。でも、これは……。まったく違う。

「だめだ……」私はすっかり怖気づいて、首を振った。

「前に進んで！」マイクがせかす。

私はひざを曲げて、そっと体重を横桟にかけた。反動で梯子がはねあがる。金属なのに、思っていたより弾性がある。息がつまり、心臓がバクバクした。アルミ製の梯子がビーンと震える音が、氷の谷にこだまする。たった一・五メートルの深さの裂れ目だけれど、私には底なしに見えた。雪の裂け目ほど、深く暗い底なしの空間はない。

「ロープを伝って進んで」アン・ドルジーが言う。「向こうにあるアンカー〔安全を確保するための支点〕を見ながら進むんだ」

ロープの先を見つめ、私は一定のリズムで進んだ——右足を横桟にかけ、左足をそろえ、いったん止まり、息を吸って、バランスを整える。それを繰り返す。クランポンが横桟にあたったときに響くチンという音が大事だ。金属と金属があたる音がするということは、私の足元がしっかり横桟についているということなのだから。足を対岸の雪の上につけたとき、ホッとして、馬のようなため息が口からもれた。何時間も、何日も、一生分くらいも時間がたったような気がした。一気に百歳になった気分だ。

「いいぞ！」クレバスの向こうからジョンが親指を立てながら言ったので、私は手を振り返した。

全員が渡り終えると、マイクとアン・ドルジーは、まるでアヒルの子を連れて歩くように、私たちを六メートルもの高さがある氷河の尾根まで連れていった。その表面には、梯子が垂直に固定されている。マイクがアイスクライミングと懸垂下降の手順をざっと説明するのを、私たちはうなずきながら聞いた。

マイクが梯子を指しながら言う。「まず、梯子を見る。次に、カラビナを安全ロープにかける。つねに、ロープにつながれた状態にしておくこと。二箇所で安全確保を行うように。きみたちは、つねにロープにつながれた状態でいないとならない。さあ、口に出して言ってみて」

「きみたちは、つねにロープにつながれた状態でいないとならない！」ブライアンが大声で言った。

「〝きみたち〟じゃないだろ」アン・ドルジーが言うと、ブライアンは体をゆらして笑った。

「**私たちは**つねにロープにつながれた状態でいないとならない」ゆるいかけあいに少々イライラしながら、私は言った。この言葉を頭に叩きこんでおかなくてはならない。

「チームメイトがきみのロープを持ってくれているかどうか、確かめること」マイクが先を続けた。「チームメイトは、きみたちの命綱だ。みんなが元気かどうか、よく確認すること！　わかった？　登りはじめたら、ロープがハーネスにからまないように、よく気をつけること。上まで登ったら、固定ロープからカラビナをはずして、次のロープにかけかえる。そのあとすぐに、安全な場所へ移動すること。簡単だろう。さて、じっさいにやってみよう」

マイクが梯子の上まですばやく登り、おっかない父親のように上から私たちを見下ろした。太陽の光が彼のサングラスに反射している。アン・ドルジーは腕を組んで、梯子の下に立っている。マイクと同じサングラスの下の目は、笑っていなかった。

「いちばん大事なのは」マイクが言った。「上を見ることだ。上だけを見ること！　梯子を登るときは、けっして下を見ないこと」

垂直な梯子には、ロープが一本しかない。私はそのロープにカラビナをかけた。こんな小さなカラビナに体を預けているなんて。でも、私たちは、そういう危険を承知のうえでここにいる。いや、危険だからこそ、ここにいるのだ。愛する人たちは、安全な家で私たちの帰りを待っていてくれればいい。

私たちは手早く梯子を登りおえた。これは難なくできた。

さて、ここからが楽しいところ――懸垂下降だ。懸垂下降は、これまでに何度もやったことがある。去年の冬のヴィンソン・マシフ、レーニア山〔アメリカ・ワシントン州の高山。四千三百九十二メートル〕、それから、インドネシアのプンチャック・ジャヤ〔オーストラリアとその周辺海域まで含む「オーストララシア」の最高峰。カルステンツ・ピラミッドとも。四千八百八十四メートル。「七大陸最高峰」というとき、オーストラリアの扱いにはふたつの考え方があり、単独大陸としてのオーストラリア最高峰は二千二百二十八メートルのコジオスコだが、それでは他地域のもっと高い山をカバーできないとしてこの「オーストララシア」の概念を推す人もいる〕。ニューギニア島の沿岸部にある、石灰岩でできたギザギザの山だ。高い技術が必要とされ、誰もがいつかは登りたい山と言われている。ここの登山は、登るというよりロック・クライミングに近い。長い距離を懸垂下降しなくてはならないところが二十箇所もあるうえ、チロリアン・トラバース――ハーネスをつないだロープにぶらさがった状態で、手の力だけでロープを伝って向かい側に渡る方法――をしなくてはならない箇所もある。私は山際を下りていくときの、ロープとアルミ金具がこすれるビュッという音が大好きで、いつもうっとりする。

今日は、私が懸垂下降のトリだった。みんなの視線を感じたけれど、自信があった。でも、始めるとぎこちなくなってしまった。大丈夫、私ならできる、と自分をおだててみる。落ち着いて。梯子のあとだけに、私にもできるというところをアン・ドルジーに見せなくては。これなら任せて、というところを。空気が凍るように冷たくて、鼻水が唇まで垂れてきた。私はジャケットの袖で鼻水をぬぐおうと前かがみになった。「集中しろ！」マイクが怒鳴る。その声に、私の集中力がそがれた。体が横に傾き、太ももを硬い氷の壁にぶつけてしまった。脚とプライドの両方が傷ついた。

「懸垂下降をマスターしなくてはいけないね。絶対に必要な技術だから」アン・ドルジーが言った。

本当はできるのに……。私は泣きたくなった。やっと下に着くと、くたびれきったように、どさっと雪の上に下りた。

それからの一時間、私たちは順番に、クランポンのとがった爪を使って登っては、ゆっくり懸垂下降することを繰り返した。アン・ドルジーはあちこちに目を走らせながら、大声でメンバーに指示を出す。そのうち私も勘を取りもどし、自在にコントロールしながら上から降下できるようになった。ほかのメンバーが氷壁を登り下りする練習をしている間、私はまた水平な梯子を渡る練習に戻った。ブライアンとジョンが一緒に来て両端に立ってくれ、私が何度も何度も渡る間、ロープを持っていてくれた。自分の弱点を克服しておかなくてはならない。明日は、クンブ氷河を試しに登ってみることになっている。

「それで、サンフランシスコから来た女性たちとは、どこで知り合ったの？」梯子の横桟から横桟へと慎重に足を動かす私に、ジョンが訊いた。ジョンはサンフランシスコに家があるので、私がそこから来たと聞いてから、興味津々だったようだ。私がここまで女性たちとトレッキングしてきたことに興味をもってくれたのは、ジョンだけだ。学者から投資家に転身した彼は、世界中に家を持っている。汗をかいてふうふう言いながら山を登っているときでも、彼の物腰は洗練されている。礼儀正しくて節度をわきまえた彼を見ているとき、ヨーロッパを旅したときのことを思い出す。

「非営利団体を通じて知り合ったの」私は答えた。「たくさんの女性の前で話をしたけど、私を信じてみようと思ってくれたのは、あの子たちだけだったと思う」

「なるほど！　賢明な人たちだ。そういう勘みたいなものは、教室では学べないからな」ジョンが力強く言った。

トムがお尻に手をあてて、こちらの様子を見にぶらぶらとやってきた。アドバイスをしたくてウズウズしているようだ。顔を見ればわかる。

「梯子を渡る練習は、あまりしてこなかったんだ」トムのことは気にしないようにして言った。「そのうち、コツがつかめると思う」

「あのさ」ちょっと笑みを浮かべてトムが言った。「もし、きみが途中で離脱することになったら、きみが山頂に残してきたいものを、ぼくが喜んで持っていくよ」

「ご親切に、どうもありがとう」言いたいことをグッとこらえ、感じよくお礼を言った。でも、その直後に梯子でつまずいてしまったときは、トムがそう言うのももっともかもしれない、と思ったりした。

私が山頂に行ける確率は、じっさいのところ、どれぐらいだろう。

「まあ、四十パーセントってところかな」ジョンが言った。

「はあ？」

「確率だよ」

しまった。どうやら声に出して言っていたみたいだ。

「それから、死ぬ確率は……聞きたい？」とトム。

「おい」ジョンが急に厳しい声で言った。「死ぬ確率も成功する確率も、男女差はないんだぞ」

たしかにそうかもしれない。でも、それを聞いたからといって、心が休まるわけではない。その日のトレーニングが終わったあと、女性たちと連絡をとろうと思い、食事用のテントに行った。ベースキャンプからの帰り道、シェイリーがずっと私にテキストメッセージで状況を知らせてくれていた。いまごろはパクディンでランチを食べ、ルクラまでの最後の道のりに備えて栄養をとっているはずだ。シェイリーに電話をかけた。

「もしもし、シルヴィア⁉」シェイリーが電話に出た。

すると、ふたり、三人、五人と、次々にみんなの声がして、興奮したように互いにしゃべっているのが聞こえてきた。

「シルヴィア！　会いたい！」

「シュレヤ！　シュレヤでしょ？　どう……」

「ねえ！」ルーシーが叫んでいる。「みんなが私に、何を教えてくれたと思う？」

「何？　何を教えてくれたの？」

「ネパール語で歌う『マカレナ』」

電話の向こうで、みんながドッとはじけたように笑い声をあげている。幸せそうな声だった。軽口を言いあっている声は、いままでになくリラックスしている。いまではすっかり小さな家族のよう。姉妹のようだ。みんなの声に交じって、ルビーナの声も聞こえた。

「みんな、あなたを愛してる」ルビーナが優しい声で言った。「会えなくてさみしい」

「私もだよ。みんな、愛してる」本当に。こんなに素直に、心からこの言葉を言えたのは初めてだ。

「気をつけてね！」とルーシー。

「いろいろとありがとう、シルヴィア」ヒメナだ。声がかすれはじめた。「この体験は絶対に忘れない。愛してる」

「じゃあ、また！」エハニが急に英語で言った。また、みんながワッと笑う。

みんな、とても仲がいい。きっと無事に帰れるはずだ。だって、ベースキャンプまで頑張れたんだから。それぞれ、このトレッキングで、何か自分にしかわからないものを得たはずだ。それをたずさえて、みんなは帰路につく。自分の力で得た英知は、けっして誰にも奪われることはない。いまも。これからも、ずっと。

女の子たちのことは忘れてエベレストに集中しよう、と自分に言い聞かせてきた。でも、そうじゃなかった。みんなは私のそばにいてくれる。これからもずっと、ともにいてくれるのだ。どんなトレーニングをするときも。梯子から落ちてもう一度登るときも。これからどんなことが起ころうとも。

「一歩ずつ、確実に進んでね、シルヴィア」電話を切る前に、シェイリーが言っていた。「それから、忘れないで。あなたがいるのは、母なるエベレストのふところ。身をゆだねれば、きっと優しく迎えてくれるはずだから」

トムは一回目のローテーションに参加することさえできなかった。

「HAPE（高所肺水腫）だ」マイクがそう言いながら、トムを救急救命テントに運んだ。死の前兆だ。

高所肺水腫になると、肺胞に液体がたまってしまう。回復する唯一の手立ては、すぐに標高の低いところまで下山することだ。ヘリパッドにヘリコプターが着陸するのを、私たちはキャンプから眺めていた。トムが運ばれていくのが遠目に見えた。そして、ヘリはカトマンズに向けて飛びたっていった。こうして、トムとトムの夢は破れ去った。五日目のことだった。

私はショックを受けていた。みんなもそうだ。トムはアクション映画の主人公のような人だった。アメリカ人の愛国心を体現したような人でもあった。チーム最高齢の六十歳だけれど、ほぼ間違いなく、誰よりも元気だった。世界でも指折りのトライアスロンの選手だったし、サバイバリストだった。オサマ・ビンラディンを倒したチームの人にそっくりだった。体が丈夫な人や、ふだん健康な生活を送っている人でも高山病になることがあると、頭ではわかっていた。年齢は関係ないことも知っていた。いつ、誰の身に起こってもおかしくないし、どれくらいの標高で自分の体に影響が出るのか、予測することもできない。

でも、これぞアメリカンヒーローというトムが、クンブ氷河を二時間登っただけで倒れてしまうなら、私が山頂に行けることなどあるのだろうか。トムは完璧だった。集中力もあるし、筋力もあるし、精神力も強い。それでも、この高度から身を守ることができなかったのだ。

夕食の時間、私は無言で食べ物を飲みこんだ。神経がピリピリしていた。一回目のローテーションが、明日始まる。クンブ氷河のことが頭から離れない。

「午前一時に朝食だ」アン・ドルジーが言った。思わずうなった。もう夜の八時だ。ゆっくり寝る時間はない。

「しっかり寝ておけよ！」食事用テントから出ていく私たちに向かって、マイクが声をかけた。「寝ておかないと大変だぞ」

おやすみなさいと手を振って、私は洞穴のような自分の小さなテントに潜り、倒れこんだ。ナイロン製のテントの壁が、風で震えている。寝袋に入り、あごの下までジッパーを引き上げた。どうか、どうか、眠れますように。家にいるときは、どんなに疲れていても、枕に頭をつけたとたん、どういうわけか頭がさえてしまう。だから、夜中の二時や三時まで本を読んだり、ネットを見たり、体が疲れて眠気に勝てなくなるまで動いていたりする。私は、なかなか眠れない性質なのだ。ベッドはリラックスする場所だと思っている人もいるけれど、私の場合、そう思えるようになるまで長い時間がかかった。ベッドはずっと、忘れたい記憶を呼び覚ますものだったから。夢の中でだってさまざまなことが起こる。でも、起きて動いていれば、自分で自分をコントロールすることができる。

しかし、ここは山だ。眠らなくてはいけない。就寝時間を守るのも、私にとってはちょっといいことだ。

こういうのが、登山の何よりいいところでもある。軍隊のようなキャンプの規則があるところが。最初は反発も覚えた。でも、あきらめて言われたとおりにしていると、安心感を覚えるようになった。夜行性のタスマニアデビルのような自分を抑えこめるようになった。チームで登山をするには、いつもの自分の生活を変えなくてはならない。それに、自分の体調にも気を配らなくてはならない。

ここでは、休養は楽しむためにとるものではない。お酒などもってのほかだ。

九時には、夢も見ないほど熟睡していた。とても疲れていたので、遠くで雪崩の音がしていたのにも気がつかなかった。

アイスフォールに足をかけたアン・ドルジーが、お経を唱えはじめた。私たちはガラスのような地面の上で彼の後ろに並び、今朝コックが手渡してくれたお米の粒を、ひとりずつ撒いていった。このお米は山への捧げものだ。しっかり呼吸をして、自分を信じるんだ。ビーズのような米粒を撒きながら、私は自分に向かって言った。頬は磁器のようにひんやりしている。口から吐きだす息は雲のように白かった。道中の無事を祈る。どうか、この身を守ってくれますように。呼吸と自信、呼吸と自信。何度も自分に言う。そして、どうか、私たちを優しく迎え入れてくれますように。身をゆだねれば、きっと優しく迎えてくれる……。シェイリーの言葉を思い出していた。

本当に、そうでありますように。

時刻は夜中の二時過ぎ。クンブ氷河を渡るのに最もいいのは真夜中だ。氷河が硬く凍っていて、氷同士がしっかりとつながっているからだ。朝が近づくにつれ、ヒマラヤの向こうから降り注ぐ太陽の光で氷がやわらかくなり、融けたところに穴ができて、崩壊する可能性が高くなる。私たちは暗闇の中を、一言もしゃべらずに、ヘッドランプの黄色い光に照らされた道を登っていった。

マーク、ブライアン、ダニーが、私の前にいる。私の後ろには、ジョン、ロブ、そしてゲイブだ。クランポンを雪面に蹴りこむ音を聞いていると、心が静かになっていく。薪を割ったり、野菜を切ったりする音と同じだ。それがお経のように、一歩ごとに繰り返される。

氷に囲まれた空間に入っていくと、ザクザクという自分たちの足音が反響した。つやめく氷壁が、内側からヘッドランプの光に呼応するように怪しげな白い光を放っている。亡くなった人の魂は何週間もそこに残っているのだと、シェルパが言っていた。この氷柱には、いったい何人の魂が残っているのだろう。かくれんぼをしているみたいに、ところどころに影ができている。ゴツゴツした氷柱は、ある方向から見ると、皮肉な笑みを浮かべている人間の顔のように見える。でも、別の方向から見ると、その表情は見えなくなる。クンブ氷河は、まるでロールシャッハ・テストだ。見るものの心の奥底の景色を映して、いかようにもその姿を変える。

二時間たったところで、梯子が続いている場所に来た。どの梯子も、しっかりとかけられている。ひとりずつ渡っている間、残りのメンバーは一言もしゃべらなかった。急に音をたてたり動いたりしたら、山が私たちを飲みこんでしまうのではないかと思いながら。じっさい、そういうこともありうる。クンブでは、急に大きな物音をたてると、雪崩が引き起こされることもある。いま雪崩が起これば、私たちはジャッキで持ち上げられるように体を持っていかれ、山から振り落とされることだろう。

梯子を渡りながら、私はクランポンが金属の横桟にあたってたてる音を数えた。一、二。一、二。一、二。私の下では、お腹をすかせたクレバスが大きな口を開けている。「何をするときも、けっして下を見てはいけない」アン・ドルジーの警告が頭の中によみがえる。でも、足の下にある、光のまったくない空間は、ある種の催眠術のようだ。暗闇に引きずりこまれそうになる——馴染みのある感覚だ。無の世界が私を呼ぶ声がする。

信じるの、シルヴィア。チームのメンバーがロープをしっかり持ってくれていることを信じなさい。私がうまくバランスをとれるように、ロープの張り具合を調整してくれていると。信じて。信じて、シルヴィア。そう何回も言いつづけていれば、そうだと感じられるはずだ。これほど男性のことを信じようとしたのは、いつ以来だろう。

四番目の梯子まで来た。向こうに見える垂直な氷壁のところまで渡るためにかけられた、水平な梯子。最初の横桟に足をかけたとき、自分が意外にもリラックスしていることに驚いた。体を安定させて、チラッとクレバスをのぞいてみる。体勢が傾き、うっかり足を滑らせそうになった。

「前だけを見るんだ、シルヴィア！」アン・ドルジーが声を殺しながら厳しい言葉を飛ばす。

四時。夜が明けはじめ、空が海の色になった。深い青。荘厳な青。淡いベイビーブルーや、病院で見かけるような青ではない。嘘みたいに青々とした、混じりけのない青。生まれたままの青。星はベルベットのような空に散りばめられた、無数のクリスタルだ。月は私たちの行く道を、銀色の光で照らしてくれている。

もし、登山している自分たちの姿を家にいながらにして見ていたなら、周りの景色の美しさを、そんなふうに表現していただろう。詩的な表現がふさわしい光景だ。

でも、いまは、目の前にある長方形の光しか見てはいけない。夜明けのカーテンが開くにつれ、氷が濃い藍色になる。見えるのは、いまにも崩れてきて私を粉々にしてしまいそうな、大きな氷の塊だけ。こんなに美しい場所で死ぬなんて皮肉だな、ということしか考えられない。それがエベレストのおかしなところだ。話に聞いていたように美しい場所なのに、じっさいにここに来てみると、ほとんどのエネルギーは食べることと、眠ることと、死なないことに費やされる。

五時。夜が明け、光の矢が氷に放たれた。長くて鋭い刃のような氷柱が落ちてきて、一軒家ほどの大きさもある雪の塊に突き刺さる。上空から撮った写真では、クンブ氷河はそり遊びでもできそうな緩やかな丘が続いていて、難なく近づけるように見える。でも、いったん太陽が昇りはじめると、その風景の荒涼としたさまが見えてくる。そこはまるで、青い氷が波のようにうねる、凍てついたサハラ砂漠だった。長い時をへて削られつづけ、古代の水によってくり抜かれた雪のアーチがある。自分では受け止めきれないその大きさに、圧倒される。

「妻にもこの景色を見せてやりたいよ」

「え？」誰かの声がして、私は我に返った。後ろを振り向くと、ジョンがいた。

「きっと感動するだろうなあ」小さな声で言っている。

ジョンの奥さんは病気を患っている。最初に会ったときに、ジョンがそう言っていた。それから数日たった夕食の時間に、うつ病なのだと聞いた。彼女をひとり残して出かけるのはさぞかし心配だっただろう。でも、これは彼の一生に一度の夢なのだ。集中して一歩ずつ足を動かしながら、私はうなずいた。

「彼女も見られたらよかったのにね」

残りの梯子は、素早く渡ることができた。交代しながら、私たちはふたつ、五つと順調に登っていき、ぜんぶで十の梯子を登った。平坦なところはまったくなかった。易しい箇所もひとつもなかった。とにかく登って乗り越える、の繰り返しだった。登って、乗り越える。乗り越えて、また登る。途切れることなく続く振り付けのようだった。私たちの息づかいは互いにシンクロし、口から吐きだされる息は、霜のような雲になった。長くとどまっているのは危険だ。ここは絶えず動きつづける氷の島なのだから。私たちはほとんど休憩をとらずに進んだ。

垂直な雪の塊を梯子で登りおえると、そこからは氷の尾根をスパイダーマンのように登っていく。クランポンの爪を壁に蹴りこみ、肩と背中の筋肉を使ってロープをたぐりよせながら体を引き上げていく。梯子でいえば百段分くらいの高さのところまで登ったあと、水を飲んだ。ふくらはぎがジンジンする。出発してから、すでに四時間がたっている。

水筒の水を半分ほど飲んでいると、とつぜん下方からマイクの叫び声が聞こえた。「シルヴィア、もっと速く登って！」しまった、雪崩!? こうなるんじゃないかと思ってはいた……。神父様、お願い助けて。私は祈った。胸で十字をきり、雪煙のあがっている地平線のほうを見やる。

「おい、遅いのはシルヴィアじゃないぞ」今度はブライアンが下で叫んだ。笑い声が聞こえる。「シルヴィアならもう上にいるよ。それはシルヴィアのじゃなくて、ぼくの尻だ」

そう言いながら、ブライアンが岩棚に上がってきた。「マイクによると、これが君のお尻らしい。失礼なこと言うよなあ」

「えっと……」ブライアンが冗談を言っているのか、嫌味を言っているのか、よくわからない。ブライアンの口調は、いつも判断に困る。

「きみに対して失礼だって意味だよ！」彼が大きな声で言った。「ぼくにとっては光栄なことだけどね。きみと間違われるくらい尻が小さいなんてさ」

「いつかお尻を見せなきゃいけない場面がきたら、私の代役をやってもらえるね」私は肩をすくめて冗談を返した。「そんなときがくるかどうかわからないけど」

彼は私の肩を叩いて大笑いした。私は思わず顔をしかめた。腕がずきずきする。

私たちは動きつづけた。気温はどんどん上がっている。マイナス二十三度だったのが、いまはマイナス十七度くらいまで上がっている。このまま気温は横ばいになるだろう。

午前六時には、フットボール・フィールドと呼ばれるところに着いた。大きな円形劇場のような形状の場所で、観客席のように氷が段々になっているところがある。左手にはエベレストの西尾根が見える。斜度はかなりきつく、五十度もある。急にペースが上がった。前方に視線を向けると、先頭を歩くアン・ドルジーの姿が見えた。ゴールデン・ゲートのほうに向かっている。二〇一四年に大規模な雪崩事故が起きたところだ。

それは私たちが思い描くような雪崩というより、ロケットのようだったという。ほとんど雪ではなかったそうだ。宇宙船ほどの大きさの六十トンの氷塊が氷河から崩落して山肌を落下、十六人のシェルパが巻き添えになって亡くなった。収容できなかった死者のうちひとりの遺体は掘り返したものの、九人の遺体は埋まったままだという。

アン・ドルジーのところにチームのみんなが追いつくと、その場は沈痛な空気に包まれた。アン・ドルジーが亡くなった人を発見した場所に立ち、氷河が崩落した場所を指さした。事故の話をする彼の低い声が続く。氷塊は長さが四百五十メートルもあったという。私たちがいま立っている百五十メートルほどの区間が、最も危険らしい。氷が速い速度で動いていて、一日に一メートルほど動くこともあるという。

私は、シェルパのタシがインタビューでエベレストについて語っていたのを思い出していた。

「エベレストは女神です。だから、登る前に拝むのです」彼はそう言っていた。西洋社会から来る登山者たちはエベレストを肉体の限界に挑む場所だと考えていて、死に最も近づく体験としてしか見ていないことを、シェルパたちは知っている。でも、シェルパにとっては神聖な場所なのだ。虚勢をはるよりも、謙虚でいることを教えてくれる場所だ。

この二十年、サウスコル・ルート〔エベレスト登山ルートのうち、エベレストとローツェの間にある尾根道を通るルート〕はこの氷塊の下を通ることになっている。一九七〇年代に設定されたもっと安全なルートよりも、断然速いからだ。でも、いまはゴーストタウンのようだった。壊れた梯子が岩のように硬い氷に覆われ、ちぎれたロープがクレバスにぶら下がるのみだ。

悲劇の痕。斜面に囚われたままの凍った遺体。

トラウマのように、そこに残っているもの。

心を癒すためには、始まりの場所へ戻らなくてはならないときもある。

その日の最後の行程は、また命知らずのサーカスのようなものだった。ナイロン製のロープで連結された五つのアルミ製の梯子が、三十メートルの垂直の氷壁にボルトで固定されていた。雪原から垂直に梯子が立てかけられているのだ。ここを越えれば、キャンプ1だ。

マークはすでに半分ほど登っている。彼が一歩登るたびに、梯子の下まで振動が伝わってくる。私は梯子の下で、緊張しながら自分の番を待っていた。いちばん上の段を上がったマークの姿が見えなくなったのを確認してから、梯子に近づいた。クランポンが氷にくいこむ。肌がゾクッとする。すべての感覚が増幅されて研ぎ澄まされた。

深呼吸をひとつして、体がふらつかないように足をしっかり踏んばった。

ひとつ呼吸をする。右側にある安全ロープにカラビナをかける。

左足、右手。右手、左足。

登るたびに、クランポンがアルミ製の梯子にあたってギシギシ音がする。

呼吸。

下を見てはいけない。下りるという選択肢はない。下は存在しない。

とにかく登るしかないのだ。この世にはこの梯子だけ。

一歩一歩進む。この瞬間に集中する。

過去もない。未来もない。あるのは、いまこの瞬間だけ。

この梯子。

この氷。

キラキラ光る氷の壁。美しい、青い氷の粒。近くで見ると、氷は白くない。透明だ。青みがかった乳白色。画材店に並ぶ、変わった名前の色見本みたい。やわらかな雲の色。雪花石膏色。クジラの口の色。

恐ろしい青い氷。

左足、右手。右手、左足。

呼吸。

家に帰ったら、この恐ろしい青をリビングの壁に塗ろう。

未来も、過去もない。

この瞬間だけ。

この梯子だけ。

一段ずつ登るだけ。

この氷を、登るだけ。

氷が融けているところがある。壁からしたたり落ちる様子が美しい。とても詩的で、流れ落ちる涙のよう。はるか下へ下へと……いけない、下を見てはいけない。下は地獄。天国は上だ。上を向こう。ほら見て、もう半分まで来てる。

そう。私は登っている。

右足、左手。

私は登っている。前進している。私が変わっていく。

にわかに梯子がぐらつきはじめた。私がいるのは中ほどだろうか。野獣のお腹のあたりの、不安定な場所だ。金属と金属がぶつかる音がして、恐怖が体じゅうを駆けめぐった。何かをひっかくような、曲げるような、たわませるような、ひずんだ不快な音がする。恐怖心のオーケストラだ。恐怖の交響曲が大音量で鳴り響く。頭の中で、シンバルが派手な音をたてて鳴った。怖い、怖い、怖い、と鳴っている。

これで終わりだ。もうだめだ。

上が天国で下が地獄なら、ここは煉獄だろうか。死ぬ前に見る最後の景色が、こんな無機質な梯子だなんて。とんだ期待はずれだ。私のお墓に「梯子の上にて逝く」と彫られるなんて、想像したこともない。

「シルヴィア、ここに眠る。亡くなったのはウォッカでも雪崩のせいでもない。フェルドファイヤー社製の梯子の上だった」

いや、ちょっと待って。もう四番目の梯子も登りおえた。あとひとつじゃないか。それなら私にもできる。

顔が見えた。シェルパが、私の目の前にぬっと現れた。何かを指さしている。頭上にある安全ロープだ。安全ロープと体をカラビナでつないでから、梯子のほうのカラビナをはずす。忘れてはいけない。つないでから、はずす。

梯子から上に上がるとき、一瞬、手を離した状態になる。私はためらった。手を離す勇気がない。「大丈夫、大丈夫」シェルパがそう言って、上がってこいとしきりに手を振っている。いまこの瞬間に意識を集中させることが、幸せへの切符だとよく言われる。自由への切符だと。いまがまさに、そのときなのだろうか。逃げ道はない。急いではいけないけれど、のんびりもしていられない。逃げることができないなら、前に進むしかない。一瞬一瞬の痛みに耐えながら、時間をかけて、少しずつここまできた。それなら、いまがそのときなのだろうか。これほど、いまという時に意識を集中させたことがあっただろうか。

メンバーの半分はまだ下にいて、登る順番を待っている。戻る選択肢はない。上に進むしかない。シェルパが手を伸ばしてくれた。つないでから、はずす。次のカラビナをかけてから、前のカラビナをはずす。ロープを引く。そして、シェルパの手をつかんだ。温かい手がしっかりと私の手を包んでくれた。梯子の最後の一段を登る。私の後ろで、金属のビーンという音が反響した。クランポンをつけた足を氷の上に下ろした。氷に刺さるよう強く雪に足を踏み入れ、ぜえぜえと息をした。やっと安定したところに着いた。

アン・ドルジー、ジョン、マーク、そしてロブが、私の背中や腕をポンと叩いてくれた。

ダウンの手袋をしていても、指がかじかんでいた。アドレナリンが血管を駆けめぐり、動悸がして、冷や汗で肌がチクチクとした。脇の下に汗をかいてベースレイヤー（肌着）は湿っていたけれど、体の表面は凍えるように冷たかった。アン・ドルジーが屈伸をしたり、腕を前後に振ったりしているのを見て、血行をよくして体を温めなくてはいけないことを思い出した。

「わかってる、わかってる」私は少し照れながら言った。

知らなくてはならないことが、たくさんある。どれも大事なことで、生死にかかわる。私の全身が、意識のすべてが、この環境に適応しようとしている。もっと早く適応したい。屈伸をしたり腕を振ったりして、指先まで血液を行きわたらせる。

「頑張ったね、シルヴィア」リディアが後ろを横切りながら声をかけてくれた。「強いんだね。感心した」

「ありがとう」かすれてうわずった声で答えた。そう言われて嬉しかった。リディアはエベレストのレジエンドだ。頭の奥のほうで歓声をあげた。やった。私はやったんだ。リディアが見ていてくれた。

でも、頭はほとんど混乱していた。ここまでやってきたことは、とても理にかなっているとは言えないことだから。

「上まで登るのに、どれくらいかかってた？」マークに訊いた。梯子を登っていた時間は、これまでの人生で最も長い時間だった。

「三分くらいだ」彼が言った。

「えっ？」

「時間なんて相対的なものだよ。梯子の上ではね」

「はあ……」

自分の位置を確かめるために下を見ることは、もうしない。後ろを振り返るのはやめた。ここからは前だけを見ていこう。

全員が壁を登りおえ、キャンプ1に着いた。これまで越えてきたものよりも、ずっと深くて広いクレバスに囲まれた場所だ。私たちのテントは、風の吹かない広大な雪の盆地の端のほうに設営してあった。ここは「静寂の谷」と呼ばれる場所だ。


二日後、ゲイブが離脱することになった。

私たちは重苦しい気分で、サクランボ色のヘリコプターが低いところを旋回しながら着陸できる場所を探す様子を見ていた。風でテールがあおられ、パイロットは一度ヘリを浮揚させてから、うまく着陸できる体勢に直して、もう一度降下する。ゲイブは肋間筋を痛めてしまったのだ。体の側面が青黒く変色していて、息をするのも大変な状態だ。酸素が少ない場所では、ちょっとしたケガでも大きな障害になる。キャンプ2に着くころには容態が悪化していたので、マイクとアン・ドルジーが救助を要請したのだ。

ゲイブがヘリコプターの中に消えるのを、私たちは見ていた。ヘリが飛び立って、尾根に沿って降下していく。マイクは親指を立てるしぐさをして、ヘリの姿が見えなくなるまで見ていた。

「残るは六人ってわけか！」ブライアンが景気づけするように言った。

私は全身がこわばっていた。最初はトム。そして今度はゲイブ。なぜだかわからないけれど、私はパニックになった。ゲイブがサッカーボールをひざでリフティングしているのを見ていたときは、彼が山頂に行けることを疑いもしなかった。彼も、自分が山頂に立つ姿をありありと思い描いていた。疑ってもいなかったろう。でも、ここでは何が起こるかわからない。エゴと腕力——男性がこのふたつを使って人生と、キャリアと、アイデンティティを築いていくのをずっと見てきたし、自分も男性的になろうとして真似したときもあった——がどんなにあろうと、何の保証にもならない。ミヨランサンマは惜しみなく与える女神だというけれど、過剰な自信を抱いてエベレストを登る者に対する忍耐には、限界があるようだ。

人間は何十年も、何百年も、何千年も、世界に向かって挑み、どんな犠牲を払ってでも征服してやろうと考え、自然や土地を手なずけようとしてきた。私はダウンジャケットに身を包んだひとりの登山者にすぎないけれど、私の父はリマに出てくる前は山で生きてきた人だ。父も祖先も山で生きてきた。私はそのアンデスの血を引いている。この血は、先住民の暮らしや文化を破壊した征服者のことを覚えている。センデロ・ルミノソは長い間、リマを恐怖に陥れてきた。でも、田舎に住んでいる農民が土地を正当に取り戻すためには、革命を起こすしかなかったのだ。

アンデスの人や、ここにいるシェルパ族の人たちにとっては、自分たちの暮らす大地が世界のすべてなのだ。力が強く、危険を顧みないふたりの男性が一週間もたたないうちに離脱してしまったことを考えると、エベレストは征服するためのものではなく、敬意をはらうべき存在なのだと、あらためて思う。

これまで、自分に登りつづける力はあるか、山頂にたどり着く力はあるかと問いつづけてきたけれど、それは間違った問いなのかもしれない。きっと、こう問うべきなのだろう。自分には耳を傾ける柔軟さがあるだろうか。降伏する柔軟さはあるだろうか。自分の奥底にあるものを信じているだろうか。論理や力よりも、自分に流れている血や、受けついできたものを信じているだろうか。

私はまだ、山頂に立つ自分の姿を思い描けないでいる。でも、それも悪いことではないのかもしれない。

第16章　別れ

「どうも、こんにちは《グリュエッツィ・ミッテナン》。ラテ・マキアートと緑茶をください」簡単なスイスドイツ語でバリスタに挨拶をしてから注文する。

「すぐにお持ちします」バリスタが穏やかに答えた。ベルンのオフィスの下にある〈シッダールタ〉という小さなカフェでお茶を飲むのが、私の毎日の習慣だ。

「ありがとう」バリスタが飲み物を運んでくると、マーガレットが穏やかに礼を言う。それから、こちらを向いて言った。「だから、さっきも言ったけど、私は魔法使いなの」彼女がウィンクをする。「もちろん、いい魔法使いね」

私は熱い緑茶を、まるで冷たいレモネードのようにゴクッと飲んだ。何と答えたらいいか考えていたせいで、喉をやけどしてしまった。薬指にはまっているプラチナの結婚指輪が、急に冷たく重く感じられる。向かい側にすわっている、このストロベリーブロンドの女性のことは、ほとんど知らないも同然なのだ。光の具合で、彼女が神秘的な輝きを放っていること以外は。

「へえ、それはすごいね」私は眉を上げげた。興味をもったように見えただろうか。喉がパニックになっているいることがバレないといいのだけれど。「知らなかったな、あなたが魔法使いだなんて。もっと詳しく聞かせてくれる?」私は愛想よく言った。二回目のデートで、こんなに重要な情報が出てくるなんて。じつは、私たちはお互いをよく知らないまま結婚したのだ。

ローリが亡くなった二年後に、私たちは結婚の誓いをした。マーガレットとは、出張でサンフランシスコに帰ったときに共通の友人のパーティーで知り合った。彼女の英語のアクセントや、すらりとした百八十センチの長身、そしてぽってりしたセクシーな唇に、私はすっかり魅せられた。彼女はパーティーを盛りあげるのが上手だった――大げさな言葉を使ったり、大胆なことを言ったり。それに、とても官能的だった。自由奔放な人で、ベリーダンスをこよなく愛し、金のアクセサリーをいくつもジャラジャラとつけ、髪には鳥の羽根を差していた。愉快で、優しくて、ボーという名前のボストン・テリアを飼っていた。その夜、私たちは一緒に家に帰り、そこから関係が始まった。

一週間もしないうちに私はベルンに帰ったのだけれど、マーガレットは私のことをとても愛していて、遠距離恋愛なんて耐えられないと言った。家族はイギリスに住んでいるし、自分もスイスに行きたいという。そんなわけで、いまこうして一緒にいる。私がローリともう一度やり直したいと考えている間に、彼女は死んでしまった。私がローリを愛していることは、ローリも知っていた。何度も伝えていたから。でも、いくら「愛してる」と口で言っても、じっさいに愛情を示さなければだめなのだ。ひとりでヨーロッパに行ったのは、思いやりが足りなかったと思う。そんなに焦らなくてもいいと思っていたのだ。もう一度だけチャンスが欲しい、とは言わなかった。私の人生の中心にいるのは彼女で、この仕事を受けることは、私にとってだけでなく、ふたりにとっていいことなのだ、とも伝えなかった。仕事への意欲もあるけれどふたりの関係も続けたいのだ、とはっきり言うのが怖かった。それがいけなかったのだろう。私がどれほど自分のことを思っているか確信できていたら、彼女はいまでもここにいたはずだ。彼女の死によって、愛情がどれほどもろいものかを知った。

「病めるときも健やかなるときも、喜びのときも悲しみのときも……」という決まり文句はたしかにいい言葉だと、しみじみ思うようになった。

セラピーに行ったことなど一度もないのに、遠距離恋愛を始めてから六週間で、私はセラピストと結婚した。マーガレットはいい魔法使いでもあるけれど、結婚や家族に関するセラピストでもある。

私が結婚したと知ったとき、母は結婚式に呼ばれなかったことにひどく傷ついていた。私は少しイラッとした。どうして私の結婚式に母を呼ばなくてはならないのか、と。母は私とローリの関係をけっして認めてくれなかったし、彼女が亡くなって私がどれほど打ちのめされたか、知ろうとはしてくれなかった。本物の愛情だったから、失ったものは計り知れなかったのに。

「お友だちが亡くなったのは残念だったわね」母が言ってくれたのはそれだけだ。

母と一週間も話さないでいることなど、それまで一度だってなかった。でも、私とローリが恋人同士だと認めてくれなかった母のことを、ゆるすことはできなかった。その後、一年は話をしなかった。

ヨーロッパに戻ると、私は頻繁に出張にでかけた。つまり、高級店でビジネスディナーをとり、お酒を飲んでいたということだ。マーガレットは気にしていないように見えた。というか、どうでもいいみたいだった。彼女はサバティカル（長期休暇）中で、セラピストの仕事から転身しようとしていた。女性聖職者のための国際的な団体をつくろうとしているようだった。すべての女性の中にいる聖職者を目覚めさせる、とかなんとか言って。私はあいかわらず企業人的な価値観で動いていたけれど、付き合う女性は神秘的なものに傾倒している人が多かった。マーガレットがそういう団体をつくろうとしていると知っても、最初はそれについてあまり深くは考えなかった。何かを育んだり、誰かのために何かをしたりする活動をするなんてすばらしいな、とぼんやり思っただけで、話を詳しく聞こうとはしなかった。分析的な思考が足りなかったのだと思う。


「シルヴィア、電話して」

母からのメールの件名欄には、そっけなくそう書かれていた。本文には何も書かれていない。暗記している家の番号をダイアルしながら、私は背筋がゾワゾワしていた。

呼び出し音が一回鳴ったあと、母が電話に出た。電話の向こうの母は無言だ。

「どうしたの《ケ・パソ》、母さん？」

長く、大きなため息が聞こえた。

「母さん！」

「シルヴィア、あなたに嘘をつきたくない。嘘はつけない」

「わかったから。何なの？」

「癌だって言われた。肺癌だって」

血の気が引いた。

「ちゃんと健康診断してたんじゃないの？」私は言った。「子宮を摘出したり、ポリープをとったりしたあと、必ず行くって約束したでしょ」

「そうなんだけど、いろいろと忙しくて」

どれくらいの期間、私に内緒にしていたのだろう。

「来週から化学療法を始めるの。ミゲルが来てくれる。あなたもクリスマスには帰ってくるでしょ？　そしたら、そのときにゆっくり話そう」

クリスマスにはひとりでペルーに帰ったものの、母と癌の話はあまりしなかった。かわりに、アンデス山脈のふもとにある父の故郷サンタ・クルス・デ・チュカに住んでいる小さな子どもたちのもとへ、おもちゃを届けに行った。

「お酒は飲んでないでしょうね？」トルヒーヨの駅で夜行バスに乗りこむとき、母は運転手にしつこく訊いた。山へ行くには、蛇行したデコボコのアスファルトの道を通らなくてはならない。数か月に一度は、チチャ・デ・ホラ（山岳地帯でよく飲まれている、発酵させたトウモロコシの強いお酒）を飲みすぎた運転手が夜行バスで事故を起こしている。

ヘビのようにクネクネしたサンフランシスコの道をへべれけに酔っぱらってふらつきながら運転していた私を見たら、母はなんと言っただろう。アンデス地方では、一瞬でも居眠りしたり、少しでもハンドル操作を誤ったりすれば、谷底に真っ逆さまに落ちていくことになる。ハゲタカのエサになるだけだ。

母は通路をよろよろと歩きながら、席を探した。ぎゅうぎゅうづめで乗り心地の悪いバスの中でも、母はくつろいでいるように見えた。泣いている赤ん坊や、町で買ったお米や日用品が入った大きな荷物を抱えた家族がいた。母はみんなに軽く会釈と挨拶をしていった。母は前をファスナーで止めるタイプの紫色のジャージを着て、白いリーボックのスニーカーを履き、腰にウエストポーチを巻いていた。気ままで自信に満ちた母の姿を見るのは、嬉しくもあり驚きでもあった。

「ほら、ここ！」母が声をあげ、前のほうにあるふたつの席を指さした。「奥に詰めて」母がささやく。

「私は運転手を見張ってるから」

私が窓際の席にドスンとすわると、母は通路側の席に腰を下ろし、前をじっと見つめた。油圧式のドアがシューと大きな音をたてて閉まり、ブルブルというエンジンの太い音が聞こえた。母の肩にもたれると、トレゾアの香水とランコムのフェイスクリームの香りがしてきて、まぶたが重くなった。白百合と、ムスクと、ミルクの香り。ずっと昔から、これが母の香りだ。嗅ぎあきたはずなのに、いつでもフレッシュな香り。胸にくすぶる悩みを突きぬけて、心まで届く香り。私を慰めてくれる香り。ふくよかな花の香りの子守歌だ。私の母の香り。

母のいない人生など、考えたこともなかった。


サンタ・クルス・デ・チュカは典型的なアンデス地方の村だ。ヤシの木が植えられている中央広場の周りに、箱のような二階建ての建物が並んでいる。中央広場には噴水があり、抽象的で奇妙な形、あるいはアニメに出てくるキャラクターの形に刈られた大きな木がある。ペルーの人たちは公園を美しく飾り立てるのが好きだ。中央広場はその町のリビングルームのようなもので、住民のプライドを表している。夜になると渦巻きの形に装飾された鉄製の街灯が広場を照らし、朝になると周りにある丘からやわらかな霧が降りてきて、石畳の道を縫うように広がっていく。まるで、村の人たちに朝だよと告げるかのように。

父はいつもこの村から出たがっていた。だから、トルヒーヨに住む裕福な伯父から一緒に住まないかと言われたとき、父と、父の兄のワルテルはその話に飛びついた。トルヒーヨはここよりもずっと大きな都市だ。きっと父は、伯父が父親がわりになってくれることを期待していたのだろう。実の父親は家族を捨てて、別の女性と結婚してしまっていたから。父は何年もたってから連絡をとって会おうとしたものの、拒否されてしまったそうだ。

母は子どもが全員ペルーを離れ、孫が生まれて祖母になってから、サンタ・クルス・デ・チュカに通いはじめた。私や私のきょうだいからお金を集めて、父の故郷の近代化に協力していたのだ。母は何年もそこに通って村の人たちの信頼を得て、子どもたちのために手工芸品のワークショップを開いたり、その地域の病院——必要最小限の緊急治療をする病院——を改修したりしていた。そのほかにも、父の母校である、百五十人の生徒が通う小学校の電気や水道を整備したりもしていた。クリスマス・シーズンにはプレゼントやショコラターデ〔ホットチョコレート〕を配るイベントを始め、参加者の数は三百人近くになっていた。

初めは、不思議に思っていた。さんざん父に苦労させられたのに、せっかく自由に使えるようになった自分の時間を、なぜ父と関係のあるもののために使うのか。何をしても癒されない男を癒してやろうとでもいうのだろうか。自分の子どもにしてやれなかったことを、村の子どもにしてあげようとしているのだろうか。幼い男の子の姿に、父の小さかったころの面影でも追い求めているのだろうか。でも、クリスマスにその村へ一緒に行ったとき、これは父とはまったく関係ないのだとわかった。少なくとも、私が思っていたようなことではなかった。

泊まっていたユースホステルから中央広場に近づいていくと、「ようこそ、テレサ・ラヴァドさん」と手書きされたプラカードを誇らしげに持ったふたりの若い女の子を先頭にして砂利道を歩いてくる、数十人の子どもとその母親の姿が見えた。緩やかに傾斜して広場から町のほうへと伸びる道の両脇には、屋根に茶色や薄緑がかった青色のタイルが貼られた石造りの家が並ぶ。子どもたちが広場の手前、砂利道がセメントで固められた道に変わるところにさしかかると、脇道からさらに大勢の人たちが合流して、中央広場には数百人が集まった。私たちはその人たちの間を歩きながら、大きなバッグからプレゼントを取り出しては、赤い頰をした子どもたちに渡して歩いた。どの子も髪をマッシュルームカットにしていて、サイズの小さいジャージやデニムのジャケットを着ている。大きすぎるポロシャツを着ている子もいる。年配の女性たちは山岳地方らしく花柄の洋服にカーディガンをはおり、長い靴下にサンダルを履いていた。母親たちがかぶっている、アンデス地方のフェルトの山高帽や、頭頂部が高く突きでた白い麦わら帽を見ると、ここはインカ帝国とスペインの文化が混じりあっているところなのだとわかる。

脇道では、五人の女性がショコラターデの入った大きな金属の鍋をかきまわしていた。私たちはそれを錫製のティーポットに入れて歩道を歩き、興奮した様子の子どもたちが持っているプラスチックのカップに入れてあげたり、手をいっぱいに伸ばしてくる子どもたちに、小さいパネトーネを渡してあげたりした。クリスマスに食べるお菓子だ。母はまるで、サンタ・クルス・デ・チュカのサンタクロースだった。

ここにいる母は、とてもリラックスしているように見えた。父が熱心に参入しようとしていたリマの社交界にいたのは、階級差別をする人や、無慈悲な人ばかりだった。そこでは、母のような行動力は、むしろ女性たちから敬遠されていた。だから、母は内気で丁寧な態度を崩さなかった。うっかりしゃべりすぎたら、自分がその場にふさわしくないことがわかってしまうから。貧困地区出身で離婚歴があり、高校も出ていないという自分の身の上は知られないほうがいいと思っていたらしい。でも、労働者階級や貧しい家庭など、母が育った環境と同じか、もっと地べたに近いところでその日暮らしをしている人たちの間では、母の自信や寛大さやユーモアのセンスは歓迎された。ここでの母は、人が変わったようだった。胸をはって背筋を伸ばしていた。笑いながら砂利道を忙しく歩きまわって子どもたちのカップを満たしてやる母の姿を見ていたら、その母親、つまり私の母方の祖母もアンデス地方の出身だったことを思い出した。コチャバンバという、熱帯気候に位置する山としては世界一高いワスカラン〔六千七百六十八メートル〕を擁するブランカ山脈のふもとにある地区だ。

母の、私たちのルーツがこのアンデスにあるという紛れもない事実。高い山に登れば登るほど、私の中でそれは確固たるものになっていった。

その二年後、母の癌がステージ4に進行すると、マーガレットと私はサンフランシスコに帰った。病状は安定しなかった。会社が勤務時間を減らしてくれて、リモートワークも認めてくれたので、時間があるときにはペルーへ帰った。マーガレットが一緒に来ることはほとんどなかった。

母を車で病院の腫瘍科に連れていくのが私の役目になった。まるで母を火星——いかにも奇跡が起きそうな場所——に連れていくような気持ちだった。奇跡を信じるしかなかった。助かる望みがあるなら、何でもしてあげたかった。当時の私が飲酒をコントロールできていたのは、そんな状況だったからだ。家族の前で酔っぱらいたくなかったし、母は口には出さなかったけれど、その姿はいつも言外に「飲みすぎてはいけない」と私に語りかけていた。マリアネラは義兄のベトと私の間に起こったことを母に話していたし、私が吐しゃ物にまみれてうつ伏せで倒れているところをエドゥアルドが発見した話は、まだ記憶に新しいだろう。カトリック信徒として育った私には、恥の概念が刷り込まれている。カトリックでは、自分の行動を検証して、その原因を理解しなさいとは教えられない。とにかく悔い改めて、その行動をやめなさいと教えられてきた。それなのに私は、悔い改めたあと毎回同じ行動を繰り返してきた。このころの私が飲みすぎないでいられたのは、家族に対して恥ずかしいという感情があったからにほかならない。

ペルーでは、医師でさえもラテン時間で動いている。私たちはピカピカの白い壁に囲まれた長い通路で、何時間も待たされた。周りには同じような患者やその家族がいた。母より具合の悪そうな人もいれば、よさそうな人もいた。待っている間は、ふたりだけの時間をもてた。こうなって初めて母が動きまわるのをやめ、一緒に過ごす時間ができたのだ。急いですまさなくてはならない用事もないし、秘密にしていた昔の家族のもとへ行くこともない。いまはふたりだけ。私と母のふたりだけだった。ふたりで、母の命のために闘っていた。こんなにふたりきりで過ごしたのは初めてだ。病院のロビーで順番を待ち、診察室へ行き、手術をし、薬局で薬をもらい、医師から説明を聞き、治療を受ける間に、私たちは少しずつ友だちになっていった。この底の知れない女性、私が崇拝する女性の姿が、私の目の前で、しだいに露わになっていくようだった。

どこも行くところがないので、母は私をつかまえて延々と家族の話をした。事細かにすべて話してくれたことで、母が姉妹の中でもリーダー的な存在だったことを知った。親戚の間で口論になったときは、母が先頭に立ったという。賢くて、思いやりがあり、共感もできる母が、みんなの面倒をみていたそうだ。

癌の増殖を止めるため、母は肺の三分の二を切除した。手術のあと、私は空いているベッドを母のベッドの隣に寄せ、母の左手を両手で包み、優しくキスをした。点滴を受けている右腕は、体の脇にだらりと横たわっている。

「母さん、わかった！」私は指をパチンと鳴らして言った。このころの母は髪も抜け、その頭はピカピカ光るドームのようになっていた。色白の肌はさらに青白くなり、むくんでいた。それでも頬骨はまだくっきりしていて、母からは幸せそうなオーラが発せられていた。

「ずっと母さんが何かに似てると思ってたんだけど、わかった。キャスパーだよ。あの人なつこい幽霊の！」

「ええ？」母はおかしそうにフフッと笑った。天使のようなその顔に赤みがさした。病状が悪化すればするほど、母は神聖な雰囲気をまとっていった。フリルのついたショールと毛布を肩にかけて、車椅子からみんなに手を振り、キャンディを配るように優しい言葉をみんなにかける母は、まるでマザー・テレサのようだった。

私の母《マザー》、テレサ。サンタクロースで、聖人で、家族と社会をつなぐ扉である母。

母はずっとこんな人だったろうか。

手術を終えて家に帰ると、私たちはリビングルームを母のベッドルームに改装して、肺に薬を噴霧するための大きな酸素ボンベを置けるようにした。最後にペルーに行ったとき、私は母に向かって言った。

「母さんがよくなったら、〈ラ・ビステッカ〉に行こうね」〈ラ・ビステッカ〉はビュッフェスタイルのレストランで、アメリカにある私のお気に入りのレストラン〈シズラー〉のペルー版といった感じの店だ。

家には電話が二本引かれていた。当時、父はもうほとんど仕事をしていなかったけれど、ひとつは父の仕事用で、もうひとつはほかの家族が使うための電話だった。このころ、親戚や友人からの電話が、どちらの電話にもひっきりなしにかかってきていた。母が〝プレジデンシャル・スイート〟と呼んでいた部屋にも絶えず見舞いの人が訪れ、母は病院にあるようなベッドの上で、誇らしげに彼らを迎えていた。

「ねえ、聞いて」母はよく自慢したものだ。「私たち、〈ラ・ビステッカ〉に行くのよ。アメリカの〈シズラー〉みたいにおいしいんだから！」〈シズラー〉こそ世界最高のレストランだとでもいうみたいに、母は手を踊るように動かしながら、二度焼きしたポテトがどんなにおいしいか、ステーキがどんなにジューシーか、みんなに話して聞かせた。

「コーヒーはいかが？」母が甲高い声で言うと、誰か——私か、弟たちか、ハウスキーパーのメッチェ——がコーヒーをいれる。母はベッドの上でコーヒーをすすりながら、見舞客たちが日々のさまざまなことについて話すのを聞いてうなずく。女性版のゴッドファーザーのようだった。このときばかりは、周囲を完璧にコントロールしているように見えた。

当時、父は八十代の後半で、歩くのもおぼつかず、以前は仕事部屋として使っていた階下の部屋に自分の小さなベッドを運びこんでいた。この仕事部屋で、糊のパリッときいたシャツと、しっかりとプレスされたスーツを着て、秘書に口述筆記をさせたり、たくさんの書類をさばいたり、手元を見ることもなく何時間も電卓を叩いたりしている父の姿を、昔は驚きをもって見ていたものだ。その部屋にいる父は、ピアニストのようだった。マエストロだった。

でも、数字の世界にいないときの父はなんて小さい男なのだろうと、大人になった私は思うようになった。母の容態が悪くなっても、父は何もしなかった。絶えず訪れる見舞客や電話を無視し、食事をしたいときだけキッチンに出入りした。母のところへ行って手を握ることもなければ、脈拍を確かめることもなかった。母が自分の容態のことを話そうとすると、話をさえぎって言った。

「俺が先に逝くとしたらどうする？」父はムキになって叫んだ。「死ぬなら俺が先だ！」

「やめてよ！」母はからかうように言った。「悪い草は死なない〔ラテンアメリカ圏のことわざ。「無鉄砲なものは結局生き延びる」といった意味〕って言うでしょ」いつも、こんなやりとりの繰り返しだった。

私たちは母をアメリカに呼び寄せようとした。そうすれば、子どもや孫が近くにいられる。マリアネラは、何年もかかってやっとグリーンカードを手に入れていた。でも、何度誘っても、母は父から離れようとしなかった。愛のない結婚生活でも、自分の役割を受け入れていたのだ。父もまた移住する気はなかった。英語が話せなかったし、新しい言語を学ぶには歳をとりすぎていた。何より、もはや頑として学ぼうとしなかった。私が大学に通っていたころに投資の失敗で全財産をなくして以来、父がもとの財産を取り戻すことはなかった。その後、業界の中でも年かさになるにつれ、もっと若くて、進んでいて、報酬の安い会計士に仕事をとられるようになった。「電卓はずっとなくならない」と父はいつも言っていたけれど、何もかもが変わっていった。父以外の何もかもが。

アメリカに行けば、セグンド・ヴァスケスはただの移民で、また一から始めなくてはならない。そのままリマにいれば、少なくともいい時代の思い出だけは残っている。

いっぽう、私の結婚生活は破綻寸前だった。結婚一周年を迎える前にシンガポールに出張に行ったときは、ローリによく似た女性と関係をもった。そのことをマーガレットに告白したが、彼女は許してくれたので、そのまま結婚生活を続けた。でも、アメリカに引っ越して彼女のほうも私から気持ちが離れていくようになると、私は週末を「神聖な女性性を身につける」とか「うちなる女神を呼び覚ます」などといったリトリートに参加して過ごすようになり、そこでまた不倫をした。今度の相手は親しい友人だった。

不誠実なのは父親ゆずりだ、と言うのは単純すぎる。真実は、そう単純ではない。でも、そういう血筋だということは完全には否定できない。そういうことの多い家系なのだ。代々の人物相関図を作ってみたら、もうひとつの家庭や隠し子だらけになるだろう。そんな夫でも、人生にほかの選択肢のない妻たちは反発しない。ペルーの文化では、それが女性というものだと教えられてきた。それを受け入れなかった私は、いつのまにか典型的なペルーの男性のようになっていた。家族の中にいる不誠実な男。こりない男。

母は病状が悪化すると、六人の子どもたちひとりひとりに向けてボイスメッセージを残しはじめた。母の最後の願いだ。それぞれ家庭をもって仲良く暮らしてほしい、と母は願っていた。私にはこうも言った。「あなたはとても賢い子だから、修士号をとってね」

母は化学療法を始めたころに、高校卒業の資格をとった。母にとって教育は、自由と、違う人生の可能性を象徴するものだった。彼女は社会福祉士のように、みんなの悩みごとを事細かに聞くのが好きだった。でも、私が新婚のころに結婚生活の愚痴を電話で話そうとすると、母は「ふんふん、なるほど、そうねえ」と機械的に相づちを打つだけだった。私と電話で話しながら、オンラインゲームをしていたのだ。私が同性愛者であることが、母を混乱させていたようだった。私が女性と暮らしていることを受け入れられなくて、私の家族——家族は母が最も大切にしているものだった——のことを頭から消し去ろうとしていたのだ。

同性愛者であることを告白したあとも、私は自分が結婚するとは思っていなかった。きっと、生まれ育った環境から、結婚は男性としかできないという思いこみがあったのだろう。でも、「誓います」という言葉を言ってみたら、意外にもその言葉を守ろうと思えた。マーガレットと私は幸せではなかった。でも、スペイン語で言うように、「誰が悪いわけでもない」のだ。

離婚するのは怖かった。またひとつ失敗が増えることになる。私は母と同じ罠にかかっていた。結婚を自分の盾として利用していたのだ。偽りの安全地帯に、空虚な誓いに、しがみついていた。じっさいに結婚生活を続けることよりも、結婚しているというアイデンティティが必要だったのだ。結婚が、混沌として支離滅裂な人生から、私を守ってくれるように感じていた。浅はかだった。

二〇一二年の半ばには、母の癌は脊髄まで転移していた。寝たきりになり、下半身が麻痺するようになった。ステロイドを投与するようになり、七十七キロだった体重は百四キロにまで増えた。サンクスギビングのころ、ミゲルと私は家に戻った。私は毎晩、母の〝プレジデンシャル・スイート〟のベッドの横にある、長くて低いソファで眠った。母は息苦しそうにすることが多く、隣の部屋で寝ている夜勤の看護師が何度も診に来てくれた。酸素マスクをつけてもらって母の呼吸が安定するのを、私は見守った。酸素がチューブから母の血流に入っていくと、目の輝きが戻り、息づかいが力強くなっていく。生身の人間が登ることなど不可能なほど標高の高いところへも、ほんの少しの酸素があるだけで登れることを思い出した。私は母をからかって、自分も酸素マスクをつけてみたりした。

「いつか、エベレストに登ってみせるから」私は母に言った。

「シルヴィア、だめ。危険すぎる。死ぬかもしれないでしょ。お願いだからやめて」

「最初にヒマラヤに行ったとき、とても特別な体験をしたの。それに、トレーニングもしっかりやるから大丈夫。もうすでに、キリマンジャロやエルブルス〔ロシア南部コーカサス地方にある高山。五千六百四十二メートル。東西冷戦期はスイスのモンブラン（四千八百十メートル）がヨーロッパ最高峰として扱われたが、冷戦の終結とともにエルブルスに登る西側の登山者も増え、現在ではこちらを最高峰とする人が多い。しかし、コーカサスはどちらかというと中央アジアに近いことから、ヨーロッパ最高峰とみなしていいのかという議論も依然として根強い〕にも登ったんだから」

キリマンジャロに登ったときは準備が足りなかったという話は、あえてしなかった。キリマンジャロにいるときに知らなかったことは、エルブルスに登ったときに学んだ。エルブルスに登ったことで、私はたんに〝山に登る人〟から〝登山家〟になった。それに、もし転倒しても山を滑り落ちて死なないために、セルフアレスト〔雪山で滑落しそうになったとき、ロープなどに頼らず自らの体を使って停止する方法〕を学んだ。この話も、母にはしないほうがよさそうだ。

「そんなことはしないほうが賢明よ」

母が酸素マスクを私の手から取ったとき、これは命綱なのだとあらためて思った。山で酸素ボンベがくぼんだりしたらどうなるのだろう。酸素がもれたらどうなるのだろう。それが私の命を左右するとしたら？

マーガレットに初めて会ったとき、ニューギニア島のプンチャック・ジャヤに登りたいと彼女に言った。でも、彼女も母と同じことを言って反対した。危険すぎると。だからずっと登山はやめていたし、登山の話もしなかった。それでも、山に登りたいという気持ちはどんどん大きくふくれあがっていった。山のことをつねに頭の片隅で考えながら、それでも実生活は続いていった。

母の左手を握った。むくんですっかり分厚くなった手をさすってその温かさを感じ、まだ生きていることを確認する。

エベレストはどこにも行かない、と私は自分に言い聞かせた。山ならいつでも行ける。

これは特別な時間だ。これまでもつことのできなかった時間。

母と私、ふたりだけの時間。

二〇一三年四月半ばの、天気のいい土曜の朝、私が目を覚ますと母が息苦しそうにしていた。夜勤の看護師が部屋に駆けこんできた。看護師が母を落ち着かせて医師を呼んでいる間、私は母の手を握っていた。肺の調子が悪いようだ。これが初めてではなかった。この五か月間、こういうことが何度もあった。そんなときの母を見るのは怖かった。呼びかけても反応はない。どうか楽に呼吸ができるようになって、頑張ってくれますように。

酸素飽和度が急激に下がり、看護師が泣きはじめた。

もうこれまでだ。

ミゲルがベッドの横に立ち、母の右手を握っている。私は両手で母の左手を包みこんだ。父がよろめきながら部屋に入ってきて、隣にあるソファにくずおれるように腰を下ろした。

「母さん」私は腰をかがめて声をかけた。「愛してる、母さん。聞こえる？　母さん、愛してる。聞こえるよね。私はここにいるから」

母の手を自分の頬に近づけた。ほのかに温かく、やわらかかった――ハンドクリームの白百合の香り。私がどれだけ愛しているか告げる前に、ローリが死んでしまったことを思い出した。心の内に封じこめていた愛情が、呪文のように渦を巻いてあふれてきた。私だけが母に授けることのできる聖水のように。母は私の気持ちをわかってくれているはずだ。

「愛してる、愛してる、愛してる、母さん。愛してる」繰り返して言う私の声は、しだいに力を失っていった。

午後三時、パルスオキシメーターの数値がゼロになった。ミゲルが嗚咽をもらす。私は母の体の上にかがみ、母の最期の呼吸の音を聞こうとした。でも、何も聞こえなかった。もう息をしていなかった。もう母は母ではなかった。

母は逝ってしまった。

最初は、母の死の影響は思ったほどなかった。最初は……。

私は仕事に没頭することで自分を癒し、マーガレットとやり直せないかと考えていた。母と最後の数年間を過ごしたことで、家族の大切さがあらためてわかったし、傷を癒すことや、少なくとも相手を受け入れることは可能なのだとわかった。マーガレットとなら、きっともう一度うまくやれるだろう。

あるとき、イーベイとパートナーシップを結んでいるテクノロジー企業が始めた試験的なプログラムの件で、東京で講演をすることになった。東京は大好きな都市だ。しかも、飛行機はファーストクラスを用意してくれていた。レッドカーペット並みの待遇だ。主催者はすばらしい高級ホテルに部屋をとってくれた。床から天井まである大きな窓から街を一望できる。ホテルの近未来的な雰囲気のバーでは、金箔ののったエビの天ぷらを出してくれる。講演日の朝、私が小さな講堂に入っていくと、百二十人ほどの男性がいた。みんな似たようなパリッとしたダークスーツを着て、ステージの両サイドに二手に分かれてすわっていた。私の後ろには、通訳者の日本人女性がふたりいた。

部屋に詰めかけた日本企業の役員たちから敬意をこめた視線を注がれることは、父の夢だった。日本人は上品でプロフェッショナルだと父は言っていた。その父とは似ても似つかぬ同性愛者の娘が、いま、こうしてここにいる。私の一言一句を通訳し、この会場にいる保守的な男性に伝えてくれる、ふたりの日本人女性を従えて。私はまずお辞儀をしてから話しはじめた。言葉を区切るたび、女性たちが代わる代わる通訳してくれる。ところが、スライドを映しながら話している途中で、とつぜんすべてが止まったようになった。スライド――何日もかけて完璧にしあげたスライド――を見つめたまま、頭の中が真っ白になった。耳に大きな貝がらをかぶせられたみたいだった。海の音がする。波が私の頭の中に押し寄せ、すべての思考を洗い流してしまったようだった。私は何かに引っかかって取り残されたまま、波間に漂っていた。

まるで誰かが一時停止ボタンを押したみたいに、時間が止まった。スーパーマンがじつはクラーク・ケントだったとバレたときみたいだ。仮面がはがされ、マントが地面に落ちる場面。全員同じようなスーツを着た男性たちが私をじっと見ながら、礼儀正しく待っている。でも、構築中の新しい技術のことなど、もう一言も話したくなかった。いまは話したくない。もう二度と、話したくない。これまで情熱的で前のめりな性格で知られてきた私だけれど、いまこのステージで、それがすべて消えてなくなってしまった。

私は迷子になった気分だった。

そうか、もう母はいないんだ。

もう終わったんだ。

なんとか気を取り直し、口ごもりながら残りのプレゼンテーションを終えた。私の不調は誰の目にも明らかだった。聴衆だけではなく、自分自身にも。ただの燃え尽き症候群ではなかった。この十年、私の精神という堆肥に埋もれていたものが芽を出し、花を咲かせ、広がっていったみたいだった。私はお辞儀をして礼を述べると、できるだけ早くその場を離れた。

それでも、私は父以上のことを成し遂げたのだ。私を支配していた父の力は、あっさりと消えうせた。

私は希望を抱きながら家に帰った。

サンフランシスコに戻ると、すでにマーガレットは荷物をまとめて出ていったあとだった。花柄のメモに、「ごめんなさい、でもあなたのことは大切に思ってる」というメッセージを残して。私たちは〝別々の道〟を歩いていた、とも書かれていた。もし、結婚しないで三回目のデートをしていたならば、そのことは驚くくらいはっきりとわかったはずだ。不倫の問題がなかったとしても、私たちは最初からお互いをよく理解できていなかった。私がペルーに帰って母と過ごしていた時間は、ふたりの溝を深めただけにすぎない。私が機能不全の結婚をしたのは、私自身が機能不全だったからだ。でも、そう納得したところで、マーガレットとの別れの痛みが減るわけではない。

私はまたもとの生活に戻った。飲酒だ。でも、今回は前とは違った。お酒を飲んでも、心は慰められなかった。強いバーボンを飲んで酔いつぶれてもだめだった。どんなに酔いつぶれても朝の五時になると目が覚め、そこから痛みで眠れなかった。二日酔いの頭痛ではないし、昨晩何を飲んだのかと不安にかられる痛みでもない。ヒリヒリとした心の痛みだ。皮膚が裏返しにでもなったような、心臓をわしづかみにされたような痛みだった。ベッドに横たわったまま、自分の横にポッカリと空いたスペースを見つめた。かつてはそこにマーガレットがいたのに。それは底なしの谷のようだった。マーガレット、母、そしてローリを飲みこんでいった谷。私自身をも飲みこんでしまいそうな谷。

その痛みは、二日酔いの痛みよりもひどかった。お酒を飲んでいない日も、私は暗闇の中で涙を流しながら目を覚ました。早く太陽が顔を出してくれないかと願った。

「お願い、私と一緒に目覚めて。いますぐに出てきて。苦しい。早く出てきて。私には光が必要なの。ここは暗すぎる、つらすぎる」

必要なときにかぎって、太陽は出てきてくれなかった。

夜、暗い中を車に乗りこみ、フルスピードでゴールデンゲートブリッジまで行ったこともあった。車を駐めて湾のほうに歩いていくと、湿気を含んだ風がひんやりと頬をなでる。橋の下からは、街の明かりが遠くににじんで見えた。水には薄い油膜が浮いている。この水がローリの遺体を浮かび上がらせたところを想像しようとした。救助隊がローリを捜索していたちょうどそのとき、私はこの橋を車で渡っていたのだ。何も知らずに、トニー・ベネットの歌を歌いながら。私の気持ちはまだ彼女に届くと思いながら。やり直せるはずだ、と思いながら。自分の人生を整えていけば、行きたい場所に行けるはずだと思いながら。私が橋の上にいたときに、ローリは身を投げた。でも私は、彼女に手が届くほど近くにはいなかった。

私は車を走らせつづけた。私にはもう、何もない。理由もない。応援してくれる人もいない。セカンドチャンスもない。やり直すこともできない。ローリもいない。母もいない。結婚生活もない。それに、仕事のこともどうでもよくなってしまった。私にはもう、何もない。車を走らせて向かう場所もない。私はひとりぼっちだった。心が痛かった。そして、初めて、お酒を飲んでもその感覚を消すことができなかった。

私は助けを求めることにした。友だちの紹介で、ホフマン・プロセスという一週間のリトリートに参加することにしたのだ。これは、五歳から十二歳の間に自分に備わったネガティブな面を理解し、新しい自分を形づくっていくプロセスだ。リトリートの終盤に行われたグループ活動で、進行役の人がこう言っていた。「このプロセスを通過することで、私たちは心の中にある山を登ることができるのです」この言葉を聞いたとき、私の心はネパールへ、エベレストのふもとへと飛んでいた。清々しく神聖な空気を思い出していた。初めて訪れたとき、通常の半分の時間でベースキャンプまで行けたのは神の恩寵で、山が私を導いてくれるという予言だと感じたことを思い出していた。エベレストのふもとで、自分が何か自分よりも大きなものに突き動かされているという感覚を抱いたのだった。

　クリスマスが近づいていた。母がいない初めてのクリスマスが来るのが怖かった。母は祝日のなかでも、とりわけクリスマスが好きだった。愛情をたっぷりこめて、腕によりをかけてつくってくれたごちそうはすばらしかった。ジューシーな七面鳥、リンゴとクランベリーのピューレ、黄色いマッシュポテト、十八番だったサヤインゲンの料理、それから、やみつきになるウォルドーフサラダ。母の料理がもう食べられないなんて、信じられなかった。お正月には黄色い下着をつけるというペルーの伝統を守りなさいとか、これからの一年の幸運を祈って、午前零時にブドウを十二粒——紫のブドウを六粒、緑のブドウを六粒——食べなさいとか口うるさく言われることが、もうないなんて。

　何かを大きく変えなければ、私はお酒を飲みすぎて使い物にならなくなるだけだろう。山に登るときはお酒を飲まない。山は怖いけれど、敬虔な気持ちになる。だから、不思議と飲まないでいられる。もう六年も山に登っていないし、仕事はしばらく休みだ。旅行の費用は安い。そこで、私は旅行を予約した。七大陸最高峰で次に登るべき山は、アコンカグア〔アンデス山脈にある南米最高峰。六千九百六十・八メートル〕だ。学校に通っていたころ、南北アメリカ大陸でいちばん高いアコンカグアは、私たちの誇りだった。私のテリトリーにある山、私の故郷で最も高い山だ。

　何年も登山から遠ざかっていたので、山頂まで登れるか自信はなかった。ひとつの山に登れたからと言って、次の山も登れるとはかぎらない。初めての挑戦でアコンカグアの山頂に立つことができる人は三十五パーセントだ。エベレストに登ったことがあるネパール人でさえ、アコンカグアには苦労するという。太平洋が近いため、気象条件が厳しいのだ。暴風と猛烈な雪でホワイトアウトになる。山頂の気圧は海抜零メートル地点の四十パーセントしかなく、非常に乾燥しているため、高山病になる確率が高い。しかも、最も大変なのは、高度順化をする時間がほとんどないという点だ。一気に登らなくてはならない。どの山にも難しい点はあるが、アコンカグアには、それがすべてそろっている。

二〇〇五年にネパールへ初めて行ったときと同じように、私は自分が思い描いた構想に従った。ホフマン・プロセスで「自分の心の中にある山を登る」という話を聞いたことが、その後押しをしてくれた。私はふたりの男性とアコンカグアに登ることになった――アトランタ州出身のアメリカ人、マイクと、ドバイ在住のインド人、ラジャのふたりだ。三人とも離婚歴があり、「離婚同盟《ロス・ディボルシアドス》」というのが、私たちのチーム名になった。

十日間の奮闘ののち、私たちは山頂に立った。標高六千九百六十メートルの山頂は、空気が薄く、太陽の光がまぶしかった。ベースキャンプを出発してから、高度順化のためのローテーションをしないで、三つのキャンプを続けて登っていった。登ったり下りたりを繰り返すのではなく、とにかく登るのみだった。下りの登山者に出会って、一緒に帰りたいと思ったときもある。自分がやっていること――何かを変えるために山に登ること――が、くだらないことに思えてきたりして。でも、本当は、私は自分の人生に憤慨していたのだ。悲しみのあまり、山に思わず八つ当たりをして、大きな岩を蹴ったこともある。でも、そうすると、岩もこちらを蹴り返してくる。もっと強く。山はいつだって私より強い。シリコンバレーでいい仕事に就いたり、ブロンドで完璧な女性と結婚したりしても癒されなかったのと同じように、山に登っても私は癒されないのかもしれない、と思った。

サミット・プッシュの前の晩、まだ少し風が吹いていた。高山病による頭痛に耐えながら、私はテントの中で震えていた。ときおり横を通りかかる登山者の足音と、テントメイトのガーガーといういびき以外には、何も聞こえない。横向きになって体を丸めると、涙が何粒かこぼれた。さらにまた、何粒かの涙が落ちる。涙が目にたまり、喪失、悲嘆、悲しみ、怖れ、そして怒りがあふれてきた。失った愛情、失った時間、そして失った可能性のことを思って泣いた。苦しんで生きた私の母、そして母の前に生きた女性たちのことを思って泣いた。そして、私が傷つけてきた人たちのことを思って泣いた。自分の心の傷をどう癒したらいいかわからない。きっと山頂にはたどり着けないだろう。私は自分が哀れでならなかった。私の夢、登山に託した夢はかなわないのだろう。けいれんするように体がガタガタと震えた。テントメイトを起こさないように、枕に顔を押しつけてすすり泣いた。涙が枯れるまで泣いた。涙が枯れると、小さな女の子の姿が見えた。苦しみから抜けだそうとしてきた女の子、この苦しみをきっぱりと捨て去りたいと願っている女の子。ひとりぼっちでいることに、うんざりしている女の子。ターコイズ色のジャージを着た女の子は、まだ私を見捨ててはいなかった。

その子は手を伸ばして、じっと待っている。

ローリは身を投げる前、周りの人といっさい連絡をとらなくなっていた。あとから共通の友人に聞いたところによると、折り返しの電話もくれなくなっていたそうだ。寄付金を募る運動にも、パーティーにも姿を見せなくなっていた。以前はコミュニティを見つけたり、大きな車のオブジェをつくったり、砂漠の真ん中できらびやかなキャンプをつくる計画を一年かけて立てたりすることで、双極性障害の症状を安定させていたのに。何に飲みこまれてしまったのだろう。どうして逃げきれなかったのだろう。彼女はけっして周りの人に迷惑をかけなかった。私の母と同じように、暗い部分はすべて自分の中に押し隠して、コミュニティに参加することで自分を鼓舞していた。母は子どもが全員ペルーを離れたあと、社会に恩返しをすることで新しい人生をつくりあげていた。リマで。アンデスで。母のお葬式には千人以上もの人が来て、母に敬意を示してくれた。私の知らない人ばかりだった。

もし、厳しい寒さのなか、アコンカグアの山頂から私を見下ろしている人がいたならば、私の赤いテントの上で満天の星空がふたつに割れ、宇宙から慈悲の光が私に注がれるところを目にしたことだろう。涙が枯れたあと、私は深い眠りにつくことができたのだから。翌朝目覚めたとき、私は神の愛を感じていた。そして、時間に余裕をもって、頂上にたどり着くことができた。まるで涙が、私が進む道を切り拓いてくれたかのように。山頂で、私は啓示を受けたような気がした。この景色に身をゆだねて、自分をさらけ出すのだ。己の弱さを、そのまま。

山頂に立って周りの景色を見わたしていたとき、答えがはっきりと見えた。いままで見えなかったのが信じられないくらいだ。自分のためだけにエベレストに登るのはやめよう。ひとりで登るのはやめよう。征服者のように、頂上に自分の旗を立てたりするべきではない。コミュニティに——私のような女性たちに——私ができることをしなくてはいけないのだ。私は必ずエベレストに登る。でも、それだけでは足りない。みんなを連れていくべきだ。私のような女性を。サバイバーを。この山の頂で、そう思った。

サンフランシスコに帰ると、母のいない世界はまるで空気のない世界のように感じられた。でも、悲しみの底に、何か別のものがあった。自由だ。あるとき、イヴ・エンスラー〔アメリカの劇作家。主著に『ヴァギナ・モノローグ』（岸本佐知子訳、白水社、二〇〇二年）。二〇一五年の映画『マッドマックス 怒りのデス・ロード』の製作時には、女性に対する暴力に関するコンサルティングも行った〕が主導する、女性への性暴力に反対する運動「ワン・ビリオン・ライジング」に招かれて、講演をした。私は演台に立って、何千人もの観客の前で自分のことを話した。観客は大きな声をあげて私を支持してくれた。こうして自分のことを話すのは、二十年前、あの屋上の部屋でズタズタにされてから初めてのことだった。初めて、罪悪感をおぼえずに話すことができた。この話をしたら母が恥ずかしい思いをして傷つくのではないか、と心配する必要はない。やっと私は、自分の声を発することができた。

今度は、私がほかの女性たちの声を聞く番だ。

第17章　静寂の谷

気温、気圧、そのほか科学的な条件がそろうと、しばしば雪は変容する。条件というのは山の斜度とか、新雪だと表層雪崩が起きやすいというレベルの話ではない。もっと分子レベルの、雪の粒の構造の話だ。長い時間降りつづいた粉雪が互いに固く結びつき、何層も何層も押し固められた雪の塊は、ほとんどの場合とても堅固なものだ。でも、積雪内の温度差が高くなると、雪の深いところが変容して、雪の粒の形状が乱れてくる。すると、積雪の深いところに弱点が生まれる。そこに軽い揺れや衝撃が加わると、雪が深層から崩れ、大規模な雪崩を引き起こす。

一回目のローテーションでキャンプ2まで行ったあと、早朝にベースキャンプへ下山するとき、山は生きているように見えた。太陽は氷河の上空に出ているものの、大きな雪塔が太陽光線をさえぎっている。下山するのは、登るのと同じくらい大変だとよく言われる。私も、今朝ベースキャンプに帰ることを考えて気持ちが落ちこんだ。なぜなら、登るときに使った梯子を、もう一度下りなくてはならないということだからだ。クンブ近くまで下りてくると、水の音が聞こえた。氷が融けて雪が割れていた。

いちばん最後にキャンプに戻ってきたのはロブだった。彼はキャンバス地でできた食事用テントの入口を開けるなり、咳きこみながら転がりこんできた。キャンプ2から下山する間、ロブはずっとこんな状態だった。誰とも目を合わせなかったけれど、みんな同じことを考えているのはわかっている。高山病だ。

失敗を招くおそろしい咳。

クンブ咳だ。低温と、乾燥と、高い標高が原因で出る乾いた咳で、エベレストの亡霊《ファントム》と呼ばれている。一度かかると、なかなか治らない。なにせ、毎晩冷凍庫の中で寝ているようなものなのだから、風邪をひくのも当然だ。でも、このクンブ咳にかかってしまったら、まず登頂はできない。

かりに治るとしてもこの標高では時間がかかるし、高く登れば登るほど、その確率は下がる。ほかのスポーツのアスリートなら、コンディションを整え、トレーニングをすればするほど、来るべき大一番に備えて体も強く速くなっていく。でも、登山の場合は、高く登れば登るほど、私たちは弱くなる。高地に滞在して肺と体を整え、ローテーションをして自分の限界を少しずつ引き上げていくということは、普通のアスリートのように体が強くなるということではないのだ。山頂に着くころには――そこまで登ればの話だが――私たちの体はほとんど機能を停止したような状態になる。食欲はなくなり、眠れなくなり、息をするのもままならなくなる。ベースキャンプの標高でさえ、平地にいるときよりもエネルギーを消費する。二倍近く消費することもあるのだ。なのに食欲すらもなくなるので、登山を終えるころには小さな子どもひとり分くらいの体重が減っていたりする。山頂に着くころには、私たちはほとんど死にかけた状態になる。ときには、標高の低いところまで下りるしかないような状態になることもある。

テンディがジンジャーティーのカップを手に、駆けこんできた。ロブが声を出さずに口で「ありがとう」と言ってうなずくと、アドベンチャー・コンサルタンツのアンシアが、医師に向かってロブのほうを指し示した。昼食のあと、はっきりとした診断がくだった。ロブはクンブ咳にかかっていた。彼にとってこれは三度目のエベレスト挑戦で、まだあきらめきれないようだった。けれど、アン・ドルジーとマイクは、ロブはペリチェまで下山して数日間休んだほうがいいと結論づけた。もし咳がよくなれば、二回目のローテーションに加わることができるかもしれない。きちんと食事と水分を摂って、ベッドの上で数日間休んでいれば治るかもしれない。それなら、悪い話ではない。私も一緒に行きたいくらいだ。

ロブは何も言わずにキャンプを離れた。状況をこまめに知らせるという条件つきで。私たちはキャンプの端まで彼を見送りにいき、登山道を下りていく彼に向かって、のんきな口調で「よくなれよ」「すぐに戻ってこいよ」と声をかけた。でも、彼の姿が小さくなるにつれて、喪失感が細かい塵のように私たちの胸に押し寄せた。誰も口にはしないけれど、みんなこう思っていた――次は誰だろう。

最初は八人いたメンバーが、いまや五人になった――ブライアン、ダニー、ジョン、マーク、そして私だ。

二日後、ジョンが動揺しはじめた。

エベレストのすばらしい朝のことだった。暑いくらいの日差しが降り注いでいて、私たちはTシャツ姿になり、たっぷりと日焼け止めを塗っていた。クンブ氷河がアルミホイルのような働きをして日光を反射するので、丸焼きにされてしまいそうだ。みんなベースキャンプの周りにとどまり、二回目のローテーションに備えて体を回復させていた。ジョンと私は食事用テントの外で、足を岩の上にのせ、プラスチック製の椅子にすわっていた。ジョンはキャンプ2まで行くのに大変な思いをして、いまも元気がない。いつもより物静かで、内気な様子だった。

「妻のことが心配なんだ」彼が言った。「ひとりきりで、残してきたものだから……」

彼の真剣なまなざしを見ていたら、考えていることが手にとるようにわかった。ぼくなしで妻はどうしているのだろう。ぼくがこの山で死んでしまったら、妻はどうなるのだろう。ぼくがいない間に、妻が死んでしまったらどうしよう……。私には、ジョンの考えていることがよくわかった。なぜなら、私も同じことを考えていたから。毎晩、地滑りの音や雪の塊が崩れる音を子守歌がわりに聞きながら、ここで死ぬのはどんな感じだろう、と考えていた。別にそれでもかまわない、と思うときもある。ジョンと違って、家に帰っても私を待つ人など誰もいない。

「家族にとっていいと思えることをしたほうがいいと思う」それしか私に言えることはなかった。「エベレストはどこにも行かないよ。私たちも……大丈夫」

ジョンは足の下で融けた雪を見つめながらうなずいた。ほほえむとできる深いエクボを、このところ見ていない。

「電話をしてみたら？」私は言った。「彼女が何て言うか、聞いてみたらいいんじゃない？」

体を回復させている間も、私たちは体を活発に動かさなくてはいけない。まったく動かないと、より具合が悪くなってしまうのだ。つねに体を動かすことで、酸素が少なくてもやっていけるのだと体に信じこませることができる。

二日おきに、私はゴラクシェプまで行って帰ってくる約三キロのトレッキングをした。往復するたびに、タイムは縮まった。私のペースは速く、地元の人と同じくらいになった。一定のリズムで歩き、ここに自分の居場所があると思うのは、気分がよかった。女性で、レズビアンで、ベジタリアンで、このメンバーの中では落ちこぼれみたいなもので、とても山頂には登れないだろうとみんなから思われている存在だけれど、そんな私がほかの誰よりこの過酷な環境にうまく適応しつつあると思うと、気分がよかった。もしかしたら、山頂にだって登れるかもしれない。

毎晩、夕食のあと、ジョンと話をした。会話から感ぜられる彼の商才は、父を思い出させた。彼と話していると、自分が歩んだかもしれない人生を垣間見るような気がした。父が優しい人で、私たちの関係が対等であったなら、こんなふうに話ができたのではないか、と思ったりした。ジョンは一方的に自分の話をするのではなく、私の仕事の話も聞きたがった。これまで、ジョンのように信頼できるメンターに出会ったことはない。

ミラーズヴィル大学にいるときは、会計学の教授がメンターになってくれた。中西部出身のインテリだった。若くて、ウィットに富んだ人だったけれど、とても保守的な価値観をいつも振りかざしていた。この教授も私の父を彷彿とさせた。熱意と強い信念があることだけはわかった。ある日の夜遅く、税についてゼミの個人指導を受けているとき、教授が私にキスをしようとした。私はショックを受けて、教授から体を離した。教授には若い奥さんがいたけれど、「それは問題ない」と言われた。学期の間ずっと私のことを見ていて「ポテンシャルを感じた」と教授は言った。私は教授のオフィスを出て、それ以降、彼の授業を受けなかった。夏休みが終わって学校に戻ると、その教授は複数の学生と関係をもったとして、解雇されていた。地元のインディアナに帰ったそうだ。私はまた取り残された。メンターもいなかったし、私を導いてくれるような信頼できる男性も、どこにもいなかった。私を見下すか攻撃するか、私と寝ようとする人ばかりだった。でも、ありがたいことに、セクシュアル・ハラスメントに関する法律が施行されてから、イーベイは全社をあげてその法律を遵守するようになった。

ジョンに対して心を開くのは簡単だった。イギリス人らしいやわらかな物腰と、いつ雪崩で死ぬかわからないという恐怖心のせいだろう。アーティストの感性をもち、世界じゅうを飛び回っているビジネスマンの彼は、礼儀正しいけれど温かな雰囲気をもった人だった。この遠征隊で毎朝きちんとひげを剃るのは彼だけだし、彼がテントを出たあとも、コロンの香りが残っている。なんと、バーニング・マンにも行ったことがあるそうだ。誰と行ったかは教えてくれなかったけれど、たぶん奥さんと行ったのだろう。

真っ黒なサングラスとダウンコートではなく、鳥の羽根をつけたネオンカラーの服を着ているジョンを想像して、私はひとりでクスクス笑った。ジョンは、ローリを通じて知りあった〝バーナーズ〟たちを彷彿とさせた。当時はローリが彼らと踊っているのを見て、やきもちを焼いたものだ。「大丈夫だよ」と彼女は笑い飛ばしていた。「あなたが心配するような男性じゃないから」と。いい人だから心配ないという意味だったのだろうか、それともゲイの男性だから心配ないという意味だったのだろうか。いまとなっては、わからない。〝バーナーズ〟の多くはテクノロジー業界や金融業界で働いている人だったけれど、みんな自分のソフトな一面を好ましく思っているようだった。私が育ってきた環境にいた男性たちとは違った。

「バーニング・マンは想像とはちょっと違った」私はジョンに言った。

「どんなふうに?」

「みんなドラッグを吸ってると思ってた」

「なるほどね」ジョンがうなずいた。

「この私が、五日間ずっとお酒を飲まなかった。あそこでは時間なんて関係ないことにも驚いた。いつもどこかで何かが行われていたよね。二十四時間、シルク・ド・ソレイユが公演しているみたいに。ドラッグやセックスよりも、アートとコミュニティを大切にするイベントだってことはわかった」

「まあ、どちらか一方しかやらないってわけでもないけどね」ジョンが皮肉っぽく言った。「でも、たしかに、潜在意識を思いきり解放できるところなのは間違いない。見逃せないパフォーマンスばかりだし」

「そうだね」私は笑顔で答えたけれど、ローリと一緒にあのばかげたフェスティバルに行けばよかったと、後悔で胸がちくりと痛んだ。なぜかはわからないけれど、ジョンにローリのことは話せなかった。バーニング・マンに行ったのはローリの死の翌年で、彼女のことが忘れられずにひとりで行ったのだということも話せなかった。一緒に行くチャンスを逃してしまったから、彼女が死んだあと、砂漠の中にできた湖に行って彼女のことを思いながらボディーペイントをしたり、バーニング・マン寺院の中に彼女のための祭壇をつくったりしたことも、話せなかった。

ローリが一緒に行こうと言っていたのは私の愛情を試そうとしていたのではなく、たんに一緒に行きたかっただけなのに、それがわからなかった。そのコミュニティが自分にとってどれほど意味のあるものか、私に見せたかったのだ。いまごろわかっても、もう遅い。自分が傷を抱えているときは、他人のことなど気づかえないものだ。

ダニーとマークとブライアンが寝るためにテントを出ていくと、ジョンが私のほうにかがんで言った。

「シルヴィア」きっぱりとした口調だった。「ぼくは家に帰るよ」

「だめ！」気づいたときには、口からその言葉が出ていた。

「ぼくが家にいなくちゃだめなんだ」ジョンは言った。心はすでに家に飛んでいるようだった。彼の目を見ればわかる。説得するのは無理だろう。それに、こんな場面では説得するべきではない。いくら私がジョンにここにいてほしいと思っても、本人にその気がなければだめなのだ。本人の気持ちが何より大事だ。家で待っているものよりも、山に登ることのほうを望む気持ちが強くなければだめだ。それを失うリスクをとる気持ちがなければだめなのだ。

山は神聖な場所であると同時に、精神的に圧力をかけられる場所だ——浄化され、心の奥深くにある真実が、何かの破片のように表面に浮かびあがる。自分の欲しいと思っているもの、自分が隠しているものが露わになる。エベレストはダウジングをするように、私たちの気持ちや目的をはっきりと探り当てる。しかも、あっという間に。エベレストが誰を迎え入れて誰を追い払うかは、誰にも予測できない。

次の日の朝食後、私はヘリパッドまでジョンを見送りにいった。ジョンはヘリコプターに乗りこむとこちらを振り返って、目に見えない帽子をかしげる仕草をした。

「帰ってほしくないよ」翼のたてるシュッシュッシュッシュッという音に負けないように叫んだ。

「ぼくもだよ！」ジョンが大声で答えた。「愛情ってのは複雑なものだよね」ヘリのドアがカチッと閉まって翼の回転が速くなり、私の頭上で空気が渦巻いた。

どうしてわかったのだろう。ローリのことは一言も話していないのに。

太陽の光が上空からウェスタン・クウムに差しこんでいる。もうすぐ朝の七時だ。私たちはクンブ氷河を五時間歩いて、やっとキャンプ1に着いた。先週、小さな雪崩が氷河を襲い、アイスフォール・ドクターはルートを変更しなくてはならなくなった。一回目のローテーションで渡った梯子が壊れてクレバスの底に無残にも落ちているのを見るのは、ショッキングだった。梯子があったところには、大きな氷の塊が落ちている。かろうじて残っている部分も、以前とは違ってグラグラしていた。

この山に来てから二週間がたった。私たちがとるサウスコル・ルートを、すでに三百人の人がトラバースしている。どのグループも同じ梯子を登り、同じ梯子を下りる。同じ固定ロープに体重をかけながら、同じ氷の崖を登っていく。全員の体重が同じアイスアンカーにかかるので、アンカーを打ちこんだ穴がだんだん大きくなり、ひとり登るたびに、目には見えないけれど少しずつ強度が弱まっていく。それでも、次々と登山者が登っていく。そのいっぽうで氷河は生きている。広がったり、縮まったり、融けたり、凍ったりを繰り返している。つまり、ローテーションで登っていくたびに、危険度は高くなるのだ。

今回のローテーションでは、キャンプ1で止まらずに、そのままウェスタン・クウムを経由してキャンプ2まで行く。ウェスタン・クウムはクンブ氷河に削り取られた大きな氷の谷で、三つの山に囲まれている。右手にヌプツェ。前にローツェ。そして、左手にあるのがエベレストだ。トリプル・クラウン（三つの王冠）と呼ばれている。世界で最も高い三つの山が、目の前に並んでいる。

この日も暑かった。谷を取り囲む壁に雪が降り積もり、熱を反射して温室のようになっている。ジャケットの中は蒸し風呂のようだ。世界一大きいウォークイン冷凍庫の中で、あぶり焼きされているような状態だ。気温はマイナス二十二度。深い谷が熱をためこむのと、雪が深いことから、こんな日のウェスタン・クウムでは雪崩が起きやすい。

風はなく、奇妙なくらい静かだった。私たちも無言で歩いた。聞こえるのは、クランポンが雪原にあたるときのやわらかな音と、私たちの荒い息づかいだけだ。

目の前に広がる谷の中央部では、いくつものクレバスが水平方向に走り、雪だまりがカットされたケーキのようになっている。何十とあるクレバスは、そのどれもがクンブ氷河にあるものより深く、広い。クレバスとクレバスの間は小さな雪の平原になっていて、近づいていくと波のように扇形に広がっているのがわかる。私たちは右方向に進路をとり、ヌプツェコーナーと呼ばれる安全な場所に向かって歩いた。真ん中にあるクレバスは、渡るには危険すぎる。避けなくてはならない。

大きなクレバスの手前まで来た。クレバスのふちは氷でギザギザしている。そこは割れ目というより、狭い通路のようだった。下に下りる梯子があり、向こう側の壁に上に上がる梯子がかかっている。クレバスの上を渡るのではなく、奈落の底へといったん下りるわけだ。次々と現れる新たな挑戦は、ドン・キホーテの冒険物語のようだった。いつになったらこの物語は終わるのだろう。

クレバスを下り、また半分ほど上がっていくと、とつぜん骨盤の上のあたりに鋭い痛みを感じた。「う……！」体を丸め、声をあげた。梯子をガタガタと揺らしながら、最後の二段を這うように上がる。お腹がねじれるような痛み。お願い、いまはやめて。お願い……。私のお願いはよく効く。山にいる間に生理がきませんように、というお願いだ。そのおかげか、激しい活動と標高のせいなのかわからないが、これまで山にいるときに生理がきたことはなかった。

私は痛みを飲みこみ、雪棚の上まで登っていった。

「アン・ドルジー！」列の先頭に呼びかけた。「ちょっと止まってもいい？」

「だめだ！」彼はこちらを見もせずに怒鳴り返してきた。この雪の崖は、最も雪崩が起きやすい場所なのだ。「ここは危険すぎる。このまま進むぞ」

生暖かい液体が、脚の間を流れ落ちていく。

「止まる必要があるの！」

彼が肩ごしにこちらを見た。ほかの男性陣もこちらを見ている。私は骨盤のあたりに手を置き、グルグルと円を描いた。オリエンテーションでは、こういう場合どう伝えればいいのか教わっていない。

「あの……、ちょっとだけ……」

「わかった」アン・ドルジーが無愛想に言った。「パサンと一緒にいてくれ」

シェルパのひとり、パサンが後ろに来てくれた。でも、どうしたらいいのかわからないようだ。

もう一歩踏み出したけれど、痛みで思わずひざまずいてしまった。お腹を押さえて、頭を雪につけた。この痛みがどうかひいてくれますように。スポンジがぎゅっと絞られるような痛みを子宮に感じる。山の空気を吸って、息とともに痛みを吐きだそう。息をして、息を。

痛い。だめだ。パサンは無表情で私の周りをグルグルと回っている。

「行きます」パサンが言う。彼は必要最小限の英語しか話せないし、私は痛すぎてパントマイムをしている場合ではない。ちょっとだけ待って！　そう叫びたかった。

さいわい、予備の生理用品と、ウェットティッシュと、消毒液を持っていた。

「ちょっと向こうを向いてて」手を振ってパサンに向こうを向いてというジェスチャーをして、雪の陰になっているところにしゃがんだ。

「急いでください」数分たつと、彼が大きな声を出した。「急がないと」そう言って彼は歩きはじめた。

「生理なの」私は大声でわめいた。すると、彼が戻ってきた。私がズボンを引き上げながらよろよろと出ていくと、混乱したような表情をした。私はユマールをもった手で、卵巣のあたりを指さした。

「血なの、わかる？　血・が・出・て・る・の」またお腹のあたりで手をぐるりと回しながら、はっきりと発音した。パサンは驚いた顔をした。この人たちは生理という単語を聞いたことがないのだろうか。ここでは何と言うのだろう。困った。何かいい言葉はないだろうか。

「パサン、女きょうだいはいる？」

　パサンがうなずく。

「そう！　あなたの女きょうだいも、これがくるの。あなたのお母さんも。女の人はこれがくるの」

　パサンは肩をすくめた。

「月だってば、月！　月のもの！」私はほとんど金切り声になっていた。ヌプツェの頂の上にかかっている三日月を指さしてから、もう一度卵巣のあたりを指さした。何度も同じジェスチャーをするのは、幼稚園の先生のような気分だ。でも、シェルパの言葉で言わなければ、パサンには通じないだろう。通じなくてもしかたないけれど、彼があまりにもこちらをじっと見ているものだから、自分が血を流しながらわめいている変人みたいに思えてきた。とつぜん、どうしてもパサンにわかってもらいたいという気持ちになった。これまで、ほかの女性登山者にこういうことはなかったのだろうか。そもそも、この山を登っているはずのほかの女性たちは、いったいいまどこにいるのだろう。

　どんなに頑張ってついて行こうとしても、男性がしなくてもいい苦労を私はしなくてはならない。彼らはそのことに気づいてもいない。そのために私は立ち止まって、血を流すやわらかな体に必要な処置をしなくてはならない。意志の力さえあれば動けるような機械にはなれないのだ。この山にいるときでさえ、私の体は自分の声を聞いてほしいと訴えていた。

標高六千四百メートルに位置するキャンプ2は、ローツェ・フェイスの陰にある。一回目のローテーションで来たときには、三十人ほどの人がいた。でも、いまは二百人はいると思われ、繭のような黄色いテントが集まっている。いくつものチームのローテーションの日程が重なり、山は活気づいていた。

キャンプ3に行く前に、ここで一泊する。キャンプ3までの行程は、言わば誰が山頂に登るかを決める最終テストだ。キャンプ3から先、山頂に挑むときには酸素ボンベを使う。でも、このローテーションで動作が鈍い者は、アン・ドルジーかマイクから、ここで登山を終了するよう告げられる。この先に待ち受けているものに耐えられるとふたりに認めてもらうためには、強く、元気でいなくてはいけない。

次の日の朝、ローツェの壁を登るロープには雪がこびりついていた。一晩じゅう嵐が吹き荒れていて、朝のお茶を飲もうとテントから一歩出たとたん、雪の粒を含んだ突風が顔に吹きつけてきた。ブリザードのような突風の中、顔をむき出しにしたまま登るのはとても危険だ。アン・ドルジーはもう一日、キャンプ2にとどまることを決めた。

よかった、と思わずほほえんだ。天候が回復するまで、あと二、三日はかかるだろう。正直なところ、私は眠りたかった。いまは一週間だって、一年だって、ずっと寝つづけられるような気がする。でも、男性陣が壁のふもとまで試しに歩いてみると言うので、私も一緒についていった。とにかく歩いて歩いて、慣れないといけない。体に、これが普通の状態で、何も問題はないと思いこませるのだ。ここ二年、この山には誰も登っていない。それでも、そのさらに前の登山者が残したゴミが、キャンプ周辺の雪の塊に半分埋もれていた。プラスチック製のトイレ容器、壊れたテントの残骸、食べ物の包み紙。現在の登山の行動基準は「リーブ・ノー・トレース（足跡を残さない）」だ。人間の痕跡はすべてきれいにしなければならない。ここにあるゴミは、いまのように環境意識が高まる前のものだ。皮肉なことに、気候変動による気温の上昇で氷が融け、何十年も前の古いゴミが表面に出てきてしまっているのだ。私たちは、できるだけ小さなゴミは拾うようにしている。でも、ほとんどのゴミはもっと大がかりに運びださなくてはならないようなものだった。

昼食のあと、私は自分のテントに転がりこみ、横になって生理痛をやり過ごそうとした。

「これはなかなか厳しくなりそうだな！」マークが本を持って寝そべりながら言った。「着替えるんだったら、どこかへ行ってようか？」

「ううん、大丈夫」私は震えながら言った。吹き荒れる風にテントがバサバサと揺れて波うっている。

「寒すぎる。食事以外は寝袋から出ないことにする」

「わかった」

薄いウレタンフォームマットの上で雪の大地に寝転び、私は自分の吐く息が霜のように真っ白な雲になるのを見つめていた。

「いまのは、犬の形だね」本から顔をあげてマークが言った。

「え、どこ？」私は訊いた。

「ほら、そこの突きでた部分」彼は空中を指さした。「目がある、ひとつ、ふたつ……ああ、消えちゃった」

私はたっぷり一分息を止めたあと、一気に息を吐きだした。

「わあ！」私は大きな声で言った。「鳥みたい、見て！　白鳥かな」ふたりで見ているうちに、白鳥の首はどんどん伸びて、やがてふたつに割れ、そのまま広がって消えてしまった。

私が子どもだったころは、植え付けられた恐怖心のせいで、日々の小さなことを見つけて喜ぶようなことはできなかった。もう、そういうささやかで大切な瞬間を奪われたくない。マークとのちょっとしたゲームの時間でさえも。

夕食の時間、マイクはベースキャンプから天候が回復したという報せを受け、「朝、キャンプ3に向けて出発する」と告げた。キャンプ2には祭壇がなかった（すべてのキャンプに祭壇をつくっておくべきだと思う）ので、いくつかの岩で私だけの祭壇をつくり、毎朝その祭壇に祈りを捧げていた。毎日ミヨランサンマと母なるマリア様に「もう一日頑張れますように」と祈っているのは私だけかもしれない。でも、私がこうして母なるエベレストの近くに来ることができたのは、そうやって祈っているからだと思う。眠る前、私はその祭壇に「また天気が悪くなりますように」と祈った。そうすればもう一日寝ることができる。

祈りは、どうやら間違って伝わったようだ。朝起きると空は晴れわたっていて、空気はとても冷たかった。私たちは、六時半にはすでに壁に向かって歩いていた。渋滞を避けるため、いちばんにロープを登りたいとマイクが言ったのだ。多くの人がいっせいに集まって登りはじめると渋滞が起きるからだ。まるで空港のように、時間が遅くなればなるほど渋滞が長引き、行程にも遅れが出てしまう。でも、行く手に光が星座のように連なってゆらゆら揺れているのが見えた。ヘッドランプだ。ほかのチームがすでに登っている。

ところどころでチラチラと光っている明かりのあとをついていく。昇ってきた朝日がヘッドランプの明かりとぶつかる。ローツェのふもとに着くころには、朝日がすべてを飲みこんでいた。ローツェの壁面は斜度が五十度、高さはおよそ千二百メートル。この壁面を手はじめに、何百メートルものロープを使って山頂まで登っていくことになる。私を〝世界の母神〟の頂上へ連れていってくれるロープだ。世界最高峰に私が登るなんて、いったい誰が想像しただろう。そういえば子どものころは、リマの街の向こうに見える丘を眺めていたものだ……。いけない、集中しなくちゃ、シルヴィア！　ロープで体を確保して。つねにハーネスとロープをつないでおかないといけない。足元にも気をつけなくては。

それから二時間、私たちは休憩もとらずに黙々と、まっすぐに壁面を登っていった。少なくとも、自分ではまっすぐに登ったと感じていた。雪の中にクランポンを逆ハの字形に蹴りこみ、少しずつ壁面を登る。遅々とした動きだけれど、滑りやすい氷のコブをそうやって登っていくのだ。

一度に一歩ずつ。雪、そして氷。止まることなく、何時間も階段を上るように。

ひと呼吸。

ふくらはぎが焼けつくように痛い。

雪、そして氷。

高く登るにつれて空気が澄んでいき、呼吸が速くなった。産んだばかりの子を見守る新米の母親のように、自分の様子を観察する。高山病からくる頭痛の兆候はないだろうか。

ひと呼吸。

水分をとるために少し休憩する。肩ごしに振り返ると、数百メートル下の大地が揺れているように見えた。キャンプ1のほうまで見える。テントが人形遊びのおもちゃのように見え、人間はまるでアリのように小さい。自分がどれほど高いところにいるのかと考えたら、現実ではないような気がした。

次の瞬間、不思議な感覚が訪れた。

脳が風船になった。体から切り離され、ふわふわと浮かんでいるようだ。めまいがして、飛んでいるような感覚になる。手を離したら、飛んでいってしまいそうだ。私は大丈夫だろうか。呼吸はきちんとしてる？　大丈夫、してる。手も動いてる？　大丈夫、動いてる。これは私の手？　指を動かしてみて。大丈夫だ。自分でちゃんとコントロールできている。正直に言うと、こんな状態も悪くない。体がポカポカして、頭がもうろうとしてハイになっている。周りの景色を見ようと氷棚でひと息いれたとき、呼吸は荒く、頭もよく回らなくなっていた。

これは前にも経験がある。アコンカグアに登ったときだ。山頂に到達する前。たぶん最後の九十メートルくらいだったと思う。すべてがぼんやりとして、心地よい感じだった。すべてが現実的で、生々しくて、厳しく感じられるのに、体からスッと抜け出すような感覚。

また登りはじめる。一度に一歩ずつ。

雪、そして氷。

クランポンを信じる。クランポンが支えてくれると信じる。自分の足についている、この剃刀のような爪が、雪をしっかりつかんでくれることを信じる。

ひと呼吸。

テントが見える。

テント？

そうだ、テントだ。小さくて黄色いドーム型。あれはキャンプ3。

ようやく壁の頂上までよじ登り、平らな地面に倒れこんだ。手には雪の塊を握りしめていた。頭はまだグルグルと回転している。ブライアンが私を引き寄せてハグをした。

「やったぞ！」彼が大声で言った。

「うん」私はうなずいて、彼の腕の中で力を抜いた。そのとき、彼の肩ごしに見えた。キャンプの奥のほうにあるテントのその先に、ベースキャンプを出発してから初めて、その全景が見えた。ピラミッド型に黒くそびえ立つ、伝説の、エベレストの頂が。

「チョモランマ」私はつぶやいた。

私が指さすほうを、ブライアンが振り返った。「違う、あれじゃない」彼が言った。「あれはエベレストじゃないよ」

「あなたより視力はいいんだけど！」

「いいや、違う」彼はふっと笑った。

よく見てみると、ブライアンが言っていることは本当だった。それはまた別の山の頂だった。私はブライアンのように山の形を学習してきていなかった。

「でも、とにかく、エベレストにここまで近づいたのは初めて」私は肩をすくめながら言った。

「それは認めるよ」彼は私の背中を叩いた。これくらいどうってことない。彼のことはだんだん気に入ってきた。

キャンプ3は標高の高いところにある鳥の巣のようなもので、ガソリンスタンドの駐車場ほどの広さしかなく、雲は触れそうなくらい近くにある。世界最高峰が、もう手の届くところにある気がする。この地点の標高は七千十メートルくらいだから、あと千八百メートルほど登ったところに頂上がある。岩棚の上に一メートルほど平らになっているところがあり、マイクがそこに立って私たちを呼んでいた。私たちは彼の前に一列になってすわり、テントに沿って張られているロープにハーネスをつないで安全を確保した。

「みんな、元気そうだな」マイクが言った。

ベースキャンプに下りる前に、私たちは持ってきたエナジーバーとナッツを食べ、水をごくごくと飲んだ。私はあっという間に食べおえると、キャンプの中を歩いて、すべてを頭に叩きこもうとした。サミット・プッシュのときに必要になることが、何かあるかもしれない。

「出発する時間だぞ!」マイクが大声で言った。

「いま行く!」

戻ろうとしたとき、向こうにある雪の塊の中に、黄色いものがたくさんあるのが見えた。テントだ。長い間、放置されて雪に埋もれてしまっている。「アン・ドルジー」小走りで駆け寄りながら声をかけた。

「あのテントは何?」

「わからない」彼はぞんざいに手を振った。「ほかの遠征隊のだろう」

一瞬、二〇一五年の地震以来、取り残されているテントではないだろうか、と考えた。ここで夢がついえた人たちのテントなのではないか、と。

キャンプ2に戻る途中、もつれたロープを解いているシェルパの横を通った。山頂までのルートを工作するため、彼らが数十メートルものロープを一本ずつ氷に固定してくれるのだ。

ベースキャンプに戻ったあと、私たちはシェルパからの連絡を待ちながら、ゆったり過ごす日と活動的に過ごす日を交互につくった。シェルパはまだ山頂へのルートを工作中だ。ロープが固定され、天候がよくならないかぎり、誰も山頂に登ることはできない。毎晩、私たちはまるで焚き火の周りに集う古代の家族のように、マイクの無線機の周りに集まって最新情報を聞いた。空高くから様子を報告してくれるシェルパの太い声を聞くと、わくわくした。アンシアとマイクは、十四ページにもわたる、風と雲の動きについての詳しい分析結果をファックスで受け取った。さまざまな標高における風や嵐の考えられうるパターンを、あらゆる角度から検証してある。でも、雪崩や地震は、誰にも予測できない。

山頂まで行くには、気象条件のいい日が五日は必要だ。それまでは待っていることしかできない。不安がかきたてられる。非番でも常に出動可能な態勢でいなければならない医療従事者のような状態だ。いつでも冷静で体調万全でいなくてはならないし、連絡がきたら、真夜中だろうと、サミット・プッシュに向けてすぐに出発できるように準備を整えておかなくてはいけない。

ルクラで出会ったペルー人登山家のリチャル・イダルゴが、すぐ近くにあるセブン・サミッツ・トレック社のキャンプにいた。ベースキャンプで最大の遠征隊だ。そこにちょっと立ち寄った。このキャンプは大きく、食事用テントだけでもいくつもあった。リチャルはそのうちのひとつのテントで緑茶を飲みながら、あまりうまくいっていないのだと話してくれた。キャンプ1に初めてひとりで行ったときにクンブ咳にかかってしまったため、ペリチェまで下山し、そこで十日間過ごさなくてはならなかったらしい。ロブと同じだ。

ルクラのティーハウスで会ったとき、リチャルはとても自信ありげで、ペルーのプライドをかけて登るのだと言っていた。スーパーマンのようだった。なにせ彼は国家的なスターなのだ。でも、そんな彼もすっかり意気消沈してしまったようだ。目にそれが表れている。自信はなりをひそめ、どこか不安そうだった。恐怖心を抱いているように見えた。ここに来てから私もたびたび恐怖心を抱いているせいか、ほかの人の恐怖や不安も敏感に感じとれるようになっていた。

酸素なしで登頂するのは、とてつもない挑戦だ。そんな挑戦をするのは、純粋主義者——保守的な登山家、あるいは新しい壁をぶち破ってやろうと意気ごむ登山家——だけだ。免疫系に不安を抱えるリチャルが慎重になるのも、もっともだ。

「それでも、ぼくは登るよ」彼は言ったが、その情熱が少し冷めているのがわかった。私たちはペルーにいる彼の家族の話や、登山の楽しみについて語りあった。つらいことではなく、夢について語っているうちに、彼の目に輝きが戻ってきた。昔、私がエベレストについて熱く語っていたときのように。そのときはまさか自分が登れるとは思っていなかったけれど、口に出しているうちに、夢はどんどんふくらんでいった。どんなにばかげた話だろうと、どれほど不可能な話だろうと、夢を見ることで、その実現に近づいていった。

お茶をごちそうになったお礼を言ったあと、リチャルの頬にペルー式のキスをして、ハグをした。

「幸運を祈ってる《ブエナ・スエルテ》。何が起ころうと、あなたはスターなんだから。あなたがやろうとしていること、本当にすばらしいと思うよ。登頂の成功を祝う日が楽しみだね」彼はうなずいて大きな笑顔を見せたけれど、まだどことなく気持ちが沈んでいるようだった。これからしばらくの間は、私も同じような気持ちだろう。

登頂できる日を待っている間の不安な気持ちや疑念以外にも、ドアの下から絶えず入ってくるすきま風のように、忍び寄ってきたものがある。風邪の症状だ。気力で治そうとしたけれどうまくいかなかった。でも、離脱していたロブが折よくチームに戻り、ペリチェから魔法のような薬を持ってきてくれた。「サンチョ」という薬だ。ヴィックスヴェポラップをもっと強力にしたようなものに、ユーカリ油が混ぜてある。香りを嗅いだだけでもハイになる。ほんの一滴だけでも、みんな歓声をあげる。

「まずお湯を沸かそう」ロブは言って、食事用のテントに臨時の薬局をつくってくれた。「さて、お湯にサンチョを何滴か垂らすぞ。頭からタオルをかけて。そうそう。そしたら前にかがんで、蒸気を吸って」

「なんだなんだ、ここはスパか？」アン・ドルジーが冗談を言いながらテントに入ってきた。

「サンチョ！」私は大きな声で答えた。

「ああ、そうか。シェルパの伝統的な蒸し風呂だな」

日中、ロブと私は交代で、サンチョの水蒸気を吸うことにした。私たちがそうしている間に、今度はテンディの具合が悪くなった。トレーニングにテンディが現れないのでマイクとアン・ドルジーが様子を見にいくと、寝ながら苦しそうに息をして、咳をしていたそうだ。ふたりはすぐにヘリコプターを要請し、テンディをカトマンズの医師のところへ行かせた。テンディ――強くて優しいテンディ――がいなくなったことに、私は愕然とした。

「断腸の思いだろうな」アン・ドルジーが言った。「下山したくないと言っていた。放っておいたら、絶対に下山しなかっただろう。だから、私たちが無理やり下山させた」

「どうして下山したくないんだ?」ダニーが訊いた。

「テンディにとっては、ベースキャンプにいることがとても大事なんだ。十五年も一緒にいて、もう家族みたいなものだから。今シーズンがとつぜん打ち切られたようで、がっかりしているだろうな」

ここに来て初めてみんなと食事をしたとき、私はびくびくしていた。女性たちとのトレッキングを終えたばかりで、この先やっていけるのだろうかと不安で弱気になっていたし、これから六週間、特殊部隊にいたようなマッチョな男たちと一緒に登るなんて、本当に、本当に勘弁してくれと思っていた。でも、みんなは私に心を開いてくれた。男性たちが、心の中を見せてくれた。

夕飯のあとは、たいていみんなでゆっくりすわって他愛のない話をしたり、血流をよくするために散歩をしたりした。みんな、体重もぐんと減った。絶対に失敗しないエベレストダイエットだ。

「結果は百パーセント保証します!」みんなが体重の落ちた自分の体を確かめていると、ダニーが言った。

「肺にダメージが残るかもよ」私も冗談を言った。「でも、洋服がぴったりになったじゃない!」

「ところで、マーク」ダニーが言った。「お前の尻の肉はいったいどこに行ったんだ?」

「そうだよ、ぼくも訊きたかったんだ。最初のころはあんなに肉がついてたのに。いや、別にずっと見てたわけじゃないけどね」とブライアン。

「もう!」私は声をあげた。「ダニー、ブライアン、あなたたちがそんなにマークのお尻を気にしてるとはね」

「学生たちがいまのぼくを見たら、きっと喜ぶと思うよ」マークが言い返した。

「尻のない教授のご帰還ってわけだ！」

私たちはワッと笑った。マークが心の中でどんなことを考えているのかはわからない。でも、彼が冗談を返してくれたので驚いた。何週間も一緒にいるけれど、いまだに、どこまで踏みこんでいいのか、よくわからない。

いっぽう、ブライアンにはいつも驚かされる。私たちは夕飯のあと、散歩をするのが恒例になっていた。ジョンの役割を、いまはブライアンがしてくれている。彼は自分の家族のことを話してくれた。高校時代のガールフレンドと結婚したことや、ふたりの息子がいることなど。

「下の子のジョージーが、この間カミングアウトしてきたんだ」ふたりでキャンプを散歩しているときに、ブライアンが言った。「自分はゲイなんだ、ってね」

私は何も言わずにうなずいた。ブライアンがどう思っているのか、まだわからないからだ。

「言ってくれてよかったよ！」ブライアンは大声をあげたあと、声を和らげて言った。「あの子のためにも、よかった」

「最初は大変かもしれないけど」私は彼の肩に手を置いて言った。

彼がうなずく。「ありがとう。慣れの問題だ。ぼくはいい息子をもってることを誇りに思ってるよ。父子の関係は何も変わらない。きみは、いくつのときにカミングアウトしたの？」

「二十代のころ。大変だった。両親が受け入れてくれなくて」

「どうして?」

「カトリックだから。でも、それだけじゃなくて、リマでは同性愛はまだまだ否定的にとらえられているからね。他人に対して批判的な社会だし。とくに女性に対して」

「そいつはひどいな」ブライアンが言った。「息子にはそんな思いをしてほしくない。ぼくに話をしにきたとき、息子は泣いてたんだ。あいつがそんなに悲しい思いをしていると考えただけで、胸が張り裂けそうだよ」彼はすすり泣いて、洋服の袖で目をぬぐった。「ぼくががっかりすると思っていたらしい。でも、ぼくは、あいつにただ幸せでいてもらいたいんだ。すてきなパートナーが見つかるといいんだけど」

「もう、私まで泣いちゃうじゃない!」私はブライアンをちらりと見やった。

私はずっと、母にそう言ってほしかったのだ。私と一緒に「PFLAG」――LGBTQ+の子どもや若者たちの親、家族、友人を意味する――の大きな白いサインを掲げて歩いてくれるところを、何度も想像した。カテキズムのときみたいに、ほかのお母さんたちと友だちになってくれるところを想像した。父によって遠ざけられていたものに、懸命に手を伸ばそうとしていたときみたいに。少しはにかんだような母のやわらかな笑顔や、片言の英語を話す前にちょっとはにかんで、相手の警戒心を解こうとする母の声が、よみがえってくる。いまでも母の声が聞こえるようだ。「あー、えー……えいご、すこしだけ。ゆーっくり、おねがい……します!」何より、いちばん聞きたかったのは、こんな言葉だ。「シルヴィアが同性愛者であることを誇りに思ってる。母親として恥じるところなんてないわ」

「あなたのことを誇りに思う、ブライアン」私は言った。「私にもあなたみたいな父親がいたらよかった。ジョージーは幸せだね」

最初にブライアンに会ったときは、荒々しい物腰に警戒心を抱いた。私はすぐにでも飛び跳ねて逃げられるようにかまえている猫のようだった。彼の声を聞くだけで——聞こうとしなくても耳に入ってくる——ビクッとしていた。いかにも支配的な男性という感じだったし、大きなことばかり言うし、ぶしつけで声も大きかった。私の故郷では声の大きな男性がその場を支配し、心の優しい人は脇に押しのけられる。

でも、息子の話をするブライアンの目に涙が光るのを見て、彼のことは信じられると思った。彼の優しさを知ったからなのか、それとも、この一か月ですっかり疲労困憊して心が無防備になっていたからなのかわからないけれど、思わずこれまでの自分の話が口をついて出てきた。

私はブライアンに、サンフランシスコでの恋愛のこと、母に認めてもらえなかったこと、本当は支えてもらいたかったこと、もっと早く知っていたらよかったと思う知識のことなど、いろいろと話した。ローリのことも話した。母は私のパートナーのことを認めていなかったので、彼女が死んだときの私の悲しみを理解してくれなかったことも。たいていの場合、私たち同性愛者は周りの人の相反する気持ちを受け入れなくてはならない。周りの人たちは、私たちを愛しているけれどその性的指向を受け入れられない、ありのままの私たちを直視できない、という気持ちを抱えているものだ。でも、誰を愛するかは、私たちのアイデンティティの一部なのだ、と彼に伝えた。

一気にしゃべってひと息つくと、自分たちが立ち止まって話していたことに気づいた。ブライアンが私をまっすぐに見ている。身構えるでもなく、大きな声で私をさえぎって自分の話をするのでもなく、目に涙を浮かべて、静かに私の一言一言に耳を傾けている。

「シルヴィア、大切な人を亡くすなんて、つらかっただろう」

それこそ、両親から聞きたかった言葉だ。

「彼女のご両親にとっても、つらいことだったろうね」

「うん」私も涙がこみあげてきた。誰かにローリの話をするときはいつも努めて淡々とするようにしているけれど、そのたびに胸が少し痛む。彼女を失った心の傷は、一生癒えることはないだろう。私はただ、その痛みをやり過ごす方法を学んできただけだ。


モンスーンが吹き、大雨が谷に降り注ぎ、エベレストが霧で覆われる季節まで、あと三週間もない。天候がこちらに味方してくれなければ、時間切れだ。氷河は融けていくいっぽうだが、私たちはただ待つことしかできない。出発する条件が整ったら、チャンスはその一度だけ。すでに計画どおりではないけれど、山と天気が与えてくれる機会にかけるしかない。

いちばん不安なのは、自分の体がどんな反応をするかだ。マイクとアン・ドルジーとリディアは、最後のローテーションに向けて、私にゴーサインを出した。でも、だからと言って、私の体が完全に準備できているとはかぎらない。エベレストに挑戦した友人の中には、キャンプ3と山頂との間で、壁にぶち当たった人が何人もいる。

いくつか向こうのテントに、友人のMがいる。彼女のチームも、山頂に登れる条件がそろうのを待っている。Mは若いアジア系の登山家だ。彼女とは、去年、南極大陸のヴィンソン・マシフに登ったときに知り合った。山に登っているときは、友だちになりやすい。嫌でも一緒にいなくてはならないからだ。しかも、女性はほとんどいないから、女性同士には特別な絆が生まれる。それでも、友人関係を続けていくのは大変だ。それぞれ違う遠征隊に属していて、スケジュールやローテーションも異なるからだ。ローテーションの長さが違ったり、寒い日が続いたあとはしばらく暖かくして過ごしたりするなど、遠征隊によってスケジュールが異なるので、女性の登山者と連絡を取りつづけるのはなかなか難しい。幸運にもタイミングが合ったので、会いにいった。

　空はアオカケスのような明るい青色をしている。戸外でランチをするのには最高の日だ。Mを誘って街のビストロにでもランチをしにいくような気分だ。じっさいは、標高五千四百メートルのベースキャンプで折りたたみ椅子にすわってのランチなのだけれど。Mのキャンプに行くと、彼女は悲しそうな顔をしていた。彼女のチームは二回目の厳しいローテーションから戻ってきたばかりだった。話を聞いてみると、〝男性特権《メイル・エンタイトルメント》〔フェミニズムにおいてこの言葉は、単独での権力の行使ではなく、社会や文化を通じて相互に関係・連動している権力構造のひとつの表れとして扱われる。自分には性的な利益を得る権利があると思いこむ、男性に見られがちな態度もそのひとつ〕〟によって最悪な経験をしたという。

「キャンプ3でのことなんだけど」紅茶をすすりながら彼女が話してくれた。「ガイドの判断で、高度順化のために、そこで一泊することになってね。私はシェルパと同じテントに割り当てられたの。そしたら、真夜中に、そのシェルパが私に覆いかぶさって体を触ってきた。ここを！　ここをよ！」そう言って、Mは胸とお腹と股間を指した。

「なんてこと！」私は思わず椅子から立ち上がった。

「最初は混乱して、もしかしたら、これは夢かもって思った。標高の高いところに来て、頭がおかしくなっちゃったのかなって。こんなこと、現実とは思えない。ここで、そんなことが起こるなんて。悪い夢であってほしい、って思った」

「悪夢だね」私はため息まじりで言った。

「でも、現実だった。いま、じっさいに起こっていることだった。だから、そいつを突き飛ばして、このことは報告するからって言ったの。そしたら、そいつは急にしおらしくなって、ごめんなさい、ごめんなさい、やめてください、とかなんとかモゴモゴ言って、まるで私の誤解だとでも言わんばかりだった」

次の日、彼女がガイドに話すと、そのシェルパはその場でクビにされたそうだ。でも、ベースキャンプに帰ってきてから、周りがピリピリした空気になっているという。

「まるで私のせいで彼が辞めたみたいに、みんなが私をじろじろ見てくるの」不安そうな彼女の眉間にはVの字のしわが刻まれていた。「これから最後の行程なのに。大事な登頂なのに。何か仕返しをされるんじゃないかと思って、怖い。チームのみんなを信頼していいのか、わからない」

エベレストに来てから私も実感しているように、チームへの信頼は贅沢品でもなければ、たんなる感情の問題でもない──生きるか死ぬかの問題だ。本質的な要素で、なくてはならないものだ。何週間もかけてその信頼を築いてきたのに、欲情した男のせいで、それが失われてしまった。そして、その出来事のせいで、彼女が挑んでいる、ある世界的な記録を打ち立てるチャンスが奪われてしまうかもしれないのだ。そのことを考えると、腹が立ってしかたがない。

私はずっと「山は人を差別しない」と言ってきた。同性愛者であろうが、女性であろうが、ペルー人であろうが関係ない。みんな、自然の力の慈悲を受けてここにいる。公平に扱われる場所だから、私は登山をつづけてきた。登る力があれば、性別も、人種も、信条もいっさい関係ない。山は私にとって逃げ場でもあった。私にとって神聖な場所――癒される場所――であり、なんのジャッジもせずに私を受け入れてくれる自然のある場所だった。でも、ここでさえも、この神聖な場所でさえも、男の手から逃れることができないなんて。自分のチームにいる男性たちを信頼しはじめたばかりだったというのに。激しい怒りがわいた。

自分のキャンプに急いで帰り、太陽を浴びてリラックスしていたリディアとアンシアを見つけた。「もう、うんざり！」ふたりにMから聞いた話をしたあと、私は叫んだ。「信じられない！　真剣に登山をしているときに、なんてことを！」

「そうね」リディアが言った。「あなたにとっての山はそうだよね……私も、ハラスメントを受けたことがある。そういうものなの」

「そういうもの？」私はすすり泣いた。「そういうもの？　それを変えなくちゃいけないんだよ……」

「シルヴィア、ちょっと話を聞いて」リディアは隣の空いた椅子をポンポンと叩いて言った。それから一時間、リディアとアンシアが登山における性差別《セクシズム》について、あれこれと話してくれた。ふたりは、マチズモが蔓延する環境と正面切って闘うのは不快だし、居心地も悪くなるばかりだと考え、攻撃するばかりが闘う方法ではないと思っているようだった。私はMが登頂に成功し、世界記録を打ち立てて気持ちに折り合いをつけることができるのを祈るばかりだ。それなら不快な思いをすることもないし、自分を組み敷こうとする構造へ挑むことにもなる。その体と、その全存在をかけて、Mも、彼女より前にここに来た女性たちも、このあとに来る女性たちも、それを目指している。

こんなときこそグラビ・ギャングが必要だというのに、彼らはどこにいるのだろう。

グラビ・ギャングとは、ヒメナが話してくれた自警団のことだ。レイプした男性を叩きのめしにいく集団だが、それはたんなる攻撃ではない。女性が社会的に軽んじられていることへの怒りの表現だ。インドには同じような自警団がほかにもある。ヒメナがいる団体にはラテン系、アフリカ系、ネイティブ・アメリカン、アジア系などがいる。女性は世界のどこにいても軽んじられているけれど、有色人種の女性の場合、それがさらに危険な事態を招く。エハニとシュレヤとルビーナは、彼らの住んでいる地域で最もひどい人身売買業者に対して訴訟を起こした。ネパール政府が有罪判決をくだしたものの、彼女たちはいまでも毎日、報復と死の恐怖にさらされている。近隣の住民から脅迫されることもあるそうだ。

真実を口にしただけなのに。ただ、真実を。

社会は私たちを黙らせようとする。私たちがいけないのだと思いこませて、自分を恥じるようにしむけてくる。私たちはまるで仲の良い友だちのような顔をして、その羞恥心とずっと付き合っていかなければならない。私たちに知られると不都合なことは、いっさい知らされない。でも、悪いのは私たちではない。現状がそうだからといって、それがあるべき姿でいいはずがない。

ふたりと一時間ほど話したけれど何も結論は出ず、私はフラストレーションでいっぱいになり、精神的にとても疲れた。「ちょっと横になってくる。昼寝する」私はそう言ってその場を去った。ふだん昼寝をすることはないけれど、横にでもならないと心が落ち着かず、爆発してしまいそうだった。自分のテントに転がりこんで眠ろうとしたものの、怒りで心臓が脈打ち、それどころではなかった。私は夢を奪われた世界じゅうの女性たちのことを考えた。この山は女が登るには高すぎる、と言われてきた女性たちのことを考えた。「女は上になんて行けないんだよ」と言われてきた、世界じゅうの女性たちのことを。

ほんのひと握りの女性だけが、そうした声をはねのけて、この地にやってくる。それでも、女性はつねに、いつだってリスクにさらされている。性的暴行をする者は「どうせ誰にも言わないだろう」とたかをくくっている。誰にも言えなかった人がいけないわけでは決してないけれど、性加害者がそう侮っているから加害はいつまでたってもなくならないし、公にならないものもたくさんある。Jは法の裁きを受けなかった。私はあまりにも混乱していて、ネパールの子たちのように彼を法廷に立たせることができなかった。彼が結婚して子どもをもうけるのを、ただ見ていた。Jにされたことをまだ母に話していなかったころ、Jは私の両親に、自分の双子の子どもの名づけ親になってくれないかと頼んだそうだ。両親は快諾した。あとになって母から聞いたところによると、双子のひとりは肺炎にかかって亡くなったという。私はそれを聞き、神様はいると思った。亡くなった子には申し訳ないけれど、これは報いだ、と思った。宇宙の法廷が、超自然的なてんびんを傾けたのだと。

私はテントに寝転んで怒りの涙を流しながら決意を新たにし、世界の母神であるエベレストに呼びかけた。そして、必要に応じて母にも、恋人にも、破壊者にもなってくれる女神シャクティに向かって呼びかけた。私に破壊の力があるのなら、今度こそ、それをよきことのために使いたい、と。

私のテントを誰かが叩く音がした。

もう日は沈んでいる。何時間も眠っていたようだ。

「シルヴィア」女性の声がした。リディアだ。「山頂に行けそう。今晩、夕飯を食べたら出発だって」

「今晩？」思わず甲高い声が出た。

「そう、今晩」

今晩だなんて！　くたくたに疲れた体で、あわてて荷づくりを始めた。懐中電灯のバッテリーを探して手に取ると、それを見つめながら考えた。これが最後の荷づくりになるかもしれない。二度と戻ってこられない旅になるかもしれない……。夕飯をテンディがつくっていたので驚いた。私たちの健闘を祈って見送れるようにと、高山病を治して帰ってきてくれたのだ。夕飯を食べながら、アンシアがこんなことを訊いてきた。もし登頂に成功したら、アドベンチャー・コンサルタンツのニュースで、どんなふうに紹介されたいか、と。私は大きく息を吸って少し間をとったあと、こう言った。「シルヴィア・ヴァスケス＝ラヴァド。エベレスト登頂に成功した初めてのペルー人女性」自分の口から出てきた言葉を聞いて、私は誇らしさでいっぱいになった。痛みの歴史を更新する絶好の機会だ。世界じゅうの女性たちに、私たちはこんなこともできるのだと示せる機会だ。彼女たちに向かって言いたい。屈強な男性たちもチームから脱落していったのに、いまこうして、私はここにいる、と。なんとしても、山頂に立ってみせる。

私のためだけではなく、すべての女性のために。「これはもう、あなただけの挑戦じゃないの、シルヴィア」自分に向かってつぶやいた。世界最高峰に立ってみせると言ったけれど――シルヴィア・ヴァスケス＝ラヴァド、エベレスト登頂に成功した初めてのペルー人女性――これまでだって、エベレスト登頂は私だけの挑戦ではなかった。これは、M、ルーシー、ヒメナ、シュレヤ、ルビーナ、エハニ、それから〈シャクティ・サムハ〉にいるすべての女性のための挑戦だ。これまで黙って耐えてきたリディアやアンシア、それから私シルヴィアと、私と同じような傷を負ったペルーの女性たちのための挑戦。虐待され、ゴミのように扱われ、ゴミのような人生を送るだろうと言われ、私のようにずっと長い間、それを信じこまされてきた女性たちのための挑戦。まだそれを信じてしまっているかもしれない女性たちのための挑戦だ。

いまのうちに少し眠っておこう。今晩、山頂に向けて出発だ……なのに、結局、少しも眠れなかった。

「時間だ、起きろ!」夜半にマイクの大声が聞こえ、私は跳ね起きた。準備は万端。

私の心は燃えていた。

第18章　デス・ゾーン

　ひざをつき、酸素ボンベを抱えて体を丸めた。手が震えている。私は必死に恐怖と闘っていた。激しい風に吹きつけられてテントがたわむ。涙と鼻水が頬を伝っていった。もうだめだ。私にできるのはここまでだ。これ以上は無理。もう降参。母なるエベレスト、あなたの勝ち。私の負け。山が私を飲みこもうとしている。あの黄色いテントのように、私を生きたまま埋めようとしている。気温が低すぎて腐敗すらしない、取り残された何体もの遺体のように。

　この数週間、死がつねに頭の片隅にあった。これまでの人生で暗い夜をいくつも過ごしてきて、死について考えを巡らすことはあったけれど、自分にとってはただ漠然としたものだった。でも、いま、それは目の前にある。テントをギシギシときしませながら迫ってきている。死の本当の姿を目の当たりにして、私は目を見開いたまま体がすくんでいた。もう自分はこの山を下りられないだろう。死から逃れられないだろう。この嵐から、この重荷から、この重力から逃れられないだろう。いっそのこと、あきらめてしまったほうが楽なのかもしれない。氷に横たわる遺体の仲間入りをすればいい。ここで旅が終わってしまった人たちの仲間に加わればいい。この苦しみから逃れられるのなら、これ以上苦しまなくていいのなら、そして誰も傷つけることがないのなら、それがいちばんいいことかもしれない。

　やっぱり、エベレストを目指したのは死への願望ゆえのことだったのかもしれない。

　自分で自分のことをアルコール依存症だと言ったことはない。その言葉を口にしたことはない。自分でそうと認められないのは普通のことなのかもしれない。あるいは、生き延びるためにお酒が必要なのであって、依存症なんかではないと思いこもうとしていたのかもしれない。お酒でも飲まないと、心の奥底に黙って押しこんだものを見つめることができない時期があった。お酒の力がなければ仮面を脱ぐことができなかったし、心の奥底にある、まだ生々しい自分の傷を見つめることができなかった。言わば、私にとってお酒は、自分が直視しなくてはならないものへと導いてくれる先導役だった。いままでは。でも、いまは、死がその役割をしている。

私が自分のことをサバイバーと呼ぶとき、そこにあるのはプライドではない。心をむしばむような、傲慢さと憤りが入り混じった感情だ。血だらけでバラバラになった自分の欠片をかき集めるために、私はサバイバーというスーツを身につけてきた。でも、サバイバーであることを利用したり、自分のアイデンティティにしたりするのは危険なことだと、気づきはじめていた。自分は生き残る方法しか知らないのだと、いつか目を覚ますときがくるだろう。

生き残らなくてはならない。けれど、生き残るだけではだめなのだ。

でも、いまとなっては、この山で生きるか死ぬかを自分で選ぶことはできない。選ぶのは私ではない。

勇敢な女の子たち《カレイジャス・ガールズ》は行ってしまった。

ローリは逝ってしまった。

母も逝ってしまった。

私はまるで山にひとり残された迷子だ。

風が激しくテントに吹きつけ、歯がガチガチと鳴る。そこへ、何かの音が聞こえてきた。遠くから、美しいメロディーの子守歌が聞こえてくる。ハミングだ。デボチェの尼僧たちの声だ。まるで百本の手で髪をなでられているかのような、あの詠唱。温かい空気が流れてくる。いい人でいる必要はない、とその歌声が言っている。従順でいなければ愛されないとか、成功しなければ愛されないということはない。何も成し遂げられなくてもいい。完全な存在になるために、自分の一部を切り捨てなくてもいい。そんな自分を受け入れなさい。私たちがあなたを受け入れるように。愛しなさい、私たちがあなたを愛するように……。そう声が言っている。

私は大丈夫だと言ってください、と尼僧たちに願ったけれど、その姿は消えてしまった。頭の中で自分の声がこだましている。死にたくない。私は泣き叫んだ。私の胸から何かがあふれだした。長い間、胸の奥深くにしまいこんでいた悲しみの声だった。大きな痛みのこもったうめき声が体からもれた。生きたい、負けたくない、という声だった。

すすり泣きながら体を震わせていると、テントのジッパーが開き、リディアが飛びこんできた。

「シルヴィア！」私の背中に手をあてて彼女は言った。「大丈夫？」

私は彼女の目を見た。セージ色の瞳。顔は赤く、肌は風にさらされて荒れているけれど、いままでに見たことのないような、優しいまなざしをしていた。

「この先は行けそうにない」私は下を向きながらつぶやいた。彼女ががっかりする顔を見たくなかった。

「さっきはきついことを言ってごめんね。この嵐はひどすぎる。山でこんなに天気が荒れたのは初めてだから、怖かったの」

「あなたが？」私は耳をそばだてた。それを聞いて、なんだか少し気が楽になった。

彼女がうなずく。

「そう。マイクとアン・ドルジーは、下山も考えてる。ほとんどのシェルパもキャンプ2に下りたって」

キャンプ3はキャンプ2よりも標高が高く、危険だ。天候の悪いときにここで夜を過ごすのはリスクが高い。でも、予定どおり山頂を目指すならここにいたほうがいい。シェルパなら少しくらいの時間の遅れはすぐに取り戻せるかもしれないが、私たちの場合、いったんキャンプ2に下山して天候が回復してからもう一度登ってくるとなると、サミット・プッシュができなくなる恐れがある。登頂のチャンスは、この五日しかないのだ。

「じゃあ……」唇が凍ってくっついてしまい、うまくしゃべれない。「この天気は異常だってこと？」

リディアがうなずいた。「そう。最悪」

最悪……。

「だから、怖くて当然なの」彼女が言った。「あなたは本当に強い登山家だから、大丈夫。私たちは山頂に行く、いい？」

登山家というのは、厳しい自然に進んで身を投じる厳しい生き方を選んだ人たちだ。生きているという実感を得たいから、人間より自然が好きだから、そして何より、一度きりの人生で自分がどこまでできるか見たいから、山に登る。登山家はやわらかな物腰や、インスピレーションを与えるスピーチで知られているわけではない。難局にあるときの登山家は、とてもストイックだ。でも、いまリディアが言ってくれた言葉は、思いがけず優しい言葉だった。まるで温かいお風呂のように。テント全体に落ち着きが戻り、私は酸素ボンベを握っていた手を離した。手を広げると、指が手袋の中でぶるぶると震えた。

そのとき、また声が脳裏に聞こえた。記憶に新しい声だ。男性の声。エド・ベスターズの声だ。エドはアメリカ人の登山家で、レジェンド的な存在だ。世界でもこのヒマラヤ山脈と隣のカラコルム山脈にのみそびえる八千メートル峰の十四座すべてに登ったアメリカ人は、彼だけだ。さらに、それを無酸素で成し遂げたのは、世界で五人目だ。五週間前、ベースキャンプで最初の夜を過ごしたときに、そのエドが私たちのチームと夕飯をともにした。私は彼の隣にすわって、レジェンドと時間を過ごせるなんて夢のようだと思っていた。

「あの、エド」私は彼に話しかけた。「何かいいアドバイスをもらえませんか?」

「山の上では、天候がひどい日が必ずある。日数はそれほど多くなかったとしてもね」彼が答えてくれた。「そんな日は、登るのをやめたくなるだろう。どうしてこんなところにいるのか、と自問するだろう。でも、どんなに天候のひどい日があっても、次の日の朝にはすっかり状況が変わっていることもあるはずだ。登りつづけていれば、すべてが変わるものだ」

その晩は、そんなものかと思いつつ相づちを打ち、彼と時間をともに過ごせたことに感謝はしたけれど、それほど心を動かされはしなかった。じっさいにその状況になるまで、彼のシンプルな言葉がどれほど意味のあるものなのか、想像もできなかった。

登山家は山の危険をそれほど大げさに語らない。エドは天候のひどい日がどんなものか、話してはくれなかった――その日、つまり今日、私は泣き叫びながら酸素ボンベを握りしめることになった。最初は死んでしまったほうがましだと思い、そうかと思えば命を助けてくださいと願ったりした。最悪な日なら、ここまでの人生でもうじゅうぶん味わってきた。朝起きて自分がどこにいるか、自分が誰なのかすらわからない日もあった。何年もそういうことが続いた。もう死にたいと思った日もあった。それでも、死は私のドアをノックしなかった。その私が、いま初めて、本当に最悪な日の真っ只中にいる。今日が最悪なだけだってば、シルヴィア。今日が最悪なだけ。

私は酸素マスクを装着し、バルブを開いた。冷たい空気が鼻を通って肺に広がり、しぼみきった私のエベレストへの夢をふくらませていった。とつぜん、頭がすっきりし、気持ちが明るくなった。

二時間ほどテントで横になっていると、風がやんだ。

「生きてるか?」隣のテントから誰かが呼びかけてきた。ブライアンだ!

「なんとかね!」私は大きなため息をつきながら、どうにか叫び返した。

「外を見てみなよ」ブライアンが言った。

リディアが先にテントから出た。私もあとに続く。そこに広がっている景色を見て、私は言葉を失った。よろよろと、もう数歩前に出る。リディアの向こうから太陽の光が差し、ブライアンのテントを照らしていた。雪はスコールのように激しく降るのではなく、塵のように舞っている。私たちはウェスタン・クウムを見下ろした。谷にはやわらかな新雪が、音もなく安らかに降り積もっていた。空は清々しいマリンブルー。でも、谷に太陽の光は注がれておらず、エベレストとローツェがひとつになった巨大な影に半分覆われていた。その影は、まるでシェルターのようだった。私たちの身を守ってくれる避難所のよう。身を隠して休むことのできる場所だった。

チームのメンバーが次々とテントから出てきて、すごい嵐だったなあ、などとおしゃべりをしながら周りを見わたしている。私は巨大な山影の端を眺めた。遠くから見ると灰色と黒にしか見えないのに、近くで見ると、雪と同じで、影の色にもさまざまなグラデーションがあることに気づいた。初めてエベレストを遠くから眺めたとき、それは私を飲みこんでしまいそうなほど暗い色をしていた。とても不気味で、自分も、自分が抱えている問題も、取るに足らない小さなものに思えた。その山の影に立って初めて、自分を外側から見ることができた。その暗がりは、自分の身を隠す場所というより、こちらへきて自分を解放しなさい、と私に向かって手招きをしているように思えた。こちらに向かって手を広げているようだった。私を覆い隠すものではなく、仲間だった。

影はまるで我が家のようだった。

これほど高いところにいると、どこか厳粛な気持ちになる。深海の暗闇を泳いでいるような気分と言ったらいいだろうか。人間の知らない、人間のためにつくられたのではない生態系を目の当たりにしている気分だ。目の前にある自然は、私たち人間を必要としていない。それを見ることができるのは、幸運というほかないだろう。

ウェスタン・クウムの反対側には、ヌプツェとローツェの影が〝V〟の形をつくりだしている。その〝V〟の字の先のほうには、円すい形をしたプモリが見える。標高七千メートルを超える頂で、登山家たちは〝エベレストの娘〟と呼んでいる。シェルパの言葉では〝未婚の娘〟という意味だ。ネパールとチベットの国境にあり、プモリを越えた向こう側には広大な褐色のチベット高原が広がっている。チベット高原の周りにはほかにも雪をかぶった山脈がいくつも横たわり、細い雲がたなびいている。

午後四時。空は晴れ、凍えるような寒さになった。空気はさわやかだ。鼻毛までピリピリした。

午後六時。連絡がきた。いよいよ山頂に向かう。明日はいい天気になると予報が出ている。今晩はよく寝て、翌朝の八時までに起床することになった。何日か食欲のない日が続いていたけれど、食欲も戻ってきた。力を蓄えるため、私はひそかに、とっておきのものを食べた——米とキヌアをブレンドした行動食だ。口に入れるともっと食欲がわいてきて、いくらでも食べられそうだった。ぐっと気分もよくなった。

午後八時、就寝の時間だ。

この十二時間のうちに、一週間くらいたったような気がした。眠りに入るとき、ローツェとエベレスト、そして私を慰めてくれたその影に、感謝の祈りを捧げた。私に加護を与えてくれた、母なる自然に感謝した。母なる自然よ、あと少し、あと少しだけ私に味方してください。

まるで金属製のテディベアのような酸素ボンベに身を寄せながら、私は眠りに落ちていった。

朝起きると、体はとても元気だった。テントが張ってあったのは傾斜のきつい場所だったけれど、そのせいで眠りが妨げられることはなかった。昨日のことが記憶のかなたの悪夢のように感じられるほど、ぐっすりと眠れた。生まれ変わったような気分で、嵐のあとに訪れた平和をかみしめた。

「朝飯だ！」外から、くぐもったような声が聞こえてきた。

今日、キャンプ4まで行く。いよいよキャンプ4だ。天候がよければ、今晩にも山頂に登る。ああ、ついに。ついに、ここまで来た。私はあわてて荷物をパッキングし、着替えた。標高八千メートル用のズボンを穿きながら（最後にカトマンズで調達しなくてはならなくなった物だ）、アン・ドルジーがホテル・アンナプルナであきれ果てたように私を見つめていたことを思い出して、思わず笑ってしまった。そんなこんなもありながら、とうとうここまで来た。ガイドは私を信頼してくれているみたいだ。私も彼らを信頼しなくてはならない。

朝食もとったし、荷づくりもできている。マスクをつけ、酸素ボンベのバルブを開けると、空気が流れこんできた。冷たい空気が鼻を抜けていく。マスクの中で、ダース・ベイダーのようにうつろな、きしんだような呼吸音が聞こえた。

技術を駆使して登らなくてはならない巨大な壁面はもう過ぎた。ここからは重力と酸素との闘いになる。比較的なだらかなところから登りはじめ、キャンプ4まで続く広大な雪面を横切っていく。キャンプ3から山頂までは、固定ロープが張られている。まさに命綱だ。もし落ちても、うまくいけば、これが私たちの体を確保してくれる。ペンギンのような山頂用のスーツを着て、固定ロープにユマールをかける。ふたつ目のカラビナ――ほかの登山者とすれ違うときに、安全のため使用する――は、ハーネスからぶらさがっている。私たちは一列になって、流れるようにロープに沿って進んでいった。今朝はすべてがうまくいき、ストレスもない。山頂に向かう人がロープの片側を進み、下山してくる人は反対側を通る。

太ももに鈍い痛みを感じる。サラサラの深い雪から登山靴を引き抜くときは、すねがこすれて痛む。まるで傾斜の急な砂丘を登っているようだ。ただただ脚を前に進める。私は車も、電車も、ヘリコプターも使わずに、自分の脚でルクラからここまで来た。特段強くもないし、どうということもない私の二本の脚で、一歩ずつ力強く歩いてきた。

先を見ると、すでに登山者の渋滞が起きている。アン・ドルジーがペースを上げ、私たちはほかの登山者を追い越していった。アン・ドルジーの動きは速い。ほとんど手元も見ずにユマールをかけてははずし、かけてははずし、三人、五人、十人と抜かしていく。まるで水中を流れていくように、スイスイと登っていく。前の人を抜かして列の先頭に出ようとしているみたいで、なんだか少し恥ずかしい。でも、アン・ドルジーに迷いはない。私にもない。彼のあとについて、私たちもユマールをかけたりはずしたりしながら、すばやくほかの登山者を抜いていった。しばらくすると、それも機械的な作業になった。人を縫うようにして混雑した地下鉄に乗りこむのと同じだった。

これがまさにアン・ドルジーが練習で言っていたことだ。筋肉に叩きこんでおいた、生死を分ける動きだ。ここで、あるいは最悪な場合もっと標高の高いところで渋滞で動けなくなったら、簡単に凍え死んでしまうだろう。この一か月、危険と隣り合わせでいることに慣れてしまっていたので、それほど技術を必要としないところや怖くないところでは、自分に無理やりリスクを思い出させなくてはならなかったほどだ。山に登る人は最初から危険に対する耐性が高いのかもしれないけれど、慣れによって注意力が散漫になっていくことはたしかにある。死がすぐそこにあることを意識しつづけるのは難しい。山では山の力学に従わなくてはならない。ここではすべてが、ちっぽけなものになる。クランポンを雪に蹴りこむ音。ロープに向かって伸ばす腕。私が知りたいのは、山頂やこの先に待ちかまえている障害のことではない。歩きつづけたらどうなるのかを知りたいのだ。大人になってしまうと何かに圧倒される気持ちを抱くことが難しくなるのは、きっと、次に起こることを考えてばかりいるからだろう。

登りはじめてから二時間。気分がよかった。というか、わくわくしていた。最高の気分だった。体が自然に動いて、どんどん登っていける。すばらしい景色を味わっていた。今朝は風もない。空は雲ひとつなく輝いている。脚の裏側を汗が伝っていった。アン・ドルジーが、写真を撮るときはじゅうぶん気をつけるようにと警告してくれた。「ちょっと手を滑らせただけで、カメラは落ちていってしまうぞ！」それでも、どうしても写真に残したい。私は内ポケットからカメラを取り出して、この瞬間を切り取ろうと何回かシャッターを切った。でも、一歩踏み出すごとに聞こえる、瞑想を誘うような足音を写真に収めることはできないし、ゴツゴツとした岩の、この壮大な景色の広がりは、写真では伝えきれないだろう。すべてが超現実的だった。まるで3Dの地図を見下ろしているみたいに。雲に乗り、凍えるような天空を漂っているみたいだった。ジェームズ・ヒルトンはヒマラヤ山脈を訪れたあと、誰もが永遠の命を得るという雲の上の理想郷シャングリラのことを小説に書いたが、その気持ちもよくわかる。

一日でこれほど変わるとは。昨日はもうやめたい、死んでもいいと思っていたのに、今日は頭の中に鳥のさえずりさえ聞こえる。と、そのとき、ゴロゴロとお腹が鳴った。最初は気にもとめず、いい気分で歩きつづけていた。でもそこへ、もう一度音がした——奥のほうから聞こえる低い音。もう！　どうしていまなのだ。キャンプ3を出発する前にトイレに行ったときは出なかったのに、いまになって催すなんて。困った。ここにトイレはない。私たちはそれぞれ、使い捨ての袋を持っている。自分が出したものは袋に入れるというのがキャンプのルールだ。「リーブ・ノー・トレース（足跡を残さない）」というのは廃棄物を何も残していかないという意味で、それには体から排泄されるものも含まれる。どこかしゃがめるところはないか周りを見まわしながら、昨日の夜に張り切って行動食を体に詰めこんだことを後悔した。グルテンが苦手なのでお米とキヌアを食べたが、それがよりによって最も不都合なときに出てこようとしている。

しゃがみながら体勢をまっすぐに保つには、どうしたらいいだろう。ここの傾斜はきつすぎる。次の休憩のときに、私はアン・ドルジーに合図を送った。

「トイレをする場所を見つけないと」周りに聞こえないように言う。

「だめだ」彼は冷酷に却下した。「ロープから体を離してはいけない」山の壁面に私たちの体をつなぎとめているものは、クランポンの剃刀のような爪と、何百本もの小さなアイススクリューで固定された一本の長いロープだけだ。ロープと体を離すのは致命的だ。でも我慢にも限界がある。

「あと九十分でキャンプ4に着く。それまで我慢するんだ」

「え?」あと九十分? とても我慢できそうにない。でも、私はうなずいて列に戻った。アン・ドルジーについていくしかない。たしかに、こんな場所で体勢を変えるのは危険だ。なんとか我慢するしかない。

太陽が照りつけはじめ、しだいにその光が強くなっていった。そろそろ正午だ。次の休憩のときには、私のお腹は沸騰したお湯があふれんばかりの鍋のような状態だった。もう限界だ。

「ドルジー!」私は叫んだ。もう恥ずかしいなんて言っていられない。「もう我慢できそうにない。用を足さないと!」

「シルヴィア!」彼が吠えた。「危険すぎる。落ちてしまうぞ。あともう少しなのがわかるだろう?」そう言って彼は、ずっとずっと先にある岩場を指した。「あそこがジェネバ・スパーだ。その先にキャンプ4がある。ここで落ちる人が多いんだ。我慢して!」

ジェネバ・スパーは、とてつもなく遠くに見えた。目を細めて見ると、彼が指している岩を登っていく人が見える。なんとか頑張れば、どうにかなるだろう。う・う・う……。いや、だめかも。お腹の中がかき混ぜられているような感じだ。もう、どうにでもなれ。アン・ドルジーには怒鳴られるかもしれないけれど、もう我慢できない。列からはずれようと体の向きを変えたときだった。誰かが叫んだ。「バックパック！」

列の上のほうから誰かのバックパックが落ちてきて、私の顔の前を弾丸のようにかすめていった。それですっかり便意が遠のいた。よかった。もし、これがなかったら、アンシアにニュース用の紹介文を書き換えてもらわなくてはならないところだった。「シルヴィア・ヴァスケス＝ラヴァド、用を足そうとしてローツェの壁面を落下した初のペルー人女性」と。そんなことはとてもさせられない。

ジェネバ・スパーが見えてきた。

「お願いです、聖母マリア様。どうか便意を我慢できますように」それから、便意のことをお祈りするなどということも、どうかお許しください。

ほとんどの道は一歩ずつ着実に歩いていけばいいところだったので、なんとか我慢できた。でも、ジェネバ・スパーはほぼ垂直の氷と岩の真っ黒い巨大な壁で、上部が手前に張り出している。しかも、見た目よりもずっと滑りやすい。固定ロープに沿って、でこぼこした大きな岩の周りをジグザグに、雪のあるところを見つけてクランポンを蹴りこみながら登っていかなくてはならない。一歩一歩、集中することが大切だ。まずは、滑らないように気をつける。次に……。頑張れ、シルヴィア。汗がしたたり落ち、心臓がバクバクいう。太陽の焼けつくような光のせいではない。便をもらさないようにこらえているからだ。スパーの頂上まであと九メートル。私は自分の体を引きあげ、手前にある岩に上がった。ユマールをロープに沿ってスライドさせる。と、そのとき、凍った岩の上で足が滑った。私はパニックになり、体を支えようと手を引きつけたとたん、コントロールを失った。

どうにか滑落はせずにすんだけれど、それからもそんな調子だった。神様、お願いします。どうかこのいまいましい岩を越えられますように。私は自分の体を引きあげ、できるだけ早くスパーを越えた。上まで上がると、右手に少しだけ平らになっているところがあるのを見つけた。トイレ休憩と告げる間もなく、私はバックパックから携帯トイレを取り出して、そこにしゃがんだ。ロープに体をつないだままだ。

「シルヴィア！」アン・ドルジーがまた叫んでいる。「我慢しろ！」

でも、もはや恥やエチケットどころではない。さいわい、酸素マスクをしているので、においも感じない。私がお尻を丸出しにしている横を、次々と登山者が通り過ぎていく。自分がまったく恥ずかしいと思っていないことに驚いた。生理現象はどんな感情にも勝るのだ。それに、チームメイトは疲れきっていて、私をからかう気力も残っていないようだった。

私は用を足し、ズボンを引きあげると、水を一口飲んだ。そのとき、地球から突きだしているものが彼方に見えた。原始時代の槍のような形をした、三角形の壁面。エベレストだ。大きくて冷たい、世界の母神。その息が、山頂を覆っている。私は背筋がゾクッとして身がすくんだ。最初にあの山に登った人のことを考えた。どれほどの地獄を見ただろうか。女性として初めてあの山に登ったのは、田部井淳子。けっしてあきらめない日本人の登山家。便をもらしてしまうことよりも、もっとずっと大きな困難があったことだろう。

キャンプに着くと、私はテントから離れた場所を見つけ、抗菌ジェルと雪でズボンを洗おうとした。山のお風呂だ。これで体をきれいにしてもいいかもしれない。もう何週間もシャワーを浴びていない。いまは無理でも、きっといつか、これが笑い話になるときがくるだろう――それはわかっている。いつか、このメタファーがわかるときがくる。人間誰しも、最後は自分で自分の尻ぬぐいをしなくてはならないのだ。そのために私はここにいる。でも、それを笑い話にするのはいまではない。まったく。よりによってサミット・プッシュ用のズボンが。山頂で穿けるほど暖かいのは、これだけなのに。それがこんな状態だなんて。

私たちがいまいるのはサウスコル。標高七千九百メートル。飛行機が飛ぶような高度の場所で、私は自分のズボンを洗っているというわけだ。できるだけきれいにしたあと、キャンプをのんびりと歩いて自分のテントに向かった。〝空気が薄い〟という言葉を実感する。酸素マスクをつけていても、一歩踏みだすごとに体力を消耗する。もっと標高の低いところにあるキャンプでは登山者同士の交流もあったし、遠征チームのメンバーでおしゃべりをしたりもした。でも、ここでは、アン・ドルジーとマイクに、しゃべったり歩きまわったりしないほうがいいと言われている――酸素とエネルギーを無駄に消費してしまうからだ。自分のテントにいて、睡眠をとったほうがいいという。この標高で寝るのはそう簡単ではないと思うけれど。それでも、周りを見るとなかなか壮観だ。酸素マスクと山頂用のスーツ――スノースーツと宇宙飛行士の服を足して二で割った感じ――を身につけた登山者たちが、ゆっくりと闊歩している。自分の強さをアピールするようにキャンプを歩きまわる姿は、なかなかの見ものだ。酸素マスクはステータス・シンボルだ。蛍光オレンジ色のスーツを着て、それとよく似た色の酸素ボンベを背中にかついだ男性は、これから極寒の地のナイトクラブにでも繰り出すような雰囲気だ。ゲイバーの裏で意識を失うのも、標高七千九百メートル地点でエリート登山家の男性たちと親しくなるのも、どちらもそうあることではない。一周まわって元に戻った心持ちだ。

私には昼寝が必要だった。テントに戻ると私は首を外に突きだして、高くそびえるエベレストの、ピラミッドのような山頂に見とれた。ここから先はふたつのルートがある。キャンプからまっすぐに山頂を目指すルートは、もし成功したとしても、もうひとつはゆるやかで、山頂の右側を縫うようにカーブしながら登るルートだ。テントにもぐりこんで眠ると、誰かが私を起こして、いいニュースを聞かせてくれる夢を見た。今晩、右側の簡単なルートでエベレストの山頂に挑む、というニュースだ。

夜七時、ガイドたちがミーティングを招集した。よく考えたあと、リディアはふたつの選択肢を提示してくれた。今晩サミット・プッシュをするか、明日まで待つか。明日も天気はギリギリもちそうだ。

「途中まで行って風が強すぎる場合、明日また挑戦することはできる?」私は無邪気に訊いた。

「シルヴィア」リディアが酸素マスクごしに、ゆっくりと言った。「チャンスは一度だけ。途中まで行って帰ってこなくてはならなくなったら、それで終わり。サミット・プッシュはそこでおしまい。もう一度行くには、酸素が足りない」

私は迷った。行くべきか、待つべきか……。ブライアンとダニーは今晩行くと言った。マークは明日まで待つほうがいいという意見だった。

「行く」私は言った。

「ちょっと待って、シルヴィア。その前に……」リディアの表情が変わった。「ガイドの意見なんだけど、あなたはちょっと難しいかもしれない」

頬がカッとなった。

「体調を治さないと無理だと思う。お腹の調子が悪い人を連れていくわけにはいかない」リディアがきっぱりと言った。「危険すぎる」リディアは下痢止めのイモジウムをくれた。下痢なんて小さな問題のようだが、登山のこの段階まできたら、それが生死を分けることにもなりかねない。私は薬が食道をとおって胃に入っていくのを感じながら、それが自分の血流にのって全身に化学のシグナルが送られ、お腹の調子が戻るところを想像した。トイレを我慢しろと言われるのが、これで最後になりますように。お腹の調子も落ちついて、痛みも少なくなって、恥じらいももって、静かにしていれば、きっと山頂に立てるはず。そのための薬だ。どうかこれで治りますように。

七時半には、それぞれのテントに帰って睡眠をとることになった。それから三時間、私は緊張しながらもまどろみ、断片的に嫌な夢を見た。きっと、このタイミングでぐっすり眠れた人など誰もいなかったと思う。

午後十時半、気温はマイナス二十八度。私たちはロープで体を確保して歩きはじめた。周りは漆黒の闇で、ヘッドランプの明かりさえ飲みこまれていく。見えるのは足元を照らす小さな丸い光だけだ。雪が光を反射するので少しは明るくなるけれど、そのぶん周りには自分の影ができる。サミット・プッシュのときは、ひとりにつきふたりのシェルパがついてくれる。そうすれば、ガイドはルートのチェックと技術的な問題に集中することができる。チュワン・ドルジというシェルパが私と組んでくれることになり、私の前を登っている。でも、彼の背中はほとんど見えない。一歩一歩、信頼して登っていくしかない。カミ・

リタというもうひとりのシェルパは、私のすぐ後ろにいる。アン・ドルジーは全体の隊列を率いている。

私は山頂用のズボンと、断熱性の高い上着を着ている。ダウン素材のズボンの下には、保温性の高いズボンをふたつ重ねて履いている。ひとつは分厚いもので、もうひとつは薄手のものだ。手には極薄の手袋をつけた上に少し厚めのフリースの手袋をつけ、さらにその上から山頂用の手袋をつけている。頭にはバラクラバ（目出し帽）、フリースのネックウォーマー、スキー用のゴーグル、それからニット帽をかぶっている。装備はヘッドランプ、ハーネス、ユマール、そしてアイスアックス。クランポンの爪は研いであるし、登山靴のヒモはきつく結んである。酸素マスクも装着している。

これから向かう、三角形の壁面《トライアングラー・フェイス》を通る南斜面ルートは、もうひとつのルートよりも傾斜がきつい。ここは登りたくないと思っていた。事前の調べも足りていなかったし、とにかく、体力を消耗するルートだ。足は鉛のように重くて地面にはりついたようだし、息をするのも冗談かと思うくらい大変だ。一分間に二リットルの酸素を吸っても、なぜか息をするのも登るのも楽にはならない。ボンベの中には圧縮されたガスと空気が入っていて、それが酸素流量を二パーセントだけ増やしてくれる。性能のよくないエアコンのように、空気を少しずつ私の鼻に送りこんでくれる。酸欠で脳浮腫が起きない程度の量しかなく、胸いっぱいに吸いこめるほどではない。ストローをとおして息をするところを想像してもらえば、わかりやすいだろう。

私たちはゆっくり歩きはじめた。目もしだいに慣れてきた。みんなのヘッドランプの明かりが泡のように浮かんでいる。一緒にいれば安全だ。風はない。空気は澄み、満点の星が光っている。手を伸ばしてつかめそうなほど近く見える。本当にそれほど近いのだろうか？　今日は五月十八日。ほんの一瞬、いまの時期に、ここ――中国、チベットとネパールの国境――で見える星座はなんだろう、と考えた。きっと、いままでに見たことがない星空だろう。

先を見ると、ビロードのような闇の中を、クリスマスツリーのライトが、サウスコルからバルコニー（山頂の手前にある最後の平らな場所）を通って山の上まで続いているようだった。ここととバルコニーとの高低差は六百メートルほどしかないものの、そこまで登るには三時間かかる。傾斜がきつく、空気が薄いからだ。そして、何より、世界最高峰の地でまさかと思うかもしれないけれど、登山者が渋滞しているからだ。生きているかぎり避けられないものに、これも付け加えたほうがいい。つまり、死と、税金と、渋滞だ。ここはどんどん登って、早く通り抜けなくてはいけない。

ブライアンとダニーは張りきっている。私たちはいいペースで登っていった。機械的にロープにカラビナをかけたりはずしたりしながら、ほかの登山者を追い抜いていく。少し申し訳なく思いつつ。ここまで来ると、追い抜くのも非常にリスクが高い。山の稜線はキャンプ4までの道よりも狭く、急峻だ。前の人を抜くときは、体と体をこすれあうようにして通り抜けなくてはならない。左側に一歩でも余分に踏みだしてしまえば、そのまま山から投げ出されかねないのだ。白みはじめたヒマラヤの空のもと、黙って前の人を抜いていると、どこか懐かしい感覚がよみがえってきた。何が起こるかわからないようなパーティーで、知らない人を押し分けるようにして、せまい入口からクラブのフロアに入っていくときのようだった。

私たちよりも早く、午後六時くらいに出発した登山者たちが、そろそろバルコニーに到着したようだ。彼らの明かりがホタルの群れのように見える。光の線が少しずつ山を上がっていく様子は幻想的だった。

あの光は、それぞれの登山者が身につけた明かりだ。そのひとりひとりが二本の脚で懸命に登っている。それぞれに、自分だけの夢を胸に秘めながら。どの明かりにも、山に登る自分だけの理由が託されている。私と同じように、自分のすべてを懸けてもいいと思うほどの夢が。

午前零時。少し休憩が必要だ。マイクが休憩をとってくれないだろうか。ほんの少しでいい。五分もあればじゅうぶんだ。どの岩もリクライニングチェアのように見えてくる。周りにある雪は、枕とダウンケットみたいだ。私はベッドを夢想した。本物のベッドだ。体がふわふわして、頭がぼうっとして、まるで空を飛んでいるようだ。体の感覚はどこにいった？　私の体……いや、そもそも私の体とは何？

深夜二時。バルコニーに到着。食べ物と水分を補給する。上着の内ポケットから、お湯の入った五百ミリリットルのサーモスを取り出した。アン・ドルジーに言われてカトマンズで買った水筒だ。いまになれば、最初の水筒が大きすぎると言われたのもよくわかる。温かいお湯を一口飲んで、お気に入りのエネルギー補給食のグミを一口食べただけで、補給はじゅうぶんだ。いまは何を飲みこむのも難しい。食べ物は体が受けつけない。いつもは大好きなグミも、段ボールをかんでいるようだった。

誰かに腕を揺さぶられた。振り返るとダニーだった。ダニー・ボーイ！　彼は自分の酸素ボンベを指さしながら、口の動きで私に何か伝えようとしている。そうか、わかった。私はチュワン・ドルジのほうを振り向いた。新しいものと交換するから酸素ボンベを下ろせ、と彼がジェスチャーで言っていた。ここでは、何でもパントマイムで伝えなくてはならない。言葉に出して伝えるエネルギーはない。食べ物を食べるエネルギーも、感覚を研ぎ澄ますエネルギーもない。

私たちは酸素ボンベを交換し、また歩きはじめた。アン・ドルジーは南峰（サウスサミット）に向かっている。南峰まで行けば、かの有名なヒラリー・ステップがもう目の前だ。山頂までは、あと五、六時間。キャンプ4を出発してから約一キロを登るのに、合計で十時間かかることになる。ここは暗くて、傾斜が急で、信じられないくらい寒い。手足や顔が冷えるだけでなく、内臓や細胞や骨までが、氷のように冷たい。すべての感覚がなくなる。私はまるで、人間を生産する組み立てラインの機械だ——一歩踏み出して呼吸、また一歩踏み出して呼吸。

標高八千四百メートルを超え、〝デス・ゾーン〟に入った。大気圧は海抜ゼロメートルの三分の一ほど。どんなに暖かい日でも、気温がマイナス十七度を超えることはない。肌を露出していれば、とたんに凍る。六週間かけて、私たちは少しずつ高度に慣れてきた。赤血球の数も増え、心拍数も上がった。この標高まで来ると、心肺機能を維持するために、消化など不必要な体の機能は制限される。それでも、デス・ゾーンに順応することはできない。細胞分裂が起こらなくなり、体は劣化していく。でも、エベレストで亡くなるほとんどの人は、それが原因で亡くなるのではない。酸素の欠乏で頭がぼうっとして意識障害を起こし、致命的な判断ミスをしてしまうのが原因だ。たとえば、休むためにすわりこんで、そのまま動けなくなってしまうとか、不注意な一歩で滑落してしまうとか。高山病になると、お酒に酔ったときと同じような状態になる。ろれつが回らなくなり、意識が混濁し、まっすぐに歩けなくなる。

先を見ると、小さな明かりが集まったり、ばらけたりしている。まるで動く絵画のようだ。ヘッドランプの明かりだ。人間の姿は暗くてよく見えないけれど、うっすらと人影が見える。空はすばらしく美しかった。アザのような、深いブルーブラックの色。私はまるで月面を歩いているような感覚におちいった。

宇宙飛行士のような気分になったのは初めてだ。隠れる場所などどこにもない、吹きさらしの地を歩いていく。この六週間歩いてきた景色——雪、氷、岩、山——が、とつぜんシュールで超現実的なものに感じられた。人間の脳は、これほど標高の高いところを登るようにはつくられていない。自分がまるで極地を飛ぶ鳥のように感じられる。私たちは一歩一歩、重い足を動かしながら歩きつづけた。一歩ごとにクランポンを氷から抜き、もう一度体を支えるために氷に強く蹴りこむ。すべてに、とてつもないエネルギーを要する。誰もが打ちのめされたような表情でルートに必死にしがみつき、荒い息をしている。

ひとりの登山者が首を振って、もうひとりの登山者にジェスチャーで何か伝えている。そのふたりはくるりと踵を返すと、下山しはじめた。私がそうなってもおかしくない。私たちの誰かが、いつそうなってもおかしくない。ここでは、呼吸すらままならない。すでに限界は超えている。一歩一歩が未知の領域だ。

午前三時。夜が明けはじめ、空が豆のスープのような色に輝きだした。薄い月が銀色に照り映えている。

岩場が続くところに来ると——ジェネバ・スパーの規模を小さくしたような場所だ——渋滞が起きはじめた。三十人から四十人ほどの登山者が、滑りやすい岩場を一歩ずつ慎重に、ロープを伝って自分の体を引き上げていく。ここでは前の人を追い越すことはできない。前の人が登っていくのを待っていなくてはならない。この高度では酸素も薄く、待っているだけでもエネルギーを消耗するので、大変な労力がいるし、リスクも高い。

最初は、少し休めるのがありがたかった。初めてじっくりと周りを眺めた。インドの方角にある地平線に目をやると、遠くの嵐が見えた。灰色の雲から降る雨は、まるで柱のようだった。稲光も見える。すごい。青緑色の稲光の筋が地球を打った――一回、二回、四回。谷をはさんだ向こう側には、ローツェを登る人たちのヘッドランプが、神に捧げるロウソクのようにゆらめいている。

私は手足を振り、体を揺さぶり、頭をぐるりと回した。つねに動いていないと凍傷になってしまいそうだ。そのうち、私たちのチームは不安になりはじめた。もう三十分もたつのに、列はほとんど進まない。頭上では、何人かの登山者がロープ上で立ち往生していた。恐怖で体が動かないようだ。後ろにはずらりと列ができている。人が多すぎる。私たちはロープで体を確保したまま、ほとんど身動きもできない状態だった。体を温めようと足を動かすたび、残りのエネルギーも少しずつ消耗していく。これではもたない。

あきらめる人もでてきた。ひとりずつ群れから離れて、山を下りていく。暗くて彼らの顔は見えないけれど、頭を振りながら、がっくりと肩を落としてロープを下りていくところが目に見えるようだった。彼らが通り過ぎていく瞬間、私は彼らとのつながりを感じた。見ず知らずの人ではない気がした。どの人も、この六週間、私と同じように自然の美しさと残酷さを目の当たりにしてきただろう。多くの時間とお金、老後の資金を犠牲にし、家族や愛する人との安全な生活を振り切ってきた人たちだ。何年もかけて、精神面も肉体面も鍛えあげてきた。ほかにも、いくつもの山を登ってきた。グラグラする恐ろしい梯子を何十回も渡り、自分自身の心の深淵をのぞいてきた人たちだ。それぞれの〝最悪な日々〟を経験し、そこからまた立ち上がって歩きつづけてきた人たちだ。理屈が通じなくても、居心地が悪くても、納得できなくても、とにかく前に進みつづけてきた。もう無理だと思ったこともある。みんなそうだ。でもやめなかった。ここに来るために、全力を傾けてきたのだ。たった一度、世界の頂上にわずか二十分間立つために。世界の大きさと、自分の小ささを実感するためかもしれない。そして、どれだけ小さくても、どれだけ不完全な存在でも、自分は力をもった存在なのだと実感するためかもしれない。山の端で、一本のロープにつながれている私たちには、命をかけて成し遂げたい夢がある。その点では、みな同じだ。

通り過ぎていく人たちに心を寄せると、イラついた気持ちも、そわそわした心持ちも、体がウズウズする感覚も、消えてなくなった。

そのまま私たちは、さらに一時間待った。頬も、指も、足も、感覚がなくなりつつある。また不安がつのってきた。このままでは凍傷になるのは必至。風が強くなりはじめた。標高八千五百メートルでは、風はそよそよと吹くのではなく、凍てついた拳で殴りつけんばかりに吹く。巨大な冷凍庫のドアを開けたときのように、寒々しく分厚い雲が流れてくる。手がこちこちに固まっていくのを感じる。私は血のめぐりがあまりよくない。鉄分が不足する貧血持ちなのだ。

私たちのチームのいちばん後ろにいるマイクが、無線で呼びかけてきた。

「みんな、調子はどうだ?」彼の声が割れて聞こえる。「風が強くなってきたが、耐えられるか? 戻りたい者はいるか?」

戻るべきだろうか……。歯がガチガチと鳴る。とにかく寒くてしかたない。でも、山頂まであと少しなのに。エベレストで凍傷になり手足を失った人の、黒くなった指や顔を思い浮かべた。

でも、私はあきらめない。いまはまだ。チームが下山すると決めたら、私もそれに従う。私の前にいるブライアンとダニーは首を振った。

「続行する」アン・ドルジーが無線で言った。

時刻は午前四時。地平線が明るくなってきたが、渋滞の列はほとんど進んでいない。空はパステル色になった。遠くに茶色いチベット高原が広がっているのが見え、カンチェンジュンガと、ローツェと、マカルーの稜線が見えた。とても詩的な光景に胸を打たれ、その感動が三分間たっぷり続いたあと、また寒さのことを思い出した。私の忍耐も限界に近づいている。頬が凍りそうだ。すでに凍傷にかかっているかもしれないけれど、よくわからない。

それに、怖くなってきた。私はあわててお祈りを唱えた。

「アヴェ・マリア、恵みに満ちた方……」

列は少しも動かない。私は耐えられるだろうか。

空を見上げた。そして、山頂があるはずの方角を見つめた。母さん、マミータ！　と私は心の中で呼びかけた。助けて、母さん！　私は耐えられるかな。助けて。母さん、そこにいるの？

そのとき、頭の中で音楽が鳴り響いた。聞き覚えのある音楽だ。こんなときに何なの……。

チュワン・ドルジが私を振り返った。

「いまの、聞こえた？」私は訊いた。

彼はただ私を見つめて、うなっただけだった。「ノー」という意味だととらえた。

でもまた、聞こえた！　間違いなく、ラテンアメリカの有名なクリスマスソング『ミ・ブリート・サバネロ』の、にぎやかなリズムだ。

私の目の前に、母がいた。以前と変わらない、リラックスした面持ちでその場に立っている。生き返って、元気いっぱいに、ロバがベツレヘムに向かうという内容の陽気な童謡に合わせて、雪の中で踊っている。ボクサーのように顔の前にこぶしを突きだし、マラカスの音に合わせて肩と頭を揺らし、こんなコーラスに合わせてほほえみながら歌っている。

「トゥッキ・トゥッキ・トゥキ・トゥッキ……」

私の頬を涙が伝った。クリスマスには母がつくったごちそうを食べたあと、アイリーンおばさんのところへ行って、一緒にお祝いをしたものだ——おばさん、おじさん、それから、当時はいとこだと思っていたマリアネラ、ロランド、ラミロと一緒に。三人はとても優しくて、よく一緒に遊んでくれた。母がおばさんと話をしたり、食べたり、歌ったりしている間、私たちは家の中を走りまわっていた。母は家にいるときより幸せそうに見えた。祝日にみんなが集まっているとき、母はとても幸せそうだった。そうだ、そうだった。どうしてもっと早く気づかなかったんだろう。あのときが、母のいちばん幸せなときだったんだ。一度に自分の子ども全員に会えるのが、クリスマスだけだったから……「テレサおばさん」のふりをしなくてはいけなかったとしても。

母の最期の願いは、自分の一周忌にはみんなで集まって大きなパーティーを開いてほしいということだった。その言葉どおり、私はペルーに帰ってきたマリアネラとふたりでパーティーを企画し、友人や家族など百五十人を招待した。

みんなが帰ったあと、私はハウスキーパーのメッチェと部屋を片づけながら、母との楽しい思い出を語りあった。

「メッチェ、あなたに訊きたいことがあるんだけど」

「何ですか？」

「母さんがJをここに呼んだとき、あなたもいたでしょう？　あなたがJを椅子に縛りつけたとき」

「何のことですか？」

「私の身に起こったことを聞いたあと、母さんはJを家に呼んだって言ってた。彼がここにいる間にお湯を沸かして、あなたとふたりがかりで椅子に縛りつけた、って」

「椅子に縛りつけてなんかいませんよ」

「でも、母さんはそう言ってたの」私は食い下がった。本当のことであってほしいと思いながら。「あの大きなアルミの鍋でお湯を沸かしたって。絨毯を漂白剤で洗うときに使う、あの鍋で。それから、彼を椅子に縛りつけて、少しずつお湯をかけたって。『それと同じことをあんたは娘にしたのよ』って言いながら」

メッチェは目を丸くした。

「いいえ、シルヴィア。たしかに、あなたが彼にされたことを話したあと、一度彼はここに来ました。でも、あなたのお母さんは、二度とこの家には来ないで、って言っただけでしたよ」

「でも、母さんは、やけどするくらい熱いお湯だったって言ってたんだもの。なぜこんなことをするのか、彼にも話したって。『これで私の娘にしたこととおあいこよ』って言ったって」

メッチェは私の腕に手を置くと、いたわるような目で私を見つめて言った。「きっと疲れてるんですね」

ゆっくりと拷問をするようにお湯を注ぎ、厳しい言葉で仕返しをしたという母の話を思い出した。復讐劇をまことしやかに話す母は、私が憧れる女性だった。闘う女性だった。立ち上がる女性だった。やり返す女性だった。価値のある女性だった。私はその強さに憧れた。父の前ではそういう面は見せなかったけれど、母が芯の強い女性だということを、私はずっと知っていた。

でも、真実はもっと複雑だった。きっと母は、私にそう話すことが必要だと思ったのだろう。生きていくためには、ときには嘘をつくことも必要だ。

母が仕返しをしたかったのは間違いない。でも、自身が長年にわたって虐待され、屈辱的なことを言われ、人種差別を受け、貧困に苦しんできたことで、母は自分の声も力も抑えているしかなかったのだ。男性に対して、父に対して立ち上がり、自分の権利を主張したかったはずだ。私たちの権利を主張したかったはずだ。公平さを求めたかったはずだ。Jをやっつけたという話を私にしたのは、彼女なりの私への謝罪だったのだ。こうしてやりたかった、という意味だったのだ。

母には、どうすることもできないことがたくさんあった。直視する勇気のないこともたくさんあった。でも、母はそれをすべて美しいものと楽しいことの下に押しこんで笑い、痛みを和らげようとした。自分にできる方法で、なんとか生き延びてきたのだ。たとえそれが、目をそらすことや、口をつぐんでいることだったとしても。Jには苦しんでほしいと思っていたし、母が私のために闘ってくれたと信じたかったけれど、母の仕返し話が嘘だとわかったことで自分が傷ついたかと言われると、よくわからない。

そしていま、母はここにいる。いつものように、私の気を紛らわそうとしてくれている。寒さと暗闇から、私の気をそらそうとしてくれている。母は生きているとき、私が山を登ることに賛成してくれなかった。虐待を止めてはくれなかったし、訴訟を起こすこともしてくれなかった。でも、母はいまここにいる。頂にたどり着くまでの、最も暗く過酷な時間を過ごす私のために踊ってくれている。母の愛。私は泣いた。でも、その涙は笑顔に変わった。

「愛してる、マミータ」天空に向かって言った。広く澄んだ空に向かって。

第19章　安息の地

上から眺めると、世界で最も高い山の影は完璧な三角形に見えることが多い。じっさいの山頂は三角形ではないのに。錯覚だ。線路が地平線に向かってだんだん細くなっていくように見えるのと同じで、山の影はどこまで伸びているのかわからないくらい長く伸び、完璧なピラミッドの形に見える。

私は立ち止まって息をつき、空を見上げた。もう母の姿は見えないし、『ミ・ブリート・サバネロ』の旋律も聞こえない。聞こえるのは、うなるような風の音だけだ。太陽が昇ってくると、エベレストの西にそびえるチョー・オユーの向こうの大地がくすんだようなオレンジ色に変わり、やがて完璧なピラミッド形をしたエベレストの影が空に現れた。鳥肌がたつ。神秘的なホログラムを見ているかのようだった。

きっと私は幻を見ているのだろう。はじめは母、そしていまは、空に現れた影。酸素が不足すると奇妙なものが見えたり、おかしな挙動をしたりするとは聞いていた。岩棚をよじ登りながら、自分がどこにいるか、ここがどんなに危険なところかを忘れないようにしようと必死だった。大きな手袋の中で指を動かし、ユマールをしっかりと握ってロープの上に向かってスライドさせ、足を上げ、クランポンを氷に蹴りこむ音を聞く。いま、あなたは山を登っているの、シルヴィア。これは現実。集中して。でも、後ろを振り返ると、まだ空中に影のピラミッドがあった。影は大きく広がり、周りの頂を覆いながら天高く昇っていく。私はカメラを取り出そうとした。でも、取り出すにはかなりのエネルギーがいる。何をするにも、ここでは膨大なエネルギーがいる。

ピラミッドは光線のようになり、太陽まで続く幻想的なファラオの階段をつくりだした。神へ近づく道だ。これは私のための階段でもあるのだろうか。この影の形を見きわめるために、私はここまで高く登ってきたのだろうか。上からどう見えるのかを確かめるために、登ってきたのだろうか。山の影はもう、暗くて恐ろしいマントのようではなかった。心休まる避難所でもなかった。何か崇高なものだった。私が探してきたものが、影の中にあるものではなくて、影そのものだったらどうしよう。ここにたどり着くために、私はあらゆることをしてきた。ただ山を登るだけではなく、この十年の間にさまざまな痛みや驚きを味わい、自分の限界を押し広げてきた。それがすべて、影を違う角度から見るためだけだったとしたら……。

私はひとつ深呼吸をした。できるだけ大きく息を吸って吐きだすと、ヒリヒリとした痛みとともに温かい息があふれ出た。もしここで下山することになっても、それはそれでいいと思えた。山頂まで行く必要はない。きっと、これまでだって、行く必要などなかったのだ。頂までたどり着けなかったとしても、私がここまで登ってきたことに変わりはないのだから。

数百メートル下には、雲がちぎれちぎれに浮かんでいる。早朝の光の中では、どれが雲でどれがヒマラヤの山々の頂なのか、見分けがつかない。一歩登るごとに息をつきながら、数時間かけて険しく急な広い壁面を登ると、少し平らになった岩棚に出た。そこから道は狭まり、幅がわずか九十センチほどしかない鋭い尾根になった。私たちは少しずつ少しずつ歩きつづけた。泥の中をスローモーションでマラソンするような速度だ。道の片側には巨大な雪の壁があり、もう片側は切り立った崖になっていて、底なしの穴が開いているかのようだ。少し先へ行くと、親指の形をした岩がある。私たちはそこを乗り越えていった。私は冷たい岩にできるだけ身を寄せ、どうかこの岩が崩れませんようにと祈った。岩の上に上がると、九十メートルほど先に、もうひとつ岩だらけの丘の頂上が見えた。

ああ、あれだ、山頂だ！

私はくぐもった声をあげると、そちらを必死に指さしながら、チュワン・ドルジの耳元に向かって叫んだ。「見て、あれ！　山頂でしょ。もうすぐだね」

ついにここまで来た。私は早くも感極まりはじめた。冷たい涙がポロポロと頬を流れていく。

「違います！」チュワン・ドルジがピシャリと言った。「あれは山頂ではありません。この先、ヒラリー・ステップを登らなくてはいけません。山頂はまだまだ先です」

「そうなんだ……」

「泣いてはだめです」彼が言った。「叫ぶのもだめです。酸素を節約して！」

どっと疲れが出て、その場に倒れこみたくなった。涙をこらえるため、私は心の中の司令官を呼び出した。この司令官はすべてを無視して、何があろうとも私を前に進ませようとする。ここまで生き延びてきたのも、いろいろと破滅的なことをしてきたのも、この司令官に突き動かされたからだ。数々のトラブルに巻きこまれたのもそのせいだが、標高八千五百メートルの地で、私は唐突にその力を必要としていた。体は思うように動かない。私たちは、親指のような岩の向こう側を少しずつ進んだ。道はさらに細くなる。ゆっくり、這うように進んでいく。一歩踏み出すのにとてつもないエネルギーがいる。食べ物か水が飲みたいけれど、胃は受けつけないだろう。それに、ここでバックパックを前に抱えたり、物を取り出すために体をねじったりするのは危険だ。

見上げると、ヒラリー・ステップの手前まで来ていた。ほとんど垂直に切り立った岩場で、四つの巨岩が階段のように連なっている。山頂の手前にある最後の難所で、高度な技術を要することで知られている。体がじゅうぶんに動く状態であったとしても、ここをトラバースするのは難しいだろう。昨年起こった地震で、ヒラリー・ステップでいちばん大きな岩が崩れた。そのおかげで登りやすくなったと言う人もいる。いまはリスクの高い場所を這うように進むというより、垂直な雪の壁を登っていく感じになっている。それでも、とてつもない難所であることに変わりはない。

ヒラリー・ステップは大きく壮麗な建物のようだ。巨岩がなければ、上までまっすぐに続く急な坂道。でも、登山者に踏み固められたその道はとても細く、幅はわずか九十センチほど。とても危険だ。両側は断崖で、足を踏みはずせば奈落の底まで落ちていくことになる。

私は涙をこらえて、上まで続く固定ロープを目で追った。太陽はすでに空高く昇っている。まぶしい光に目を細めながら行く手に視線をやると、見えたのはスーパーマーケットのレジで順番待ちをしているかのような行列だった。エベレストの頂上へ続く道とは、とても思えない。カラフルなダウンスーツに身を包んだ人たちがずらりと一列に立ち並び、次の一歩を踏み出せるようになるのを待っている。

ロープは一本しかない。ということは、山を下りる道は向こう側にあるに違いない。エスカレーターでもあるのだろうか。きっとそうだ。あるいは、きれいに舗装された道があるのかも。そんなふうに想像すると、気が楽になった。この尾根は狭くて危険すぎる。登る人と下りる人が同時に通るなんてありえない。この狭い道にふたりの人間が立てるわけがない。ましてやすれ違うなんて、できるわけがない。

山頂まで、あとどれくらいだろう。本来なら、頭の中にルートをすべて叩きこんでおくべきだったのだろう。目印とか、傾斜の具合とかを覚えておかなくてはいけなかったのだろう。でも、私はルートの下調べをしてこなかった。いまごろ覚えようとしたって遅すぎる。チュワン・ドルジは、まだ先は長いと言っていた。歩いても歩いても、どこにもたどり着かない気分だ。時間と空間の感覚が消失しつつあった。

ヒラリー・ステップがいくら簡単になったと言っても、ここが最後のテストだという気持ちは変わらない。このテストにうまく合格するためには、大きな手袋の中で半分凍えたようになっている指で、ふたつの安全カラビナを交互にかけかえなくてはいけない。ほんの一ミリもミスは許されないのだ。

距離感がつかみにくくなっている。集中しなくては。注意を怠るな、シルヴィア。血が全身を駆けめぐる。血液が濃くなっているのを感じる。焦ってはいけない。息をひとつするのも大変だ。思ったことが、頭の上で吹き出しになって現れるような感覚になる。意識を体に押し戻す。いま守るべきものはあなたの体だ、シルヴィア。信じろ。体を信じろ。考えないで、とにかく動いて。動いて、集中して。じゅうぶん注意して。いつ落ちてもおかしくないんだから。まるで、サメのとがった歯の上でバランスをとっているかのようだった。

と、そこへ、下山者がやってきた。

山を下りる人の列が、私たちとすれ違っていく。ほとんどが男性だ。朝の六時半ごろに山頂に着いたであろう人たちだ。信じられない。一本のロープを一緒に使うってこと？　どうかしてる。頭がおかしいとしか思えない。しかも、下りる人が優先だなんて。重力と闘いながら下りてくる彼らは、足元もおぼつかなそうだ。酸素もなくなりつつあるんだろう。彼らが生きてデス・ゾーンを抜けるための時間は、刻一刻となくなりつつある。エベレストから生きて帰ってこられなかった人のほとんどは、下山するときに亡くなっている。それがなぜなのか、よくわかった。このサメの歯の上から転げ落ちずに人とすれ違うなんて、物理的にほとんど不可能にしか見えない。でも、ここではそれが行われている。私たちは死神と踊っているのではない。死神はサメのように大きな口を開けて、誰かが落ちてくるのを待っているのだ。誰かが落ちてきたら、すばやく口を閉じて飲みこんでしまうのだろう。

「すみません」「すみません」下山者たちはそう言いながら、すれ違っていく。

「登頂おめでとう」私は息をきらしながら声かけた。尊敬半分、恐怖が半分だ。ふたり、四人、そして五人がすれ違っていった。

シェルパたちが下りてくるときは、列から大きく外側にそれながら下りてくるので、その足跡は半分、崖っぷちで切れている。足が半分しか接地していないということだ。彼らが通り過ぎるとき、私は思わず息を止めずにはいられなかった。意識が飛びかけ、めまいがした。

太陽が出ていて、風はあまりない。絶好の天気だ。でも、この虚空の真っ只中で、どこまでも続く青い空を眺めている時間が長くなればなるほど、カラビナをきちんとロープにかけられているか、ハーネスの装着は間違っていないだろうかと、心配になってくる。何か致命的なミスをしていることに、気づいていなかったらどうしよう……。

上を見ると、ブライアンが下山してくるところだった。近くまでくると、彼の目が輝いていた。山頂まで行けたのだとわかった。

「おめでとう。ここまでよく頑張った。あとちょっとだ」すれ違うとき、彼が明るく声をかけてくれた。

なんてすてきな言葉だろう。チュワン・ドルジと私がロープをたぐりよせてヒラリー・ステップの上に上がると、思わず安堵のため息が出た。ここから山頂が見える。本当の山頂が。二十分だ、とチュワン・ドルジが言った。ここからは比較的なだらかな道だ。私たちはゆっくりと、リラックスして歩いた。これまでのストレスが消えていく。登山者が次々と下山してきて、お互いにおめでとうと言いあった。エベレストに敷かれたレッドカーペットを歩いているような気分だ。

ダニーが下りてきた。「おめでとう、シルヴィア！」彼が言った。

「ダニー・ボーイ！　おめでとう」私も答えた。

ダニーはひとつうなずくと、そのまま下に向かって歩いていった。酸素にはかぎりがあるので、山頂にいられる時間は二十分しかない。

チュワン・ドルジがとつぜん腕を上げてVサインをしたとき、私は心のどこかでまだ、もっと楽に下りられる道はないのだろうかと考えていた。

そこが、山頂だった。坂のてっぺんにある、三メートル×九十センチほどの狭い空間だ。周りは切り立った崖。その縁に沿って、赤やオレンジや黄色の山頂用スーツを着た人が二十数人ほど集まって周囲を見わたしている。世界の頂上は、宇宙飛行士が集まったようなところだった。登山者たちの姿が雪に長い影を投げかけている。みんな、何を見ているのだろう。その近くまで行ってみてようやく、自分がいま山頂に立っているのだと実感した。

いま、私は山頂に立っているんだ。本当に成し遂げたんだ！

登山者たちが集まっているところに行くと、小さな雪の山にタルチョが何層にもかけられていて、その周りをみんなが取り囲んでいた。ここが中国とネパールの国境だ。いや、中国とネパールとチベットが交差するところだ。登山者たちはそれぞれの国の旗を頭上にかかげながら、写真を撮りあっている。こぶしを空に突き上げたり、大きな手袋をした親指を立てたりして。私は登頂の成功を祝って、手袋をした両手を空に向かって広げた。それからチュワン・ドルジとカミ・リタのほうを振り返ってふたりを抱きしめ、そのあと周りにいるすべてのシェルパと抱きあった。それから、ほかにもハグしてくれるすべての人とハグしあった。ほとんどの登山者は急いで写真を撮ったあと、すぐに下山しはじめた。

感情がこみあげてきた。少しの間だけ、ひとりで祈りを捧げたかった。人が少ないほうへ行くと、小さな柱が立っていた。ここからなら何にもさえぎられることなく、チベットと中国を見わたすことができる。雪を戴いた山々が、広大な大地に向かって傾斜している。

どうしてペルーの山を最初に登らなかったのか、とよく訊かれる。標高六千メートル級の山々が並ぶペルー・アンデスのブランカ山脈はすばらしい。母方の祖母が故郷と呼ぶ山々。それを選ぶのが、常道だったかもしれない。なぜそうしなかったのか、自分でもはっきりとはわからない。たぶん、故郷から遠く離れた山から登るほうが、気持ちのうえで楽だったのだと思う。

風が強くなりはじめた。吹きあげられた粉雪が、顔の周りを舞う。

私は雪の上にひざまずいて泣いた。喜びの涙。喪失の涙、ほろ苦い涙。よくわからない涙。感情の波が押し寄せ、最高潮に達した。チベットのほうを見下ろしながら、私は感情に身をまかせた。初めて、喜んで感情を迎え入れた。やっと、鎧をぬぐことができた。もう闘わなくてもいいのだ。私は成し遂げた。世界の頂上に立ったのだ。

私はバックパックを柱の隣に置き、ジッパーを開けた。尼僧たちのことを思い出しながら白いカタを取り出して、それを首に巻いた。

「やったよ！」天空に向かってそう叫びたかった。でも、それは無事に下山してからにして、ここでは祈りをしておくことにした。ありがとう。叫ぶ代わりに、頭を垂れながらそうつぶやいた。

そのあと、〈シャクティ・サムハ〉の女性たちがくれた黄色いカタを取り出して、柱に結びつけた。道中ずっと、彼女たちの願いがつまったこのカタをバックパックに入れて歩いてきた。母なるエベレストが、どうか彼女たちの願いを聞き入れてくれますように。

彼女たちは何だってできる。それを私は知っている。私はタルチョを取り出した。カトマンズでみんなと一緒に買ったものだ。そして、その中ににくるんでおいたものを取り出した。三枚の小さな写真。旅の原動力になった写真だ。エベレストへの旅だけではなく、訪れたすべての山への旅、そしてそこで起こったすべてのことの原動力になったものだ。

最初の一枚は、上海で撮ったローリの写真。ジーンズを穿き、赤い口紅をつけて、茶目っ気たっぷりにほほえんでいる。後ろにはオリエンタル・パール・タワーが見える。ローリはこのタワーが好きだった。彼女が亡くなってから登った山の頂上にはすべて、この写真を残してきた。この写真のコピーをつくることが、荷作りの儀式の一部になった。彼女への敬意を示す、私なりの方法だ。教会でロウソクを灯すのと同じ。それぞれの大陸の最高峰に登ることで、私は星になった彼女に近づくことができた。彼女はこの宇宙と一体になった。その空気を私は吸いこんだ。

二枚目は、二〇一一年、六十七歳の誕生日に撮った母の写真だ。亡くなる一年半前のものだ。一緒に

〈ラ・ビステッカ〉に行ったときの写真で、母は大好物のアイスクリーム・サンデーを前にポーズをとっている。スパークリングキャンドルに火が灯っていて、「はやくお願いごとをして！」と私たちが母に言うそばから、アイスクリームが融けていった。母につられて私も笑顔になる。**マードレ**。**マミータ**。**チョモランマ**。**サガルマータ**。

エベレストは私に、〝母《マザー》〟というのはたんに役割や呼び名ではなく、その行動のことも指すのだと教えてくれた。〝母《マザー》〟は行いそのものなのだ。

最後の写真は、小学一年生のときの私の写真だ。ターコイズ色のジャージを着て、髪をお下げにして、ぎこちなく笑っている。この写真を、私は何年も見ることができなかった。マリーナ地区の部屋で見つけてから、ずっとしまいこんでいた。でも、この子が、アヤワスカを飲んだときに見た幻覚の中に出てきて、私を山頂まで導いてくれた。自分の写真を山頂に残していくのはおかしいかもしれないけれど、ここは特別な場所だ。小さなシルヴィアを〝母《マザー》〟のふところに残していくのだ。

私は写真を柱にたてかけ、下側をザクザクした雪に埋めようとした。でも、風にあおられ、どうしても倒れてしまう。しかたなく写真を拾いあげて雪をはらったとき、いままで気づかなかったものに気づいた。

一年生の私の後ろに写っている壁に、雪だるまの絵が飾ってある。ペルー式のクリスマスを祝うために、私が綿でつくった雪だるまだ。帽子を斜めにかぶり、コーンパイプをくわえている。リマで育った私は雪や山を見たことがなかったので、お話や夢で見たとおりの雪だるまをつくったのだった。

この写真はトラウマの象徴だったので、背景に写っているものに、これまで気づかなかった。でも、このときすでに、雪はそこにあったのだ。私の後ろに、雪はずっとあった。山は、ずっと私を後押ししてくれていた。私の先祖は山の出身だ。私には山の血が流れている。一族の女性が代々受けついできた痛みのせいで、私は長い間、山から遠ざかっていた。でも、この少女は知っていたのだ。この子が、私を故郷へと導いてくれた。私は少女の手をとって、一緒に歩くだけでよかった。少女の言うままに、山を自由に歩くだけでよかったのだ。この子のおかげで、私は自分の人生を取り戻すことができた。

山頂に滞在できる時間が残り少なくなるにつれ、いままで感じたことのないような安心感を覚えた。神経はすり減り、呼吸は荒く、骨の髄まで疲れきっていたけれど、私は最も大切な約束をした――自分自身に約束をした。目を閉じると、あの少女が私をどこか知らない山頂へ引っぱっていくところが見えた。少女は私に、心の傷を癒す旅は明るく照らされてはいないことを教えてくれた。永遠に融けることのない氷の影でできた、長い迷路を登っていくようなものだと。暗闇の中で小さく揺れる、一点の光のようなものだと。光が灯った瞬間を追うのだ、つかまえるのだ、と。傷を癒してくれるのは頂上に立つことではなく、無理かもしれないと思ったことを成し遂げる瞬間なのだ、とも。

登っていけるのだ、影の中でも。

どこかへたどり着けるのだ、闇の中でも。

山について話すとき「征服する」という言葉がよく使われる。同じように、恐怖心も「征服する」べきものだと言われる。でも、私はこの言葉が昔から好きではない。この言葉は暴力的な感じがする。生理的にも、たぶん自分の育ってきた環境からも、この言葉には反応してしまう。私を取り囲むのは、男性の世界、勇敢な人たちの世界、努力して成し遂げる人たちの世界、征服したい人たちがいる世界だ。エベレストにも、征服したい人たちがたくさんやってくる。

でも、征服しても、傷を癒すことはできない。征服しても、世界と調和することはできない。世界とつながることはできない。征服とは利己的な行動だ。征服するために山に登るのなら、人はひとりきりだ。

私たちはエベレストを征服するのではない。同じように、トラウマも征服するものではない。そうではなく、深い裂け目や、予期せぬ雪崩に、身をまかせなくてはいけない。もし幸運ならば、エベレストは私たちが登るのをゆるしてくれるだろう。それでも、学校で神父様が教えてくれたようにはいかない。ゆるされて終わりではないし、楽に登っていけるわけでもない。一歩一歩が闘いだ。着いたところが、たとえ世界の頂上だったとしても、足は地につけたままでいるほかはない。

生前の田部井淳子が、最後に受けたインタビューの中で、エベレストの頂に立ったときのことを回想している。一九七〇年代、彼女は日本で、女性に対する社会の考え方と闘っていた。ほかにも、体の不調や荷揚げの苦労、「女がエベレストに登れるはずがない」といった声とも闘ってきた。でも、すべてを乗り越えて山頂に立ったとき、彼女の心は穏やかだったという。

「何も叫びはしませんでした」彼女はそう回想している。「でも、こう思ったんです。もうこれ以上登らなくてもいいんだな、って」

いまの私には、彼女が言いたかったことがよくわかる。

氷の尾根を登り、雪崩の音を聞きながらいくつもの孤独な夜を過ごしたあと、いまここに立っている私の体に、怒りや悲しみはない。エベレストは私に、恐怖や弱さを受け入れることを教えてくれた。エベレストは私に、このだらしない、傷だらけの自分の人生を生きたいと思わせてくれた。

自分の歩いた道のりを振り返ってみないと、自分がどれだけ遠くまで来たのかわからないときがある。頂上に立つとは、たんに何かを成し遂げるということではない。長い時間をかけて影の中を歩き、その向こう側に何があるのかを知ることができる、ということだ。ほかの女性や、男性とともに歩く方法を学ぶということだ。ひとりで張り詰めながら生きるのではなく、周りの人と助けあうことを学ぶということだ。違う人生を歩む人と、束の間、心を通わせるということだ。ともに旅をして、自分の生い立ちや心の傷について話すということだ。誰かとともに登る道のりにこそ安心と癒しがあると、知ることだ。

この山には、もうこれ以上登るところはない。私のやって来た場所へと帰ろう。

「ローリ、愛してる」最後にもう一度、手袋をはめた手で彼女の写真に触れた。

「母さん、愛してる。私はやったよ。できたよ。母さんがいなければ無理だった」母の写真にも触れた。

「そして、シルヴィア。あなたのことも愛してる」

その瞬間、少女の傷が癒えているのがわかった。この場所こそ、少女がいるべき場所だ。なんの影もない世界の頂上で、そう思った。

もう口笛は聞こえない。やっと、安息の地に彼女を連れてくることができた。

私はバックパックを背負った。「オーケー。出発しよう」私は声に出して言った。

その言葉とともに、私は山を下る一歩目を踏みだした。

私にはまだ登るべき山がある。そう思いながら。

補遺

シルヴィア・ヴァスケス＝ラヴァドはこの登山の二年後、アメリカ大陸最高峰であるデナリの登頂にも成功。七大陸最高峰、またはオーストラリアとインドネシアの最高峰を別に計算する八大陸最高峰の登頂者となった。

ＮＰＯ〈カレイジャス・ガールズ〉は本書に描かれたその最初の旅以降、性被害を受けた児童・生徒の教育支援プロジェクトや、ネパールの農村部の女性たちに英語、コンピューター、トラウマからの回復などのトレーニングを行う活動を続けている。二〇二二年秋以降、シルヴィアの病気や新型コロナウイルス感染症の影響で停滞していた登山のプロジェクトも再び始動予定。

https://courageousgirls.org/

謝辞

数えきれないほどの人たちが、私とこの本をつくる旅に出てくれた。すべての人に感謝する。ありがとう！

私を直接励ましてくれて、本づくりという山の頂上に押し上げてくれた人たちには、感謝してもしきれない。

私のエージェントで、お茶目な黒人女性のララ・ラヴ・ハーディンへ。私の長いおしゃべりに付き合ってくれたり、私のビジョンを聞いてくれたり、ずっと一緒に歩んでくれてありがとう。

タイ・ギデオン、ブー・プリンス、マリア・サンフォード、ジャネール・ジュリアン、レイチェル・ニューマン、スタッチ・ブルース、コディ・ラヴ、ジュリア・ダン、それからステイシー・シュフテルへ。日々、助けてくれてありがとう。

寛大なレイチェル・エイブラムス博士へ。私をアイディア・アーキテクツの方とダグ・エイブラムスに紹介してくれてありがとう（ダグ・エイブラムスは意義のあるエージェントを立ち上げ、さまざまな本を世に送り出してくれている）。

最高のニナ・セイント・ピエールへ。あなたの心、魂、言葉は、この本に永遠に刻まれている。あなたとの共同作業は、間違いなく、私の人生で最高の出来事だ。ありがとう！

全世界にいる私の家族へ。キャスピアン・デニス、サンディ・ヴァイオレット、それからアブナー・ステイン社にいるチームの面々。カミラ・フェリエ、ジェマ・マックダナー、ブリタニー・ポウリン、それからマーシュ・エージェンシーにいるチームの面々。この本を世界じゅうに送り出してくれてありがとう。

私の最初の編集者、マディー・ジョーンズへ。私がいまこうして謝辞を書けているのは、あなたが最初から情熱をもって接してくれたおかげだ。

編集者のシャノン・クリスへ。この本を仕上げるために力を貸してくれたこと、懸命に取り組んでくれたことに感謝する。ヘンリー・ホルト社の仕事熱心なすばらしいチームの面々にも、とても感謝している。エイミー・アインホーン、サラ・クリシュトン・ルビー・ローズ・リー、マギー・リチャーズ、ケイトリン・オショーネシー、アリソン・カーニー、ジェイソン・リーブマン、メイア・サッカシェイファー、クリストファー・セルジオ、ハンナ・キャンプベル、ジェイソン・レイガル、メリル・レヴァヴィ、それからクラリッサ・ロング。ありがとう！

WMEにいるすばらしい女性たち、シルヴィー・ラビノー、キャロリーナ・ベルトラン、そしてサラ・セルフへ。この旅のために大胆に闘ってくれたこと、そして夢のような人生をかなえてくれたことに感謝している。

ジル・フリッツォPRと、彼女の優秀なチームのみんな。ジル、マイケル、チャーリー、スティーブン、ケリー。私を導いてくれたこと、それからこの本について熱心に意見を交わしてくれたことに感謝する。

私のチョーズン・ファミリー〔Chosen Family。血縁や法律に関係なく、互いを支えあい、愛することを選んだ人々が構成する家族〕、シェリルとクエンティン・ダームへ。

本当の姿をさらけ出すことを許してくれてありがとう。ずっと愛して支えてくれたことに感謝している。私のセラピストであるニコル・ハインリックへ。いちばんきつくてつらいときに、頭の中の〝オーケストラ〟を静かにさせてくれてありがとう。ベイエリアにいる友だちと家族、エミリー・ローソン、アトゥール・ペイテル、リサ・クリスティン、リョウ・サカイ、サム・ハーディン、マルタ・アヤラ、そしてジェン・ワットへ。私の話を聞いて、精神的に支えてくれたり、私が必要としていた励ましをくれたりしたこと、パンデミックのさなか、いつもご飯をつくってくれたことに感謝している。私の姪と甥のアンドレア、アルヴァロ、サンティアゴ、アナ、ロランド、マシュー、テレサ、ニコ、ルーカス、オリヴィア、そしてシャーロット。とても無垢で、無条件の愛情を注いでくれてありがとう。それから、具体的な話を書けばいいのだと私に気づかせてくれてありがとう。私のきょうだい、エドゥアルド、マリアネラ、ラミロ、ロランド、ミゲルへ。ありのままの私を受けとめてくれて感謝している。

そして、私の美しいローリ、私の母テレサ〝テレ・パテル〟、父セグンドへ。どん底の時期でも光を見つけられるように、遠くから導いてくれてありがとう。ヘレンへ。私を信じてくれてありがとう。自分の心を癒す強さを与えてくれたこと、それから思いきった挑戦をする勇気をくれたことに感謝している。

遠征や、トレーニングのためのハイキングや旅先で出会った多くの友人、登山者たちへ（この本に登場しない人も含めて）。ニューギニア島の美しい先住民の女性は、私がジャングルで迷わないように、黙って一緒に歩いてくれた。プンタ・アレーナスの街角のお店にいた植物学者の方へ。神聖なローズウォーターを私に授けてくれて、この旅を信じなさいと言ってくれてありがとう。重いバックパックと洋服を引きずるようにしていた私と一緒に食事をし、会話をし、いろんな話を聞かせてくれたみんなへ。誰かが自分を見ていてくれるという気持ちにさせてくれたこと、慈愛の心を分けてくれたこと、私はひとりではないという気持ちにさせてくれたことに感謝している。ことあるごとに笑顔を向けてくれたり、挨拶をしてくれたり、「もうすぐだよ」と何度も何度も言ってくれた人たちへ。あなたたちのおかげで、いま私はここにいる。ありがとう！

そして最後に、世界じゅうにいる勇敢な女の子と男の子へ。この本を読んだら、ぜひ影から一歩踏み出して、あなたの山を登ってほしい。

訳者あとがき

巻末の写真を見て胸がしめつけられる思いになったのは、きっと私だけではないでしょう。本書を読んでくださった多くの方が、シルヴィアを思って心を痛め、彼女を応援し、最後には勇気をもらったのではないかと思います。

幼いころに性的虐待を受けたシルヴィアは、トラウマに苦しみます。精神科医の勧めによってアメリカに移住した彼女は、幼いころに受けた心の傷を葬り、新天地で人生を再スタートさせますが、お酒のせいでうまくいかなくなってしまいます。母に助けを求めた彼女は、ペルーでアヤワスカの儀式を受けるのですが、そのときに見た幻覚に現れたのは、心の奥底に葬ったはずの幼いころの自分でした。いわゆるインナーチャイルドです。その少女の導きによって彼女は山に登りはじめ、しだいに心を癒していきます。そして、自分と同じ性暴力サバイバーを支援するために〈Courageous Girls〉というNPOを立ち上げ、彼女らとともにエベレストのベースキャンプを目指すのです。その目的は、大自然に触れることで彼女たちの心を癒し、自分たちの強さに気づいてもらうこと。エベレスト街道をともにトレッキングするなかで、彼女たちの間にはシスターフッドが生まれます。同じ痛みをもつ者同士の絆は特別なものだったでしょう。ベースキャンプで女性たちと別れたシルヴィアは、その後、屈強な男性たちに混じってエベレストの山頂に挑んでいきます。

赤裸々に綴られた過去は、壮絶で衝撃的です。つらい記憶をここまでさらけ出していることに、初めは驚きました。でもそれは、巻頭の献辞にもあるように、「あなたはひとりではない」というメッセージを私たちに伝えるためなのだと感じました。性暴力サバイバー、世の女性たち、性的少数者、そのほかさまざまな苦悩をかかえるすべての人に対しての、シルヴィアからの力強いメッセージなのです。傷ついた自分を癒しながら前進していく彼女の物語は、すべての人に通じる物語。本文にもあるとおり、たとえ傷だらけでも自分の人生を生きたい、と思わせてくれる本ではないでしょうか。

また、女性の体に生まれてきたがゆえの苦しみが多く描かれている点も印象的です。なかでも、性暴力の被害にあいながらも告発することが難しく、泣き寝入りせざるをえない社会状況への、シルヴィアのジレンマと怒りを強く感じます。昨今では、アメリカの有名プロデューサーによるセクシャルハラスメントを告発する記事が出たのを皮切りに、「私も被害者だ」と声をあげる「MeToo運動」が広がりをみせていますが、この運動が本格的に広まったのは二〇一七年になってからのことです。本書の舞台が二〇一六年であることを考えると、当時の社会状況を推し量ることができるでしょう。ましてや、トレッキングに参加したネパールの女性たちによる告発がどれほど勇気のいることであったかは、想像に難くありません。また、シルヴィアが〈Courageous Girls〉をつくろうと決心したのは二〇一四年のことですから、彼女がいかに強い心と志をもっていたのかがわかります。ただ、こうした運動が広がっているいまでも、声をあげることは簡単ではないでしょう。ためらう人もいるはずです。社会でこの問題の根深さと重大さが認識され、人々の意識が変わり、性暴力のない社会がくることを願ってやみません。本書も必ずやその一助になることと思います。性別を問わず、多くの方に読んでいただければ幸いです。

エベレスト登頂の場面も、本書の読みどころのひとつといえるでしょう。つねに死と隣り合わせにある過酷な登山の様子は、息をのむような場面ばかり。冒頭の手に汗にぎるような場面から、一気に物語に引きこまれます。じつにスリリングで先が気になってしかたありません。エベレスト登山の実態にも驚かされます。商業的な側面や、標高八千メートルを超える地で発生する渋滞など、知られざる世界を垣間見ることができるのも本書の魅力のひとつでしょう。物語は過去と現在を行きつ戻りつしながら進んでいくので、少々補足説明をしておくと、第1章は、二回目のローテーションを終えたあと、一行がいよいよサミット・プッシュに挑む場面。悪天候のなかキャンプ2からキャンプ3まで登攀する様子が描かれています。猛烈な吹雪でホワイトアウトになるなか、シルヴィアは初めて死への恐怖を間近に感じて怯えます。この続きが描かれているのが第18章以降です。そして、最終章でついにエベレストの頂点に立ちます。世界の最高峰でシルヴィアが何を得たのか。それについては、本書をじっくり読んでいただければと思います。

二〇〇六年から始まったシルヴィアの七大陸最高峰への挑戦は、二〇一八年六月に北米大陸最高峰デナリへの登頂をもって完登となりました。シルヴィアの活躍に勇気をもらい、読者のみなさんがそれぞれの山を越えていけますように。

最後になりましたが、訳出にあたり丁寧に訳稿をみてくださった編集者の安東嵩史さんに、この場を借りて心より御礼申し上げます。

二〇二二年　十月　　多賀谷正子

[著者]
シルヴィア・ヴァスケス＝ラヴァド
1974年、ペルー生まれ。30代から登山を始め、2006年のキリマンジャロを皮切りにエルブルス（2007）、アコンカグア（2014）、コジオスコ、プンチャック・ジャヤ、ヴィンソン・マシフ（2015）、エベレスト（2016）、デナリ（2018）に登頂。世界七大陸最高峰の登頂に成功した初のオープンリー・レズビアンである。性暴力被害者の回復を支援するNPO〈カレイジャス・ガールズ〉主宰者として、さまざまな社会活動や講演も行う。

[訳者]
多賀谷 正子（たがや・まさこ）
英語翻訳者。上智大学文学部英文学科卒。訳書に『THE RHETORIC――人生の武器としての伝える技術』（ポプラ社）、『夫の言い分　妻の言い分――理想的な結婚生活を続けるために』（かんき出版）、『ハピネス・カーブ――人生は50代で必ず好転する』『クリエイティブ・コーリング――創造力を呼び出す習慣』（以上、CCCメディアハウス）、『トロント最高の医師が教える世界最新の太らないカラダ』（サンマーク出版）などがある。

夜《よ》明《あ》けまえ、山《やま》の影《かげ》で

エベレストに挑《いど》んだシスターフッドの物語《ものがたり》

2022年11月20日　第一刷発行

著者　シルヴィア・ヴァスケス゠ラヴァド

訳者　多賀谷正子《たがやまさこ》

発行人　島野浩二

発行所　株式会社双葉社

東京都新宿区東五軒町3-28

03-5261-4818（営業）

03-6388-9819（編集）

http://www.futabasha.co.jp

（双葉社の書籍・コミックが買えます）

装丁　名久井直子

装画　朝野ペコ

編集　安東嵩史

翻訳協力　株式会社リベル

校正・校閲　株式会社鴎来堂

印刷・製本　中央精版印刷株式会社

ISBN　978-4-575-31764-0　C0098

Printed in Japan